KB253970

블랙 아메리카

자유와 평등을 향한 미국 흑인의 여정

이영효 지음

자유와 평등을 향한 미국 흑인의 여정

블랙 아메리카

BLACK AMERICA

성균관대학교
출판부

머리말

미국 역사의 독특함을 꼽아보자면, 무엇보다 영국의 13개 식민지가 모국에 반란을 일으켜 혁명에 성공했다는 점, 세계 최초로 민주공화국을 세웠다는 점 그리고 연방제라는 특이한 정치체제를 수립했다는 점 등을 들 수 있다. 건국 당시 천부인권을 내세웠으면서도 노예제를 인정했고, 남북전쟁이라는 유혈 과정을 통해 그 폐지에 이르렀다는 점도 특징적이다. 그러나 미국 흑인들은 노예제가 폐지된 후에도 노예노동에 대한 보상을 받지 못했고, 완전한 시민으로서 법적 지위를 갖기까지는 해방 이후 백 년이 걸렸다.

'블랙 아메리카'는 아프리카인들이 신대륙으로 건너온 노예무역 시기부터 미국 흑인들이 자유와 평등의 여정을 전개한 곳을 지칭한다. 사하라 이남의 아프리카인들을 노예로 구매한 최초의 사람들은 사막을 가로질러 남북으로 횡단하던 북아프리카 베르베르인과 아랍 상인들이었다. 십자군전쟁을 거치면서 제노바와 베네치아의 이탈리아 상인들도 흑해를 통해 발칸반도 슬라브계 노예들을 지중해 사탕수수 경작지에 공급했다. 이후 대서양 섬들에 이어 카리브해와 브라질에서도 사탕수수가 재배되기 시작하면서 대서양을 횡단하는 아프리카 노예무역의 규모가 커졌다. 1502년부터 1867년까지 약 1,250만 명의 아프리카인이 대서양을 건너 신세계에 도착했다.

아프리카인의 강제 이산이 시작된 후, 소위 '검은 대서양(black Atlantic)'은 노예들의 참혹한 고난의 공간이 되었다. 중간 항로에서 질병, 자살, 반란 등에 따른 노예 사망률도 10퍼센트를 넘겼다. 서인도제도와 아메리카에 도착한 노예들은 가혹한 노동과 채찍질에 시달렸고, 가족과 떨어져 인신이 매매되는 고통을 견뎌내야 했다. 간혹 바다와 선상에서 신체적 자유와 경제적 기회를 얻는 데 성공한 노예들도 있었다. 바다는 육지와 달리 인종적 위계보다 신뢰와 협력이 중요한 공간이었고, 항해 기술과 선박 유지 및 보수 능력을 가진 흑인들은 인종 경계를 넘어 자신의 역량을 발휘할 수 있었기 때문이다. 그러하여 다양한 인종과 국적의 사람들이 생활하는 선상에서 선원, 수병, 상인으로 대서양을 경험한 흑인들은 서로 정보를 교환하며 바다를 생존과 교류, 이동과 자유의 공간으로 활용하는 해상 활동을 전개하기도 했다.

1619년 20여 명의 아프리카인이 처음으로 신대륙 땅 버지니아에 도착한 아후, 북미 영국 식민지에서 담배와 쌀을 경작하는 노동력으로 활용되는 아프리카인의 유입은 계속되었다. 1770년경 노예 인구는 46만 명 가까이 도달해 식민지 인구의 약 20퍼센트를 차지했다. 그러다 독립전쟁 시기 종교 지도자들을 중심으로 노예무역과 노예제에 대한 비판을 제기했고, 식민지 지도자들도 「독립선언문」에 담긴 자유 이념과 노예제 현실 사이의 괴리를 인지하기 시작했다.

그러나 건국의 아버지들은 노예무역 폐지를 20년간 미루고 노예를 재산으로 정한 헌법을 제정함으로써 사실상 노예제 토대 위에 공화국을 건립한다. 연방정부는 새 국가가 동등한 지역들의 연합이며, 노예제는 연방의 간섭을 받지 않고 유지된다는 데 합의했다. 1790년대 노예 인구는 약 70만 명으로 늘었고, 시민권 자격을 백인에게 한정하는 귀화법 그리고 연방 전체에서 노예제를 실질적으로 합법화한 도망노예송환법이 제정되면서 마침내 미국은 백인 공화국으로 가는 문을 열기에 이른다.

북부의 흑인 건국 세대는 독립선언 이념을 실천하라고 요구하며 노예제 폐지를 주장했다. 이들은 필라델피아와 보스턴을 중심으로 프리메이슨 지부 및 퀘이커교와 복음주의 교회들과 연계해 흑인 공동체를 조직하고, 주 정부와 연방정부에 자유를 청원하며 인종 정의의 실행을 요구했다. 흑인 지도자들은 노예들의 도망과 정착을 돕기 위해 상조회 등을 설립했고, 흑인 프리메이슨 지부는 흑인의 형제애와 자립을 도모하고 시민의 권리를 선포하는 데 앞장서며 흑인들의 정치적 역량을 이끌었다. 독립전쟁에서 영국 군대에 협력했던 식민지 노예 약 2만 명이 해방되었고, 이 가운데 일부는 영국과 캐나다 노바스코샤(Nova Scotia) 등지로 이주했다.

미국 남부에서는 19세기 들어 면화 경작이 호황을 이루면서 노예제가 확대되었다. 남부 백인 인구의 4분의 1이 노예를 소유했고, 다수가 20명 이내의 노예를 소유했다. 남부의 플랜테이션 체제에서 노예에게 재산 소유와 결혼은 인정되지 않았으며, 거짓말이나 절도, 나태에 대해서는 가장 흔한 형벌인 채찍질이 자행되었다. 도망을 시도한 노예들에게는 신체 훼손과 낙인찍기가 가해졌다.

노예들은 1739년 사우스캐롤라이나에서 최초로 스토노(Stono) 반란을 일으킨 데 이어, 1800년에 가브리엘 프로서(Gabriel Prosser) 그리고 1822년에는 덴마크 베시(Denmark Vesey)가 노예 반란을 도모했으나 실패했다. 1831년에 버지니아에서 노예 반란을 일으킨 냇 터너(Nat Turner)는 백인 60여 명을 살해하며 유혈 저항을 벌였고, 이에 남부 주들은 노예 통제를 더욱 강화했다. 북부로 도망친 노예들은 자서전을 발표하며 노예제의 참상을 고발했고, 1831년에 만들어진 반노예제협회 지도자들의 후원과 지지를 받으며 순회 연설에 나섰다.

한편 서인도제도와 카리브해는 아프리카계 후손들이 노예제 경험을 넘어서는 이동과 만남을 전개하며 동질감을 형성해나간 공간이었다. 특히 아이티 흑인들이 독립전쟁을 일으켜 신세계 최초로 노예제를 폐지하고 흑인 공화국을 세우는 데 성공했으며, 이후 아이티혁명 이념이 서인도제도와 아메리카에 퍼져나가면서 흑인들의 탈주와 이탈 행렬이 이어졌다.

아이티 난민을 비롯해 카리브해 흑인들은 쿠바나 뉴올리언스 등지로 도망치거나 이주했고, 미국과 서인도제도 흑인 여성들 중에는 러시아로 이민을 가거나 크림반도의 전장에서 활동하는 사람도 생겨났다. 서인도제도 사탕수수 농장의 노동력 수요가 증가하면서 인구의 대다수를 차지했던 흑인들은 빈번한 노예 반란을 일으키며 노예제에 저항했고, 결국 영국령 서인도제도에서 1833년에 노예제가 폐지되는 데 일조했다. 산속 숲속으로 도망친 수천 명의 노예들이 만든 마룬(Maroons) 공동체는 서인도제도 노예들의 탈주와 반란을 자극하면서 게릴라 전투까지 전개해나갔다.

미국에서는 건국 시기부터 자유 흑인들을 백인 사회와 분리해 거주하게 하는 식민화 방안이 모색되었다. 1817년에 만들어진 미국 식민협회는 흑인들을 아프리카로 이주시키려는 움직임을 본격화했고, 라이베리아(Liberia)를 건립해 흑인 이주를 부추겼다. 흑인 지도자들은 이를 자유 흑인들을 추방하려는 음모로 보고 식민화에 반발했으며, 자신들의 호칭을 '아프리칸'에서 '유색인(Colored)'으로 바꾸어 아프리카인의 후예라기보다 미국인으로서의 정체성을 더 강조했다.

그러나 1850년 도망노예송환법과 1857년 드레드 스콧 판결(Dred Scott v. Sandford)로 흑인의 시민권 획득이 어렵다고 판단되자 일부 흑인 지도자들은 캐나다, 서인도제도, 중남미, 아프리카 등지로 흑인들의 국외 이주를 모색하기도 했다. 프레드릭 더글러스(Frederick Douglass)를 비롯한 도망 노예들은 유럽 투어를 통해 노예제의 비인간성을 폭로했고, 아프리카인 후예들의 연대와 인종 정체성에 대한 자각을 이끌었다.

남북전쟁 이후 재건 시기는 제2의 건국이라고 칭할 만큼 미국 건국이념의 대전환을 이룬 시기였다. 헌법 수정조항들이 제정되어 노예제가 폐지되고, 해방된 흑인들에게는 시민권과 투표권이 주어졌다. 흑인들은 생애 최초로 선거권을 행사했으며, 주 의회를 비롯해 연방의회 등 여러 공직에 정치인들을 배출하기 시작했다.

하지만 '40에이커의 토지와 노새 한 마리'를 기대했던 해방 노예들은 실질적 독립에 필요한 경제 지원을 받지 못함으로써 소작농이나 임금농으로 묶이는 처지가 되었고, 북부 도시들로 이주해 새로운 삶의 터전을 모색해야 했다. 재건 정부는 2백 년 노예제의 유산을 바로잡고 인종 평등을 수립하기엔 그 힘이 너무 미약하고 단명했다. 결국 인종차별에 대한 법적인 보호 장치 마련도 주 정부 역할로 떠넘겨버린 채 재건 정부는 짧은 군정의 막을 내리고 만다. 1877년 공화당의 타협은 남부에서 인종 분리를 합법화하는 짐 크로우 법(Jim Crow laws)의 제정과 문자해독능력 등을 조건으로 흑인 투표권을 박탈하는 역사의 퇴행을 초래했다.

남부 흑인들에게 가해진 인종 테러, 특히 스펙터클 린치는 남부 백인성이 구축되고 강화되는 백 년의 서막이었다. 남북전쟁 종전 후부터 남부에서 퍼져간 백인들의 흑인 린치는 그 야만성과 가학성이 노예제에서 만연했던 폭력성을 넘어서는 것이었다. 노예제 하에서 재산 가치로서 주어진 보호가 사라지면서 해방 노예들은 역설적으로 더 잔혹한 린치의 대상이 되었다. 남부 백인들은 쿠클럭스클랜(Ku Klux Klan, KKK)을 비롯한 린치 조직을 만들고 흑인의 투표권을 방해하고 위협했으며, 고문과 살인을 구경거리로 만드는 스펙터클 린치를 자행했다. 수천 명의 군중 앞에서 흑인을 공개적으로 화형하고 신체를 절단하는 린치를 볼거리 행사로 만들 수 있었던 건 사법권과 치안권이 주와 카운티에 있어서 연방정부가 개입하지 못했고, 지역 언론과 여론이 린치를 묵인하고 지지했기 때문이었다. 미국의 홀로코스트로 명명되는 스펙터클 린치는 짐 크로우 법의 시대를 가히 '린치의 시대(Age of Lynching)'로 만들기에 충분했다.

20세기 들어 미국 흑인들은 재건 이후 제정된 짐 크로우 법의 폐기를 시도하는 한편, 전미유색인지위향상협회(NAACP)를 설립해 흑인 민권 회복에 박차를 가했다. 1954년 브라운 판결(Brown v. Board of Education)로 공교육에서의 인종 분리가 금지되고, 1965년 민권법으로 남부 흑인의 투표권도 회복되었다. 하지만 흑인들에게 평등한 교육 기회는 제공되지 못했고 주거 지역도 인종 분리된 데다가 신용 혜택에서 불리한 차별까지 받으면서 흑인의 실업률과 범죄율은 높아만 갔다. 차별 시정 법안(Affirmative Action)이 제정되어 흑인과 소수 집단의 교육과 고용기회를 확대하는 조치가 취해졌지만, 백인들이 다시 역차별이라는 소송을 제기해 일부 주에서는 대학 입학과 고용 차원에서 소수 집단에 일정 비율을 배분해야 하는 조치가 폐지되었다.

최근 미국 흑인들은 노예제 보상 운동을 벌이는 한편, 전 세계 아프리카 후손의 다양성을 포섭해 인종주의의 억압에 맞서는 글로벌 블랙니스(Global Blackness)를 추구하고 있다. 이는 흑인민족주의 혹은 아프리카중심주의를 넘어 디아스포라를 통해 형성된 아프리카 이산민의 연대를 강조하며, 동시에 인종의 위계가 계급의 위계로 지속되는 패러다임의 전환을 모색한다.

미국 사회에서 중요한 갈등은 계급뿐 아니라 인종에서 비롯된다. 그리고 그 중심에는 흑인에 대한 뿌리 깊은 인종차별이 자리하고 있다. 미국은 혁명으로 탄생한 국가이며 자유와 평등이라는 기치를 내세웠지만, 노예제를 승인하는 백인 공화국을 건설했다. 미국 사회에서는 백인이라는 사실 자체가 특권을 의미하며, 인종이 사회적 관계를 재생산하고 구성원의 정체성을 구축하는 본질이 되어버렸다. 미국 인종 관계의 역사가 예외적이라면 그것은 강력하고 가혹한 인종주의라는 것이며, 인종차별이 법적·제도적·사회적 통제의 힘으로 뒷받침되는 구조적 문제라는 점이다. 이 책은 아프리카계 아메리칸, 즉 미국 흑인이 아메리카에 도착해 추구해온 자유와 평등의 역사를 추적하면서 블랙 아메리카의 인종적 유산을 가늠해보고자 한다.

2025년 여름, 연구실에서
이영효

목차

일러두기

1. 인명과 지명은 외래어 표기법을 따르되, 원어 발음을 고려해 표기했습니다.
2. 내용 이해를 돕기 위해 인물 및 사건 사진, 지도 등의 이미지 자료들을 실었습니다. 다만 '흑인에 대한 스펙터클 린치' 사진 가운데 일부는 시각적으로 불편한 장면을 담고 있으므로 유의하시기 바랍니다.
3. 편집 과정에서 문단이 나뉘면서 일부 본문 내용의 참고 사항이 이어진 다음 문단 각주에 표기되어 있는 경우가 있습니다. 참고하시기 바랍니다.

제1장

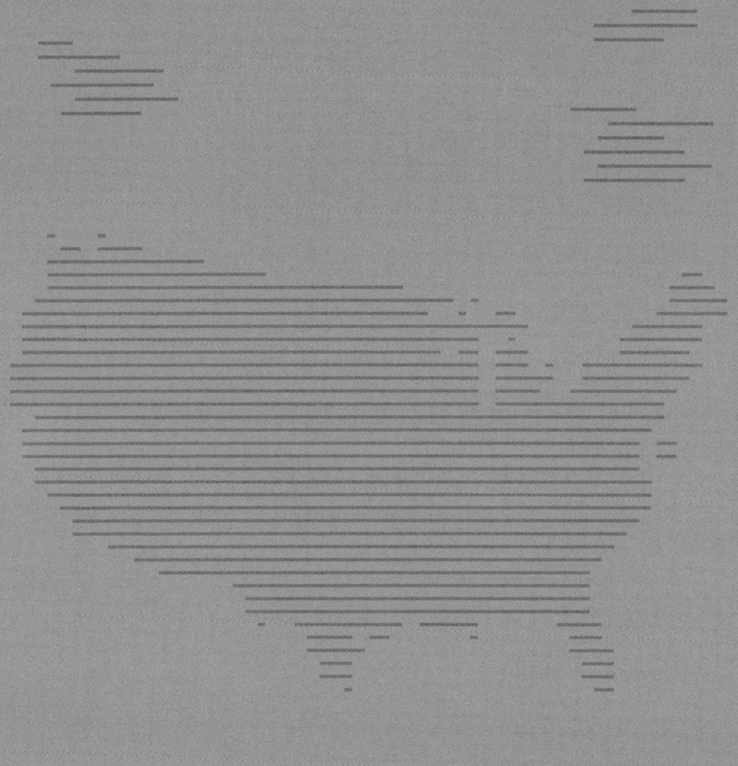

블랙 아메리카의 기원

＊

사하라 이남의 아프리카인들을 노예로 구매한 최초의 사람들은 사막을 가로질러 남북으로 횡단하던 북아프리카 베르베르인과 아랍 상인들이었다. 이들은 8세기경 노예와 함께 금과 상아를 싣고 와 이베리아반도와 지중해에서 교역 활동을 했다. 십자군전쟁 중에는 크레타와 시칠리아 등 사탕수수 재배 지역을 정복한 제노바와 베네치아 이탈리아 상인들이 흑해를 통해 발칸반도 슬라브계 노예들을 공급했다. 이후 유럽의 설탕 수요가 늘어나면서 지중해 지역에서 경작되던 사탕수수가 아프리카 대서양 연안의 마데이라(Madeira) 제도와 상투메(São Tomé) 등에서 재배되기 시작했고, 아프리카인 노예무역도 증가했다. 16세기에는 카리브해와 브라질로 사탕수수 경작이 확대되면서 아프리카 노동력 수요가 급증했으며, 포르투갈에 이어 네덜란드, 영국이 아프리카인 노예무역에 합류했다.

그러나 신대륙에서 아프리카인들이 경험한 노예제는 그들이 아프리카에서 알고 있던 노예제와 너무도 달랐다. 아프리카에서는 전쟁포로나 이방인, 이교도가 노예가 되지만, 그 지위가 세습되거나 불변하지는 않았다. 8~9세기 가나(Ghana) 왕국을 비롯해 13~14세기 말리(Mali) 제국, 15세기 송가이(Songhai) 왕국, 콩고 왕국, 베닌(Benin) 왕국에서 노예제는 관습적으로 행해졌으며, 대부분 전쟁에 따른 포로들로 규모도 크지 않았다. 범죄를 저질렀거나 부채를 갚지 못할 때도 노예가 되었지만 일정 기간이 지나면 자유를 얻었고, 노예일 때에도 법적 보호를 받았으며, 무엇보다 노예 신분은 세습되지 않았다. 노예들은 결혼하고 재산을 소유했으며 해방도 어렵지 않았고 대체로 가족의 일원으로 여겨졌다.

반면 서인도제도 아프리카인 노예들의 법적 자격을 가장 구체적으로 정의한 프랑스의 1685년 「니그로법(Code Noir)」은 노예를 인간이 아닌 동산(動産)으로 간주하고 있다. 노예는 주인의 동의 없이 결혼할 권리가 없고(11조), 노예의 결합으로 출생한 자는 노예 어머니의 주인에게 속하고(12조), 무기를 몸에 지닐 수 없고(15조), 다른 소유주의 노예들과 같이 모일 수 없고(16조), 종류를 불문하고 어떤 물건도 소유할 수 없다(28조). 또한 노예는 고소할 권리가 없고, 노예의 증언은 증거의 가치가 없다(30조, 31조). 주인이나 주인 가족을 때린 노예는 사형을 선고 받고(33조), 사소한 절도에도 채찍을 맞거나 불에 달군 쇠로 낙인찍히는 벌을 받을 수 있다(36조). 탈주 노예는 처음 도망치면 귀를 자르고 두 번째 도망치면 오금을 자르며 세 번째 도망치면 죽인다(38조). 노예는 동산이므로 잃어버린 노예의 값은 국가로부터 그 손해를 배상받는다(44조).[1]

CODE NOIR,

OU

RECUEIL D'EDITS,

DÉCLARATIONS ET ARRETS

CONCERNANT

Les Esclaves Négres de l'Amérique,

AVEC

Un Recueil de Réglemens, concernant la police des Isles Françoises de l'Amérique & les Engagés.

A PARIS,

Chez les LIBRAIRES ASSOCIEZ.

M. DCC. XLIII.

「니그로법(Code Noir)」의 판본 표제지(1743)

스페인 정복자들이 중남미의 아스텍과 잉카문명을 정복한 후, 북미에 도착한 영국인들은 원주민의 도움으로 정착에 성공하고 점차 그들의 토지를 점유하면서 식민 사회의 토대를 마련해갔다. 이후 아프리카인 노예 노동력에 대한 의존도는 점차 높아졌다. 1619년 마침내 북미 영국 식민지에 최초로 아프리카인이 도착했다. 1607년에 건설된 버지니아주 제임스타운에 네덜란드인들이 니그로(Negro) 20명을 싣고 온 것이다. 버지니아에 오는 노예선은 바베이도스 등 서인도제도를 들러서 오는 경우가 많았다.

그러나 당시 북미 대륙에 도착한 아프리카인들의 지위는 법적으로 노예가 아니었다. 버지니아에서는 계약 하인이 정착민의 절반을 차지했다. 흑인 노예는 담배 경작과 함께 1650년 5백 명에서 1670년 약 2천 명으로 서서히 늘어났다. 1661년 여성 노예의 자식을 노예로 삼는 최초의 노예법이 버지니아에서 제정될 때까지 계약노동 하인과 노예의 구분은 분명하지 않았다. 뉴잉글랜드의 경우 주로 버뮤다를 거쳐 보스턴에 들어온 흑인 노예는 정해진 노역 기간을 마친 후 자유의 몸이 되었고, 주인의 유언으로 해방되기도 했다. 하지만 영국의 경제 상황이 호전되면서 백인 하인의 이주가 급감하자 아프리카인 노예의 수가 증가하면서 이들의 법적·사회적 지위에 대한 예속의 굴레가 강화되었다.[2]

버지니아는 서인도제도 영국령의 노예법을 차용해 1669년에 노예 생사권을 주인에게 보장하는 법을 만들었고, 노예들의 무기 휴대를 금지했으며, 법정 증언권·재산 소유권·이동권·결혼권

버지니아에 처음 도착한 아프리카 흑인 노예(1619, ©Library of Congress)

등을 제한했다. 1691년 노예법은 백인 남자나 여자가 니그로, 물라토(Mulatto), 인디언과 결혼하는 것을 금지했고, 이를 어길 경우 석 달 이내에 버지니아를 영구히 떠나도록 했다. 백인 여성이 혼혈아를 출산하면 15파운드의 벌금이나 5년간의 노역을 부과했다. 바로 이것이 '한 방울의 규칙(one-drop rule)'을 정한 인종혼합 방지법이다. 이는 오랫동안 지중해, 아랍, 북아프리카 사람들과 교류하며 혼혈에 익숙했던 스페인 식민 정부가 취한 유연한 혼혈 정책과 대조적이었다.[3]

아랍 상인들의 아프리카인 노예무역

사하라 이남의 아프리카인들을 노예로 구매한 최초의 사람들은 아랍인들과 그들의 무슬림 개종자들인 베르베르인이었다. 당시 노예제는 아프리카 대부분의 지역에 퍼져 있었으며, 이슬람교 전파 이전부터 아랍 사회에서도 보편적으로 시행되고 있었다. 8세기경 아프리카가 이슬람화된 후, 북아프리카의 베르베르인과 아랍 상인들은 사하라사막을 가로질러 노예, 금, 상아 등을 갖고 돌아왔고, 서아프리카 기니(Guinea) 노예들은 리비아와 튀니지의 해안으로 보내진 뒤, 스페인, 마요르카, 시칠리아, 나폴리의 사탕수수 농장에 투입되거나 아랍의 궁전과 하렘으로 보내졌다. 아랍 항해사들은 계절풍을 이용해 아프리카 동쪽 연안으로 항해해서 포로를 약탈하거나 구매하기도 했다.

하지만 북아프리카의 무슬림 국가들을 통해 유럽으로 수입된 사하라 이남 아프리카인 노예들의 규모는 매우 적었고, 이슬람법에 따르면 자발적으로 개종한 사람은 노예로 삼을 수 없었다. 이슬람 사회에서 노예는 반드시 아프리카인만을 지칭하는 건 아니었으며, 흑인 노예와 함께 코카시안 노예들도 행정직이나 가내 업무에 배당되곤 했다. 아랍 상인들의 사하라사막 횡단 노예무역과 아프리카 동쪽 해안에서 이루어지던 노예무역은 오스만 제국의 수요에 부응해 19세기까지 이어졌다. 이를 통해 아프리카인 노예들은 중동 및 마다가스카르와 마스카렌제도 등 사탕수수, 커피 농장으로 이송되었으며, 그 규모는 1백만 명 이상이었을 것으로 추정된다.[4]

이탈리아 상인들의 지중해 노예무역

중세 말 유럽에서 노예제는 지중해 지역 사탕수수 농장에서 중요한 비중을 차지하고 있었다. 설탕은 아랍인들에 의해 7세기에 레반트 지역에 소개되었고, 유럽인들은 십자군전쟁 중에 시리아와 팔레스타인에서 설탕을 알게 되었다. 베네치아와 제노바 상인들은 팔레스타인 지역을 비롯해 사이프러스, 크레타, 시칠리아 등 아랍 사탕수수 농장을 차지한 후, 사탕수수 경작 기술과 정제 기술을 지중해 지역으로 가져갔다. 12세기에서 15세기 사이에는 설탕 생산을 위해 수력 공장과 비싼 구리 보일러를 설치하면서 이들 지역은 유럽 전역에 설탕을 수출할 수 있는 기반까지 마련했다. 이곳에서 생산된 설탕은 주로 백인 노예노동을 사용한 것이었다.

이탈리아 상인들은 흑해와 아조프(Azov) 해안에 노예 구매를 위한 기지를 만들고, 크림반도의 항구 카파(Kaffa)와 타나에 상주하면서, 러시아, 타타르, 불가리아, 슬로베니아, 보스니아, 조지아, 아르메니아 등지에서 온 노예를 구매했다. 부모에게 팔리거나 납치된 10세 안팎의 아동이 대부분이었던 발칸반도 슬라브계 노예들은 베네치아 항구를 출발해 가장 큰 노예시장의 하나인 크레타에 도착했고, 이곳을 거쳐 이집트, 시리아, 사이프러스, 시칠리아, 마요르카 등지에서 높은 가격으로 팔렸다. 유럽인이 슬라브인을 노예로 부리는 노예제는 이탈리아, 프랑스 남부, 이베리아반도에서 16세기까지 남아 있었다. 흑해로부터의 백인 노예 수입은 곧 나타날 아프리카인 노예무역의 전조였고, 카파는 후에 서아프리카 해안에 건설된 무역 기지와 요새의 모습과 유사했다.[5]

설탕에 대한 유럽의 수요가 15세기 후반에 계속 늘어나면서 노예제는 대서양의 포르투갈 섬인 마데이라제도, 카나리아제도 그리고 상투메(São Tomé)로 퍼져갔다. 포르투갈이 대서양 제도들에서 사탕수수 경작을 할 수 있게 자본과 기술을 제공한 사람들은 이탈리아 상인과 은행가들이었다. 특히 피렌체의 마르키오니(Marchionni) 가문의 활동은 지중해에서 대서양으로 진행된 노예무역의 연속성을 잘 보여준다. 이 가문은 흑해 노예무역에 오래 종사했다.

그러나 오스만이 콘스탄티노플을 점령하면서 흑해와 발칸 지역의 포로들은 이슬람 시장으로 흘러 들어갔다. 오스만의 팽창은 동지중해에 있는 이탈리아 식민지들을 위협했고, 유럽으로의 설탕 공급을 감소시켰다. 이에 바르톨로메오 마르키오니(Bartolomeo Marchionni)는 리스본에서 점차 늘어나고 있던 피렌체 공동체와 합류하기 위해 1470년에 리스본으로 건너갔다. 이후 대서양 마데이라제도에 사탕수수 농장을 세우고 포르투갈 왕으로부터 기니 해안 아프리카 노예 거래에 대한 독점권을 사들였다. 그는 아프리카인 노예들을 포르투갈과 마데이라, 마요르카와 시칠리아, 그리고 피사와 토스카나에도 보냈다. 이처럼 콜럼버스 이전에 베르베르인이나 아랍 상인들 그리고 피렌체와 제노바 등 이탈리아 상인들은 수천 명의 아프리카인 노예들을 지중해와 대서양의 사탕수수 농장에 보내고 있었다.[6]

포르투갈의 아프리카 황금 무역과 노예무역

스페인과 포르투갈의 신항로 개척은 아시아의 향료가 아니라 황금이 있는 서아프리카 부의 원천을 확보하려는 동기에서 비롯되었다. 이 시기 유럽에서 유통되던 지도들에는 '말리' 혹은 '멜리(Melly)'라는 황금이 풍부한 제국이 사하라사막 이남 서아프리카 내륙 깊숙한 곳에 존재한다고 표시되어 있었다. 아프리카 황금에 대한 유럽의 관심은 1440년대 이후 약 백 년간 계속되었다. 1480년대에 서아프리카에서 금이 대량으로 발견되자 포르투갈은 새 함대를 조직할 재정을 확보했고, 1497년 바스코 다 가마(Vasco da Gama)의 대항해 이후 인도까지 항해가 가능해졌다. 1494년 토르데시야스 조약(Tratado de Tordesillas)을 통해 포르투갈은 사하라 이남의 아프리카를 차지했고, 스페인은 아메리카 대부분의 지역에 대한 권리를 확보하고 금과 은의 원천지를 찾는 데 몰두했다.[7]

1415년에 모로코 북쪽의 세우타 항을 차지한 포르투갈은 이어서 베르데곶 일대와 카보베르데(Cape Verde) 군도에 도착했다. 그리고 1441년에 서아프리카 노예 수십 명을 싣고 돌아왔으며, 1444년에는 235명의 아프리카인을 싣고 세네갈에서 출발해 본격적인 '검은 황금' 매매에 나섰다. 포르투갈은 1448년에 최초의 영구 노예무역 기지를 모리타냐 해안의 섬에 세웠고, 1481년에는 기니 해안에 노예무역을 위한 항구인 엘미나성채(Elmina Castle)를 만들었다. 1483년에 콩고 왕과 조약을 맺은 후에는 해마다 노예 약 3천 명을 사들였다. 포르투갈이 아프리카 노예들을 판매한 주요 시장은 카스티야 왕국과 앤틸리스제도(Antilles)였고, 세비야에서 발렌시아에 이르는 항구들에도 흑인 노예들이 꾸준히 증가했다.[8]

아프리카 상인과 통치자들이 중개자로서 노예무역에 참여한 것은 총과 화기의 수요 때문이었다. 아프리카 서해안 지역에는 다중 언어를 구사하며 유럽인과 북아프리카 무슬림, 내륙 아프리카인들 사이의 중재자로서 활동한 아프리카인들이 있었다. 아프리카 노예상들은 백인들에게 금, 상아, 노예를 팔고, 총, 철과 구리 및 청동 제품, 럼주, 직물 등을 받았다.

이제 황금 무역은 더 수익성 높은 아프리카인 노예무역으로

엘미나성채

대체되었다. 로마 가톨릭교회도 1455년에 포르투갈이 보자도르 곶 남쪽에서 이교도를 노예로 삼는 것을 허락했다. 포르투갈은 1479년에 카나리아제도의 통치권을 스페인에 넘기고, 1485년에는 상투메 그리고 1492년에는 마데이라를 차지하면서 아프리카인 노예노동에 의존하는 사탕수수 재배를 시작했다. 이는 시칠리아 사탕수수 농장들의 운영 방식을 따온 것으로, 지중해에서처럼 아프리카 노예들이 노동력을 제공했다. 당시 시리아와 팔레스타인, 키프로스, 시칠리아에서 생산되는 설탕은 유럽의 수요에 충분하지 못했다. 1520년대가 되면 상투메가 설탕 생산으로 호황을 이루면서 매년 약 2천 명의 노예가 실려 갔다. 이때까지 포르투갈이 대서양 섬들(카나리아, 마데이라, 아조레스, 상투메)에 실어 간 아프리카인은 4만 명이 넘었다. 포르투갈이 인도 항로를 발견한 후에는 인도산 면직물을 아프리카에 팔고 노예를 수입하는 삼각무역을 18세기까지 이어갔다.[9]

그러나 1530년대 이후 마데이라, 카나리아제도, 상투메제도보다 카리브해의 사탕수수 경지가 증가하면서 포르투갈 상인들은 아프리카 노예들을 직접 아메리카로 수송했다. 아라곤의 페르난도 2세는 1501년에 아프리카인 노예를 히스파뇰라섬에 보내는 것을 허가했고, 포르투갈 주앙 3세는 1533년에 아메리카로의 노예 운송을 허가했다. 알폰소 왕은 기니에서 오는 모든 노예 선박이 포르투갈을 경유하도록 해 세금을 부과했다. 포르투갈이 1450년 이후 백 년간 수입한 13만 명의 아프리카인 중에서 90퍼센트는 상투메와 카보베르데 등 대서양 섬들로 보내졌

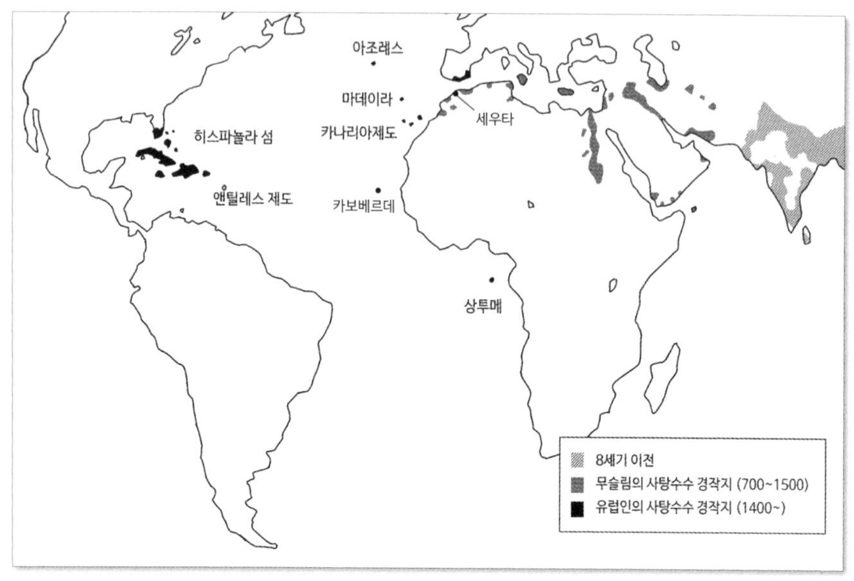

북대서양과 지중해 지역의 사탕수수 경작지

고, 10퍼센트만이 신세계로 보내졌다. 1550년 이후 아프리카인 노예들은 서인도제도의 스페인 식민지들로 향했고, 1575년부터는 브라질이 유럽의 주요 설탕 공급원이 되었다. 브라질은 아프리카 노예를 가장 많이 받아들였고, 백인, 흑인, 아메리카 원주민 간의 혼혈이 가장 많았던 곳이다. 1640년대가 되면 네덜란드가 포르투갈을 제치고 서아프리카 해안에서 승기를 잡으면서 대서양 노예무역에 승선했다.[10]

대서양 노예무역

대서양 노예무역은 규모가 1천만 명이 넘고 300년 넘게 지속되었다는 점에서 독특한 제도가 되었다. 강제 이송되는 아프리카인에 대한 수요가 증가하면서 대서양 노예무역이 사하라사막 횡단 노예무역보다 중요해진 시기는 16세기 중반 경이었다. 16세기에는 이베리아반도를 비롯해 프랑스 남부와 이탈리아에 흑인 노예가 있었지만, 1600년부터 노예 수입은 줄어들었다. 대서양을 횡단하는 노예무역의 규모가 커지면서 서아프리카의 전쟁 빈도를 증가시켰을 수 있지만, 아프리카인들이 노예를 포획할 목적으로 전쟁을 벌였다는 주장은 잘못된 것이다.[11]

서인도제도의 스페인 식민지 기록에 처음 흑인이 등장한 건 1502년이다. 바로 신세계로의 아프리카인 노예 이동이 시작되는 시점이다. 16세기 후반에 사탕수수 생산의 중심과 흑인 노예제의 중심은 카리브해로 넘어갔고, 17세기 말에 마데이라, 카나리아제도, 카보베르데제도, 상투메제도에서 사탕수수 경작은 사라져버렸다. 대신 영국, 프랑스, 네덜란드의 카리브해 식민지들이 주요 설탕 생산국이 되었다. 1655년에 스페인령에서 영국령이 된 자메이카는 1730년대에 영국령 최대 사탕수수 생산지가 되었고, 1740년대에는 생 도맹그(Saint-Domingue)가 서인도제도에서 가장 큰 사탕수수 생산지가 되었다.[12]

1502년부터 1867년까지 대서양 노예무역 시기 가운데 그 황금기는 1700년에서 영국과 미국이 노예무역을 중단한 1808년

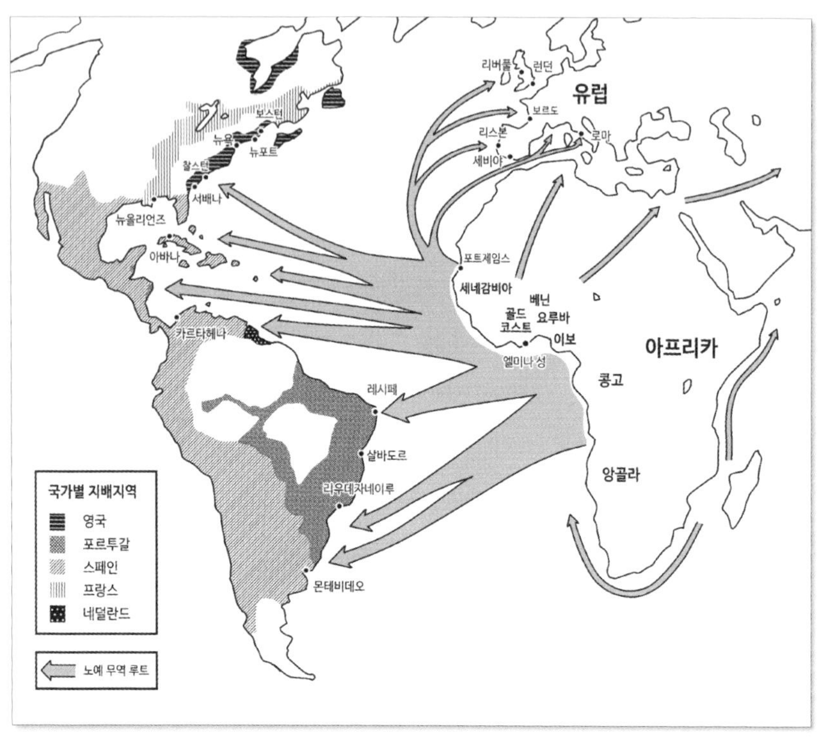

대서양 노예무역 지도

까지였고, 최절정기는 18세기 말이었다. 이 시기 대서양을 건너 신세계에 도착한 아프리카인은 모두 1,250만 명으로 추정된다. 약 350년간의 대서양 노예무역에서 브라질은 전체 물량의 41퍼센트를 차지했고, 카리브해의 영국, 프랑스, 스페인 식민지가 47퍼센트, 미국은 7퍼센트를 수입했다.

중간 항로를 거치면서 질병, 자살, 반란 등에 따른 노예 사망률은 17세기에 20퍼센트, 18세기 전반에 15퍼센트, 18세기 후반에 12퍼센트, 그리고 19세기에는 9퍼센트로 떨어진다. 전체로 보면 평균 사망률은 12.4퍼센트였고, 숫자로는 약 150~180만 명이 사망한 것으로 본다. 노예선의 규모는 250톤급 안팎으로, 450명 정원의 선박에 6백 명 정도를 싣거나 2배 가까이 싣기도 했다. 노예선의 상황은 열악했지만, 노예들의 식사와 운동을 관리하고 특히 비타민C 부족에 따른 괴혈병을 막기 위해 과일이 동나기 전에 도착하도록 유의했다. 신세계에 도착한 후에도 노예들의 원기를 회복시켜 가능한 비싼 값을 받으려 했기 때문이다.[13]

북미 영국 식민지의 노예 수입

영국은 1640년 바베이도스에서 사탕수수 경작을 시작했고, 1655년에 스페인으로부터 자메이카를 얻게 되면서 사탕수수 경작지를 급격히 늘려나갔다. 북미 최초의 영국 식민지는 1607년에 세워진 버지니아였고, 1632년에 건설된 메릴랜드와 함께 담배 경작에 필요한 노예 수입을 시작했다. 1663년에 세워진 캐롤라이나도 바베이도스에서 이주한 대지주들의 쌀 경작에 노예노동을 활용했다.

영국은 1672년에 왕립아프리카회사(Royal African Company)를 세우고 노예무역에 참여한지 백 년 만에 아프리카 노예 거래량의 절반을 차지했다. 1680년에서 1786년 사이에 영국 식민지에 수입된 노예의 총 숫자는 2백만이 넘는 것으로 추정된다. 북미 영국 식민지의 노예 인구는 1700년 3만 명, 1720년 7만 명, 1750년 25만 명, 1770년 46만 명, 그리고 건국이후 노예인구는 1790년 70만 명, 1810년 120만 명, 1820년 150만 명, 1840년 250만 명, 1860년 350만 명으로 추정한다.[14]

17세기에 북미 영국 식민지에 도착한 흑인은 대부분 서인도제도에서 왔으며, 계약 하인과 뚜렷이 구별되지 않았다. 버지니아 농장주들은 1670년대 말까지는 백인 계약 하인들을 선호했다. 계약 하인 제도는 영국에서 북미로 가는 데 필요한 경비와 식량, 숙소를 제공받는 대신, 4~5년의 기간 동안 하인으로 일하고 계약 기간이 끝나면 토지를 제공받는 제도였다. 그러나 버지니아로 실려 간 영국 하인들이 노예로 팔렸다는 보고가 이어졌으며, 계약 하인들은 낙인이 찍힌 채 경매에서 사고 팔리곤 했다. 또한 매질을 당하고, 만취, 간음, 절도, 도망 등의 죄목으로 노동 기간이 연장되곤 했다. 간혹 식민지 법원의 정당한 판결을 믿지 못한 하인들은 도망치기도 했다. 이에 매사추세츠 식민지는 기독교인을 노예로 삼지 못하도록 계약 노예제(bond slavery)를 금지하는 법을 1641년에 제정했다.[15]

버지니아의 아프리카인 노예 수입은 백인 하인 노동력이 줄어들면서 증가했다. 1702년부터는 버지니아에 수입된 백인 하인이 사실상 없었다. 노예 수입이 늘어난 것은 왕립아프리카회사의 노예무역 독점이 1698년에 끝나고 대서양 노예무역이 개방된 결과였다. 버지니아를 비롯한 북미 영국 식민지는 1700년

A L A W

For Regulating Negroes and Slaves in the Night Time.

BE It Ordained by the Mayor, Recorder, Aldermen and Affiftants of the City of New-York, convened in Common-Council, and it is hereby Ordained by the Authority of the fame, That from hence-forth no Negro, Mulatto or Indian Slave, above the Age of Fourteen Years, do prefume to be or appear in any of the Streets of this City, on the South-fide of the Frefh-Water, in the Night time, above an hour after Sun-fet; And that if any fuch Negro, Mulatto or Indian Slave or Slaves, as aforefaid, fhall be found in any of the Streets of this City, or in any other Place, on the South fide of the Frefh-Water, in the Night-time, above one hour after Sun-fet, without a Lanthorn and lighted Candle in it, fo as the light thereof may be plainly feen (and not in company with his, her or their Mafter or Miftrefs, or fome White Perfon or White Servant belonging to the Family whofe Slave he or fhe is, or in whofe Service he or fhe then are) That then and in fuch cafe it fhall and may be lawful for any of his Majefty's Subjects within the faid City to apprehend fuch Slave or Slaves, not having fuch Lanthorn and Candle, and forth-with carry him, her or them before the Mayor or Recorder, or any one of the Aldermen of the faid City (if at a feafonable hour) and if at an unfeafonable hour, to the Watch-houfe, thereto be confined until the next Morning) who are hereby authorized, upon Proof of the Offence, to commit fuch Slave or Slaves to the common Goal, for fuch his, her or their Contempt, and there to remain until the Mafter, Miftrefs or Owner of every fuch Slave or Slaves, fhall pay to the Perfon or Perfons who apprehended and committed every fuch Slave or Slaves, the Sum of *Four Shillings* current Money of *New-York*, for his, her or their pains and Trouble therein, with Reafonable Charges of Profecution.

And be it further Ordained by the Authority aforefaid, That every Slave or Slaves that fhall be convicted of the Offence aforefaid, before he, fhe or they be difcharged out of Cuftody, fhall be Whipped at the Publick Whipping-Poft (not exceeding *Forty Lashes*) if defired by the Mafter or Owner of fuch Slave or Slaves.

Provided always, and it is the intent hereof, That if two or more Slaves (Not exceeding the Number of Three) be together in any lawful Employ or Labour for the Service of their Mafter or Miftrefs (and not otherwife) and only one of them have and carry fuch Lanthorn with a lighted Candle therein, the other Slaves in fuch Compay not carrying a Lanthorn and lighted Candle, fhall not be conftrued and intended to be within the meaning and Penalty of this Law, any thing in this Law contained to the contrary hereof in any wife notwithftanding. *Dated at the City-Hall this Two and Twentieth Day of* April, *in the fourth year of His Majefty's Reign,* Annoq; Domini 1731.

By Order of Common Council,

Will. Sharpas, *Cl.*

뉴욕시 하원에서 통과된 노예 관련 법(1731, ©The New York Public Library)

14세 이상의 니그로, 물라토 혹은 인디언 노예가 등불 없이 밤에 홀로 돌아다니는 것을 금지했다. 이를 어길 시 공공 채찍 장소에서 40대의 채찍질을 받을 수 있었다.

을 기점으로 수천 명이 넘는 노예들을 수입했다. 1700년에서 1730년 사이에 버지니아에 수입된 노예는 약 2만3천~2만5천 명 정도였고, 이후 버지니아 노예 대부분은 직접 아프리카로부터 도착했다. 1710년경 버지니아의 노예가 전체 인구의 20퍼센트를 차지하면서 노예법(slave codes)도 계속 강화되었다.[16]

버지니아 식민지에서 아프리카인들의 법적·사회적 지위는 어느 정도 유동적이었고, 정해진 기간이 지나 자유인이 되기도 했다. 그러나 1662년 버지니아 의회는 여성 노예의 자녀를 영구 노예로 삼는 법을 제정했고, 1691년에는 백인들의 혼혈 결혼을 금지했다. 이 법들은 사우스캐롤라이나, 메릴랜드, 조지아 등 다른 식민지에서도 이어졌다.

이 외에도 흑인 노예가 임금을 벌거나 자유롭게 돌아다니거나 무리를 지어 모이거나 교육을 받거나 무기를 소지하거나 법정에서 증언하는 것 등이 금지되었다. 1705년에 버지니아 의회는 노예를 토지와 같은 재산으로 상속할 수 있게 했으며, 도망 노예의 신체 절단을 허용하는 법 등을 묶어서 노예법을 만들었다. 버지니아의 노예 인구는 1730년 2만6천 명에서 1750년 10만 명 그리고 1790년에 28만7천 명으로 증가했다.[17]

노예제와 인종주의

아메리카의 노예제도는 그 대상이 아프리카인으로 한정되었다. 평생을 노동해야 하며 노예 신분이 자식에게 세습된다는 특징이 있었다. 일찍이 8세기경 무슬림 상인들이 사하라 이남의 아프리카인들을 노예로 구매하기도 했었지만, 규모는 크지 않았다. 또 지중해 지역과 이베리아반도에는 코카시안 노예들도 있어서 노예라고 반드시 아프리카인만을 지칭한 것도 아니었다. 유럽인들은 16세기까지 슬라브인을 노예로 부렸고, 지중해를 중심으로 활동하던 튀니지, 알제리, 모로코 출신의 무슬림 해적들은 기독교인들을 노예로 삼기도 했다.[18] 다만 백인 노예는 흑인 노예보다 비쌌고, 몸값을 받고 풀려나거나 무슬림 포로와 교환될 수 있었다. '맘루크(mamluks)'로 불린 백인 노예들은 주로 가내 하인으로 일했고, '아비드(abid)'로 불리는 흑인 노예는 개간이나 채광 등 힘든 일을 맡았다.[19]

노예제가 아프리카 흑인의 영역으로 여겨진 건 15세기 중엽 이후다. 대서양 노예무역 이전 시기에 사하라 이남 아프리카인들에 대한 유럽인의 인식은 애매하고 유동적이었으며, 백인 노예나 흑인 노예에 대한 명확한 선호를 보이지 않았다. 그러나 서아프리카에서 본격적으로 흑인 노예를 수입하기 시작하면서 이베리아인들은 검은색 피부의 사람들을 더 낮게 평가했다. 서인도제도와 아메리카의 노예제는 사탕수수, 담배, 면화 등의 경작을 위한 대규모 노동의 필요에서 비롯되었지만, 동시에 피부색

에 기인한 것이기도 했다.[20]

　도미니크회 소속의 스페인 성직자 라스 카사스(Bartolomé de las Casas)는 아메리카 원주민을 노예로 삼는 것에 반대하면서 아프리카인 노예로 대체할 것을 제안한 바 있다. 스페인 왕실도 1512년에 부르고스 법(Laws of Burgos)을 선포하고, 1542년에는 신법을 제정하는 등 인디언 노예제를 막고자 했지만, 아프리카인 노예에 대한 보호조치는 없었다. 가톨릭교회마저 아프리카인이 기독교를 받아들여도 노예로 삼을 수 있다고 인정했다. 1537년 교황 바오로 3세는 인디언들이 영혼을 가진 이성적 존재이며 그들의 목숨과 재산은 보호되어야 한다고 했다. 이후 아프리카인을 천성적으로 열등한 집단으로 보는 인종주의는 신세계 노예제와 함께 확산해갔다.[21]

제2장

블랙 디아스포라

*

블랙 아프리카는 흔히 북아프리카와 남아프리카공화국을 제외한 지역을 말하지만, 블랙 디아스포라와 아프리칸 디아스포라는 서로 병행해서 사용된다. 다만 아프리카인들의 이산을 '블랙'이라는 용어로 정의할 때 아프리카를 동질화하고 인종화하는 것은 아니다. 아프리카인들의 디아스포라는 사하라사막과 바다를 가로질러 향료, 상아, 가죽, 직물, 금, 소금, 노예 등을 교환하는 무역과 함께 이루어졌다.

이들의 이산에서는 횡대서양 디아스포라가 가장 많은 관심을 받지만, 그 반대 방향인 인도양 섬들로 간 동아프리카인들도 있었다. 예컨대 5세기에 에티오피아는 스리랑카와 무역을 시작했고, 13세기부터 하인, 상인, 군인, 선원 등의 자격으로 아프리카인들이 인도에 도착하기 시작했다. 16세기 이후 노예무역이 증가했지만, 무슬림이 지배하던 인도에서 노예들의 일상은 인종적 차별과 거리가 멀었다. 이슬람 지배하의 북아프리카나 지중해 지역으로 간 서아프리카 노예들도 피부색에 따른 구별을 심하게 겪지 않았다.[1]

그러나 아프리카인의 대서양 횡단은 억압과 고통을 견뎌야 하는 힘겨운 과정이었다. 횡대서양 노예무역은 3백 년 넘게 국가, 종족, 언어, 종교가 다른 아프리카인들을 아메리카로 강제 이주시키면서 대서양 세계 곳곳으로 흩어지게 했다. 그런데 대서양 흑인의 여정은 아메리카와 서인도제도로의 비극적 이산을 넘어 육로와 해상의 경계를 넘나드는 유동성을 보여주었다. 특히 다양한 인종과 국적의 사람들이 만나는 해상생활을 경험한 흑인들은 농장에 예속된 노예들과 다른 세계관과 활약상을 펼쳐나갔다. 카리브해의 노예들은 바하마에서 쿠바로 도망치거나 마르티니크와 과달루페에서 푸에르토리코로, 수리남에서 베네수엘라로 도망치면서 스페인, 네덜란드, 프랑스, 영국 식민지의 경계를 넘었고, 아이티혁명 후에는 서인도제도에서 자유를 좇는 노예들의 행렬이 이어졌다. 북미에서는 스페인령 플로리다가 인접한 영국 식민지에서 도망쳐온 노예에게 자유를 보장해 노예들의 탈주를 부추겼다.[2]

이에 폴 길로이(Paul Gilroy)는 대서양을 유럽의 노예선들이 지배했던 식민 공간이 아니라 아프리카인의 유동성과 혼종성을 볼 수 있는 '검은 대서양(Black Atlantic)'으로 정의했다.[3] 이곳은 아프리카, 카리브해, 아메리카 그리고 유럽의 문화가 교차하는 혼합 공간이었다. 아프리카에서 노예로 건너온 흑인들은 서인도제도와 아메리카에 국한되지 않고 캐나다 노바스코샤를 비롯해 시에라리온과 영국 등지로 이주했다. 특히 선원, 수병, 상인 등으로 대서양 해상생활을 경험한 흑인들은 신체적 자유와 함께 경제적

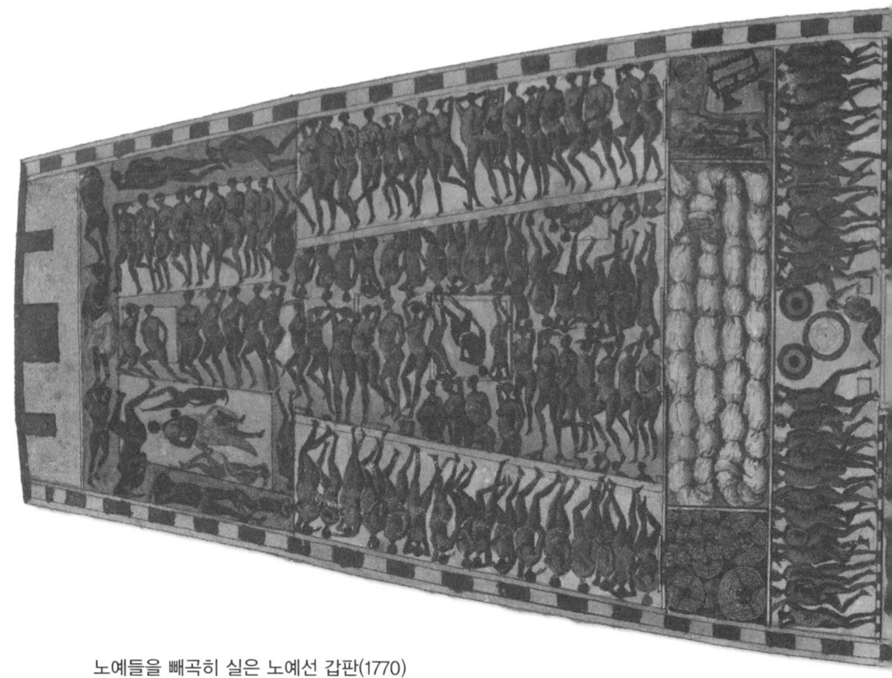

노예들을 빼곡히 실은 노예선 갑판(1770)

기회를 찾을 수 있었다.

이들이 구축한 의사소통 네트워크는 횡대서양 뉴스 파이프라인(transatlantic news pipeline)이 되어 본국과 식민지 소식을 빠른 속도로 전파했다. 이것은 무엇보다 서인도제도와 아메리카의 노예들이 노예제에 저항하고 생존하는 데 필요한 정보의 통로 역할을 했다. 배와 선원들을 통해 항구와 선창에서 내륙으로 이어지는, 그리고 배를 통해 섬들끼리 연결되는 노예들의 연락망이 작동한 것이다.[4]

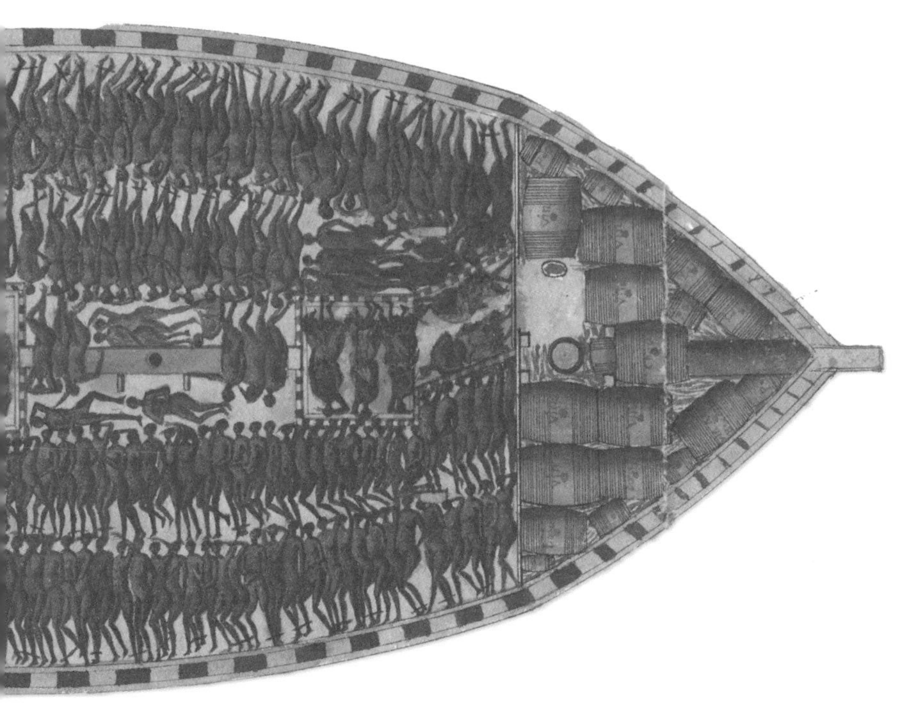

대서양 흑인의 해상 경험

대서양 흑인들에게 이동은 대부분 노예무역 같은 강요의 방식이
었지만, 기회를 추구한 노예들에게 배와 바다는 자유로 가는 파
이프라인이었고 피난처였다. 바다는 위험을 감수해야 하는 곳이
었으나 동시에 인종과 국경의 경계를 넘는 모험의 장소였다. 대
서양과 카리브해에서 아프리카인들은 해적선, 상선, 전함, 포경
선에 합류해 자유와 경제적 기회를 모색했다. 상대적으로 독립
적이었던 버뮤다의 노예들은 1770년대에 성인 남성 노예의 3분

의 1 이상이 바다로 나갔으며, 그 다수는 선박 기사나 누수 방지공 등으로 일했다. 백인에게는 적은 임금에 위험 부담이 높은 선원 생활이었지만, 흑인에게 서인도제도, 유럽, 아메리카 사이를 항해하는 배는 자유의 경로이자 세계를 보여주는 눈과 귀가 되었다.

1800년 이전에 영어로 출판된 흑인 자서전 여섯 편의 저자가 브리튼 해먼(Briton Hammon)을 비롯해 모두 선원이라는 사실은 해상 경험이 아프리카인 노예와 자유인의 자각에 미친 영향을 말해준다. 흑인들은 노동 부담이 적고 안전한 해군 배를 상선보다 더 선호했고, 런던에 도착해 자유를 얻은 노예 선원들은 하인, 요리사, 마부, 급사, 시종으로 일하면서 런던을 검은 대서양의 허브로 만들었다.

미국과 아이티에서의 혁명 이후에는 해상 노예들의 탈주가 더 잦아졌다. 1740년경 미국 선박 선원의 다수가 백인이고 선상 흑인은 모두 노예들이었다면, 1803년에는 선상 인력의 약 18퍼센트가 흑인이었고 그들 대부분은 자유인이었다. 특히 해적선은 상선이나 해군 배만큼 억압적으로 운영되지 않고 자율적이어서 아프리카 흑인들이 노예나 자유인의 상태로 거의 모든 해적선에서 활동했다.[5]

선상 작업은 피부색보다 기술의 숙련도와 경험이 더 중요했다. 사탕수수 경작이 지배적인 자메이카와 바베이도스와 달리 해적 소굴로 알려진 바하마제도의 해적들은 숙련 기술이 있는 흑인 선원들을 환영했다. 항해를 위해 돛을 만들어 다듬고, 바람의 방향을 살펴서 조종하며, 갑판과 객실 판자를 닦고 기름칠하고, 덮개에 타르 칠을 하는 등 배를 수리하고 보수하는 기술이 중요했기 때문이다. 기상 악화로 배가 위험에 처하거나 좌초할 위기에 있을 때는 선원들이 협동해 대응하는 노력도 필요했다.

뱃사람들은 바다 위에서 지루한 시간을 함께 보내면서 선상 생활에 필요한 지식과 기술을 서로 나눴다. 숙련된 흑인 조타수들은 선상의 리더로 활약했고, 흑인 선원들은 상거래를 통해 돈을 모을 수 있었다. 물론 선상 사회는 순조로운 항해를 위해 복종의 질서를 중시하고 위계질서도 엄격했으므로, 흑인들은 폭력적인 규율에 맞서 생존, 임금, 권리를 위해 투쟁해야 했다.[6]

아이티혁명 이후에는 아이티가 아프리카인에게 해방과 시민권을 약속하고 특히 자메이카와 미국의 흑인 선원들에게 피난처와 보호를 제공하면서 해상 노예들의 탈주가 이어졌다. 전쟁과 무역에 따른 해운업의 호황은 미국 선박 수와 더불어 흑인 선원의 증가를 이끌었다. 미국 정부는 1796년에 '미국 선원의 보호와 구조를 위한 법령'을 제정하고 선원보호증(Seaman's Protection Certificate)을 발급했으며, 이 서류 소지자는 미국 시민임을 보증했다. 1807년에 미국 함선인 체사피크(Chesapeake) 호는 선원의 절반이 유색인이었다.

영미전쟁에서는 약 1만8천 명의 자유 흑인이 해상에서 백인 선원들과 함께 무장에 동참하면서 약 20퍼센트에 달하는 미국 군함 선실을 점유했다. 영국 해군은 나폴레옹전쟁과 영미전쟁 시기에 1만 명이 넘는 미국 선원들을 미국 배에서 강제로 징집한

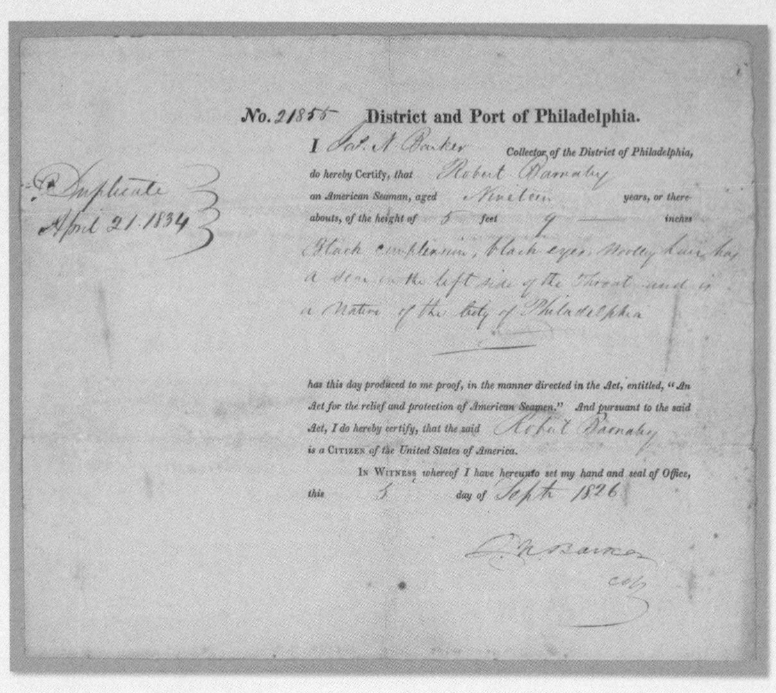

선원보호증(1826, ©The National Museum of African American History and Culture)
로버트 바나비(Robert Barnaby)의 선원보호증 사본으로,
그를 "검은 얼굴색, 검은 눈, 울퉁불퉁한 머리"를 가진 "미국 시민"으로 묘사하고 있다.

후 미국 시민권을 증명한 사람들만 풀어주었는데, 선원보호증이 없는 흑인 선원들은 가족, 친구, 후원자들에게 편지를 써서 도움을 요청하기도 했다. 1814년 영국 해군에 징집되기를 거부하며 영국 해군본부의 다트무어(Dartmoor) 감옥에 수감되었던 미국인 6,560명 가운데 흑인은 1,100명이었다.[7]

흑인 선원들의 시민권 주장

18세기 말 영국 해군은 만성적인 인력 부족을 해결하기 위해 영국인뿐만 아니라 미국 선원들을 강제로 징집했다. 1792년부터 1802년 사이 미국 배에서 징발당한 인원은 약 2천4백 명에 이른다. 또한 영국 해군 탈영병이 미국으로 건너가 미국 상선에 오르거나 미국 해군에 입대하자 인력 손실을 막기 위해 미국 상선을 수색하고 탈영병을 재징집할 수 있는 권리를 수장하기도 했다. 즉, 영국 땅에서 태어나 미국으로 귀화한 인원의 체포 권리를 주장한 것이다. 하지만 영국인 탈영병과 미국 태생의 미국인을 구분하지 않고 영국 해병으로 징발해가는 일이 잦아졌다. 이 중에는 미국 흑인 선원들도 포함되어 있었다.

당시 북부 흑인들은 신생 국가를 조국으로 부르며 팸플릿과 청원서, 법적 소송을 통해 평등한 시민권을 요구했다. 영국 해군이 1814년에 뉴욕 봉쇄를 강화했을 때에는 유색인 시민(Citizen of Color)의 「애국주의의 시험」이라는 기고문을 『뉴욕이브닝포스트』에 실어 요새 건설에 힘을 보탬으로써 시민의 의무를 다하자고 격려했다. 영국의 상선이나 전함에 강제로 징발되었던 흑인 선원들도 미국 시민으로서의 신원 확인 및 선처를 영사관에 호소했다. 1799년부터 1814년 사이에 11명의 흑인 선원이 쓴 편지들은 영국 정부와 미국 정부에 자신들이 미국인임을 밝히면서 석방을 탄원했고, 백인 후원자나 관리들에게도 편지를 써서 자신들을 미국 시민으로 증명해 달라고 부탁했다.

예컨대 윌리엄 고프리(William Godfrey)는 1799년에 미국 의회에 보낸 편지에서 영국 플리머스에 붙잡혀 있는 자신이 미국인이라는 신원 확인서를 요청했다. 1803년 뉴욕에서 배를 탔다가 영국 배에 붙잡혔던 제이콥 포터(Jacob Potter)도 보스턴의 친구들에게 편지를 써서 자신의 시민권을 증명해달라고 부탁했다. 찰스 피터슨(Charles Peterson)은 로드아일랜드 프로비던스의 세관원에게 편지를 써서, 1805년 선원 명부에서 자신의 이름을 찾아 그 사본을 런던의 미국 영사에게 보내달라고 부탁했다. 엘리아스 린치(Elias Linch), 맷 존스턴(Mat. Johnston), 데이비드 스미스(David Smith) 등은 1810년에 영국 플리머스의 미국 영사에게 직접 편지를 써서 자신들의 시민권을 증명해달라고 부탁했다. 쉐퍼드 분(Sheppard Bourne)도 캐나다 퀘벡에서 붙잡혀 지브롤터 근처에 있는 영국 배에 묶여 있다고 어머니에게 편지를 쓰면서 자신의 결혼증명서를 보내달라고 했다.[8]

니그로선원법 제정

1812년 전쟁 이후 미국과 영국은 양국 국민의 자유로운 항구 입항을 보장했다. 그런데 1822년 찰스턴에서 선원 출신이었던 덴마크 베시(Denmark Vesey)의 노예 반란 모의가 발각된 후, 사우스캐롤라이나는 노예들에게 위험한 소식이 전파되는 위험을 막기 위해 항구에서 흑인 선원들의 하선을 금지하는 '니그로선원

법(Negro Seamen Acts)'을 시행했다. 이에 따라 지역 관리들이 승선해 흑인 선원들을 하선시키고 구치소에 수감시켰으며 그 수감 비용은 선장이 내야 했다. 찰스턴 구치소에는 수백 명의 흑인 선원들이 수감되었다.

다른 남부 주에서도 흑인 선원의 입항을 거부하는 법안이 만들어졌다. 조지아주는 흑인 선원이 승선한 선박에 대한 40일 격리를 입법하면서 흑인 선원의 노예 접촉을 일절 금지시켰다. 구금 대신 유색인 선원의 선상 체류를 강제하는 이 법은 루이지애나, 노스캐롤라이나, 플로리다 등지에서도 이어졌고, 유색인의 법적 지위를 놓고 1830년대 미국과 영국의 갈등으로까지 이어졌다. 영국은 미국에 입항한 영국 흑인들을 법적으로 보호하고 그 격리를 해제해야 한다고 주장했으며, 흑인들도 사법 투쟁을 전개해나갔다.

그러나 1822년에서 1860년 사이 앨라배마, 미시시피, 루이지애나, 텍사스에서도 니그로선원법이 확장 시행되었다. 미국 북동부에서 온 흑인 선원들이 연방의회에 보상을 청원했지만, 연방정부는 주의 인종정책과 흑인 시민권 문제에 개입하지 않는 원칙을 고수했다.[9]

스페인령 플로리다와 도망 노예

북미 대륙에 건설된 최초의 유럽인 정착지는 1565년에 세워진 스페인령 플로리다. 이 지역은 영국이 사우스캐롤라이나를 건립한 이후 영국령 식민지 노예들의 피난처가 되었다. 스페인은 1686년에 영국이 세인트오거스틴(St. Augustine)을 약탈하자 캐롤라이나에서 도망쳐온 노예들에게 개종하면 자유를 주겠다고 했고, 약 백 명이 그 제안을 받아들였다. 이들 중 일부는 플로리다 변경을 방어하는 군대에 편입되어 스페인 민병대와 함께 싸웠다.

스페인 국왕은 1693년과 1699년에 이어 1733년과 1740년에도 영국 식민지에서 도망쳐온 노예들에게 자유와 보호를 약속했고, 플로리다 총독은 사우스캐롤라이나에서 도망쳐온 노예들에 대한 주인들의 반환 요구에 응하지 않았다. 스페인령 플로리다의 총독 법정에서는 노예에게도 자유 구매에 필요한 돈을 내고 자유민 증명서를 획득할 권리가 보장되었다. 이러한 권리는 그 어떤 영국 식민지나 프랑스 식민지에도 존재하지 않는 것이었다.

1746년 세인트오거스틴 거주 인구 1천5백 명 가운데 흑인은 약 25퍼센트를 차지하고 있었다. 1760년에는 북미 최초의 흑인 정착지인 포트 모스(Fort Mose)가 건설되었다. 1763년에 영국이 플로리다를 점령하자 플로리다 흑인들은 스페인인들과 함께 쿠바로 건너갔고, 스페인 왕실은 그들에게 토지와 지원금을 주었다. 영국령이나 프랑스령 식민지보다 스페인령 식민지에서 자유 흑인 숫자가 급속히 증가한 까닭은 본국 이주민이 적어서 방위나 안전을 위해 자유민으로 일할 사람이 필요했기 때문이다. 스페인은 라틴아메리카와 카리브해에서도 프랑스와 네덜란드 등 외부 공격에 대비해야 했으며, 반란을 진압하는 데 자유민들이 필요했다.[10]

혁명기 흑인의 디아스포라

18세기 후반은 7년 전쟁에 이어 미국혁명과 아이티혁명이란 정치적 격변이 이어지던 혁명의 시대였거니와 당대의 서인도제도와 북미는 영국, 프랑스, 스페인, 네덜란드 등 유럽 국가들이 치열하게 각축을 벌이던 경쟁의 장이었다. 이 시기 식민지령의 노예들은 피난처를 찾아 흩어지고 이동했다. 미국 독립전쟁 당시 식민지 노예들은 영국군에 협력해 약 2만 명이 해방되었고, 식민지 군대의 편에서 싸웠던 약 5천 명의 노예들도 상당수가 그 예속에서 풀려났다. 해방을 얻은 흑인들 일부는 영국이나 서인도제도로 이주했으며, 약 3천 명은 1783년 영국군과 함께 캐나다 노바스코샤에 도착했다.[11]

영국은 1787년에 아프리카에 시에라리온(Sierra Leone)을 세워 4백여 명의 런던 흑인들을 보냈고, 1792년에는 미국 독립전쟁 후에 노바스코샤로 갔던 흑인들 1천2백 명이, 그리고 1800년에

자메이카 마룬 지도자의 모습

LEONARD PARKINSON, a Captain of MAROONS.

taken from the Life.

는 550명이 시에라리온으로 이주했다. 일례로 버지니아 노예였던 데이비드 조지(David George)는 조지아의 서배너로 도망쳐 크리크(Creek), 나체츠(Natchez) 인디언의 땅으로 피신했다가 찰스턴을 떠나는 영국군 부대를 따라 노바스코샤로 갔다. 사우스캐롤라이나 노예였던 보스턴 킹(Boston King)도 영국군 부대로 도망쳐 전투에 참전하고 뉴욕을 거쳐 노바스코샤, 시에라리온에 이르렀다. 이들은 시에라리온에서 영국에 건너가 신학 교육을 받고 돌아왔으며, 각기 침례교와 감리교 목사로 활동하면서 아프리카인들에게 신앙을 설파했다.[12]

시에라리온 흑인들은 "아프리카는 아프리카인을 위한 것"이라고 주장하며, 토지를 분배하지 않고 낮은 임금을 지급하는 회사 행정에 맞섰다. 일부 이주민은 아프리카 주민과 자신들을 구별하고 도제제도라는 이름으로 토착민을 노예로 구매하는 등 갈등을 빚었다. 영국 군대는 1799년에 일어난 노바스코샤 이주민들의 폭동을 자메이카 마룬(maroons) 수백 명을 동원해 진압했다. 1807년에 시에라리온 회사가 파산한 후에는 영국 노예제 폐지론자들이 창설한 아프리카 협회(African Institution)가 흑인들의 이주를 도왔고, 노예무역을 폐지한 영국 정부는 시에라리온을 왕령 식민지로 만들었다. 아프리카로의 귀환을 선택한 디아스포라 흑인들은 정치적·경제적 독립을 위해 새로운 청사진을 마련해야 했다.[13]

혁명기 미국 흑인들이 가장 선호했던 이주지는 영국이었다. 1772년에 영국 고등법원의 수석 재판관이었던 맨스필드 경

(Sir James Mansfield)이 제임스 서머싯 재판(James Somerset v. Charles Stewart)에서 주인이 노예를 식민지에 강제로 돌려보낼 수 없다고 판결한 것은 영국에서 노예제가 불법임을 선언한 것이었다. 이후 영국은 흑인들에게 완전하지는 않으나 법적 보호를 제공하는 피난처로 인식되었다. 영국에 이주한 흑인 일부는 그랜빌 샤프(Granville Sharp)와 토머스 클락슨(Thomas Clarkson)과 같은 노예무역 폐지론자들과 복음주의 종교 지도자들의 정신적 후원과 물질적 도움을 받고 노예제의 실상을 알리는 일에 앞장섰다. 이들이 구술하거나 직접 기술한 자서전은 영국과 미국에서 큰 관심을 끌었다.[14]

대서양 흑인들의 자서전

18세기 말 대서양 양안에서는 흑인 노예와 자유 흑인들이 구술하거나 자술한 자서전이 출간되었다. 이들 흑인 서사의 표지는 저자들을 '니그로', '블랙' 혹은 '아프리카인'으로 소개했다.[15] 아프리카, 아프리카인이라는 용어는 단일한 문화적 혹은 인종적 단위의 지역이나 사람들로 정의되었고, 문화적 열등성을 내포한 니그로, 블랙과 뒤섞어 사용되었다. 1734년에 런던에서 최초로 발간된 노예 자서전의 주인공은 욥 솔로몬(Ayuba Diallo, Job Solomon)이었다. 그는 아랍어를 하는 세네갈의 무슬림 노예 상인이었다. 메릴랜드에서 2년간 노예 생활을 했던 그는 감비아로 돌아가는 선장에게 편지 전달을 부탁했고, 그것을 읽은 영국인의 도움으로 해방된 후 런던을 거쳐 아프리카로 돌아갔다.[16]

이어서 브리튼 해먼(Briton Hammon, 1760), 제임스 그로니오소(James A. U. Gronniosaw, 1770), 필리스 휘틀리(Phillis Wheatley, 1773), 이그나시우스 산초(Ignatius Sancho, 1782), 존 매런트(John Marrant, 1785), 오토바 쿠고아노(Quobna Ottobah Cugoano, John Stewart, 1787), 올라우다 에퀴아노(Olaudah Equiano, 1789), 벤처 스미스(Venture Smith, 1798) 등이 글을 발표했다.[17] 이들 흑인 저자들 가운데 해먼, 그로니오소, 매런트, 에퀴아노, 스미스는 선원 생활을 경험했다. 이들은 노예, 수병, 선원, 상인, 설교자 등으로 카리브해와 대서양을 가로지르며 겪은 예속과 자유, 여행과 모험 그리고 기독교 신앙에 대한 이야기를 극적으로 기술했다. 이들의 글은 "백인의 눈을 통해 자아를 보는 이중의식"을 보여준다는 평도 받았지만, 노예무역과 노예제의 실상을 증언한 자료에 그치지 않고 개인의 자아 성찰을 보여준 흑인문학의 효시로 평가받았으며, 아프리카인 이산문학의 범주로 분류되었다.[18]

'검은 벤저민 프랭클린(Black Benjamin Franklin)'으로 불린 벤처 스미스의 경우, 서아프리카 왕자 출신으로 30년간 로드아일랜드 노예로 일한 후에 자유를 얻었고, 사업적 수완으로 돈을 벌어 아내와 자녀들의 자유를 샀으며, 1798년에 자서전을 출간했다. 그는 20척이 넘는 선박을 보유하고 목재와 수산물 무역을 했으며 농장과 저택도 소유했다. 그의 자서전은 '정직, 검약, 근면'을 실천한 흑인 부르주아 자서전의 원형으로 평가받았다. 그러나 스

미스는 자신의 모든 미덕은 아프리카의 아버지에게 배웠다면서 아프리카인으로서의 자부심을 드러냈다.[19]

13년간의 파란만장한 휴가를 경험한 노예 브리튼 해먼

1760년에 영국 식민지 최초의 노예 자서전을 보스턴에서 구술로 발표한 해먼의 기록은 "진기한 고난과 놀라운 구원의 이야기"로 소개되었다. 그는 주인에게 크리스마스 휴가를 받아 매사추세츠 플리머스에서 자메이카로 가는 배를 탔지만, 플로리다 해안에서 난파되어 인디언의 포로가 되었다가 스페인 선장에게 팔려 쿠바 총독의 하인 생활을 했다. 그러다 스페인 징병관의 징집을 거부한 죄로 5년을 쿠바 지하 감방에 갇히게 되고, 가톨릭 주교의 가마꾼으로 일하며 돈을 모은 뒤, 마침내 영국 선박으로 도망쳐 자메이카에 도착한다.

이후 영국으로 건너간 해먼은 군함 병사로 고용되어 프랑스와의 전투에도 참여하는데, 이때 얻은 부상으로 선상 복무에 대한 임금을 받고 런던 병원 치료를 받는다. 퇴원 후에는 더 많은 돈을 벌기 위해 서인도제도로 가는 배를 물색하고 보스턴으로 가는 선박의 요리사로 고용되었다가 놀랍게도 옛 주인과 재회하게 된다. 스페인보다는 영국을, 그리고 육지 생활보다는 선상 생활을 선호했던 그가 옛 주인을 만나지 않았더라면 선원이나 요리사로서 대서양에서의 생활을 계속했을지도 모른다.

해먼의 13년간의 이동 궤적은 스페인 식민지 플로리다, 서인도제도의 쿠바와 자메이카 그리고 영국을 아우르며, 그의 신분은 노예에서 인디언 포로, 하인, 죄수, 가마꾼, 병사, 자유민 등으로 바뀐다. 그가 만난 사람들도 인디언, 스페인인, 영국인 등 다양했고, 그들의 지위도 족장, 선장, 선원, 총독, 주교, 해군 장교 등이었다. 그의 글은 대서양 세계의 다양한 예속 유형과 그 경계의 유연성, 즉 예속 상태와 자유민 사이의 모호함을 보여준다. 인종에 대한 구별의식도 불투명해 피부색이 그의 신분을 결정짓지 않았다. 백인들과 함께 인디언의 포로가 되었고 백인들보다 더 관대한 대접을 받았으며, 다른 피부색의 사람들과 함께 쿠바에서 일하고 감방에 갇혔으며, 영국인 병사들과 7년 전쟁에 참여하고 병원에서 치료받았다.

아프리카 왕자에서 런던 시민이 된 제임스 그로니오소

뉴욕에서 노예와 자유민으로 7년 넘게 생활했던 그로니오소는 아프리카 왕자 출신으로 15세 때 새로운 세상을 보려고 집을 나섰다가 노예로 팔렸다. 뉴욕에서 네덜란드인 목사 주인의 유언으로 자유를 얻은 후, 수년간 하인으로 지내면서 영국에 건너갈 비용을 마련하고서 서인도제도로 가는 사략선에 합류한다. 또 영국 군대에 지원해 바베이도스와 마르티니크를 경험하고 프랑스 상선들과의 전투에도 참여했다. 하지만 사병 봉급을 지불받지 못한 채 쿠바 아바나에서 배를 타고 스페인을 거쳐 영국 포츠머스에 도착하는데, 여기서도 사기를 당해 가진 돈을 모두 **빼앗겼**으며, 영국을 "사악함과 속임수가 넘쳐나는 기독교도들의 땅", "소돔보다 더 나쁜 곳"이라고 말한다.

이후 런던에서 조지 횟필드(George Whitefield)를 만나 도움을 받고, 뉴욕 옛 주인 지인들의 설득으로 암스테르담을 방문한다. 그곳 목사들 앞에서 자신의 경험담을 들려주면서 부유한 상인의 집사로 1년간 일한 뒤, 네덜란드에 정착하라는 권유를 물리치고 런던에서 만난 백인 여성과 결혼하기 위해 런던으로 돌아온다. 하지만 이 부부는 일거리를 찾아 여러 지역을 전전하며 불안한 고용 생활을 이어갈 수밖에 없는 처지에 놓인다. 그의 구술 자서전도 경제적 곤궁을 타개할 방책으로 출간된 것이었다.

그로니오소의 자서전은 영국 이주를 모색하며 겪은 여러 고난에 대해 기술하지만, 동시에 대서양 흑인에게 주어졌던 다양한 기회들도 보여주고 있다. 그는 해먼과 달리 고향인 아프리카의 자연과 자신의 가족 그리고 신앙 활동에 대해 자유롭게 서술했으며, 이후 미국과 서인도제도, 영국, 네덜란드에서 군함 병사를 비롯해 다양한 돈벌이에 종사하면서 신분의 자유를 누렸다. 병사 월급을 받지 못한 일, 영국 백인들의 거짓말과 속임수에 돈을 잃은 일, 죽은 딸을 교회 묘지에 묻는 걸 거부당한 일 등을 기술하지만, 피부색에 따른 차별은 언급하지 않았다(이 점은 해먼의 자서전과 유사하다).

아울러 자식과 빚이 있는 백인 과부와의 혼인을 주변에서 극구 말리던 장면에서는 당시 런던의 결혼 관습상 피부색보다 돈이 중요한 조건이었음을 읽어낼 수도 있다. 즉, 18세기 중반 대서양 세계는 자유와 예속의 구분 그리고 인종 간 차별의식이 불투명했다. 판단건대 그로니오소가 아프리카 왕자, 뉴욕 자유민, 네덜란드 집사의 삶이 아닌 영국 가장의 삶을 선택한 것은 종족이나 인종, 국가에 대한 소속감보다 생존과 안전이 무엇보다 중요했던 아프리카인 이산민의 삶을 보여주는 것이 아닐까.

아프리칸 뮤즈 필리스 휘틀리

필리스 휘틀리는 아프리카에서 8살 무렵 보스턴으로 팔려와 주인의 도움으로 그리스어와 라틴어 고전을 배웠다. 스무살이 되던 1773년 영국에 건너가 『종교와 도덕에 관한 다양한 주제의 시(Poems on Various Subjects, Religious and Moral)』를 발간해 아프리카의 시신(詩神, Afric Muse)이라는 호칭을 받았다. 미국의 종교 지도자 새뮤얼 홉킨스(Samuel Hopkins), 벤저민 러시(Benjamin Rush)와 영국의 박애주의자 존 손튼(John Thornton) 등과 서신을 주고받으며 1770년대 대서양 양안의 기독교적 보편 형제애 개념을 공유했다. 그녀는 미국으로 돌아온 후 자유를 얻었지만, 생활고를 겪다가 1784년 31세의 나이로 사망했다.[20]

그녀는 자신을 에티오피아인으로 칭하면서 "어떤 사람들은 우리 검은 인종(sable race)을 경멸하는 눈으로 본다. '저들의 피부색

PHILLIS WHEATLEY, NEGRO SERVANT to MR JOHN WHEATLEY, of BOSTON.

필리스 휘틀리

은 악마의 색이다'라고. 기억하라, 크리스천들이여, 니그로는 카인처럼 검지만 순화되어 천국의 열차에 합류할 것임을('On Being Brought from Africa to America')"이라고 일갈했다. 또 "유쾌한 감비아에서 에덴동산이 다시 꽃핀다"라면서 고향 이집트는 어둠의 땅이지만 전 인류를 구원하기 위해 그리스도가 영생을 약속했으니 "아프리카인들이여, 신을 받아들이라. 그는 당신들을 기다리고 있다. **공평한 구세주**가 그의 이름이니, 세례를 받으면 당신들은 **신의 아들이 되고 왕이 되고 사제가 될 것이다**('On the Death of Rev. Mr. George Whitefield')"라고 노래했다. 이는 아프리카를 이상화하고 아프리카에 대한 자부심을 토대로 하는 에티오피아니즘(Ethiopianism) 그리고 아프리카인들이 신의 선택을 받았다는 선민의식을 보여준다.

휘틀리는 검은 피부색에 대한 경멸을 비판하면서 아프리카인들이 신앙을 통해 구원될 것임을 공언했다. 그녀의 글은 "죄 없는 인종에 대한 신의 해방과 구원" 그리고 "신성한 빛이 아프리카 땅에서 두꺼운 어둠을 걷어내고 오만한 적들에게 심판과 처벌을 내릴 것"이라는 자유와 희망의 메시지였으며, 성서와 신의 섭리를 빌려 흑인의 "공평한" 천부권을 주장한 인종 의식적 서사였다.[21]

18세기에 저술을 남긴 대서양 흑인들 가운데 유일하게 자유민으로 태어난 존 매런트는 미국 북부에서 남부와 서인도제도를 거쳐 영국으로 건너갔다가 다시 캐나다와 미국에 돌아와 활동한 후 영국에서 여생을 마쳤다. 뉴욕에서 태어나 플로리다 자유흑인 공동체로 이주했고, 다시 조지아와 사우스캐롤라이나로 옮겨 살다가 찰스턴에서 조지 휫필드의 설교를 듣고 개종한다.

하지만 가족들이 개심에 반대하자 체로키 및 크리크 인디언들과 함께 생활하다가 이후 서인도제도에서 영국 병사로 일한 뒤 런던으로 건너가 상인의 도제가 되었다. 목사 서품을 받은 후에는 노바스코샤로 가서 선교 활동에 종사했으며, 보스턴에서 프리메이슨 활동에 참여한 뒤 영국으로 돌아갔다. 그는 흑인들이 미국에 매달리지 말고 대서양 세계에서 유용한 정체성을 찾으라고 장려했으며, 런던에서는 흑인들을 시에라리온으로 보낼 자금 모집에 나서기도 했다. 그는 대서양 세계에 흩어져 있는 아프리카인들을 모으는 것을 자신의 소명이라고 생각했다.[22]

매런트는 흑인들이 기독교를 통해 정신적 구원을 얻을 것을 강조하면서 프리메이슨의 이념을 아프리카 후예들을 위한 신의 섭리라고 보았다. 1789년 흑인 프리메이슨 집회 연설에서 노예제가 프리메이슨의 보편적 우애 이념과 기독교의 가르침에 어긋나는 것임을 지적했으며, 진리와 정의의 심판을 경고했다. 또한 아프리카인들의 선조인 고대 이집트인들이 형제애로 결속되었

존 매런트

던 석공들의 후예였다면서 아프리카 조상들의 역사에 대한 자부
심을 표출했다. 예컨대 "고대 역사는 아프리카인들이 참으로 선
하고, 현명하고, 학식이 있는 사람들이었고 위대했음을 보여준
다"는 내용이었다.[23]

휘틀리가 제시했던 아프리카인으로서의 자각 그리고 신의 심
판과 처벌에 대한 경고는 이렇게 매런트에 이르러 노예제에 대
한 비판, 아프리카의 유산과 전통 예찬 그리고 선택받은 선민으
로서의 사명감으로 발전한다. 이는 해먼과 그로니오소에게서는
볼 수 없었던 '아프리칸'의 정체성이었으며, 이후 아프리카인의
혈통과 영광의 유산에 대한 자부심으로서 미국 흑인 단체들의
이름에 '아프리칸'이 접두하는 계기가 되었다.[24]

이그나시우스 산초와 오토바 쿠고아노의 노예제 비판

이그나시우스 산초는 노예제를 비판하는 저술을 발표한 최초
의 아프리카인이다. 서인도제도로 가는 노예선에서 태어났으며,
2년간 그라나다에서 노예 생활을 한 후 1749년에 자유를 얻었
다. 이후 런던으로 건너와 하인과 집사로 일했으며 식료품점을
운영했다. 1774년에 영국에서 성인 남성으로서 참정권을 행사
한 첫 번째 흑인이 되었다. 그는 "풍요로운 낙원인 아프리카에서
니그로 형제들에게 행한 기독교도의 잔인한 폭압"을 비난하면
서 "동인도와 서인도제도 그리고 기니 해안에서 영국의 행위는

Ignatius Sancho.

London Published Dec.r 20.th 1802 by W.m Sancho, Charles Street Westminster.

이그나시우스 산초

사악한 것이며, 그들은 신의 뜻을 거스르고 있다"라며 노예무역과 노예제를 강하게 비판했다.[25]

인종적 불의에 대한 비판은 오토바 쿠고아노의 자필 저술에서 더욱 강렬해진다. 그는 아프리카에서 납치되어 서인도제도에서 1년 정노 노예로 있다가 주인을 따라 영국으로 건너간 뒤 자유를 얻는다. '아프리카의 아들들(Sons of Africa)' 모임의 회원으로서 영국 왕실과 에드먼드 버크(Edmund Burke) 등에게 편지를 보내는 등 노예무역 폐지 운동에 앞장섰다. 그는 노예무역의 뿌리를 타락한 기독교라고 보고 인간의 자연권을 빼앗은 노예제를 사악한 강도질에 비유했다. 아메리카 원주민의 피로 남미를 정복한 스페인 정복자들은 살인자들이며 프로테스탄트 노예 상인과 농장주들은 그리스도의 적이라고 지적했다. 동족을 납치해 팔아넘긴 아프리카 상인들과 지배자들 또한 유럽의 탐욕에 오염되었다고 비판했다.

쿠고아노는 노예선에서 목도하고 경험한 노예들의 공포와 고통에 대해 자세히 기술했다. 서인도제도 노예들에게 가해지는 가혹한 매질과 사탕수수 조각으로 연명하던 노예들의 기아 상태에 대해서도 언급했다. 그는 아프리카인에 대한 야만적 행위가 피부색에 대한 인종적 편견 때문이라고 비난하면서, 아프리카인을 천성적으로 열등한 종족이라고 보는 것은 모든 인간이 신 앞에 평등하다는 기독교의 가르침을 거스르는 것임을 분명히 했다.[26]

블랙 코즈모폴리턴 올라우다 에퀴아노

18세기 말 대서양 흑인들 가운데 가장 역동적이고 주체적인 경험을 보여준 올라우다 에퀴아노는 다른 흑인 자서전의 4배가 넘는 분량의 자서전에서 당대 그 어떤 백인도 경험하기 어려운 방대한 여정에 대한 기록을 남겼다. 그의 자서전은 대서양 양안에서 큰 인기를 누리며 여러 언어로 번역되었고, 노예무역 폐지 운동에도 상당한 영향을 미쳤다.[27]

먼저 그의 자서전 내용을 압도하는 것은 엄청난 스케일의 이동 경로다. 대서양뿐만 아니라 지중해를 여러 번 항해하고 인도항로를 찾는 북극해 탐험에 합류해 그린란드에 당도했으며, 아메리카와 유럽 대륙 곳곳을 방문했다. 그가 아프리카에서 서인도제도에 도착한 뒤 방문하거나 거주했던 곳은 바베이도스, 마르티니크, 자메이카를 비롯해 미국 북부와 남부(필라델피아, 프로비던스, 뉴욕, 서배너, 찰스턴), 캐나다(노바스코샤), 영국(런던, 플리머스, 포츠머스, 지브롤터), 스코틀랜드, 아일랜드, 네덜란드, 그린란드, 프랑스 라 로셀(La Rochelle), 스페인의 카디스(Cadiz)와 말라가, 포르투갈 포르투(Oporto), 이탈리아의 제노바와 나폴리, 튀르키에 이즈미르(Smyrna) 등이었다.

에퀴아노는 열 살 무렵 아프리카 베냉(Benin)에서 붙잡혔다가 버지니아 농장주, 영국 해군 선장, 필라델피아 퀘이커 상인에게 연이어 매매되었으며, 21세의 나이인 1766년에 자유를 살 수 있었다고 말한다. 서인도제도와 대서양을 오가며 노예 생활을

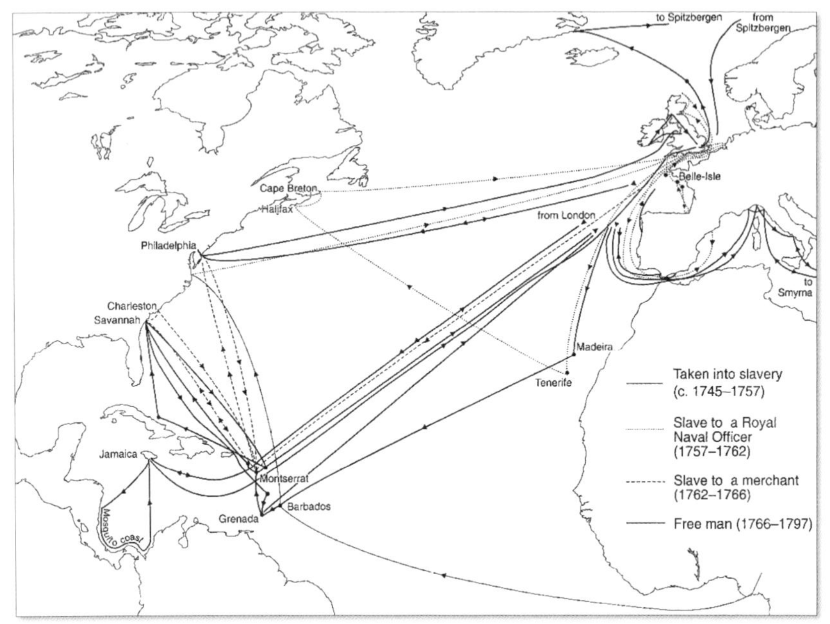

에퀴아노의 여정을 보여주는 항로[49]

겪은 뒤 자유인이 된 후에도 지중해와 카리브해를 항해하는 상
선에서 일하거나 상거래에 종사하면서 1777년까지 선원 생활을
했다. 그는 "바다 생활에 질려서" 영국에 정착한 뒤 1789년 자서
전을 출간한다.

그는 노예 시절에도 주인인 선장을 따라 해상에서 7년 전쟁에
참여했고, 서인도제도와 아메리카를 연결하는 상거래에서 럼주
와 설탕 등을 팔며 돈을 모아 자유를 살 수 있었다. 이후에도 "능
력을 발휘할 수 있는 항해에서 더 많은 돈을 벌고 싶었다"면서
이탈리아와 튀르키에, 포르투갈, 프랑스로 가는 배를 타고 선원

생활을 계속했다. 해상에서는 늘 난파 위험에 대비해야 했고, 각국 함선이나 상선들과의 전투에서 생명을 위협받고 물품도 강탈당했지만, 에퀴아노는 이 모든 걸 감수하고 부의 기회를 잡으려했다. 그는 부의 획득만이 자유를 보장한다는 것을 믿었으며, 재산 축적이 성공의 지름길임을 알았다. 선상에서 익힌 항해 기술과 거래 수완은 그를 자유인으로 살아가게 만드는 밑천이었다.

물질적 성공을 향한 그의 야망은 자메이카 킹스턴 플랜테이션에서 노예 구매를 하며 2년간 농장 감독관으로 일하는 것에도 개의치 않았다. 다만 "흑인 노예들을 항상 애정으로 돌보고 그들이 편히 생활할 수 있도록 했기 때문"에 자신이 농장을 떠난다고 했을 때 "불행한 동포인 노예들이 매우 슬퍼했다"면서 관대한 감독관이었음을 자임하기도 한다. 그러나 그 자리에서 물러난 뒤 후임 백인 감독관이 노예들을 "잔혹하고 비인간적으로 대해서" 노예들이 카누를 타고 도망치다 익사했다는 소식도 접한다.[29]

에퀴아노는 배를 작은 세계에 비유했다. 유창한 영어를 습득했고, 선장의 오른팔이 될 정도로 항해 기술을 익혔으며, "피부색이 다른 이방인"인 자신에게 "동료, 스승, 통역원"이 되어준 백인 청년과의 우정도 모두 선상에서 만들어진 것이었다. 당시 대서양과 카리브해, 지중해를 왕래하던 상선들에는 여러 인종의 선원들이 뒤섞여 있었고, 피부색에 따른 인종 간 장벽도 낮았다. 그에게 최고의 자유로움을 느끼게 해주는 바다는 "원하기만 하면 배를 타고 도망칠 기회"를 제공하는 공간이었다. 심지어 그는 과달루페섬에서 프랑스행 상선의 선원이 부족해 도망 노예들

올라우다 에퀴아노 자서전 속 삽화

에게 15~20파운드씩 주며 승선시킨 적도 있었다고 말한다. 반면 육지에서는 사정이 달랐다. 예컨대 조지아 서배너에서 그는 백인들에게 붙잡혀 매질과 폭행을 당하고 감방에 갇히는 위험을 겪기도 했다.[30]

22년간의 바다 생활을 마친 후 영국에 정착한 에퀴아노는 아프리카 선교사직을 신청했으나 런던 주교에게 거절당한다. 이후 뉴욕행 배의 선원으로 다시 일하기도 했고, 1785년에는 필라델피아를 방문해 "억압받는 아프리칸 형제의 해방을 돕는 퀘이커교도들의 노력"에 감사하는 연설도 했다. 런던으로 돌아온 뒤에는 시에라리온 계획에 동의하지는 않았지만 물품 보급관의 직책을 맡았고, 이주 흑인들의 필수품 구매에 써야 할 자금이 남용된 것을 알고서 그 시정을 요구하다가 해고되기도 했다.[31]

영국에서 에퀴아노의 활동은 노예제 폐지보다 노예무역의 해악을 알리는 데 집중되었다. 그는 노예무역 종식이 영국 경제에 도움이 된다면서 1788년 영국 여왕에게 보낸 탄원서에서 노예무역을 폐지하더라도 풍부한 인구와 자원을 지닌 아프리카와의 상거래가 제조품 수요를 늘려 영국에 경제적 이득을 가져올 것이며, 아프리카도 유럽과의 무역을 통해 문명화의 토대를 마련할 수 있다고 주장했다. 아프리카는 목화, 담배, 고무나무 등 현금 작물을 경작할 수 있고 영국 상품의 풍부한 시장이 될 수 있으므로, 제조업자들은 노예 상인이나 사탕수수 농장주보다 훨씬 많은 이윤을 얻을 수 있다는 논리였다.

이는 노예무역 폐지를 설득하기 위한 그의 전략이기도 했지만, 무엇보다 교역과 시장의 가치에 대한 그의 믿음을 보여준다. 1787년에 구성된 영국의 노예무역폐지위원회도 노예무역을 폐지하면 노예들의 처우가 개선되고 결국 노예제는 점진적으로 사라질 것으로 보았다. 흑인이 백인 사회에 융합될 수 없다고 생각한 노예무역 폐지론자들은 영국 흑인들을 시에라리온으로 보내려는 흑인빈민구제위원회의 계획을 지지했다.[32]

에퀴아노 자서전의 목표는 노예제를 고발하고 억압받는 아프리카인들의 천부권을 옹호하는 데 있었다. 그는 자서전에 복음주의 활동가 그랜빌 샤프에 대한 감사와 노예제를 옹호한 제임스 토빈(James Tobin)에 대한 비판의 서한을 함께 실었다. 그는 여기서 흑인을 열등한 인종으로 보고 그 억압을 정당화하는 자들을 지적하면서, "외양이나 피부색 차이는 기후 환경의 영향"일 뿐이고 "유럽인의 조상도 한때는 미개하고 야만적이었다는 것을 상기"하라고 촉구했다. 또 농장 감독관들이 노예를 난도질하고 짐승처럼 다루는 인간 도살자였다고 증언했다. 여자 노예의 입에 철 부리망을 씌우고 노예의 귀를 자르거나 인두질하고 산 채로 화형하는 것도 고발했다. 죄지은 노예가 목숨이나 신체 일부를 내놔야 하는 바베이도스법을 예로 들면서 아프리카인을 인간으로 대접하지 않는 것은 신의 뜻을 거스르는 일이라고 강력 비판했다.[33]

나아가 에퀴아노는 인종주의를 고발하는 데 그치지 않고, 아프리카인의 정체성을 토대로 삼은 아프리카 형제의 인종적 고양을 자신의 기치로 내세웠다. 그는 아프리카를 모국(native country)으로 지칭하면서 아프리카의 고대 전통과 유산을 강조했다. 고향인 베냉을 창세기의 목가적인 전원에 비유했고, 이보(Igbo) 족의 관습을 고대 히브리 전통과 비교하면서 청결, 할례, 근면, 예절을 중요시하는 사회로 묘사했다. 아프리카 노예제는 온화하고 가족적인 제도로서, 전쟁 포로나 죄인이 노예가 되는 식이었지만 이들 또한 결혼하고 재산도 소유하는 등 가족 구성원과 다름없었다고 강조했다. 아프리카인의 용기, 친절, 관용, 자애를 강조했던 그는 과거 자신의 주인들이 지어준 이름인 제이콥(Jacob)이나 구스타부스 바사(Gustavus Vassa) 대신 올라우다 에퀴아노라는 아프리카 이름으로 활동했다.[34]

Olaudah Equiano,

or

GUSTAVUS VASSA

the African.

Published March 1. 1789 by G. Vassa

올라우다 에퀴아노

뿐만 아니라 그는 아프리카인으로서의 자부심이 넘치면서도 영국 문화 속 백인의 지혜에 경탄하면서 "영국 사람들의 정신을 흡수하고 그들을 닮고 싶어 하는 강한 욕구"를 숨기지 않았다. 자기 피부색에 굴욕감을 느끼고 영국 신사의 어린 딸처럼 피부색을 바꾸려고 노력했다고도 고백했다. 7년 전쟁에 참전해 영국과 프랑스 선박들 사이에서 경험했던 전투를 마치 영국인인 양 기술했던 그에게 "마음의 고향(where my heart had always been)"은 늘 영국이었다.

자유인이 된 후에도 에퀴아노는 옛 주인에 대한 애정과 존경의 마음으로 그의 항해에 동행했으며, 서인도제도 머스키토(Musquito) 인디언들의 반란을 진정시키는 데 힘을 보탰다. 자서전에 썼듯이, 그가 원주민을 "불쌍한 이교도"라 칭하며 그들에게 기독교 교리를 가르치자 원주민이 그를 "백인"으로 부르는 장면은 검은 피부의 백인(영국인)이 된 에퀴아노의 실존적 상황을 함축적으로 드러내고 있다. 백인 기독교도의 비도덕성과 위선을 비판하면서도 에퀴아노는 백인의 경제 질서와 종교의 가치를 내면화해 정신적 구원을 추구했고, 런던 교회에서 백인 여성과 결혼했으며, 교역과 시장을 활용해 자신만의 부를 축적했다.[35]

세계 곳곳을 보고 싶어 했던 그의 호기심은 다양한 지역의 견문을 넓힐 기회를 몸소 만들어냈고, 인종과 국가의 경계에 구애받지 않는 개방적인 코즈모폴리턴의 시야를 갖게 했다. 흑인 이산민으로서 다양한 사람들과 만나며 획득한 그의 국제적 안목 또한 오랜 선원 활동에서 비롯된 것이었다. 스페인 바르셀로나

와 말라가 그리고 이탈리아 제노바의 문화에 이끌렸던 에퀴아노
는 "기독교인보다 더 정직하고 선량한 튀르키에인들"이 좋아 튀
르키에에 정착한 뒤 "다시는 영국에 돌아가지 않을" 결심을 했었
다. 그리고 실제로 튀르키에에서 5개월을 살았다. 하지만 카리브
해에 노예로 끌려갈 친구를 구하기 위해 다시 영국으로 돌아왔
고, 이후 대서양 흑인들의 허브였던 런던에서 말년을 보냈다.[36]

제3장

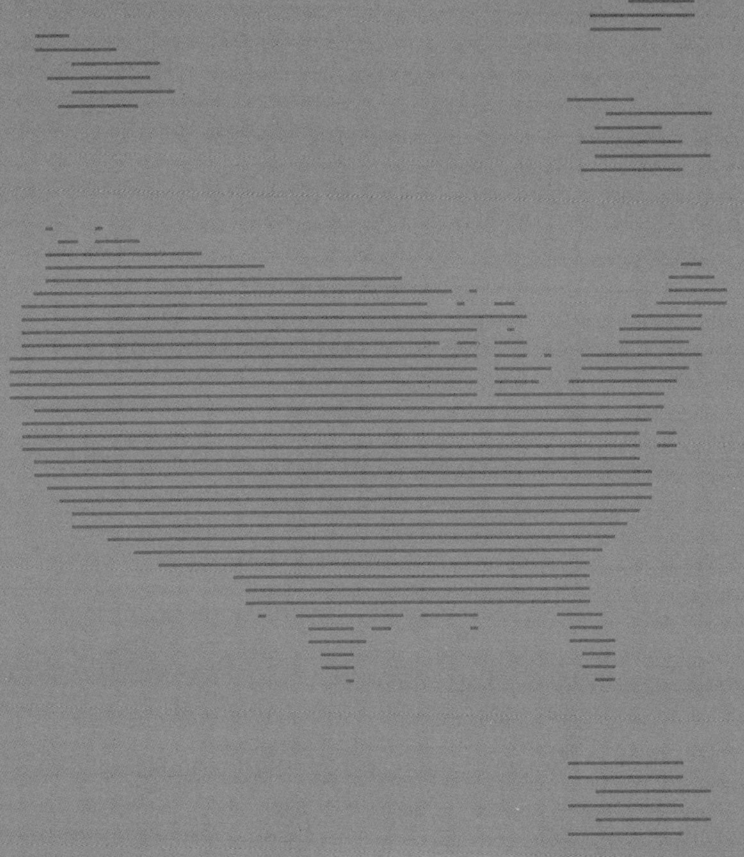

노예제와
미국의 건국

＊

노예제는 1770년대 대서양 양안에서 정치적·도덕적 이슈로 전면에 등장하면서 본격적인 공적 논의의 대상이 되었다. 당시 노예는 북미 영국 식민지 인구의 약 20퍼센트를 차지하고 있었다. 영국 국왕이 식민지의 입법권을 박탈하고 지나친 과세를 통해 식민지인들을 노예로 전락시키려 한다는 소문이 식민지에 넘쳐나던 때다. 이와 함께 자유 이념과 노예제의 불일치에 대한 비판의 목소리도 높아졌다. 이에 대해 새뮤얼 애덤스(Samuel Adams)와 같은 애국파 논객들은 독립과 노예제를 별개의 사안으로 분리하는 전략을 취했다. 독립을 선전하는 신문과 소책자들에서 자유보다는 독립을 부각시키고 노예제 이슈를 침묵시키는 방식이었다. 「독립선언문」에도 니그로 혹은 노예라는 단어는 나오지 않는다.[1]

또한 혁명 선전가들은 자유의 개념을 미덕과 절제, 용기, 저항 의지로 정의하면서 은연중에 노예들은 자유를 누릴 자질이 부족한 존재라는 걸 암시하기도 했으며, 노예제 비판에 앞장섰던 종교 지도자들도 도덕적 양심이나 죄의식을 강조하는 데 치우치곤

했다. 이들의 교훈적 설교는 영국의 억압으로부터 독립을 호소하는 애국파의 수사보다 호소력이 떨어졌다. 특히 노예를 동원하려는 영국과 왕당파의 위협이 들이닥치자 노예의 권리를 옹호하거나 노예제를 비판하려면 친영파로 몰릴 위험까지 감수해야 했다.

전쟁 동안 혁명 지도자들은 노예제를 정치적 의제로 삼는 걸 미뤄둘 수 있었고, 제헌회의 대표들은 노예제를 제한하는 그 어떤 시도도 하려 하지 않았다. 토머스 제퍼슨(Thomas Jefferson)은 남부 지도자 중에서 가장 적극적으로 노예무역과 노예제를 비판했지만, 흑인과 백인의 공존이 불가능하다는 신념하에 흑인들을 미국 밖에서 식민화하는 것이 노예제의 유일한 대안이라고 생각했다.

이제 건국의 아버지들은 노예제가 비도덕적인 제도이고 그로 인해 신생 국가의 도덕적 명예를 해친다 하더라도 13개 국가의 연방을 유지하고 단합을 강화하는 것이 급선무라고 생각했다. 신생 공화국은 백 년 이상 자치를 누려온 식민 정부들의 느슨한 연합이었고, 중앙 정부는 영국에 저항하기 위해 만들어진 의도치 않은 식민지 연합의 결과였다.

연방헌법을 갖춘 정부가 생긴 후에도 실질 권력은 향후 백 년 이상 주 정부들에 있었으며, 노예제는 각 주가 독립적으로 결정할 문제로 인식되었다. 재산에 관한 모든 계약과 권리들이 유지되었고, 노예라는 중요한 재산도 보호받았다. 대륙회의는 "식민 의회들의 자유롭고 독립적인 입법권"을 선언했으며, 연합헌장

IN CONGRESS, JULY 4, 1776.

The unanimous Declaration of the thirteen united States of America,

「독립선언문」(1776)

역시 각 주의 통치권을 보장했다. 각 주는 개별 독립 국가 수준에 맞는 권한을 요구했고, 연방정부는 노예제를 인정하고 주의 권리를 존중함으로써 연방을 유지할 수 있었다. 건국의 지도자들은 새 국가가 동등한 지역들의 연합이며, 노예제는 연방의 간섭을 받지 않고 유지될 것에 합의함으로써 건국이념에 내포된 인종주의적 속성을 그대로 드러냈다.

미국혁명의 이념과 노예제라는 현실 사이의 모순을 흑인들보다 더 빨리 깨우친 사람들은 없었다. 흑인 지도자들은 기독교 신앙을 토대로 백인 공화국의 위선과 모순을 지적했다. 르뮈엘 헤인스(Lemuel Haynes) 목사는 노예제가 아프리카인의 천부권을 침해했다면서 자유 방어를 위한 저항권을 설파했으며, 영국의 압제로부터 자유를 추구하는 백인들이 노예들을 쇠사슬에 묶어두고 있다고 비난했다. 필라델피아에 최초의 독립 흑인 교회를 세운 리처드 앨런(Richard Allen)도 『필라델피아가제트(Philadelphia Gazette)』와 뉴욕 및 볼티모어에서 발행되는 신문에 노예제를 비판하는 글을 실었다. 그는 노예 해방이 인종 전쟁을 초래할 것이라는 주장을 반박하면서 흑인들은 기독교 신앙과 남다른 시민의식을 통해 공화국의 경건하고 존엄한 구성원이 될 것임을 강조했다. 프린스 홀(Prince Hall) 또한 흑인 프리메이슨 지부를 세우고 기독교 신앙과 보편적인 형제애 이념에 근거한 비폭력적이고 도덕적인 설득 전략을 채택함으로써 인종차별에 대항하는 보루 역할을 맡았다.

독립혁명기에 식민지인들을 독립전쟁의 당위성에 동조하도록 설득하는 과정에서 기독교의 가르침은 혁명의 이념적 명분을 확산하는 데 매우 중요했다. 즉, 기독교 신앙과 종교적 개념이 혁명의 정치적 목표를 정당화하고 식민지 전체 공동체의 구성원을 하나로 뭉치게 했다.

토머스 페인(Thomas Paine)은 『상식(Common Sense)』에서 기독교적 어휘와 수사를 사용해 공화주의 이념을 효과적으로 전달하고 혁명의 필요성을 설득했다. 인간은 나면서부터 악한 존재이고 권력을 잡으면 타락할 수밖에 없는데, 그 예가 바로 영국 왕정이라는 것이다. 따라서 선량한 민의가 그에 맞서 일어나 올바른 새 정체를 수립해야 한다고 역설했다.

교회가 식민지인들의 애국심을 고취하고 확산시키기 위해 사용한 가장 강력한 도구는 설교였다. 뉴잉글랜드 회중교회(會衆敎會) 목사들이 가장 먼저, 그리고 가장 강렬하게 성경적 비유와 예시를 활용해 영국의 폭정에 저항하라고 독려하는 설교를 했다. 공화주의의 정치 이념을 기독교라는 그릇에 담아 전달한 것이다. 이렇게 정치적 사건과 상황을 기독교 용어와 개념으로 설명하는 것이 식민지인들에게는 자연스럽게 받아들여졌다. 기독교를 통해 식민지인들이 공감할 수 있는 종교적 정서가 형성되었고, 나아가 이는 정치공동체에 대한 인식으로까지 확장되었다.

이후 신생 국가 미국의 대중에게 기독교는 일종의 공동체적 가치와 국가의 방향성을 이끄는 시민종교로 기능했다. 이른바 시민종교는 세속적 목적을 가진 종교, 즉 공동체의 사회적 결속을 도모하고 공통의 정치적 목표를 성취하도록 동원되는 믿음, 상징, 의식 및 제도를 말한다. 미국인들은 정치적 정체성을 종교적으로 인식하고, 이를 토대로 독자적인 국민으로서 새로운 국가 문화를 형성해나갔다.[2]

식민지 지도자들의 노예제 비판

「독립선언문」 발표를 전후해 식민지 지도자들은 잇달아 노예제에 대한 비판의 목소리를 높였다.

"대표 없는 과세는 폭정"이라고 주장한 제임스 오티스(James Otis)는 「영국 식민지들의 권리」(1764)에서 "인간은 태어나면서부터 자유로우며, 이는 백인이든 흑인이든 **모든** 사람을 뜻한다"라고 말했다. 퀘이커 교도 벤저민 러시(Benjamin Rush)는 「노예 소유에 관해」(1773)라는 글에서 노예제를 "인간의 존엄성을 해치는 범죄"라고 비판했다. 새뮤얼 홉킨스(Samuel Hopkins) 목사는 「흑인 노예제에 관한 대화: 모든 흑인 노예를 해방하는 것이… 아메리카 식민지의 의무이자 이익이다」(1776)라는 소책자를 대륙회의에 헌정했다.[3] 조지 워싱턴은 1776년에 "노예제가 폐지되는 것을 나보다 더 진심으로 바라는 사람은 없다"라고 했고, 토머스 페인은 식민지인들이 "수십만 명을 노예로 삼으면서 어떻게 영국이 식민지인의 노예화를 시도한다고 비난하는가"라고 반문했으며, 벤저민 프랭클린도 "노예제 폐지를 촉진하고 노예무역을 억제하는 방안"을 도출할 것을 제안했다.[4]

노예제가 식민지 독립의 명분을 흔들 수 있는 의제로 부각되면서 북부 식민지들의 노예무역 반대 정서도 높아졌다. 매사추세츠는 1767년부터 1771년, 1774년에 노예무역 금지 입법을 시도했고, 로드아일랜드와 코네티컷은 1774년 수입 노예들의 해방을 결정했으며, 델라웨어는 노예 수입을 금지했다. 펜실베이니아에서는 1775년에 최초의 반(反)노예제 단체가 결성되었다. 제1차 대륙회의(Continental Association)도 1774년에 "13개 식민지 어느 곳에도 노예를 수입하지 못한다"라는 노예무역 전면 중단을 결의했다. 이러한 노예 수입 금지안은 영국의 노예무역 수입에 타격을 주기 위함이었다.

사우스캐롤라이나와 조지아도 이 결정을 수용했다. 버지니아는 이미 1769년과 1770년에 노예를 포함한 영국 상품을 수입하지 않겠다는 결의를 한데 이어, 1772년에 조지 3세에게 노예무역 금지를 청원했다. 이 청원서는 노예 수입을 막아서 버지니아의 남는 노예를 사우스캐롤라이나와 조지아에 매매하려는 이유도 있었지만, 노예무역이 "식민지인들의 안전과 행복"에 해가 되는 "비인간적인 거래"임을 적시했다. 하지만 영국 왕실은 노예무역의 이익을 보호하기 위해 버지니아의 노예 수입 금지를 허가하지 않았다.[5]

애국파가 식민지인들의 저항을 고무하는 가운데 1774년경 북부와 중부 식민지들에서 발간되는 소책자에서는 자유를 공언하며 노예제를 유지하는 모순에 대한 지적이 넘쳐나고 있었다.

존 앨런(John Allen) 목사는 "노예 한 사람이 누릴 자유의 소중함에 비한다면, 보잘것없는 3페니 차(茶) 관세가 무엇이 그리 중요한가?"라고 물었다. 그는 이렇게 일갈했다. "자유를 위해 헌신하는 체하는 자들이여, 진실하지 못한 애국자들이여, 부끄러워하라! 당신들은 인류의 자유를 옹호한다고 자랑하고서는 아프리카인들의 신성한 자연권을 짓밟으며 스스로 공언한 것을 웃음거리로 만들고 있다." 코네티컷의 목사 레비 하트(Levi Hart)도 "이 불행한 아프리카인들이 무슨 잘못을 했다고 그들을 납치해 수만 리 이역으로 압송하고 평생 노예로 삼을 수 있는가?"라고 물었다. 새뮤얼 홉킨스는 노예제 폐지에 대한 신념이 참다운 애국주의의 시험대라고 주장했다. "노예 주인들은 흑인들을 노예로 묶어두고 자유를 위한 고귀한 투쟁을 한다고 선언한다. 이는 어이없고 뻔뻔한 모순이다. 소위 '자유의 아들들'은 노예들의 압제자들이다"라면서.[6]

애국파의 노예제 대응

독립전쟁 시기 애국파는 영국의 과세에 복종하는 것을 "검은 피부의 아프리카인들과 전혀 다를 바 없는 노예가 되는 것"이라고 했고, 1765년 『보스턴가제트(Boston Gazette)』에는 "일어나라! 우리를 노예화하려는 계획을 무너뜨려라!"는 호소문이 실렸다. 존 애덤스도 "아메리카를 노예화하려는 영국의 계획"을 경고했고, 토머스 제퍼슨은 영국의 압박을 "식민지인들을 완전한 노예들로 복종시키려는 고의적이고 치밀한 계획"이라면서 영국 국왕을 비난했다. 조지 워싱턴은 1776년에 영국이 "노예제의 족쇄를 채우려고 모든 방법을 경주하고" 있다고 말했다.[7]

그러나 식민지 왕당파는 "영국이 식민지인들을 노예화하려 한다"는 애국파의 이러한 주장에 대해, 노예 주인들이 스스로를 노예에 비유하는 자가당착을 범하고 있다고 지적했다.

먼저 영국의 감리교 창시자 존 웨슬리(John Wesley)는 「노예제에 대한 생각」(1774)에서 "누가 노예인가? 아메리카를 보라. 채찍 아래에서 피를 흘리며 허덕이는 저 니그로를 보라! 그가 노예이다. 그렇다면 자유에 대한 (식민지인들의) 이 모든 외침은 단순한 과장이며 말장난이 아닌가?"라고 반문했다. 그는 "인류의 형제들을 예속 상태에 묶어두고 있으면서 신의 정의가 실현되도록 간청하는" 식민지인들의 반란은 정당화될 수 없다면서 "인류의 양도할 수 없는 권리를 소리 높여 외치는 사람들이 많은 아프리카인들의 권리를 빼앗고도 어떤 양심의 가책도 느끼지 않는다"라고 비난한 것이다. 나아가 영국의 반(反)노예제 운동가 토머스 데이(Thomas Day)는 「독립선언문」이 발표되자 "한 손으로 독립 결의에 서명하면서 다른 손은 두려움에 떠는 노예들에게 채찍을 휘두르는 애국파의 모습은 참으로 우스꽝스러운 것"이라고 조롱하기도 했다.[8]

　대서양 양안에서 계속되는 노예제 비판에 대응할 논리가 필요했던 애국파는 '자유(liberty)'의 토대로서 미덕을 강조하기 시작했다. 혁명기 여론 형성에 주도적 역할을 한 새뮤얼 애덤스 등은 인간을 자율적인 의지를 가진 존재로 보는 자유주의 이념에서 자유는 미덕과 용기에서 나오며, 그러한 자질을 갖지 못한 사람은 자유를 누릴 자격을 잃는다고 설파했다. 또한 자유는 저항 의지에서 나오는 것이므로 "자유 아니면 죽음을 달라!"고 맞서야 한다고 주장했다. 이 논리는 자유를 누릴만한 사람들과 그렇지 않은 사람들을 구분함으로써 노예제의 책임을 노예들에게 떠넘겼다. 무엇보다 애국파는 독립을 둘러싼 논쟁의 감정적 에너지를 영국을 향한 분노로 표출시키고, 노예제를 이슈화하지 않기 위해 최대한 노력했다.[9]

　게다가 1775년 11월 공포된 영국령 버지니아 총독 던모어(John M. Dunmore) 경의 포고문으로 인해, 전쟁이 일어나면 영국이 노예들의 반란을 부추길 것이라는 식민지인들의 우려가 현실이 되자 노예제는 더 이상 도덕적 이슈의 테두리 안에만 머물러 있지 않았다. 던모어 총독은 영국 편에서 싸우려는 계약 하인과 니그로들에게 자유를 약속했고, 여기에 천여 명의 흑인들이 합류했다. 이들은 "노예들에게 자유를(Liberty to Slaves)"이라는 문구가 적힌 옷을 입고 있었는데, 이로써 제임스 매디슨(James Madison)이 "버지니아 총독이 노예들을 매수하고 있고, 전쟁이 일어나면 버지니아의 약점이 될 것"이라고 예측한 것이 들어맞게 된 셈이었다.

By His Excellency the Right Honorable JOHN Earl of DUNMORE, His Majesty's Lieutenant and Governor General of the Colony and Dominion of Virginia, and Vice Admiral of the same.

A PROCLAMATION.

AS I have ever entertained Hopes, that an Accommodation might have taken Place between GREAT-BRITAIN and this Colony, without being compelled by my Duty to this most disagreeable but now absolutely necessary Step, rendered so by a Body of armed Men unlawfully assembled, firing on His MAJESTY's Tenders, and the formation of an Army, and that Army now on their March to attack His Majesty's Troops and destroy the well disposed Subjects of this Colony. To defeat such treasonable Purposes, and that all such Traitors, and their Abettors, may be brought to Justice, and that the Peace, and good Order of this Colony may be again restored, which the ordinary Course of the Civil Law is unable to effect; I have thought fit to issue this my Proclamation, hereby declaring, that until the aforesaid good Purposes can be obtained, I do in Virtue of the Power and Authority to ME given, by His MAJESTY, determine to execute Martial Law, and cause the same to be executed throughout this Colony: and to the end that Peace and good Order may the sooner be restored, I do require every Person capable of bearing Arms, to resort to His MAJESTY's STANDARD, or be looked upon as Traitors to His MAJESTY's Crown and Government, and thereby become liable to the Penalty the Law inflicts upon such Offences; such as forfeiture of Life, confiscation of Lands, &c. &c. And I do hereby further declare all indented Servants, Negroes, or others, (appertaining to Rebels,) free that are able and willing to bear Arms, they joining His MAJESTY's Troops as soon as may be, for the more speedily reducing this Colony to a proper Sense of their Duty, to His MAJESTY's Crown and Dignity. I do further order, and require, all His MAJESTY's Leige Subjects, to retain their Quitrents, or any other Taxes due or that may become due, in their own Custody, till such Time as Peace may be again restored to this at present most unhappy Country, or demanded of them for their former salutary Purposes, by Officers properly authorised to receive the same.

GIVEN under my Hand on board the Ship WILLIAM, off Norfolk, the 7th Day of NOVEMBER, in the SIXTEENTH Year of His MAJESTY's Reign.

DUNMORE.

(GOD save the KING.)

던모어 경의 포고문

사실 이 포고문 이전에도 1768년 영국군 대위 제임스 윌슨(James Wilson)이 "주인의 목을 벤 니그로들에게 자유"를 약속했었으며, 1774년 보스턴의 흑인들은 영국군 지휘관 토머스 게이지(Thomas Gage)에게 "무장할 수 있게 해주고 해방을 약속한다면, 영국을 위해 싸우겠다"라는 의사를 전달하기도 했었다. 이에 대륙회의에 참석했던 조지아 대표는 "노예들이 영국 군대에 합류하기 시작하면, 영국이 조지아와 사우스캐롤라이나를 차지하는 데 단 2주면 될 것"이라고 예상했었고, 조지 워싱턴도 "어느 쪽

던모어 경의 에티오피아연대에서
흑인들이 착용한 덧옷(모사품)

이 니그로들을 더 빨리 무장시킬 수 있는가"에 전쟁의 성패가 달렸다고 판단하기도 했었다. 요컨대 애국파는 이러한 전시의 상황 논리에 입각해 노예제와 혁명이념 간의 모순을 해명해야 하는 부담을 덜어낼 수 있었다.[10]

노예 주인들의 노예 해방 제스처

노예들의 반란과 무장에 대한 남부 식민지인들의 경계심은 조지
아, 사우스캐롤라이나, 버지니아에서 일련의 노예 해방 제스처
를 이끌었다. 조지아주 대륙군 지휘관 래클런 맥킨토시(Lachlan
McIntosh)를 위시한 식민지인들은 1775년 1월에 '결의문(Darien
Resolution)'을 발표해 노예제가 자연법에 배치되는 제도라고 선언
했다.

> 우리는 어떤 이해관계 때문이 아니라 기후, 언어, 피부색에
> 상관없이 모든 인류를 위한 보편적 박애 정신에 토대해 자
> 연에 역행하는 노예제를 혐오하고 비난한다는 것을 선언
> 한다. 노예제는 잔인하고 불의한 제도이며, 동료 인간을 인
> 간 이하로 떨어뜨리고 백인들의 미덕과 도덕을 타락시킨
> 다. 그러므로 우리는 이 식민지에서 노예들을 해방하기 위
> 해 우리의 모든 노력을 다할 것을 결의한다.[11]

하지만 "조지아 흑인들의 자유는 휘그 이념의 성공에 달려 있
으며, 그것은 남은 노예들의 도움으로 가능할 것이다"라고 부연
함으로써 노예들이 독립전쟁의 승리를 위해 협조해야 함을 조건
으로 밝혔다. 즉, 이 결의문의 실제 의도는 노예들을 농장에 붙잡
아두고 그들이 영국군을 돕지 못하도록 막는 데 있었다.[12]
후에 대륙회의 의장이 된 사우스캐롤라이나의 헨리 로런스

(Henry Laurens)도 사적인 서신에서였지만 1776년에 노예 해방을 약속했다.

> 나는 노예제를 혐오한다. 노예제는 내가 태어나기 오래전에 영국 국왕과 의회 그리고 식민지 법으로 만들어졌다. 하지만 정의의 원칙에 따라 모든 사람이 황금률(Golden Rule)을 따르는 날이 오기를 희망한다.[13]

이 서신은 남부 농장주들도 노예제와 혁명이념 사이의 모순을 인식했음을 보여주는 사례로, 후에 노예제 폐지협회에 의해 활용되기도 했다. 하지만 로런스는 이후 노예 해방 약속을 지키지 않았고, 노예제 보호에 앞장섰다. 던모어 포고문 이후 『버지니아 가제트』에도 노예들의 자유를 지켜주겠다는 애국파의 서신들이 실렸다. 예컨대 이런 식이었다. "현재의 주인들보다 영국인들이 니그로들을 더 잘 대우할 것 같은가? 지금 주인들은 노예들의 처지를 동정하고 그들을 안락하게 처우하려고 하며, 가능하면 더 이상 니그로들이 자유를 잃지 않게 하고 이미 자유를 잃은 노예들도 회복시키고자 한다." 노예들의 동요를 막아 전쟁의 위기에 대응하려는 회유성 대응이었다.[14]

노예 무장을 주문한 영국 지도자들

전쟁 압박이 고조되는 와중에 영국에서는 식민지에 대한 영국의 통제권을 강화하고 식민지 노예들을 해방하라는 목소리가 높아지고 있었다.

영국의 문인 새뮤얼 존슨(Samuel Johnson)은 1775년에 노예들에게 방어용 무기를 주고 무장시킬 것을 주문했으며, 노예제 반대 활동가인 제임스 램지(James Ramsay) 등은 식민지 노예들은 영국의 흑인 신민들(black subjects of Britain)이며, 공평한 법의 지배를 요구할 권리를 지녔다고 주장했다. 이들은 식민지 노예법이 무효라면서 노예 주인들은 노예들의 인신에 대한 재산권이 아니라 노동에 대한 법적 권리만을 갖는다고 했다. 따라서 영국 의회가 식민지의 사안에 공격적으로 입법해 제국의 권위를 회복할 것을 촉구했다. 1772년에 영국 최초로 노예제 폐지안을 제안한 모리스 모건(Maurice Morgan)은 플로리다 서부를 해방 노예들의 정착지로 추천했다. 그는 식민지 노예제를 폐지해 영국의 도덕적 명예와 고결함을 회복하고 더 나아가 노예들에게 문명을 전수해 제국에 협력시킬 것을 주장했다.[15]

하지만 이러한 일련의 제안들은 식민지들에 위협적이었고, 식민지의 노예제 반대 정서에도 도움이 되지 않았다. 영국 정부로서는 식민지 노예제를 폐지하더라도 해방 노예들을 어떤 형태로든 식민 사회로 통합하거나 제국의 변경이나 제국 밖에 재배치해야 했으므로, 이는 노예노동을 대체하는 것 이상으로 식민지인들의 재산권 문제와 제국 통치에 미칠 영향을 고려해야 하는 사안이었다. 개인 재산인 노예를 동의 없이 빼앗는 것은 식민지인의 자유에 대한 심각한 침해로 여겨질 수 있었다.

따라서 영국은 1777년 12월에 식민지의 완전한 자치를 허용하는 평화안을 제안하면서, 노예제에 개입하지 않고 식민지인들에게 입법적 자율을 보장하겠다고 약속했다. 대신 왕에 대한 충성 그리고 상업적 유대 및 경쟁국에 맞서는 단합된 전선 유지를 요구했다. 그러나 "영국 국왕이 노예들의 반란을 선동했다"라는 애국파의 선전 문구는 식민지인들의 분노와 공포심을 불러일으켰고, 버지니아 신문들은 던모어 경을 "흑인들의 왕(King of the blacks)"이라고 부르면서 영국과 왕당파의 노예 선동에 맞서 식민지인들이 애국적으로 무장할 것을 촉구했다.[16]

독립전쟁에 동원된 노예들

전쟁이 시작되자 식민지인들은 노예를 전쟁에 내보내려고 하지 않았고, 뉴잉글랜드에서 조지아까지 흑인의 징병을 금지했다. 노예 주인들은 노예 반란이 일어날 것을 두려워했다. 찰스턴에서는 많은 노예가 도망쳤는데, 자유 흑인인 토머스 제러미아(Thomas Jeremiah)가 노예 반란을 도모하려다 발각되어 처형되기도 했다.[17]

그러나 군대 모집이 절박했던 대륙군 총사령관 워싱턴은

1776년 1월 자유 흑인의 입대를 허용했고, 1777년부터 대륙회의가 각 주에 병력 충원을 요구하면서 로드아일랜드는 1778년에 노예 징병을 허가한 최초의 주가 되었다. 메릴랜드도 1780년에 같은 조치를 취했다. 뉴욕도 1781년에 그 뒤를 이었는데, 북부에서는 노예들이 백인의 대리 복무에 동원되기도 했다. 버지니아는 징발 대상자들의 저항이 너무 강해서 보상금을 올리고 복무 기간을 줄였지만, 1780년까지 징집법을 시행하지 못했다. 버지니아 의회는 대륙군에 합류하는 병사들에게 투표권에 필요한 토지와 노예 1명을 주기로 했지만, 복무 대리자를 확보하면 면제권을 살 수 있었기 때문에 징집에 대한 반란과 저항, 불복종의 위협 등이 빈발했다. 1781년에 제임스 매디슨은 버지니아 노예에게 군 복무를 허용하는 안을 고려했으나 위험성 때문에 채택되지 않았다. 대신 자유 흑인의 징병을 허용했다.[18]

사우스캐롤라이나와 조지아는 흑인들의 무기 소지를 끝까지 경계했지만, 1778년부터 남부 전선 전투가 치열해지면서 니그로와 자유 흑인의 징집에 대한 논의가 구체적으로 이루어졌다. 대륙회의는 "니그로들의 반란을 막거나 그들이 적에게 도망가지 못하도록" 주인들이 집에 머무르기 때문에 민병대가 전혀 효율적이지 못하다고 보고, 사우스캐롤라이나로 하여금 1천~3천 명의 니그로를 징집할 것을 권고했다. 그런데 이 논의에서 대륙회의 대표들은 니그로를 재산으로 정의하고, 그 주인들에게 "35세가 넘지 않은 표준 체격의 건장한 니그로" 1인당 1천 달러를 연합정부가 내주기로 했다. 모든 대륙군에게도 급여와 함께 2백 달러의 보상금이 약속되었다. 반면 니그로들에게는 어떤 급여나 보상금도 없이 의복과 식량만 지급되는데, 대신 전쟁이 끝날 때까지 충직하게 봉사하면 그들을 해방하고 50달러를 지급하기로 했다.[19]

제퍼슨의 노예제 비판

혁명기 남부 지도자들은 누구나 노예제가 자유를 부인하는 제도임을 알고 있었지만, 노예무역 이슈와 달리 이를 비판하는 사람은 거의 없었다. 아서 리(Arthur Lee)와 패트릭 헨리(Patrick Henry)가 노예제를 자연권 침해라며 그 폐지를 주장했는데, 사실 그 누구보다 공적으로 노예제 반대에 앞장선 사람은 토머스 제퍼슨이었다. 제퍼슨은 1769년에 노예 주인에게 사적인 노예 해방을 허용할 것을 지지했고, 대륙회의의 버지니아 대표단을 위해 쓴 「식민지 권리에 대한 견해」(1774)에서 노예제 철폐를 역설하면서 노예를 해방하기 전에 노예 수입부터 전면 금지해야 한다고 주장했다.[20]

또한 그는 조지 메이슨이 작성한 버지니아 권리장전 초안이 노예들에게 적용될 수 없는 문구로 조정된 것을 확인하고 다시 수정했다. 즉, 초안은 "태어난(born)", "선천적(natural)"이란 단어 대신 "사회에 참여할 때(when they enter a state of society)"를 추가함으로써 이를 권리 획득의 조건으로 규정했었다. 그 결과 사회

존 트럼블(John_Trumbull)「대륙회의에 독립선언서를 제출하고 있는 제퍼슨」(1819)

구성원이 아닌 노예들은 이 선언의 대상에서 배제될 수밖에 없었다. 제퍼슨은 바로 이 구절이 자연권 이론에 부합하지 않는다고 보았고, 결국 "태어난"을 "창조되었다(created)"로 수정함으로써 권리의 근원을 창조주(신, 자연)로 격상시켰다. "사회에 참여할 때"라는 구절도 삭제해버렸다.[21]

제퍼슨이 1776년 6월 28일에 대륙회의에 제출한 「독립선언문」 초안에도 노예제 반대자들의 주장이 그대로 담겼다. 그는 중간 항로에서의 참상을 언급하면서 "인간 매매 시장"을 유지하는 영국 국왕을 비난했으며, 노예들의 "신성한 생명과 자유의 권리"를 위반했음을 폭로했다.

> 왕은 인간 본성 자체에 반하는 잔인한 전쟁을 벌였다. 왕은 아무 잘못도 하지 않은 먼 곳의 사람들을 포획하고 그들을 지구 반대편의 노예로 실어가거나 그 수송 과정에서 비참한 죽음을 맞게 함으로써 그들의 신성한 생명과 자유의 권리를 침해했다. 영국 국왕은 인간이 매매되는 시장을 계속 열어두었다. 그는 이 가증스러운 무역을 제한하거나 금지하려는 모든 입법 시도를 억압했다. 그리고 이제 바로 그 사람들로 하여금 무기를 들고 일어나 왕이 그들에게서 빼앗은 그 자유를 우리에게 맞서 얻도록 부추기고 있다. 한 집단의 자유에 반해 자신이 저지른 과거의 범죄를 다른 집단의 생명에 맞서 저지르라고 부추기는 것이다.[22]

하지만 사우스캐롤라이나와 조지아의 반대로 상기 구절은 삭제되었고, 대신 조지 3세에 대한 27개의 비난 가운데 마지막 항목이 "조지 3세가 식민지 내 (노예들의) 반란을 선동하고 있다"로 바뀌었다. 초안에 있던 '노예들'이라는 단어를 빼고 "반란 선동"으로 바꾼 것이다.[23]

또한 제퍼슨은 1774년에 "우리를 노예제로 떨어뜨리려는 계획(systematical plan of reducing us to *slavery*)"이라고 영국 정책을 표현했던 것을 「독립선언문」에서는 "식민지인을 **절대적 압제로** 떨어뜨리려는 계획(a design to reduce them under *absolute despotism*)"이라고 씀으로써 '노예제'라는 단어를 대체했다. 결국 「독립선언문」은 조지 3세가 식민지의 노예무역 규제 입법을 방해했음을 비난하면서 노예제가 아니라 노예무역에 초점이 맞춰져버렸다. 제퍼슨은 버지니아 권리장전에 들어 있던 "재산을 획득하고 소유할" 권리를 「독립선언문」에 넣지 않음으로써 선언문이 노예 재산을 보호하는 문서로 비칠 것을 경계한 것으로 보인다.[24]

그러나 제퍼슨은 궁극적으로 노예제를 없애는 것이 필요하다고 보았고, 버지니아에서 노예제를 점진적으로 폐지하려는 입법 시도를 1770년대 말까지 이어갔다. 그는 1776년 버지니아 제헌 회의에서 "1800년 12월 31일에 노예제를 폐지하며, 그날 이후로 태어난 모든 사람은 자유민으로 선언한다"라는 법안을 제안했다. 하지만 공공 재정으로 노예를 교육하고 그들이 성인이 된 후에는 새로운 땅으로 이주시키는 것을 포함했던 이 노예제 폐지안은 결국 철회되었다.

다만 제퍼슨이 초안 작성에 영향을 미친 1777년의 노예 수입 금지 법안은 통과되어 이듬해에 시행되었다. 이 법안은 "버지니아에 들어오는 사람은 누구나 자유인이 되며 노예제와 예속으로부터 완전히 해방"됨을 선포했으며, 이는 향후 버지니아로의 노예 수입과 "노예제 시행(*the practice of holding persons in slavery*)을 더 효과적으로 막기 위함"이라고 그 취지를 밝혔다. 그러나 이 법안은 노예 수입을 금지하는 데만 적용되었을 뿐, 이후 노예 해방에 관한 구체적인 규정은 만들어지지 않았다. 1778년에 제퍼슨은 "전쟁 기간 군에 입대했거나 입대하려는 모든 자유 니그로나 물라토는 버지니아 주민이 누리는 모든 권리와 특권을 부여받는다"라는 법안을 제시했지만, 채택되지는 못했다. 이처럼 제퍼슨은 노예무역뿐만 아니라 궁극적으로 노예제 폐지도 염두에 두고 그 방안을 모색했음을 알 수 있다.[25]

건국 지도자들의 노예제 승인

식민지 연합(United Colonies) 대표들이 모인 대륙회의에서는 영국이 식민지인들을 "노예제 상태로 전락시키려고"하며 영국 국왕이 "노예들을 지배하는 폭군"이 되려 한다는 비난이 넘쳐났다. 하지만 식민지인들의 노예화 주장은 1777년 이후 더 이상 대륙회의 석상에 등장하지 않았다. 존 애덤스도 1774년 대륙회의에서 노예제에 대한 남부 입장을 수용한다는 것을 분명히 했다. 이후 "개별 식민지가 자유롭고 독점적인 입법권을 갖는다"라는 결의문 항목이 작성되었으며, 전쟁을 치르고 독립을 달성한 뒤에는 노예제가 국가적 해악이라고 말했던 지도자들도 신생 국가의 정치적 단합과 위상 강화에 몰두했다.

향후 노예제 정책의 방향성을 판가름할 서부 영토 문제는 연합정부에게 가장 큰 당면 과제였지만, "1800년 이후 이 지역의 노예제 금지"를 규정한 제퍼슨의 1784년 법안은 1표 차이로 부결되었다. 제퍼슨은 "단 한 표만 더 있었으면, 이 가증스러운 죄악이 새 영토로 퍼지는 것을 막았을 것"이라며 통탄했다. 이 법안은 노예제를 제한하려 했던 그의 마지막 공적 시도였다. 이미 노예제가 뿌리내린 곳은 존속을 인정하는 대신, 새로운 지역으로는 노예제 확대를 막는 내용이었다. 물론 이 법안이 통과되었다 하더라도 서부 준주에서 16년간 노예제가 허용된다면 이후 해당 지역 노예제 폐지는 어려웠을 것이다. 결국 1787년에 북서부 영토령(Northwest Land Ordinance)으로 개정된 법안은 오하이오강 북서쪽의 노예제를 금지했지만, 켄터키와 테네시의 노예제는 그대로 인정했다.[26]

55명의 대표자 가운데 남부 5개 주의 19명이 노예 주인이었던 1787년 제헌회의에서도 건국의 아버지들은 대타협을 이루었다. 펜실베이니아를 시작으로 로드아일랜드와 코네티컷이 1784년에 점진적 노예 해방안을 제정했고, 1790년과 1792년에 퀘이커 대표들이 연방 하원에 노예무역의 즉각 종식을 요구하는 청원서를 제출했지만, 사우스캐롤라이나와 조지아 의원들은 그러한 논의 자체를 반대했다. 사우스캐롤라이나 대표였던 찰스 C. 핑크니(Charles C. Pinckney)와 지사였던 존 루트리지(John Rutledge)는 "사우스캐롤라이나와 조지아는 노예들 없이 유지될 수 없다"라면서, 노예 수입권을 보호받지 못한다면 새 연방에 합류하지 않을 것임을 시사했다. 결국 뉴잉글랜드는 항해법 통과 조건을 3분의 2에서 과반수 동의로 처리하는 양보를 받아내고, 대신 연방정부의 노예무역 금지를 20년간 유예하는 데 동의했다. 또한 인구수에 근거해 하원 의석수를 배정할 때와 직접세의 근거를 정할 때 노예 1인을 백인의 5분의 3으로 계산하기로 했다.

북부 주들은 정치적 이해를 위해 타협하면서도 미국 헌법에 노예제, 노예 혹은 노예무역이라는 단어가 들어가지 않게 했다. 대신 "다른 사람들(other persons)", "그러한 사람들의 이주 혹은 수입(the Migration or Importation of such Persons)"이라고 표현함으로써 노예제를 떠올리게 하는 표현을 경계했다. 제헌회의는 노예제도에 영향을 미칠 어떤 조치도 시도하지 않았고, 그러한 권한이나 책임이 있다고 생각하지도 않았다.[27]

워싱턴의 연방 수호

누구보다 신생 국가의 국제적 위상에 관심을 기울인 사람이 조지 워싱턴이었다. 그는 독립전쟁 초기에 노예 무장이 위험하다고 보았지만, 군대가 부족해지자 자유를 약속하며 노예 징집을 촉구했다. 종전 후 「각 주에 보내는 서신(Circular Letter to the States)」을 통해, "전 세계가 미국의 생존 여부를 주의 깊게 지켜보고 있다"라면서 "각 지역의 편견을 버리고 단합과 우호를 이룰 것"을 촉구했다.

제헌회의 의장으로서 노예들의 가치를 책정하는 논의에서 침묵했던 워싱턴은 연방헌법의 최종 초안을 의회로 보내면서 "연방의 강화가 미국인의 가장 중요한 목표"이며 "이 헌법은 상호 존중과 양보의 결과이자 우리 정치 상황의 독특성 때문에 불가피한 것이었다"라고 밝혔다. 라파예트에게 보낸 편지에서는 "노예제의 점진적 폐지를 나보다 더 바라는 사람은 없다"라면서, "노예들을 즉시 풀어주는 것은 많은 불편과 손해를 초래할 것이므로, 단계적으로 그리고 의회의 입법으로 이루어져야 한다"라고 했다.

워싱턴은 노예 해방이 매우 신중하고 점진적으로 이루어져야 한다는 사실을 분명히 인식하고 있었다. 특히 "노예들이 교육을 받아 자유에 따른 의무를 깨달을 때까지" 보류하지 않으면 "자유라는 선물은 분명히 남용을 초래할 것"이라고 했다. 노예제가 비도덕적인 제도이지만, 공적 안전을 위해 노예 해방이 정당하게 연기될 수 있다고 믿었다.[28]

워싱턴은 시간이 지날수록 새 국가의 통합을 유지하는 데 몰두하면서 연방정부가 노예제에 개입하는 것을 경계했다. "노예제가 모순처럼 보일 수 있으나 범죄도 아니고 불합리한 것도 아

주니어스 B. 스턴스(Junius Brutus Stearns)
「마운트버논에서 흑인 노예들을 배경으로 한 조지 워싱턴」(1851)

니"라는 생각에서였다. 노예제를 종식시킬 헌법적 권리가 연방 정부에는 없다는 사실을 연방의회 기록으로 남기자는 제임스 매디슨의 제안이 29대 25로 통과하자 워싱턴은 "드디어 노예제 문제가 치워지게 되었고, 다시 제기되지 않을 것"이라며 안심했다. 그렇게 연방의회는 노예제 논의를 영구히 회피해버렸다.

이후 워싱턴은 1799년 죽을 때까지 노예제에 대해 어떠한 공적인 언급도 하지 않았다. 그러나 자신이 소유한 노예 317명을 아내가 죽은 뒤 해방하라는 유언을 남겼다. 그는 자신의 노예를 법적으로 모두 해방시킨 유일한 건국의 아버지였다.[29]

미국 건국기 노예제 이슈의 결정 과정에서 주목할 점은 주권(州權)의 우위다. 1777년 '연합헌장(Articles of Confederation)'은 식민지 의회를 중심으로 자치를 누렸던 13개 식민지 정부가 연합의회에 상당한 군사, 외교, 재정, 영토 관할권을 넘겨줌으로써 이후 연방정부를 구성할 단초를 마련했다. 하지만 "각 국가는 그 통치권, 자유, 독립을 유지하며, 연방 그리고 연방의회에 위임되지 않은 모든 권한을 갖는다"라고 함으로써 연방정부의 권한을 제한하는 주권 보장을 분명히 했다.

1783년 종전 선언 이후 연방정부 역할을 맡게 된 연합의회는 주 정부들 간의 갈등을 조정하지 못했다. 연방은 뉴욕주의 압력 때문에 1791년까지 버몬트의 주권을 인정하지 않았고, 버몬트의 지도자들은 북쪽의 영국 제국에 편입되는 것을 고려하기도 했다. 이들은 미국 연방에 편입되는 것을 선호했지만, 협상을 통해 지역 자치권을 최대한 보장받고 경제적·정치적 혜택을 약속받는 조건으로 편입되고자 했다. 켄터키가 1792년에, 테네시가 1796년에 연방 내의 주로 인정받기까지 걸린 긴 시간이 보여주듯이, 정착민들의 자주권 추구는 기존 주들끼리는 물론 연방도 쉽게 해결하지 못하는 상황들을 초래했다.[30]

연방권과 주권의 대립은 해밀턴이 「연방주의자들(The Federalist)」에서 "연방헌법에 반대하는 사람들이 아직도 '국가 안의 국가'라는 정치적 괴물을 맹목적으로 따르고 있다"라고 언급하는 것에서도 드러난다. 그는 주 정부가 제정한 법이 연방의 이해에 맞지 않으면, 연방정부가 거부권을 가져야 한다고 생각했다. 하지만 식민지 시기처럼 건국기 정착민들은 지역과 카운티 그리고 주를 배경으로 활동했고, 1786년 셰이즈의 반란(Shays' Rebellion)이 보여주듯이 다수의 주 정부도 연방정부 못지않게 권력이 취약했다.

미국이 1790년대에 이르러 비로소 확립한 연방제의 주요 골자는 군사력, 외교력, 통상 규제력 등에서 중앙 권력을 강화하면서도 그 외의 영역에서는 주의 자치권을 최대한 보장해주는 것이었다. 1791년에 미국 헌법에 추가된 10개의 수정조항은 권리장전(Bill of Rights)으로 알려졌는데, 수정조항 제10조는 연방에 위임되지 않았거나 각 주에 금지되지 않은 권한은 각 주나 주민에 부여한다는 내용이었다.[31]

미국 헌법 아래 새 정부가 수립된 후에도 연방권에 대한 도전은 이어졌다. 1791년 펜실베이니아 서부 농민은 위스키 소비세의 납부를 거부하는 위스키 반란(Whisky Rebellion)을 일으켰다. 1798년 버지니아주는 외국인 법(Alien Act)과 선동 방지법(Sedition Act)에 반대해 그 법의 무효를 선언하는 결의안을 채택했다. 1804년 제퍼슨이 대통령에 재선되자 연방에 가입하는 새로운 주가 늘어날 것을 경계한 뉴잉글랜드 연방파 에식스 결사(Essex Junto)는 연방에서 탈퇴해 독립된 북부 연합(Northern Confederacy)을 결성하려 했다. 하지만 뉴욕주 연방파를 이끌던 알렉산더 해밀턴이 연방 탈퇴 계획에 동의하지 않으면서 이 계획은 실패로 돌아갔다.

영미전쟁 중에도 뉴잉글랜드 각 주 대표는 1814년에 코네티컷에서 하트퍼드회의(Hartford Convention)를 열고 연방을 탈퇴하는 헌법 수정조항을 제안했지만, 전쟁이 종료되어 불발되었다. 1832년 관세법이 연방의회에 상정되었을 때는 사우스캐롤라이나가 연방 탈퇴를 각오하고 관세법 무효화를 주 의회에서 통과시켰다. 잭슨 대통령은 이를 반역 행위로 규정하고 연방군을 찰스턴에 파견했으나 헨리 클레이의 타협안으로 1842년까지 보호관세를 점차 줄이는 타협 관세법(Compromise Tariff)이 통과되면서 주권과 연방권의 충돌이 진정되었다.[32]

노예제 국가에 대한 비난

자유와 독립의 당위를 주창하며 수립된 신생 국가는 노예제를 용인함으로써 국내외의 도덕적 비난에 직면했다. 당시 노예제는 새로운 국가의 명예와 직결되는 제도였다.

영국의 윌리엄 윌버포스(William Wilberforce) 등은 노예무역 및 노예제 폐지가 불명예로부터 국가의 품격을 회복할 방도라고 주장했다. 뉴저지의 퀘이커 교도 데이비드 A. 쿠퍼(David A. Cooper)는 「미국 지도자들에게 전하는 연설(*A Serious Address to the Rulers of America*)」(1783)에서 "모든 사람이 자유롭고 평등하게 태어났다'는 선언을 유럽 그리고 전 세계에 증명할 때다"라고 역설했다.

그는 즉각적인 해방보다는 점진적인 해방, 그리고 입법을 통한 노예 해방을 제안했다. 미국 철학회 회원인 조지 뷰캐넌(George Buchanan) 역시 1791년 7월 4일 메릴랜드 노예제 폐지협회에서 "자유와 독립의 기념일을 경축하면서 한 주를 제외한 모든 주에 비참한 노예제가 존재한다는 것"은 국가적 명예의 오점일 뿐만 아니라 공화주의 이념 그 자체가 걸려 있는 문제라고 성토했다.[33]

워싱턴을 도와 독립전쟁에 참전했던 라파에트는 "만약 내가 노예제의 나라를 건설하고 있다는 것을 알았더라면, 나는 결코 아메리카의 대의를 위해 칼을 뽑아 들지 않았을 것"이라며 후회했다. 제임스 매디슨은 연방의회가 1808년까지 노예 수입을 허용한 타협안에 대해 "미국의 품격에 수치스러운 결정"이라고 했고, 조지 메이슨도 이 결정이 노예제의 확장을 가져오며 취약한 공화국의 안전에 위협이 될 것이라고 비판했다. 그는 "남부 주들이 이 부끄러운 노예제의 철폐에 동의하지 않는다면, 그들을 연방으로 인정하지 않을 것이다. 왜냐하면 노예제는 연방을 강하게 하는 것이 아니라 나약하게 만들 것이며, 노예무역은 그 자체로 잔인한 것이고 인류의 수치이기 때문이다"라고 역설했다.

존 퀸시 애덤스는 남부 "니그로 소유자들(negro-keepers)이 한 손에는 인권선언을 들고 다른 손에는 노예 등을 때리는 채찍을 들고" 프랑스혁명에 열광하는 모습을 희화화했다. 벤저민 프랭클린은 연방의회에 노예 해방 청원서를 접수하면서, "모든 인류는 전능자에 의해 행복을 누리도록 창조되었으며, 이 자유의 땅에

서 속박에 갇혀 신음하고 있는 사람들에게 자유를 회복시켜 줄 것"을 호소했다.[34]

미국혁명의 보수성

미국혁명의 모순은 한편으로는 자유를 지키면서 다른 한편으로는 노예제를 보존하기 위해 싸웠다는 데 있다.[35] 미국혁명은 사회적 격변의 일환이었지만, 결국은 영국의 항해조례와 경제 제재로부터 독립하기 위한 것이었지 내부의 정치적·사회적 갈등의 결과는 아니었다. 혁명 지도자들은 당시 식민지 사회를 근본적으로 바꿀 생각이 없었고, 본질적으로 보수적이었다.[36]

전쟁의 발화점은 영국이 식민지인들의 토지 구매와 점유, 교역 활동을 제한하는 조례들을 발표하고, 식민지의 최대 이윤 사업인 차(茶) 수입을 동인도회사가 독점하게 된 데 있었다. 1774년 제1차 대륙회의에서 가장 논란이 된 이슈도 식민지의 수출입 무역 규제였다. 뉴잉글랜드와 사우스캐롤라이나가 여기에 가장 강력하게 반발했다. 제퍼슨은 영국의 무역 규제를 불법적인 권리 침해라고 비난하고, 영국 의회가 식민지 경제를 지휘할 권한이 없다고 주장했다. 요컨대 독립의 필요성은 무엇보다 경제에 있었으며, 건국 지도자들 다수는 독립에 따른 재정적 혜택을 입었다.[37]

미국의 식민 시기와 혁명 시기는 크게 구별되지 않는다. 식민지 정착민은 지역별로 자치 권력을 구축해 본국 정부의 통제와 개입을 어렵게 했는데, 건국 후에도 정치권력은 기존 지배 집단의 손에 남았고, 향후 백 년 이상 실질 권력은 지역과 주에 있었다. 노예제 역시 지역이 선택할 문제였다. 반란에 성공한 정착민들은 정부 형태만 바꾸었을 뿐, 정부의 본질은 변하지 않았다. 식민지 시대처럼 중앙 정부는 약했다. 미국혁명은 과거와의 급격한 단절이 아니라 새로운 국가가 탄생하는 불완전한 과정의 출발이었다.[38]

또한 미국혁명은 미국을 백인의 나라로 선언하고, '공화적 인종주의(republican racism)'로 가는 길을 열었다. 백인 공화국으로 향하는 모습은 1790년대에 선명해졌다. 1790년 귀화법은 미국 시민권 자격을 백인에게 한정했고, 1792년 민병대법은 자유 신분의 성인 백인 남성에게만 민병대 자격을 부여했으며, 1793년 도망노예송환법은 연방 전체에서 노예제를 실질적으로 합법화했다. 전쟁이 끝난 후 버몬트를 시작으로 로드아일랜드, 코네티컷, 펜실베이니아가 점진적 노예 해방 조치를 취했으며, 매사추세츠와 뉴햄프셔도 노예제를 폐지했지만, 남부 노예가 북부 자유주로 도망가면 그를 체포해 송환해야 했다. 무엇보다 인종 혼합에 대한 경계는 제퍼슨을 비롯해 링컨에 이르기까지 미국 밖으로의 흑인 식민화 논의로 끊임없이 이어졌다.[39]

백인 공화국(White Republic)이 건설되고 유지된 것은 북부 사회의 인종차별주의와 병행되었다. 북부는 남부의 노예제 유지를 묵인했고, 무수한 흑인 차별법을 제정하고 시행했으며, 자유 흑인들을 반(反)시민(anticitizen)으로 보았다. 북부 백인들은 자유 흑인들을 인종 폭동이라는 형태로 응징했으며, 이들을 추방하려는 의도를 아프리카 식민운동을 통해 구체화했다. 이에 북부 흑인들은 형식적인 법적 평등이 아니라 미국 시민사회에 동등하게 편입되어 국민의 권리를 누리기 위한 투쟁을 전개했다.[40]

흑인 건국 세대의 대응

건국기 자유 흑인들은 조지 워싱턴을 비롯해 토머스 제퍼슨, 존 애덤스, 제임스 매디슨, 알렉산더 해밀턴, 벤저민 프랭클린 등 소위 건국의 아버지들이 주창한 공화국의 신념과 이상의 실현을 위해 노예무역과 노예제에 반대하며 인종 정의 실행을 요구했다. 이들은 보스턴과 필라델피아를 중심으로 프리메이슨 지부 및 퀘이커교와 복음주의 교회들과 연계해 교회, 학교, 상조회, 공제조합, 우애 조직 등 흑인 공동체를 조직했다.

대표적인 인물로는 제임스 포튼(James Forten)을 비롯해, 레뮤엘 헤인스(Lemuel Haynes) 목사, 리처드 앨런(Richard Allen) 주교, 흑인 프리메이슨 창시자 프린스 홀(Prince Hall), 저술가 제이콥 오선(Jacob Oson) 등이 있다. 1770년 보스턴에서 영국군에 맞서 싸우다 목숨을 잃은 다섯 명 가운데 한 명도 흑인과 인디언의 혼혈인 크리스퍼스 애틱스(Crispus Attucks)였다. 그는 흑인, 물라토, 아일랜드인 등으로 구성된 무리를 이끌며 깃발을 들고 행진에 앞장

REV. LEMU'EL HAYNES, A.M.

Sincerely yours
Lemuel Haynes

레뮤엘 헤인즈

섰던 인물이다. 벙커힐전투에서는 피터 세일럼(Peter Salem)이라는 흑인 영웅이 탄생했다. 훗날 미국 우표에 그 모습이 실리는 위인이다.[41]

미국 흑인으로서 노예제 폐지를 최초로 공개 주장한 사람은 흑인 신학(Black Theology)의 창시자가 된 회중교회 목사 헤인스였다. 그는 1776년에 발표한 「노예 소유의 불법성」에서 공화주의와 복음주의 신앙에 근거해 자유는 인간의 타고난 권리임을 주장하며, 노예제가 흑인의 천부권을 침해한다고 비판했다. 또한 노예제는 묵인하면서 영국의 압제로부터 자유를 추구한다는 백인들의 위선을 질타하고, 노예들의 투쟁은 정당하다고 역설했다. 퀘이커 흑인 학교(Quarkers' African School)에서 교육받은 사업가였던 포튼은 필라델피아 흑인 71명과 함께 1799년에 노예제 폐지 청원서를 연방의회에 제출했다. 이들의 활동은 이른바 '흑인 저항 대중(black counter-public)'을 조직하는 토대가 되었다.[42]

흑인 건국 세대가 공유한 이념은 기독교 신앙, 프리메이슨 이념 그리고 아프리카인의 후예라는 자부심과 자긍심이었다. 장로교, 감리교, 침례교 등 복음주의 교회들의 신앙 부흥 운동을 통해 흑인 목회자들이 등장하고 독립된 흑인 교회가 세워지면서 기독교와 성경은 흑인들의 중요한 정신적 자산이자 구심점이 되었다. 흑인 개종자들은 신이 인간을 한 핏줄로 창조했고 억압받는 사람들 편이며, 아프리카인은 신의 구원을 받을 선민이라고 믿었다. 1787년 창설된 흑인 프리메이슨은 보스턴을 비롯해 프로비던스, 필라델피아 등지로 퍼져나갔고, 보편 형제애 이념 위에서 노예제를 비판했다.

흑인 역사가 오선은 고대 이집트와 아프리카 문명의 우수함을 내세우면서 아프리카 조상이 남긴 지혜와 영광을 계승할 것을 강조했다. 앞 장에서 언급한 자유 흑인 존 매런트(John Marrant)도 아프리카누스(Juliua Africanius)와 성 아우구스티누스(St. Augustine) 등 북아프리카 출신의 교부들을 열거하면서 기독교와 프리메이슨의 뿌리가 아프리카에 있다고 주장했다.[43]

북부 흑인들의 자유 소송과 도망노예법 폐지 청원

혁명기 흑인 지도자들과 함께 북부 노예들은 주 의회를 상대로 자유를 얻어내기 위한 청원과 법정 소송을 제기했다.

1766년에 제인 카(Jane Carr)와 서머싯 스튜어트(Somerset Stewart)의 자유 소송이 필라델피아에서 있었다. 1773년에 다이나 네빌(Dinah Nevil)은 뉴저지에서 필라델피아로 가서 소송을 제기해 10년 뒤 자신은 물론 자녀와 손자들의 자유까지 확보했다.[44] 1773년 매사추세츠에서는 "많은 노예들의 청원(Petition of Many Slaves)"이 주 의회에 제출되었고, 이후 이들은 총독에게 노예제를 폐지하고 매사추세츠의 토지 가운데 미개간지 일부를 정착지로 제공해줄 것을 요청했다.

1774년에 매사추세츠 해방 노예 케사르 사토르(Caesar Sartor)는 "식민지인들이 자유를 소망한다면 억압받는 아프리카인들을 해방하라”는 내용의 글을 신문에 실었다. 1779년 뉴햄프셔 포츠머스의 노예 19명과 코네티컷의 자유 흑인들도 “신이 부여한 생명과 자유의 권리를 인정하지 않는 것은 명백한 불의”라고 비판하는 청원서를 제출했다. 엘리자베스 프리먼(Elizabeth Freeman)은 매사추세츠주 헌법에 명기된 “모든 인간이 자유롭고 평등하게 태어났다”라는 조항에 기초해 1780년에 자유 소송에서 승리했고, 1782년 매사추세츠주는 노예제 폐지를 결정했다. 자신의 노예노동에 대해 최초로 보상을 청구했던 벌린다(Belinda)는 재산을 남겨둔 채 영국으로 돌아간 왕당파 주인의 부동산을 처분해 자신과 딸에게 연금으로 지급하라고 1783년 매사추세츠 의회에 요구했다.[45]

도망노예법의 부당함에 대한 청원도 이어졌다. 1797년 노스캐롤라이나에서 퀘이커 교도들에 의해 해방된 노예 욥 앨버트(Job Albert) 등 4명은 필라델피아로 와서 수정헌법 제1조를 들어 연방 하원에 자유를 청원했다. 이는 연방의회에 제기된 미국 흑인 최초의 청원이었다. 1799년에는 리처드 앨런 목사가 흑인 67명과 함께 두 번째 청원을 제출했다. 비록 청원자들이 도망노예법의 폐지라는 목표를 이루지 못했지만, 1800년에 연방 하원은 자유 흑인이 연방정부에 청원할 권리를 공식으로 인정했다.[46]

엘리자베스 프리먼

흑인 프리메이슨의 형제애와 정치 지도력

흑인 프리메이슨은 미국에서 가장 오래된 흑인 조직 가운데 하나로, 건국 시기부터 흑인의 소명을 각성시키며 흑인 자립을 위한 보루로 기능했고, 흑인의 정치적 지도력을 함양하는 데 앞장섰다. 중세 유럽 석공들의 길드에서 기원한 것으로 알려진 프리메이슨은 17세기 유럽에서 비밀결사의 성격을 띤 형제애 단체이자 친목 단체로 등장했다. 고대의 지혜와 지식을 토대로 질서, 조화, 안정을 추구하며 기독교 이념을 보편적 형제애와 결합시켜 자선 및 관용의 정신을 강조함으로써 회원 자신과 세계를 개선하는 것을 목표로 삼았다.[47] 흑인 메이슨 지도자들은 보편 형제애와 기독교 신앙에 기초해 교회 종파를 넘어선 흑인 연대 네트워크를 구축했다. 개신교 교회와 프리메이슨은 지도자와 회원들이 다수 중첩되었는데, 교회와 지부의 이러한 결합은 신성 운동(Holiness movement)으로 불렸다.[48]

또한 흑인 프리메이슨은 그 기원을 아프리카에서 찾으며 아프리카 유산에 대한 자부심과 아프리카인으로서의 정체성을 강조했으며, 신의 구원을 약속받은 선민의식을 내세웠다. 1784년에 흑인 프리메이슨을 창시한 프린스 홀은 1792년과 1797년에 지부에서 행한 연설에서 자신을 아프리카 왕족의 후손이자 이집트 피라미드와 솔로몬 신전 건설자들의 후예라면서 고대 아프리카인들의 지혜와 북아프리카 출신 교부들을 예찬했다. 1784년에 흑인 프리메이슨의 초대 지도자이자 감리교 목사였던 존 매런트

역시 프리메이슨이 신의 특별한 축복이자 아프리카 후예들을 위한 신의 섭리라면서 아프리카 선조들의 위대한 성취를 강조했다.[49]

북부 흑인 지도자 상당수가 프리메이슨 회원이었다. 이들은 흑인의 자립과 지위 향상을 도우면서 도망 노예 보호와 교육 기회 확대, 그리고 흑인 시민권 운동을 전개하면서 정치적 역량을 키워나갔으며, 흑인의 각성과 자립 그리고 도덕적 계몽과 책임 의식을 중시했고, 근면, 검약, 정직, 겸손, 절제, 관용, 자선의 미덕을 실천할 것을 약속했다. 또한 공개 설교와 대중 집회 및 축제 행렬 등의 활동을 통해 미국 시민으로서 권리를 선포하고 입증하고자 했다.[50]

프리메이슨 지부는 윤리적 정치 시민(ethico-political citizen)의 자질을 갖추도록 흑인들을 독려하는 한편, 노예제 폐지 운동의 최전선에서 일하는 사람들을 회원으로 섭외했다. 그리고 이들에게 백인이 지배하지 않는 자치 공간에서 정치 경력에 필요한 지식과 능력을 축적하는 연습 무대를 제공했다. 지부는 여론을 환기하고 선동하는 활동 기지이자 잠재적 공민을 교육하고 지도자들을 양성하는 정치 훈련장으로 기능했다.

실제로 재건기에 선출되거나 임명된 흑인 의원과 공직자 다수는 프리메이슨에서 처음으로 정치를 경험한 사람들이었다. 미국 연방대법원 판사로 임용된 존 록(John S. Rock)을 비롯해, 1860년대와 1870년대 공화당 소속 주 의원 3명이 흑인 프리메이슨이었다. 버지니아주 의원이 된 존 랭스턴(John Langston), 매사추세츠

프린스 홀

주 입법의원 8명 가운데 헤이든을 포함한 6명, 인디애나주 입법의원 제임스 힌튼(James Hinton), 일리노이주 행정관 존 존스(John Jones), 그리고 사우스캐롤라이나 부지사 리처드 글리브스(Richard Gleaves)와 미시시피 연방 상원의원 하이럼 레블스(Hiram Revels) 등도 프리메이슨이었다.[51]

흑인 프리메이슨 지도자들은 백인 지부와 회원들의 인종차별에도 저항했다. 이들의 핵심 이념은 국가, 민족, 종교, 언어의 경계를 넘어선 코즈모폴리터니즘의 실천이었다. 그러나 백인 지부는 자유롭게 태어난 사람으로 회원을 제한하는 규정을 만들어 흑인을 회원으로 인정하지 않았다. 이에 흑인 지도자들은 프리메이슨의 형제애를 언급하며 백인들이 보여준 이념과 실천 간의 괴리, 모순과 위선을 비판했고, 흑인 지회에 동등한 지위를 허용하고 협력과 화해를 이루자면서 백인의 도덕적 양심과 이성에 호소했다. 하지만 뉴욕 백인 지부는 "흑인과 백인 사이에 뿌리 깊은 적대감을 무시한다면, 인종 전쟁을 불러일으킬 것"이라고 반박했다. 그럼에도 흑인 프리메이슨은 백인 지부의 인종 장벽에 맞서 목숨을 저당 잡히는 무모한 폭력이 아니라 근면, 검약, 교육, 신앙심을 배양하고 경제적으로 자립해 시민권을 획득할 자격을 갖추어나가는 비폭력, 도덕적 설득 전략을 활용했다.[52]

프리메이슨 회원이 아니었던 프레드릭 더글러스는 흑인들이 우애 단체에 헌신하는 것보다는 노예제의 참상을 고발하고 반노예제 활동을 하는 정치 조직과 공공 집회에 더 적극적으로 참여할 것을 강조했다. 그는 전국흑인대표자회의(National Negro

Convention)보다 프리메이슨 집회나 비밀공제조합 행사에 흑인들이 몰린다면서 프리메이슨과 같은 우애 조합들이 "가장 우수하고 명석한 흑인들의 에너지"를 인종적 불의에 저항하는 활동에 집중하지 못하게 한다고 비판했다. 하지만 프리메이슨 지도자들은 이 단체가 단순히 흑인들의 친교와 상호 부조를 위한 조직이 아니라 만인 평등의 형제애를 주창하며 그 실현을 위한 정치 활동에 앞장섰다고 강변했다. 회원 상호 간의 의무와 책임을 중시하면서 동시에 대중에게 정치 집단으로서 흑인의 존재를 드러내기 위해 공개 강연과 집회 등 공적인 활동에 참여했다는 설명이었다.[53]

제4장

남부 노예제와 노예 반란

*

미국 남부의 "특이한 제도(peculiar institution)"로 불렸던 노예제의 차별성은 노예들이 사탕수수가 아니라 담배, 쌀, 인디고 생산에 필요한 노동력이었고, 19세기 면화 산업의 흥기로 그 제도 자체가 확대되었으며, 노예 인구 또한 자연 증가했다는 데 있다. 무엇보다 2백 년간 지속된 미국 남부 노예제의 역사에서 가장 역설적인 특징이 바로 흑인 인구의 놀라운 증가세였다.

이러한 자연 증가 현상은 아메리카의 다른 노예제 사회에서는 나타나지 않았다. 북미보다 전염병 발생률이 높고 노동 환경이 열악했던 카리브해의 영국령, 프랑스령, 네덜란드령 식민지와 브라질에서는 노예 사망률이 매우 높았다. 지속적으로 노예를 수입하지 않으면 그 인구를 유지할 수가 없을 정도였다. 스페인령 식민지의 경우, 노예 결혼을 허용하고 노예 주인의 법 위반을 관리해 자유 흑인의 수가 영국령이나 프랑스령 식민지보다 많았지만, 마찬가지로 노예는 수입에 의존했다. 자메이카에서 노예 출산율이 증가한 건 1838년에 노예가 해방된 뒤의 일이었다.

또한 흑인 남성 노동력 비중이 압도적이었던 다른 지역들과

버지니아 노예노동으로 운영되던 담배 플랜테이션 포스터(18세기)

달리, 미국에서는 남녀 노예의 성비가 천천히 균형을 이뤘다. 총인구수로도 흑인이 백인보다 월등히 많았던 서인도제도와 달리, 남북전쟁 당시 남부는 사우스캐롤라이나와 미시시피를 제외하고 백인이 인구의 과반수를 넘었다.[1]

남부는 1860년 당시 전체 인구 약 910만 명 가운데 39퍼센트인 약 350만 명이 노예였다. 전체 백인 가구의 4분의 1 정도가 노예를 소유했는데, 그중 10명 이하의 노예 소유 가구가 26.6퍼센트, 10~50명 소유 가구가 51.8퍼센트, 그리고 50명을 이상 소유한 대농장주가 21.6퍼센트였다. 백 명 이상의 노예를 소유한 사람은 전체 노예 소유주의 1퍼센트가 채 되지 않았고, 노예 소유 상위 10퍼센트(남부 백인의 2~3퍼센트)가 전체 노예의 절반을 소유했다.

남부 백인 다수가 자영농이었지만, 사실상 노예제가 남부를 지배했다. 특히 남부 저지대(Deep South)에서 면화 경작이 계속 증가하면서 미시시피주가 1817년에 앨라배마주가 1819년에 연방에 편입되었고, 블랙 벨트로 알려진 광활하고 비옥한 이 지역에 플랜테이션이 집중되었다. 노예 소유 비율이 높고 집단 노동(gang labor) 체제인 면화 지역은 수익성이 높아 농장주들이 노예와 토지에 많은 자본을 투자했다.

1834년 노예 해방 이후 영국령 서인도제도의 경제는 무너졌지만, 1840년대 중반부터 미국 남부의 노예 경제는 번성하기 시작했고, 노예 수요도 급증했다. 1850년대에 면화 수요로 미국 남부는 큰 이윤을 창출했다. 1860년을 기준으로 미국 면화 수출량의 약 3분의 2를 감당하면서 영국이 수입하는 면화의 약 80퍼센트를 공급하는 세계 최대의 면화 생산지가 되었다. 북부와 남부를 별개의 국가로 가정하면, 남부는 1860년에 세계에서 네 번째로 부유한 국가였다. 요컨대 남부는 인종주의에 기반을 둔 노예 노동력 자본주의(slave racial capitalism)의 공간이었다.[2]

그러나 북부의 노예제 반대 단체들은 남부에서 도망쳐온 노예들의 증언을 통해 노예제의 공포와 실상을 알렸다. 초기에는 노예들이 자유를 얻는 여정이나 기독교 개종 경험을 기록한 것이 많았고, 노예제 비판보다 생존과 도망, 정신적 구원이 주제였다. 1830년대 이후에는 노예제 폐지 운동가들의 후원과 지지를 받은 노예 서사가 붐을 이루며, 남북전쟁 전까지 거의 백 여 편이 출간되었다. 노예제의 참상을 알리는 노예 서사의 흥행은 북부 전역에서 열린 과거 노예들의 순회 연설 영향이기도 했다. 특히 1845년에 발표된 프레드릭 더글러스의 자서전과 1861년 해리엇 제이콥스(Harriet A. Jacobs) 자서전은 독자들에게 큰 호소력으로 다가왔다.

더글러스 등은 노예제 반대 강연의 베테랑으로서 익힌 수사적 기교와 호소력을 적극 활용해 합리적인 논리와 주장으로 독자를 설득했다. 노예 서사는 진술 내용의 진실성 여부, 필사자와 편집자의 개입 정도를 두고 그 신뢰성이 논란이 되기도 했지만, 노예들의 육성을 직접 전하는 유일한 자료로 가치가 있었다. 노예 자서전에는 가혹한 노동과 채찍질 그리고 노예 가족의 이산 장면이 항상 묘사되어 있었고, 자유와 정의에 대한 열망이 기독교 신앙의 언어로 표현되어 있었다. 개종과 교인들과의 연대는 노예들의 현실적 생존을 위한 유용한 매개체였다. "모든 사람은 평등하게 태어났으며 생명, 자유, 행복 추구의 천부권을 지닌다"라는 「독립선언문」의 글귀는 노예들의 도망을 정당화하는 근거로 활용되었다.

미국의 노예들은 1739년 사우스캐롤라이나 스토노 반란을 필두로 여러 차례 반란을 모의했다. 이는 1831년 버지니아의 냇 터너 반란까지 이어졌다. 가브리엘 프로서(Gabriel Prosser)는 1800년에, 또 덴마크 베시(Denmark Vesey)는 1822년에 반란을 도모했다. 이들은 아이티혁명에서 영감을 얻었다. 프로서는 버지니아 리치먼드를 점령해 백인들에게 타격을 가하려 했고, 베시는 사우스캐롤라이나 찰스턴을 차지해 해안 오지를 확보한 후 독립국가를 세우거나 흑인들과 아이티로 가려고 했다.

그러나 자메이카나 아이티 등 서인도제도의 상황과 비교하면, 미국 노예들의 반란 시도는 상대적으로 많지 않은 편이었다. 냇 터너(Nat Turner) 이후 조직적인 노예 반란 모의는 드물었고, 노예들의 저항은 꾀병, 절도, 거짓말, 태업, 도망 등 소극적 반항이 주류였다. 일단 카리브해의 사탕수수 농장은 노동 강도가 세고 기후도 열악했으며, 백인 대비 흑인의 비중이 높아서 반란 모의와 실행이 더 쉬웠다. 19세기 남부의 흑인 인구는 전체 인구의 30퍼센트 정도였지만, 영국령 서인도제도의 흑인 인구는 백인의 7배, 아이티는 11배, 수리남은 20배였다. 더구나 서인도제도 농장주들은 대부분 유럽에 거주하는 부재 지주였고, 농장 규모도 150~300명의 노예를 둘 만큼 큰 곳이 많았던 반면, 미국 남부 농장의 평균 노예 수는 그에 비하면 불과 20여 명 수준이었다. 따라서 넓은 지역에 분산된 농장에 소속된 미국 노예들은 견고하고 압도적인 다수의 백인 대열에 맞서야 했다.[3] 미국 노예 반란의 빈도가 낮은 원인이 여기에 있다.

남부 노예들은 북부로 탈주를 시도하는 한편, 인접한 인디언 정착지와 멕시코로의 이주도 시도했다. 사우스캐롤라이나 노예들은 스페인령 플로리다로 도망쳐 1730년대에 공동체를 건설했는데, 이때 플로리다에 정착한 흑인들이 의존한 집단이 세미놀(Seminole) 인디언들이었다. 1812년 미국 해군이 플로리다에 침입해 일어난 세미놀전쟁에서 흑인들은 도망 노예들에게 피난처를 제공했던 세미놀 인디언과 함께 대항했다. 1835년 제2차 세미놀전쟁 이후 이 지역 흑인들은 인디언과 함께 서부로 이주했다.

한편 멕시코가 미국 흑인 이주를 장려하는 상황에서 1836년 이후 수만 명의 노예들이 텍사스, 루이지애나, 미시시피, 앨라배마, 아칸소에서 멕시코 영토로 도망쳤다고 추정된다. 미국은 멕시코를 압박해 도망 노예들의 거주권이나 시민권을 막았지만, 멕시코 정부는 도망 노예를 추방하지 않고 매년 비자를 갱신하도록 했다. 자유 흑인들도 루이지애나와 플로리다에서 멕시코로 이주했다.[4]

북부에서는 1721년과 1732년에 뉴욕 노예들이 폭동을 일으켰고, 1741년에는 서아프리카 골드코스트에서 온 아프리카인들이 주도한 반란이 일어났다. 이들 다수는 아프리카 군대에서 화

이스트먼 존슨(Eastman_Johnson), 「자유를 향한 여정(A Ride for Liberty)」(1862)

기와 백병전으로 훈련받은 병사들이었다. 카리브해와 아프리카에서 온 병사들, 선원들, 노예들은 성 패트릭의 날에 방화를 저지르기도 하면서 수 주간 1만1천 명이 살고 있던 도시를 공포로 몰아넣었다. 방화는 반란의 흔한 파괴 수단으로, 뉴욕을 비롯해 1741년 내내 보스턴, 찰스턴, 뉴저지의 항구와 도시를 혼란에 빠트렸다. 이 반란으로 흑인과 백인 2백여 명이 검거되었고, 수십 명의 흑인이 공개 처형되었다.

서인도제도에서 온 스페인계 니그로와 물라토는 뉴욕에서 반란이 발발하면 스페인과 프랑스가 도와줄 것이라 기대했고, 향후 그들과 합세하려고 했다. 영국령 식민지의 노예들은 스페인 국왕이 1733년과 1740년에 영국 정착지를 도망쳐 나온 누구에게든 자유를 약속했던 터라 스페인을 해방자로 인식하고 있었다.[5]

남부 플랜테이션 체제와 노예들의 생활

플랜테이션은 버지니아와 메릴랜드의 담배 재배 지역에서 처음 등장했다. 19세기 면화의 등장으로 남부 노예의 숫자가 늘었지만, 남부의 백인 인구가 5백만 명을 넘어선 1860년에도 노예 소유주는 38만 명 수준이었고, 그마저도 적은 수의 노예를 소유하고 있었을 뿐이다. 즉, 남부의 백인은 대다수가 전형적인 자영농들이었다.

남부의 노예는 각 주가 제정한 노예법에 따라 재산을 소유할

남부 면화 농장에서 수확 중인 노예와 말 탄 감독관(1850)

수 없고, 허락 없이 주인의 농장을 떠날 수 없으며, 총기를 소지할 수 없고, 백인을 상대로 법정에서 증언할 수 없었다. 하지만 실제로 노예는 재산을 소유하거나 읽고 쓰는 법을 배우기도 했다. 노예들에겐 텃밭에서 작물을 경작하고, 가금류를 기르며, 빵이나 땔감, 옷, 술 등을 팔거나 교환하는 것도 허용되었다.

특히 내부 시장은 노예들에게 수익의 원천이 되었는데, 이는 노동의 동기를 자극하면서 반감을 줄임으로써 결과적으로 주인들에게도 이득으로 작용했다. 무엇보다 노예들에게 생산과 거래의 기회를 허용함으로써 이들을 먹이고 입히는 비용을 줄일 수가 있었다. 숙련 기술 인력에 대한 수요가 상당했기 때문에 대장장이, 목수, 직조공 등의 기술이 있는 노예는 다른 농장이나 도시에 임대 고용되기도 했다. 노예들은 도시에서 멀리 떨어진 탄광이나 벌목 현장 또는 선창이나 건설 현장에서도 일했다.[6]

또한 흑인 남성 노동력이 압도적 다수를 차지했던 서인도제도와 브라질과 달리 북미에서는 일부일처제의 노예 가족이 만들어졌다. 노예에게 결혼은 공식적으로는 허용되지 않았지만, 노예제 시작부터 있어온 관행이었다. 노예 주인으로서는 이들의 결혼을 말릴 수도, 말릴 이유도 없었다. 혼인과 함께 출산이 이어지면 모두 주인의 재산이었기 때문이다. 남부 노예의 자연 증가는 이에 기인한다. 여타 지역보다 남부의 노예 출산율이 특히 높았다.

노예 주인의 경제적 이해는 노예 가족의 지속과 부합했다. 노예 결혼이 법적으로 인정받지 못했기 때문에 주인은 얼마든지 노예 가족을 따로 떼어서 팔 수도 있었다. 1840년대와 1850년대에 노예 가격이 오르면서 노예 주인들과 노예 상인들이 노예 번식을 도모했다는 기록이 있지만, 널리 행해졌다고 보기는 어렵다. 다만 부모와 일찍 헤어져 가족을 경험하지 못한 노예들이 많았고, 이러한 가족의 해체와 분리는 노예들에게 가장 고통스러운 상처가 되었다.[7]

노예 가족은 흑인 문화에서 중요한 제도였고, 팔리거나 임대 등으로 가족이 흩어지더라도 구성원들은 견고한 유대를 추구했다. 흑인 남녀가 혼전에 같이 사는 경우도 드물지 않았고, 임신하면 곧 결혼했으며, 이웃 플랜테이션 간 노예혼도 잦았다. 여성 노예는 때로는 주인과의 원치 않는 성관계로 인해 백인 여성들의 경우보다 어린 나이인 14세~15세에도 출산하곤 했다. 여성 노예는 매질이나 성적 착취에 대한 보호를 남편에게 기대하기 어려웠고, 남성 노예는 배우자와 아이들이 볼모로 잡힐 수 있었으므로, 탈주나 반란은 쉽지 않았다. 노예 탈주의 흔한 이유 가운데 하나가 타지로 팔려간 배우자와 자식을 찾는 것이었다.[8]

노예들의 밭일 노동은 동틀 무렵에서 해질녘까지 이어졌다. 일요일과 크리스마스부터 새해 첫날까지 휴일로 주어졌으며, 이때 노예들은 공놀이와 레슬링 등 스포츠와 여흥을 즐겼다. 노예들은 침대 없이 마루에서 담요를 덮고 자다가 감독의 뿔 나팔 소리에 일어나 밭에 나가야 했고, 명령을 어길 시 혹독한 처벌을 받았다. 여자 노예도 피투성이가 될 때까지 벌거벗겨진 등에 쇠가죽 채찍을 맞는 일이 허다했다. 구타나 소총으로 노예나 흑인을 죽이더라도 법정이나 공동체에서는 범죄로 취급되지 않았다. 노예들은 매월 일정량의 식량을 받았고, 의복은 1년에 한 번 지급받았다. 더글러스는 매월 약 3.6킬로그램의 돼지고기나 그에 상당하는 생선과 약 36리터의 옥수수를 받았다고 한다.[9]

자유 흑인의 증가와 제2차 중간 항로

건국 이후 북부 주들에서는 노예제 폐지 법안이 제정되면서 자유 흑인이 증가했는데, 그 인원이 1770년대에 수백 명에서 1810년에는 5만 명에 육박했다. 하지만 이들에겐 투표권, 배심

1769년 노예 매매 광고[10]

이 광고는 아프리카 감비아에서 출발해 1769년 4월 27일 사우스캐롤라이나 찰스턴에 도착한
250명의 니그로를 '최상급 화물(choice cargo)'로 표기하고 있다. 3월 31일 도착 당시 배에
천연두가 발생했지만, 배와 화물에 철저한 방역이 이뤄졌으므로 전염 위험이 전혀 없다고 강조했다.

원 권리, 법정 증언 권리, 민병대 참여권이 없었다.[11] 남부에서도 독립전쟁 기간 많은 노예들이 도망쳤고, 버지니아 총독의 에티오피아부대(Ethiopian Regiment)에는 사우스캐롤라이나와 조지아에서까지 노예들이 몰려들었다. 부대 깃발에는 "노예들에게 자유를(Liberty to Slaves)"이라고 쓰여 있었다.

1790년 미국 인구 조사에서 남부 자유 흑인은 6만여 명이었고, 이는 전체 흑인 인구 76만 명의 약 12.7퍼센트를 차지했다. 버지니아와 메릴랜드의 자유 흑인 인구는 혁명 이후 30년간 2배로 증가했는데, 버지니아주는 건국 당시 흑인 인구의 1퍼센트였던 자유 흑인의 비율이 1800년경에 10퍼센트로 증가했다. 일부는 돈을 벌어 자신과 가족의 자유를 산 노예들이었고, 주인의 유언으로 해방된 노예도 있었다. 1860년 남부 자유 흑인 25만 명의 절반 이상이 체사피크 지역에 거주했고, 상부 남부(Upper South)에서는 노예들의 임대 고용이 특징이었다. 뉴올리언스와 찰스턴 등의 도시에서도 상점 주인이나 숙련 장인으로 부를 쌓은 자유 흑인의 수가 증가했다.[12]

상부 남부의 담배와 쌀 농장은 18세기 중후반까지 번성했고, 19세기에는 하부 남부(Lower South)에서 면화 농장이 호황을 이루면서 노예 수요가 지속되었다. 노예무역이 금지된 1808년 이후에는 담배 농장이 쇠퇴한 상부 남부에서 면화 남부로 노예를 매매하는 2차 중간 항로(Middle Passage)가 전개되었다.

체사피크 지역에서는 경작 작물이 담배에서 밀과 옥수수로 바뀌면서 남는 노예 노동력을 하부 남부에 팔았고, 대규모 흑인

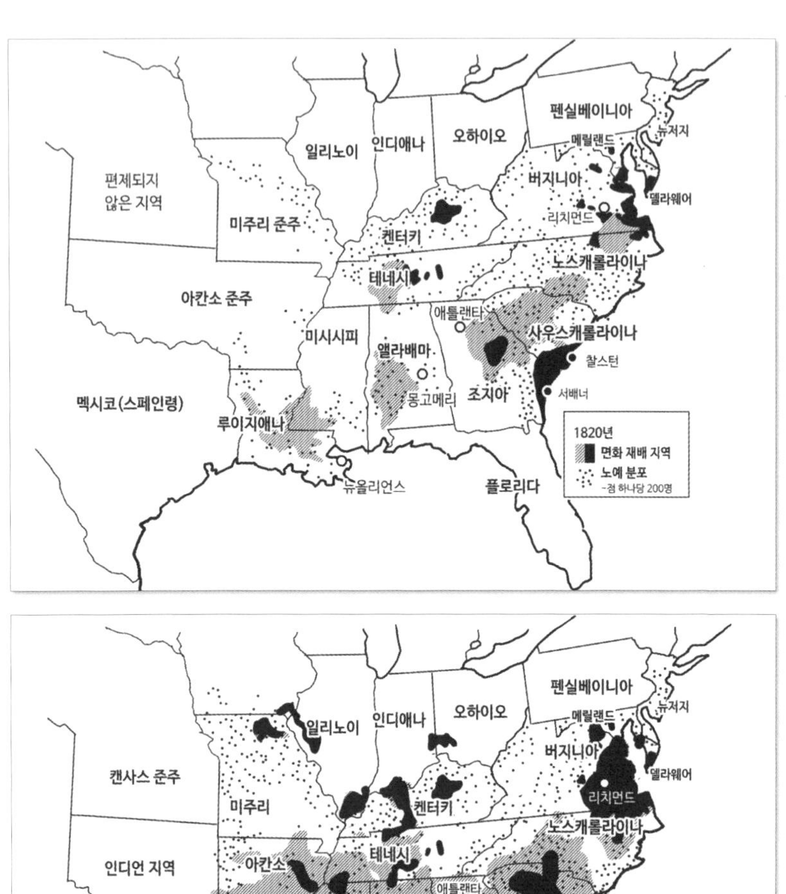

1820년(위)과 1860년(아래) 면화 재배 지역과 노예 분포

인구 이동이 일어났다. 1790년과 1820년 사이에는 30만 명, 1820년에서 1860년 사이에는 약 75만 명의 노예들이 버지니아와 메릴랜드에서 켄터키, 테네시, 조지아, 미시시피, 앨라배마, 루이지애나, 아칸소, 텍사스 등지로 팔려나갔다.

미시시피는 1860년까지 남부를 이끈 면화의 중심 지역이었고, 노예도 사우스캐롤라이나에 이어 두 번째로 많았다. 이 미시시피에서의 면화 붐은 노예 수요를 증가시켰는데, 덩달아 노예 가격도 높아져서 1853년 버지니아의 경우 18세~25세의 최상급 남자 노예의 가격이 1천2백~1천3백 달러였으며, 가장 어린 흑인 소녀의 경우 50달러에 경매되기도 했다. 사우스캐롤라이나 상원의원 존 칼훈(John Calhoun)은 1838년 의회 연설에서 "한때 노예제가 도덕적 해악이라고 믿었지만, 이제 면화 남부 백인들은 노예제를 남부 존립에 필요불가결한 제도로 본다"라면서 노예제 변호에 앞장섰다.[13]

노예 자서전과 노예제 고발

남부 노예제의 실상은 북부로 도망치는 데 성공한 노예들이 구술하거나 자술한 자서전을 통해 폭로되었다. 도망 노예들은 "노예 주인들의 사악하고 부도덕한 행위"를 비난했는데, 가장 흔한 형벌이었던 채찍질과 탈주를 시도한 노예들에게 가해졌던 신체 훼손과 낙인찍기 등을 주로 증언했다. 그 탈출 및 생존 과정에서

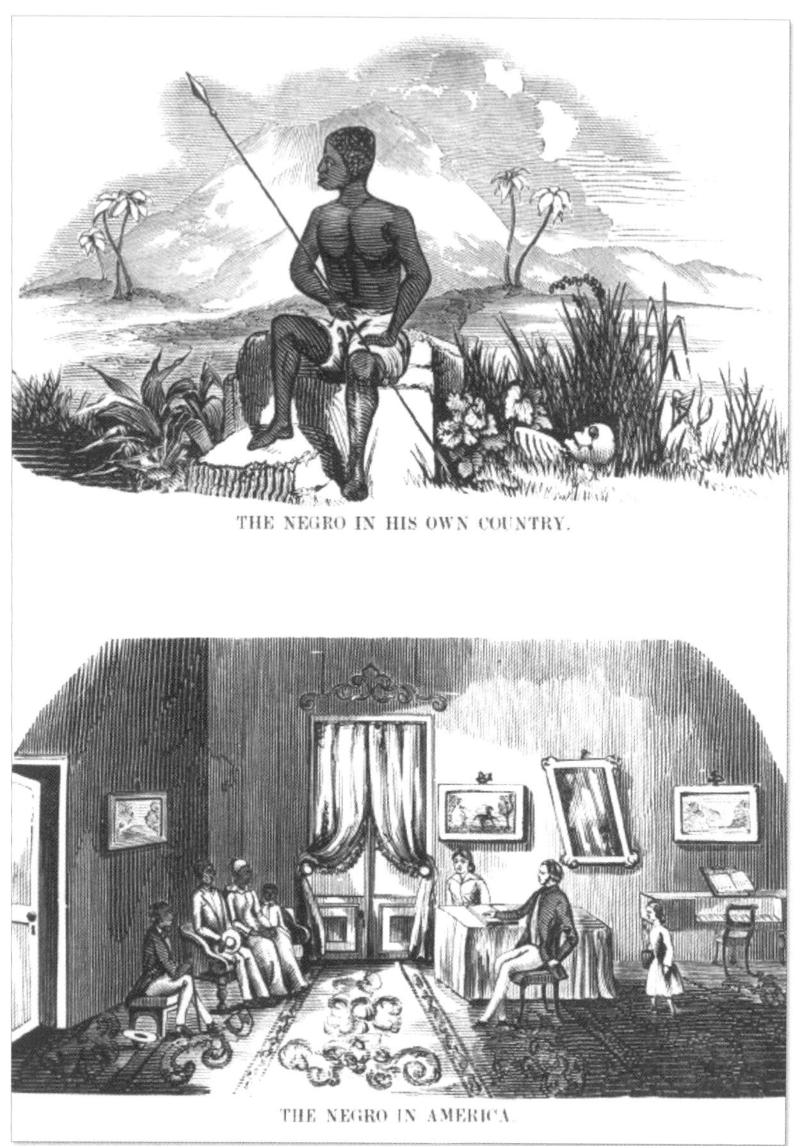

남부의 노예제 옹호(조시아 프리스트(Josiah Priest),『Bible Defence of Slavery』, 1853)[14]
두 개의 동판화는 아프리카 고향의 니그로와 아메리카 니그로의 모습을 대비시키면서 남부 노예들이
노예제의 혜택을 받고 있다고 믿은 남부 노예 주인들의 생각을 보여준다.

138

자신들이 행한 거짓말, 도둑질, 잔꾀와 속임수 그리고 폭력의 책임을 노예제의 폭압으로 돌렸다. 헨리 빕(Henry Bibb)은 "힘없는 노예가 백인에 맞서 자기 방어를 하는 유일한 무기는 속이는 것"이라면서 백인들을 기만하는 책략과 폭력은 자기 방어를 위한 것이라고 했다.[15]

노예들의 초기 자서전은 신앙을 통해 신의 섭리를 깨닫는 종교적 회심을 그 주제로 많이 다뤘다. 19세기 초까지도 정신적 구원을 다룬 신앙 고백의 내용이 주를 이뤘다.[16] 그러다 미국 최초의 도망 노예 자서전을 발표한 윌리엄 그라임스(William Grimes)가 이러한 시련과 구원의 서사적 관성을 바꾼다.

그는 1825년 생계비를 마련하기 위해 직접 쓴 글을 출간했다. 철자와 맞춤법이 틀리기도 했지만, 생존을 위해 온갖 술수와 속임수로 버텨야 했던 노예들의 난관이 진솔하게 전달되었다. 버지니아 태생의 노예였던 그는 메릴랜드, 조지아, 사우스캐롤라이나에서 노예 생활을 했고, 탈주 뒤 8년간 모은 약 천 달러를 자신의 자유를 사는 데 쓰고 빈털터리가 된다. 백인이 생부였던 그는 밝은 피부색 덕에 백인 행세를 하며 뉴욕으로 가는 배에 선원처럼 승선할 수 있었다. 그는 어머니와 헤어진 후 10년 만에 다시 상봉했지만 그대로 돌아서야 했던 슬픔을 토로하면서 "노예들에게 부모와 자식 간의 강제 이별보다 더 고통스러운 것은 없다. 자식의 소재를 모르는 노예 어머니들이 많다"라며 비통해했다. 그는 8년 만에 고향을 방문해 만나려던 첫사랑이 이미 다른 주인에게 팔린 것에 절망하기도 한다."[17]

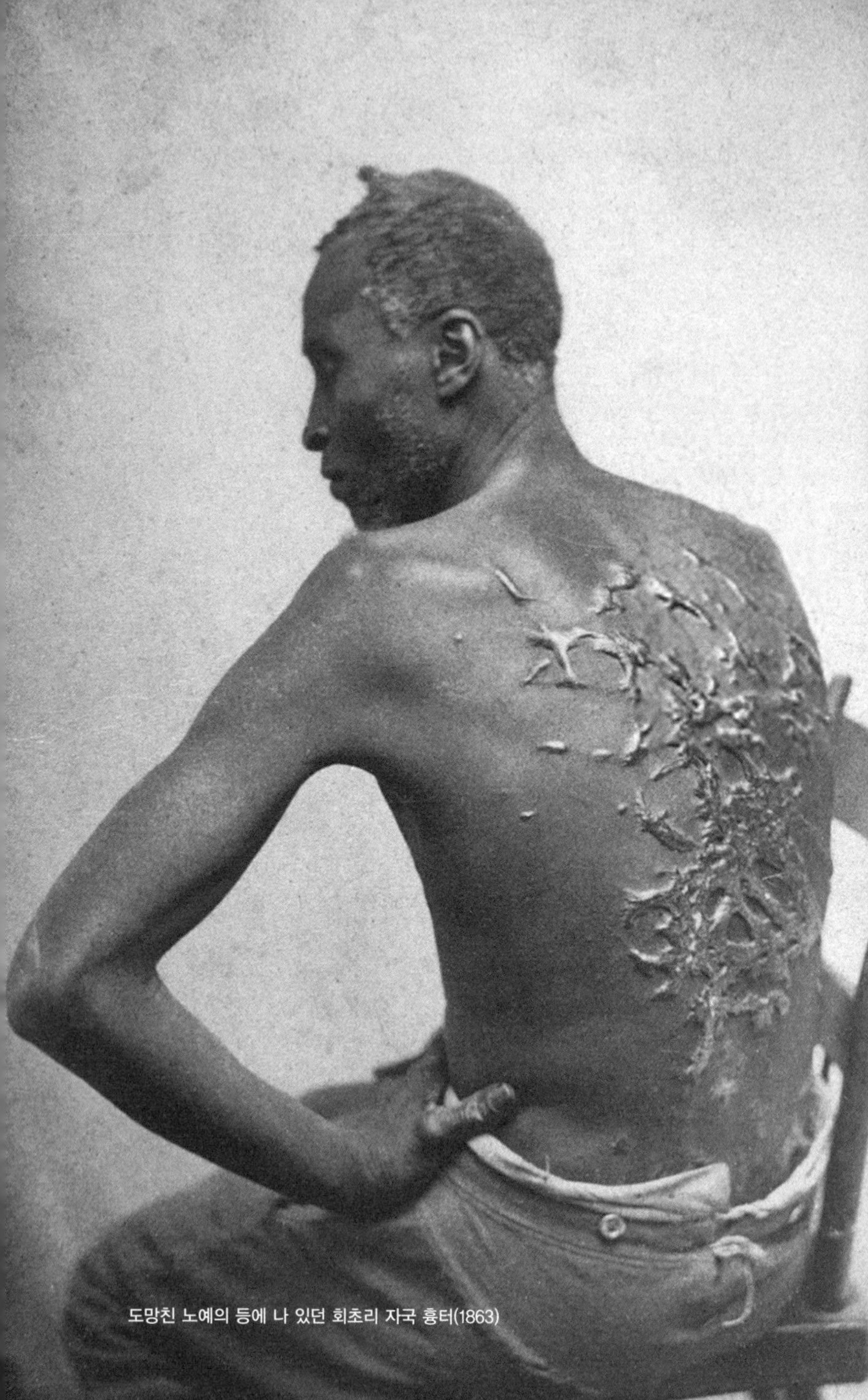

도망친 노예의 등에 나 있던 회초리 자국 흉터(1863)

그라임스 자서전은 분노로 가득하다. 자신을 매질한 여주인을 "죽을 때까지 잊지 않을 것"이라며 복수를 다짐했고, 주인의 돼지고기나 생선을 수시로 훔친 것은 단지 굶주렸기 때문이라며 주인 탓으로 돌렸다. "발가벗긴 등에 가해진 채찍질로 쟁기질한 들판처럼 금이 갔다"라는 고발도 빠지지 않았다. 그의 주인이 10번이나 바뀐 것도 그가 채찍질을 피해 집요하게 도망치려 했기 때문이다. 주인은 노예들에게 서로 옷을 벗겨 매질하게 했는데, 그는 이런 매질을 한 달 내내 매일 당하기도 했다.

그라임스는 노예들이 절도, 꾀병, 태업, 파업, 도망, 자해 등으로 반항한 것을 묘사하면서, 자신도 노예 매매상에게 팔리지 않으려 아픈 척도 해보고, 더 나은 주인을 물색하러 다녔으며, 기회만 있으면 주인의 포도주와 위스키를 훔쳐 마셨다고 적었다. 술에 찌들어 온갖 핑계로 일을 피하면서 싸움과 거짓말에 주인이나 감독관에게 대들었던 것도 그대로 고백한다.[18]

북부로 도망친 뒤에는 가위에 눌리고 악몽과 환각에 시달리며 혼령, 마녀, 마법을 믿었던 심신의 불안을 신앙으로 진정시키고, 위안과 용기를 얻었다. 교회 설교를 듣고 기도 습관을 들이면서 과거의 잘못에 대해 양심의 가책도 느꼈다. 그가 종교에서 안식을 구한 건 "자유인으로 살기가 더 힘들었던" 북부 생활의 고난 때문이기도 했다. 그는 뉴잉글랜드의 6개 도시에서 살면서 수위, 마부, 이발사, 가게 주인 등 여러 직업을 전전했다. 그러다 사기를 당하고 도둑으로도 몰리면서 "자유의 달콤함이 씁쓸하게 변해"버렸다고 고백한다. 북부에서 겪은 상처를 고스란히 드러내며 심지어 그는 남부 노예들에게 주인을 떠나지 말라고 충고할 정도였다. 도망 노예들은 반드시 붙잡히며, 잡히지 않더라도 늘 수배 대상이고, 수많은 불의와 착취에 부닥친다면서, 북부 자유주가 결코 도망 노예들의 피난처나 안식처가 아니라고 강변했다.

마지막 문장도 파격적이다. "자유를 자랑하는 곳에서 노예로 태어났다"라며 비꼬듯 시작한 서문은 "등에 채찍질 자국이 있는 내 살 껍질을 벗겨 양피지로 만든 뒤, 영광스러운 아메리카 헌법을 포장하라"라는 격앙된 언사로 끝을 맺는다. 후회도 반성도 없이 절망과 분노, 증오와 복수심을 그대로 노출하면서 남부 흑인 감독관의 잔혹함과 북부 흑인들 간의 질시라는 치부도 드러냈다. 그의 자서전은 이렇게 어떠한 명령과 체벌에도 순응하지 않고, 노예제의 폭압에 맞서 고단한 삶을 이어간 도망 노예의 기록이었다.[19]

북부로 탈주해 영국으로 건너간 뒤 노예제반대협회의 후원으로 1837년에 자서전을 발간한 모세스 로퍼(Moses Roper)도 노예 주인들의 잔인한 고문 행위와 그 기구들을 그림으로 보여주면서 노예제의 실상을 폭로했다. 그는 사우스캐롤라이나 서배너에서 뉴욕으로 가는 배를 타고 도망친 후, 침례교도들의 도움으로 영국으로 건너갔다. 그 역시 그라임스처럼 거의 매일 채찍질을 당했는데, 14살쯤 시작된 탈주도 바로 이 채찍질 때문이었다. 탈주 시도가 실패하면 목과 발에 무거운 쇠 족쇄를 차야 했다. 이후 그는 면화 누르는 기계를 이용한 고문, 손톱과 발톱을 뽑고

모세스 로퍼 자서전에 삽입된 '도망치지 못하도록 종을 단 철제 뿔' 삽화

머리에 타르를 붓고 불을 붙여 화상을 입히는 고문, 안쪽에 못이 박힌 통 안에 노예를 넣고 가파른 언덕에서 그 통을 굴리는 학대 등을 적나라하게 고발했다.

그는 또한 노예 상인들의 잦은 성폭력과 노예 번식(slave breeding) 관행도 폭로했다. 노예 매매상에 팔려 조지아로 이동하면서 경매 시장이 열리는 동안 상인들이 종종 여자 노예들과 자면서 임신을 노리는 걸 목격한 것이었다. 훗날 상인들은 그 여자 노예와 아이까지 팔아넘김으로써 이윤만 취했다.[20]

1739년 스토노 반란

북미 영국 식민지들이 독립하기 전 노예들의 조직적인 반란은 거의 없었지만, 그래도 1739년 찰스턴에서 20마일 떨어진 스토노(Stono)에서 일어난 반란은 기억해둘 필요가 있다. 식민 시기 북미 영국령에 온 노예의 40퍼센트는 사우스캐롤라이나에 도착했다. 독립선언 당시 사우스캐롤라이나 인구의 절반 이상이 흑인일 정도였는데, 무엇보다 이는 쌀농사 확산의 영향이었다. 사우스캐롤라이나 해안 지역과 유사한 기후의 반(半)열대 지역에서 온 아프리카인들은 질병에도 취약하지 않았거니와 이는 노예 수입 확대로 이어졌다.

식민 정부는 노예들의 탈주를 막기 위해 1714년과 1722년 법에서 노예들이 배나 카누를 소지하는 것을 금지했다. 당시 스페인령 플로리다는 1733년에 영국령 식민지인 사우스캐롤라이나에서 탈출한 노예에게 자유를 준다는 칙령을 내리고 1738년에 본격 시행했는데, 이 소식이 찰스턴을 드나드는 선원들을 통해 노예들에게 전해졌고, 스페인의 협조 가능성이 반란을 추동했다.

스토노는 플로리다에서 50마일밖에 떨어져 있지 않았다. 당시 사우스캐롤라이나 흑인 인구는 약 4만 명이었고, 대농장이 밀집한 해안 지역에 전체 인구의 약 3분의 2가 거주하고 있었다. 제이미(Jemmy)는 약 백 명의 노예와 함께 스토노 강가에서 무기와 탄약을 탈취한 뒤, 백인 살해, 방화, 약탈 등을 이어가며 조지아를 지나 플로리다의 세인트오거스틴으로 행군했다. 반란 주동자들은 주로 앙골라에서 들어온 노예들이었는데, 약 10마일을 행군한 후 백인 민병대의 추격으로 현장에서 죽거나 체포되었다. 44명의 흑인과 21명의 백인이 목숨을 잃은 이 반란은 실패로 끝났지만, 무장 기습 반란이었고 백인들에게 상당한 인명 및 재산 피해를 입혔다.[21]

1800년 가브리엘 프로서의 노예 반란 모의

버지니아에서는 1767년 페어팩스를 비롯해 여러 카운티에서 노예들이 감독관이나 주인을 살해하는 일이 이어졌다. 1775년에는 체스터필드 카운티 등지에서 노예 반란 음모도 있었다. 또 건국 후에는 최대의 노예 반란 모의가 버지니아의 주도 리치먼드에서 일어났다. 바로 대장간 노예였던 가브리엘 프로서(Gabriel Prosser)는 병기창에서 무기를 탈취한 뒤 주지사를 인질로 잡아 협상을 벌이려는 대담하고 주도면밀한 반란을 모의했다.

그는 천 명의 노예를 규합해 봉기를 유도하고 리치먼드를 점령한 후 버지니아 노예를 해방시킬 계획을 세웠다. 주모자들은 농장 노예가 아니라 주인이 도시에 임대를 주거나 가게를 차려 준 노예들로, 이동의 자유와 기동성이 높았고 대부분 글을 아는 노예들이었다. 여기에 석탄 광산, 구리 제조소, 운하 공사 등에서 일하던 노예들과 대장장이, 청소부, 하인, 선원 등도 합류했다. 이들은 프리메이슨 가입 의사를 물으면서 거사에 함께할 사람을 모았으며, 감리교도, 퀘이커교도, 프랑스인을 제외한 백인들을 죽이려 했다.

하지만 계획의 규모가 너무 커서 비밀 유지가 곤란했다. 거사일인 8월 30일 세 명의 노예가 주인에게 모의 사실을 알렸고, 주지사 제임스 먼로(James Monroe)가 거사 장소로 기병대를 보내 수색에 나섰으며, 프로서를 포함해 약 25명의 노예가 9월 15일에 처형되었다. 프로서의 반란 모의가 아이티혁명에서 자극 받았다고 얘기되지만, 확실치는 않다. 이후 남부에서는 노예 예배에 대한 감시 강화, 사적인 노예 해방 제한, 자유 흑인 지역에 대한 규제 강화 등의 방안이 강구되었고, 1801년에 버지니아 하원은 먼로 지사에게 자유 흑인들을 식민화할 장소를 물색할 것을 촉구했다.[22]

1822년 자유 흑인 덴마크 베시의 노예 반란 모의

사우스캐롤라이나 찰스턴에서는 자유 흑인이자 감리교도였던 덴마크 베시(Denmark Vesey) 주도로 노예 반란이 모의되었다. 이들은 무기와 화약을 훔쳐 저장하고 각목과 나무창을 만들었으며, 7월 4일 거사를 예정했던 것으로 알려졌다. 하지만 교회를 중심으로 음모를 꾸민다는 소문이 알려지면서 베시를 포함한 10명의 교회 간부 흑인들이 체포되었다. 수백 명의 흑인이 연루된 것으로 보였지만, 주모자들은 침묵으로 일관했고, 7월 2일에 교수형에 처해졌다. 이후 대대적인 조사를 통해 35명의 흑인이 추가로 교수형을 당하고, 32명은 국외로 추방되었으며, 53명은 무죄로 방면되었다.

가담자들은 아프리카에서 직접 건너온 노예들이거나 생 도맹그에서 백인 주인을 따라 건너온 노예들이었다. 베시는 자유인이 되기 전에 선원으로 일했고, 영어, 프랑스어, 스페인어를 유창하게 구사했으며, 선원들을 통해 외국 소식을 잘 알고 있었다. 1820년 미주리 타협으로 반노예제 정서가 강해지고 있다고 믿고서 아이티의 지원을 기대했으며, 찰스턴을 차지한 후 독립 공화국을 세울 생각이었다. 1820년부터 사적(私的) 노예 해방은 주의회의 승인을 받게 함으로써 노예 반란을 부추기는 자유 흑인들의 수를 줄이려 했던 사우스캐롤라이나는 베시의 반란 모의 후 1822년에 흑인 선원들의 노예 접촉과 선동을 막기 위해 니그로선원법(Negro Seamen Acts)을 제정했다.[23]

1829년 데이비드 워커의 투쟁 독려

미국 흑인들에게 가장 과격하게 싸울 것을 촉구한 사람은 감리교도이자 보스턴 지부 흑인 프리메이슨이었던 데이비드 워커(David Walker)였다. 그는 『세계 유색인에게 보내는 호소문』(1829)에서 흑인들에게 "적에 맞서 목숨을 바쳐 대항"하라며 독려했다. 백인들이 흑인들에게 행한 "살인과 무자비함"을 언급하면서

WALKER'S

APPEAL,

IN FOUR ARTICLES,

TOGETHER WITH

A PREAMBLE,

TO THE

COLORED CITIZENS OF THE WORLD,

BUT IN PARTICULAR, AND VERY EXPRESSLY TO THOSE OF THE

UNITED STATES OF AMERICA.

Written in Boston, in the State of Massachusetts, Sept. 28th, 1829.

SECOND EDITION, WITH CORRECTIONS, &c.

Boston:

PUBLISHED BY DAVID WALKER.

1830.

「세계 유색인에게 보내는 호소문」

148

「독립선언문」의 천부권을 지키지 않는 미국인들을 "잔혹한 압제자들과 살인자들"이라고 비난했다. 그리고 "신이 우리를 이 비참함에서 끌어내주실 것을 기다려서는 안 된다. 혹은 우리의 적들이 우리를 위해 무언가를 해주리라고 생각해서도 안 된다. 신이 우리에게 준 자유를 얻기 위해 우리는 모든 것을 걸어야 한다"라며 목소리를 높였다.

그는 국가를 부정하거나 무장 반란을 부추긴 것이 아니라 목숨을 바칠 각오로 항거함으로써 흑인의 존엄성을 증명하자고 했다. "신이 우리 편에 있는데 왜 우리가 두려워해야 하는가?"라고 물으면서 "자신의 가치를 알지 못하는 무지한 우리 형제들을 계몽하는 데 최선을 다할 것"을 호소했다. 특히 젊은이들이 교육으로 자립 의지를 키우고 금주, 노동, 절제, 책임 의식을 갖출 것을 강조했다.[24]

워커는 백인 기독교인들의 위선적 신앙에 대해 회개를 촉구하면서 신의 심판을 경고했다. "오 미국인들이여! 미국인들이여!! 나는 신의 이름으로 당신들에게 회개하라고 경고한다. 그렇지 않으면 당신들은 파멸할 것이다!!! 당신들이 우리에게 행한 살인에 대해 신의 심판이 있을 것이다. 우리는 당신들의 방해에도 불구하고 반드시 자유로워질 것이다. 신이 우리를 구원할 것이다. 편견과 두려움을 집어 던지고 우리를 인간처럼 대우하라. 미국은 당신들의 나라인 것처럼 우리의 조국이기 때문이다. 기독교인들은 우리 손발을 쇠사슬로 묶어 배에 집어넣었다!!! 백인 기독교인들의 탐욕스러운 손으로부터 신이여 우리를 구하소서!!!"[25]

1817년에 조직된 미국 식민협회는 미국 흑인들의 아프리카 이주를 추진하고 있었는데, 워커는 이러한 움직임을 강력히 비난했다. 그는 흑인 식민지를 건설하려는 백인들의 시도는 계략이자 친(親)노예제의 음모라면서, 해방된 노예들을 아프리카로 귀환시켜 미국 내 자유 흑인들을 없애려는 것이라고 했다. 그는 시에라리온이나 라이베리아로의 흑인 이주를 극렬히 만류했고, 오히려 매사추세츠 유색인협회를 창립하고 '유색인(Colored People)'이란 용어를 사용하면서 미국인으로서의 정체성을 더 강조했다.[26] 워커의 호소문은 1843년 '유색인시민전국대표자회의(National Convention of Colored Citizens)'에서 노예들의 무장 반란을 촉구하는 연설을 했던 헨리 H. 가넷(Henry H. Garnet)에게 영향을 미쳤으며, 냇 터너 반란에도 영향을 미쳤다고 평가받는다.[27]

1831년 냇 터너의 노예 반란

남부에서 그 규모와 충격이 가장 컸던 노예 반란은 냇 터너(Nat Turner)의 반란이었다. 대장장이였던 프로서와 선원 경험이 있는 베시처럼 그 역시 숙련공이었으며, 모두 침례교와 감리교의 종교적 영향을 받았다. 다른 반란 모의자들과 달리 변호사를 통해 진술을 남긴 터너는 1825년에 성령의 계시를 받고서 최후 심판의 날이 다가왔음을 확신했다고 밝혔다.

버지니아 사우샘프턴의 노예이자 침례교도였던 그는 1831년

숨어 있다 붙잡힌 냇 터너

2월 일식을 신의 계시로 받아들이고, 7월 4일을 거사일로 잡았지만 이는 무산되었다. 8월 20일에 주인 가족 5명을 살해하고 장총과 화약을 확보했으며, 백인들을 살해한 뒤 돈과 무기를 챙겨 말을 타고 행군을 시작했다. 이후 수십 명의 흑인들이 여기에 합류했고, 모두 총, 도끼, 칼, 망치 등으로 무장했다. 하지만 백인 민병대의 추격이 시작되자 반란 노예들은 흩어지거나 도망쳤고, 터너는 몇 달을 숨어 다니다 10월 30일에 체포되었다. 교수형은 11월 11일에 이행되었으며, 연루된 57명의 흑인도 함께 처형되었다. 백인 민병대와 군중은 반란에 가담하지 않은 흑인들에게도 공격을 가해 약 2백 명의 흑인이 사망했다. 이 반란으로 백인 60명도 살해되었다.

터너는 반란 실패에 대해 후회가 없다고 했지만, 반란 목적은 정확히 밝혀지지 않았다. 묵시록 예언에 따라 천년왕국과 최후 심판의 날을 믿었던 것을 주된 배경으로 본다. 터너의 반란 이후 버지니아와 남부 주들은 노예와 자유 흑인의 교육을 금지했고, 자유 흑인들의 집회를 제한했으며, 흑인 예배에서 백인 목사가 설교하게 하는 등 흑인을 통제하는 새 법안들을 만들었다.[28]

서인도제도와 미국 노예 반란의 차이

식민 시기를 포함해 미국에서 일어난 노예 반란은 서인도제도 지역에서 일어난 반란에 비해 상대적으로 규모도 작고 발생 빈도도 낮았다. 자메이카, 네덜란드령 수리남, 프랑스령 기아나(Guiana), 스페인령 쿠바 등지에서 일어난 잦은 노예 반란과 달리, 미국 노예 반란은 가담자가 1백 명 이상인 적이 없었다. 스토노 반란과 냇 터너 반란은 하루 이틀 만에 진압되었다. 많은 수의 반란군 모집을 계획했던 가브리엘 프로서와 덴마크 베시의 모의가 사전 발각되어 실패한 반면, 가담자 수가 적었기에 스토노 반란과 터너 반란은 실행에 옮겨질 수 있었다. 미국 노예 반란의 횟수가 적고 그 실패율마저 높았다는 게 노예들이 노예제를 수용했다는 의미로 받아들여질 순 없다. 애당초 반란 성공 가능성

자체가 몹시 희박했기 때문이다. 사실 냇 터너 반란 이후엔 조직적인 노예들의 저항은 찾아보기 어려워졌다. 그나마 도망, 절도, 태업 등 소극적 반항이 주류였다.[29]

반면 서인도제도에서는 노예들이 여러 방식으로 자신들의 해방을 주도했다는 점이 미국과 다르다. 이곳에서 1천 명이 넘는 인원이 참여한 노예 반란은 8~9차례에 이른다. 1770년대에서 1840년대 사이에 규모가 크고 잘 알려진 노예 반란이 많았다. 그 절정기는 1790년대였다. 1790년에 아메리카 대륙 전체 노예의 절반이 카리브해에 살았으며, 카리브해 인구 가운데 노예 비중은 70퍼센트에 달해 최고점이었다. 1793년 아이티, 1795년 성 루치아, 1802년 과달루페, 1816년 바베이도스에서 노예 반란이 일어났다. 1816년과 1832년 사이엔 영국령 서인도제도에서 노예 반란들이 일어났고, 1823년에 가이아나(Guyana)에서 1만3천 명의 노예가 지주들을 감금하는 일이 일어났다. 1831년 자메이카에서 1만8천 명이 동원된 노예 폭동이 일어난 뒤, 영국은 1833년에 식민지 전체에서 노예제를 폐지했다. 버진아일랜드의 덴마크 노예들은 1848년에 해방을 얻었다.[30]

또한 서인도제도에는 노예들의 탈주와 반란을 자극하는 마룬(Maroons) 공동체가 있었다. 농장을 떠나 산과 숲으로 도망친 수백수천의 노예들이 탈주 공동체를 만들어 농장들을 습격하고, 가축과 농기구를 포획하면서 게릴라 전투를 벌였다. 자메이카와 수리남의 마룬 공동체는 유럽 국가와 공식 평화조약을 맺고 반란 노예들의 자유와 자치를 약속받기도 했다. 1720년대 말에 시작된 자메이카 마룬 전쟁이 10여 년간 식민 정부를 위협할 수 있었던 것은 자메이카 북쪽 해안에서 카누로 이동 가능한 쿠바를 통해 마룬들이 스페인 정부와 접촉하고 있었기 때문이다. 즉, 이들은 자유를 보장하는 조건으로 스페인에 섬을 넘겨주기로 했다. 결국 영국은 1740년에 자메이카 탈주 노예들과 화평을 맺고 그들에게 땅과 자치권을 준 뒤 스페인에 전쟁을 선포했다.

카리브해 노예 반란에서의 장애는 아프리카 출신 종족 간의 대립이었다. 반투어를 쓰는 앙골라-콩고 지역 출신 노예들과 수단어를 쓰는 기니(Guinea) 출신 노예들 사이 적대감이 쿠바, 자메이카, 아이티 등에 존재했다. 아프리카 태생 흑인들과 크리올 사이의 대립도 있었지만, 영국령 서인도제도에서 크리올의 수가 압도적으로 많아지면서 이들은 자메이카의 1831년 반란에서도 지도자 역할을 하며 흑인들과 연대했다.[31]

여성 노예의 주인 살해와 자식 살해

미국 노예들의 저항은 대규모 반란이나 무장된 형태가 아니라 대부분 개별적인 방식으로 이루어졌다. 예컨대 주인 살해나 자식 살해 같은 방식이었다.

1855년 미주리주 캘러웨이 카운티에서 19세 노예 실리아가 5년간 자신을 성폭행한 백인 남성 로버트 뉴섬을 살해한 혐의로 기소되어 사형 선고를 받았다. 60대 홀아비였던 주인은 14세의 노예 실리아를 구매한 뒤 성폭행을 시작했고 두 아이를 출산했는데, 이후 흑인 노예와 사랑에 빠진 실리아가 뉴섬에게 관계 청산을 요구했지만 거절당하자 그를 살해해버린 것이었다. 실리아는 사형 집행 유예를 신청하고 항소했지만, 기각 당한 뒤 사형에 처해졌다. 백인의 노예 성폭행은 범죄 성립이 되지 않았다. 또한 노예는 생명에 위협을 느낄 때만 주인에게 저항할 수 있다는 것이 남부 법정의 전례였다. 백인 남성의 여자 노예에 대한 성적 착취는 공공연한 비밀이었고, 여자 노예들의 혼인은 백인 주인의 성적 폭력에 대한 예방책이 되지 못했다. 여자 노예들은 결혼 이후에도 강제적 내연 관계 등에 노출되었다.[32]

흑인 여자 노예는 자식에게 노예 대물림을 피하려고 영아나 유아를 살해한 혐의로 기소되기도 했다. 1856년 켄터키주에서 도주한 22세 노예 마가렛 가너는 주인의 추격을 받던 끝에 28개월 된 딸 메리를 살해했다. 가너 일가는 마가렛을 팔려는 주인의 결정에 반발해 네 자녀와 남편, 그리고 부모까지 동참해 가족 8명이 탈출을 감행했다. 이는 지극히 이례적인 일이었는데, 당시 도망 노예는 대부분 미혼 청장년 남성이었기 때문이다. 이들은 오하이오 신시내티에 도착한 후 발각되었고, 마가렛은 딸 메리의 목을 칼로 베고 다른 자식들의 목숨도 거둔 뒤 자살하려 했다. 그러나 중간에 제압당한 뒤 재판에 넘겨지고 만다. 연방 감독관은 가너 일가를 켄터키로 송환하라고 판결했고, 증기선에 태워진 마가렛은 9개월 된 딸 실라를 물에 빠트리고 자신도 몸을 던졌으나 결국은 구조되었다. 여기서 살해된 아이 성별이 딸이었다는 사실은 노예의 대물림은 물론, 성적 착취를 피하려던 인간으로서의 몸부림을 강변하는 것일지도 모른다.[33]

영국의 노예제 반대 운동

18세기 말부터 대서양 양안에서는 노예무역과 노예제 폐지를 둘러싼 논의가 진전되었다. 영국에선 감리교 및 침례교 복음주의 정치가인 그랜빌 샤프(Granville Sharp)와 하원의원 윌리엄 윌버포스(William Wilberforce) 등이 노예무역과 노예제에 대한 반대 여론을 형성하는 데 큰 영향을 미쳤다. 1787년에는 영국 최초로 노예무역폐지위원회(Committee for th Abolition of the Slave Trade)가 만들어졌으며, 아프리카 기니 해안에 영국 흑인들이 거주하게 될 시에라리온이라는 영국 식민지가 세워졌다. 1807년에는 노예무역 폐지 법안이 가결되었다.

영국은 노예무역 수익을 경쟁국이 차지하는 것을 막으려고 1817년부터 본격적으로 프랑스, 스페인, 포르투갈과 노예무역 억제를 위한 협상을 시작했다. 각국 선박에 대한 상호 임검 수색을 내용으로 하는 조약은 영국의 압도적인 해군력으로 가능했다. 미국인 소유거나 미국에서 건조된 노예 무역선도 대서양에서 무역에 종사했지만, 미국도 영국의 압력에 반응해 1830년대부터 대서양 노예무역 억제 활동에 참여하게 되었다. 미국은 1808년에, 프랑스는 1814년에, 네덜란드는 1817년에, 그리고 스페인은 1845년에 노예무역을 불법으로 선언했다. 하지만 노예무역은 대서양 전역에서 지속되었다. 1867년 아프리카에서 쿠바로 노예선이 횡단한 것을 마지막으로 중간 항로의 역사는 막을 내렸다.[34]

노예무역 폐지에 이르기까지 영국의 반노예제 운동은 노예무역의 우선 폐지를 통한 점진적 노예제 소멸에 집중했다. 윌버포스는 노예무역 금지를 목표로 내세웠으며, 활동가들의 입장은 점진주의였다. 영국에서 노예제의 법적 폐지가 공식 의제가 된 건 1820년대 이후였다. 1823년에 노예제 폐지협회가 창립되고, 1831년 자메이카에서 노예 폭동이 일어나면서 영국은 1833년에 식민지 전체에서 노예제를 폐지했다. 자메이카를 비롯한 카리브해 영국령에서 약 70만 명의 노예가 해방되었다. 노예 주인들에게 그 보상으로 2천만 파운드가 제공되었지만, 노예들에게는 노동에 대한 보상이 없었다.

영국의 노예제 폐지는 인도주의적 동기보다는 국가 이익을 위한 경제적 동기에 따른 것이었다. 식민지에서 벌어들인 수익은 영국의 산업화 재정에 일조했고, 영국령 서인도제도의 노예노동 생산성도 하락하지 않았지만, 대신 국내에서는 사회적 갈등을 심화시키는 경제적 변화가 일어나고 있었다. 즉, 노예제 폐지는 산업혁명으로 야기된 사회적 불만에 대한 대응이었다. 1787년 영국 최초의 반노예제 운동을 이끈 것은 맨체스터 면직 산업과 버밍햄 금속 산업의 노동자들이었고, 1830년대 반노예제 운동은 수공 장인들과 숙련 노동자들의 상당한 지지를 이끌었다. 영국에서 반노예제 이념은 간접적으로 자본가층의 공장 노동과 임금 노동의 필요와 가치를 정당화하고 합법화하는 데도 도움을 주었다. 반면 미국 남부에서는 노예제가 자본주의와 모순되지 않았다. 노예는 미국 자본주의를 만든 핵심 자본이었다.[35]

미국의 노예제 반대 운동

미국의 노예제 비판은 대서양 복음주의 네트워크를 통해 퍼져갔다. 프랑스계 퀘이커교도인 앤서니 베네제(Anthony Benezet)를 비롯해 새뮤얼 홉킨스와 존 웨슬리 등 종교 지도자들이 앞장섰다. 건국 시기 흑인들도 자유 청원을 하며 노예제 폐지를 요구했고, 1800년에는 필라델피아 자유 흑인들이 노예무역과 노예제도의 즉각적인 폐지를 요구하는 탄원서를 미국 의회에 제출했다. 하지만 이는 반대 85표 찬성 1표로 기각되었다. 1808년 미국 항구로 새로운 노예 수입이 금지된 후에도 미국은 대서양 노예무역 억제에 소극적이었고, 1860년까지 아프리카와 쿠바를 오간 노예 무역선의 3분의 1 정도가 미국인 소유거나 미국에서 건조된 배들이었다.[36]

미국 노예제 폐지 운동은 1830년대를 기점으로 극적 전환을 이룬다. 그 계기는 1831년 『해방자(The Liberator)』를 창간한 윌리엄 로이드 개리슨(William Lloyd Garrison)의 주도로 뉴잉글랜드 반노예제협회가 창설된 일이었다. 이 흐름은 동부와 중서부 여

아미스타드 호 선상 반란

러 도시로 퍼져갔고, 1833년에 전국 조직인 미국 반노예제협회(American Antislavery Society)가 설립되어 1838년에 1,350개의 지부와 25만 명의 회원을 거느린 단체로 성장했다. 개리슨은 점진적 노예제 폐지를 거부하고 즉각적 폐지, 노예 소유주에 대한 무(無)보상, 전면 해방을 주장했다. 그는 연방헌법을 친노예제 문서로 규정하고, 남부 노예주들과의 공존을 거부하는 연방 분리론까지 주장했다. 개리슨의 헌법 해석을 이론적으로 뒷받침해준 인물은 웬델 필립스(Wendell Phillips)였다. 그는 헌법을 제정한 건국 아버지들의 의도가 분명히 친(親)노예제적이었다고 보았으며, 헌법은 노예제를 승인하고 옹호한 도구였다고 판단했다.

반노예제 활동가들은 쿠바 연안의 노예선 아미스타드 호에서 반란을 일으킨 노예 53명의 변론에도 적극 참여했다. 그들은

1841년 연방대법원이 아미스타드 호의 아프리카인을 자유인으로 선언할 때까지 변론했으며, 이들이 아프리카로 돌아가는 데 필요한 재정도 지원했다. 1844년 뉴잉글랜드 반노예제협회는 "즉각적이고 무조건적인 노예 해방"과 "노예 소유주와는 연방 내에 함께 있을 수 없다(No Union with Slaveholders)"는 내용을 기치로 내세웠다. 가장 과격한 노예제 폐지론자는 존 브라운(John Brown)이었다. 그는 노예제 철폐의 방법은 무장 봉기밖에 없다고 믿었고, 1856년 캔자스 유혈 사태에서 노예제 옹호론자들을 살해했다. 그리고 1859년 버지니아 하퍼스페리(Harpers Ferry)의 연방군 조병창에서 무기를 탈취해 노예들을 무장시키려 했다가 붙잡혀 교수형을 당했다.[37]

대표적인 흑인 노예제 폐지론자는 프레드릭 더글러스였다. 그는 메릴랜드 노예로 태어나 매사추세츠주로 도망쳤으며, 1845년에 자서전을 발표한 뒤 영국에서 2년 동안 강연하고 돌아와 뉴욕주 로체스터에서 주간 신문 『북극성(North Star)』을 창간했다. 그는 10년간 개리슨과 함께 노예제의 해악을 알리는 강연과 연설에 종사하면서 노예제 폐지와 흑인의 평등한 권리를 요구하는 활동에 앞장섰다. 하지만 헌법 자체를 노예제 문서로 인식하고 미국 정부를 공격하는 개리슨의 급진적이고 비타협적인 노선과 점차 거리를 두게 되면서 도망 노예들이 '지하철도'라는 경로를 따라 북부나 캐나다에서 피난처를 찾는 일을 도왔다. 그는 1840년 결성된 자유당(Leberty party)의 목표가 서부 영토로 노예제가 확대되는 것을 막는 데만 있음을 알고 지지를 철회했

서저너 트루스

해리엇 터브먼

고, 1848년 노예제 폐지라는 단일 정강을 내세운 자유토지당과 1856년 공화당이 탄생하자 지지를 보냈다.

서저너 트루스(Sojourner Truth)와 해리엇 터브먼(Harriet Tubman) 등 흑인 여성들의 활동도 활발했다. 뉴욕주 해방 노예였던 트루스는 1843년에 노예제를 비판하는 순회 설교를 시작했으며, 앨라배마로 팔려 간 아들을 찾기 위해 소송을 벌였다. 1851년에는 오하이오주에서 열린 여권 신장을 위한 전국 회의에서 "나는 여성이 아닙니까(Ar'n't I a woman?)"라는 질문을 던져 백인 중산층 여성만을 참정권의 대상으로 여기는 분위기에 경종을 울렸다.

터브먼은 메릴랜드에서 노예로 출생해 자유인이었던 존 터브먼과 결혼했고, 1849년 혼자 탈주에 성공해 필라델피아에 도착했다. 그녀는 19번의 여정을 통해 노예 3백 명 이상에게 자유를 안겨다준 불굴의 지하철도 활동을 전개했다. 지하철도는 1840년부터 1861년까지 수천 명의 흑인 노예들을 남부 노예주에서 북부 자유주나 캐나다로 안전하게 탈출시킨 조직이었다. 터브먼은 남북전쟁 중에도 수백 명 노예의 탈출을 도왔으며, 1863년에는 북군 편에서 7백 명 이상의 사우스캐롤라이나 노예를 구출했다. 전쟁 이후에는 해방 흑인들을 위한 학교와 병원 건립 기금을 모았고, 참정권 운동가와 여성 인권운동가로 활약했다. 1920년 미국 여성들이 참정권을 획득하기까지 터브먼은 자유와 평등을 갈망하는 블랙 페미니즘의 선구자였다.[38]

1641년 북미 영국 식민지 최초로 매사추세츠가 노예제를 법으로 처음 인정했다. 이후 보스턴은 북부 노예 거래의 주요 항구가 되었고, 로드아일랜드의 뉴포트와 뉴욕 항구는 노예무역의 허브가 되었다. 그러나 애당초 북부 노예의 수는 많지 않았다. 그나마 1760년대 이후로 노예제는 급속히 쇠퇴했다. 독립전쟁을 거치면서 북부 주들은 점진적인 노예 해방안을 채택했는데, 1777년 버몬트에 이어, 1780년 펜실베이니아, 1783년 매사추세츠, 1784년 코네티컷과 로드아일랜드, 그리고 북부에서 가장 노예가 많았던 뉴욕주와 뉴저지주는 각각 1799년과 1804년에 노예제를 폐지했다.

물론 법령 제정 당시의 노예들을 즉각 해방하지 않고, 특정 시점 이후 태어난 노예들을 일정 기간 후에 해방하는 방식이었다. 버몬트에서는 남자 노예는 21세, 여자는 18세가 된 후에 해방되었고, 뉴욕주는 1799년 7월 4일 이후 태어난 노예 자식들을 해방하도록 했으며, 그 이전에 태어난 노예들은 1827년에 완전히 해방되었다. 뉴저지도 이와 유사한 법안을 적용했다.

1830년 기준 연방 인구 조사에 따르면, 13개 북부 주 가운데 약 12개 주가 노예를 보유하고 있었다. 특정 일자 후에 태어난 노예들은 어머니의 소유주에게 도제가 되었고, 주나 성별에 따라 15년에서 30년간 일했다. 이처럼 북부에서 노예제 소멸은 느리게 진행되었다. 1800년에는 4만 명, 1810년에는 2만7천 명

이 여전히 노예로 남아 있었다. 대부분의 북부 주에서 노예들이 해방되기까지는 30년 이상이 걸렸다.[39]

건국 이후 북부는 자유 흑인들에게 기회의 장소였지만, 동시에 인종차별과 폭력, 인종 분리가 행해진 곳이었다. 북부 백인들은 흑인들의 공공장소 접근을 제한하는 법을 비롯해, 야간통행 금지법, 부랑자법(Antivagrancy Law) 등을 적용했고, 투표권은 인두세 요건을 충족하는 사람에게만 한정했다. 매사추세츠주는 문자 해독 규정을 투표권의 자격 조항으로 제정했다. 뉴욕시에서는 흑인 투표권이 250불 이상의 재산을 가진 사람에게만 주어졌다. 1835년에 1만5천 명의 뉴욕시 흑인 가운데 84명만이 이 권리를 행사했으며, 1855년에는 1만1천 명의 흑인 중 백 명만이 투표권을 행사했다. 뉴저지는 흑인 투표를 금지했다. 1838년에 펜실베이니아주 의회도 투표권 요건에 '화이트'라는 피부색 범주를 추가했다.

북부의 유색인 배척은 가톨릭교도와 이민 집단에 대한 편견과 불안으로 이어져 1837년에 토착인협회(Native American Association), 1852년에는 미국당(American Party)이 등장했다. 1860년 당시 북부의 자유 흑인은 22만5천 명으로 추정되는데, 흑인 투표권을 인정하는 북부의 주는 6개에 불과했다. 북부는 도망 노예들을 남부로 돌려보내는 곳이었을 뿐, 북부 흑인들은 여전히 피부색에 따른 차별과 실질적인 인종 분리에 처해 있었다. 남북전쟁 이후 흑인들에게 평등권을 보장하지 않은 것은 북부도 남부와 같았다. 북부에서 흑인들은 2등 시민이었다.[40]

　1830년대에 미국을 방문했던 프랑스 정치가 알렉시스 드 토크빌(Alexis de Tocqueville)은 남부보다 오히려 북부에서 인종적 편견이 더 강하며, 특히 서부 주들에서 가장 강하다고 말했다. 실제로 19세기 북부 사회에서 인종적 편견은 널리 퍼져 있었고, 중서부 주들인 인디애나, 일리노이, 아이오와 등은 아예 흑인들이 그 영토에 들어오는 것을 금지했다. 이는 노예제 사회의 반(反)흑인 정서를 보유한 채 이주해온 대다수 남부 출신 인구 때문이었다. 이 지역들과 미시간이나 위스콘신 등 사회 구조가 유동적인 지역에서 백인들은 흑인이 백인의 지위와 특권에 도전하는 것을 경계했다.

　사회적 위계질서가 미약했던 캔자스, 캘리포니아, 오리건 같은 주들에서는 법적 차별이 극심했다. 즉, 사회적 유동성이 도리어 인종적 차별을 불러일으킨 셈이었다. 심지어 오하이오 의회는 해방 노예들의 해외 식민화 계획을 1824년 연방의회와 다른 주들에 제안했다. 여기에는 8개의 북부 주가 동의했다. 공화당도 미국 밖에 흑인을 식민화하는 계획을 지지했으며, 서부 공화당은 백인 정당임을 자처했다. 공화당은 흑인의 권리 보호를 내세우긴 했지만, 남부에서는 백인 하층민의 지지로 공화당을 건설하려 했다. 여기에 가장 큰 장애 요소로 작용한 것이 노예를 소유하지 않은 백인들의 흑인을 향한 적대감이었다.[41]

제5장

카리브해의
블랙
코스모폴리터니즘

*

19세기 전반 카리브해에서는 노예제의 지속과 해체 속에서 아프리카계 후손들의 이동과 만남이 활발히 전개되었다. 이는 중간 항로나 노예제 경험을 넘어서는 복합성을 띄었다. 이 시기 아메리카와 서인도제도 유색인의 활발한 교류는 대서양 헤게모니 세력의 국가 단위 정체성에 맞선 유동성을 보여준다. 그 기폭제가 되었던 아이티혁명의 이념이 서인도제도와 아메리카의 아프리카 후손들에게 퍼져가면서 지역을 가로지르는 친밀감을 이끌어냈다. 자메이카에서 노예제가 폐지된 뒤, 미국과 카리브해 흑인들은 노예제, 인종차별, 아프리카 유산의 경험을 공유하며 동질감을 형성해갔다. 검은 대서양은 중간 항로의 비극적 이산에 제한되지 않는 아프리카인들의 디아스포라 장소이자 아프리카 후손들의 초국적 여정의 공간이었다.

대서양 세계 내 노예제 지대들은 항구와 선창에서 내륙으로 이어지는 노예들의 의사 소통망이 정교한 네트워크를 만들었다. 선박을 타고 대서양 세계 곳곳을 이동하는 노예 출신 흑인들과 선원들의 연결망은 식민주의 폭력 질서에 도전하는 통로가 되었다. 아메리카에서 노예제에 최초로 중요한 균열을 낸 사람들은 영국이나 미국의 반노예제 활동가들이 아니라 자코뱅 혁명가들과 생 도맹그 흑인들이었다. 1794년 프랑스의 노예해방령은 아이티의 노예 반란을 반영한 것이었고, 1790년대 말까지 50만 명이 해방되었다. 아이티혁명은 영국의 1807년 노예무역 폐지에 영향을 미쳤고, 아이티는 서인도제도 다른 지역의 노예들에게 자유의 요람이 되었다. 1816년 아이티는 아프리카인과 인디언 그리고 그 후손들이 아이티공화국에 들어올 경우 1년 거주 이후에 시민권을 부여했으며, 볼리비아에 무기와 군대를 보내 스페인 제국과의 항쟁을 지원했다. 1817년에는 자메이카 선원들에게 피난처와 보호를 제공하고 시민권을 보장했다. 아이티는 외부인에게 해방과 시민권을 과감히 제공하면서 카리브 흑인들의 자유 여정에 영향을 미쳤다.[1]

아이티혁명으로 최초의 흑인 공화국이 건립된 후, 미국과 서인도제도의 아프리카인 후손들의 교류가 활발해지고, 국가와 지역의 경계를 뛰어넘은 이주와 정착, 탈주와 이탈의 긴장감이 극대화되었다. 미국 사우스캐롤라이나의 덴마크 베시는 아이티의 지원을 기대하며 노예 반란을 모의했으며, 생 도맹그에서 나온 도망 노예와 망명자들이 스페인령 쿠바를 비롯해 필라델피아, 보스턴, 뉴욕, 찰스턴 등 미국 항구 도시들로 쏟아져 들어왔다. 1809년 쿠바가 아이티 출신 난민들을 추방했을 때도 만여 명의 아이티인들이 루이지애나 특히 뉴올리언스로 쇄도했다.

대서양을 횡단한 미국과 서인도제도 흑인들은 이동과 모험을 통해 자신과 타자에 대한 시야를 확장하는 모습을 자서전과 여행기에서 보여주었다. 버뮤다 출신 노예 메리 프린스(Mary Prince)는 자서전 『서인도제도 노예 메리 프린스의 생애』를 발표했다. 자메이카 출신의 물라토 여성으로 파나마를 거쳐 크림반도의 전장(戰場)에서 활동했던 메리 씨콜(Mary J. G. Seacole)은 『여러 지역에서의 씨콜의 경이로운 모험들』이라는 여행기를 출간했다. 미국 뉴잉글랜드 자유인으로서 러시아로 이주했던 낸시 가드너 프린스(Nancy Gardner Prince)는 미국으로 돌아온 뒤 자메이카로 건너가 활동하면서 그 내용을 자서전 『낸시 프린스의 삶과 여행의 이야기』에 담았다. 이 유색인 여성들은 버뮤다, 안티과(Antigua), 터크스제도(Turks Islands), 자메이카, 파나마, 크림반도, 러시아 그리고 영국에 걸친 횡대서양 여정을 기록했다.[2]

이들은 각기 노예제 비판, 의술 및 사업 활동 그리고 교육과 선교라는 비전을 따라 움직였고, 고향에 대한 애정과 함께 디아스포라 이산민 의식도 보여주었다. 메리 프린스가 서인도제도의 여러 섬을 전전하는 노예 생활 중에 보인 저항 전략은 노예제의 희생양이라는 정형화된 노예 이미지에 대한 재고를 요청했다. 낸시 프린스와 메리 씨콜이 다양한 국적과 인종의 사람들을 만나 경험하면서 구축해가는 사회 인식도 아프리카계 여성의 세계관 확장을 주목하게 만든다. 낸시 프린스와 씨콜은 고향을 떠나려는 강한 욕망을 지니고 있었고, 다른 지역과 나라에 대한 호기심과 새로운 경험에 대한 모험심을 갖고 있었다. 출생지에 천착하지 않는 이들에게 국가의 경계를 넘는 것은 어려운 결정이 아니었다. 이들은 아메리카를 벗어나 러시아와 크림반도라는 낯선 지역에서 거주하고 활동하는 독특한 이력을 보여주었고, 이국땅에서 전개된 이산 경험의 독특성과 국가, 인종, 젠더에 대한 의식은 I. K. 은완코(I. K. Nwankwo)가 정의한 블랙 코즈모폴리터니즘에 근접한 것이었다.[3]

아이티 노예들의 반란과 노예제 폐지

생 도맹그 흑인들은 대서양 세계에서 유일하게 노예제와 식민 지배를 전복하는 데 성공했다. 1780년대 아이티는 매우 효율적이고 생산적인 설탕 생산지로 여겨졌고, 최대의 호황을 누리는 부유한 식민지였다. 프랑스 노예무역도 급격히 성장해 영국 노예무역 규모를 넘어섰다. 혁명 직전 생 도맹그에는 카리브해 1백만 노예의 거의 절반에 달하는 46만 명의 흑인 노예가 있었는데, 그 60퍼센트 이상이 크리올이 아니라 아프리카 출신이었으며, 백인과 자유 유색인은 각각 30만 명 정도였다.

당시 아이티 백인들은 대농장주와 본국 출신 관료 사이, 부유한 농장주와 백인 하층민 사이에 갈등이 존재했다. 유색인들 내부에서도 물라토와 흑인 사이, 크레올 흑인과 아프리카 출신 흑인 사이에 반목이 있었다. 아이티 노예 반란을 가능하게 했던 건 프랑스혁명이 만들어낸 정치적 불안과 지배층의 분열이었다. 아이티의 백인 지배층이 프랑스혁명으로 분열되고, 외국 군대의

생 도맹그 전투(1791)

침입으로 흑인 노예들의 활동 폭이 넓어지고 협상력이 증대했기 때문이다.[4]

　프랑스혁명이 발발하자 아이티 노예들은 본국에서 노예 해방을 선언한 것으로 간주하고 식민지 지배층에게 그 집행을 요구했다. 1791년 8월 사탕수수 대농장이 밀집되어 있던 북부를 중심으로 흑인 노예들의 대규모 반란이 일어났고, 몇 주 만에 10만 명 이상이 가세했다. 혁명 전에 생 도맹그에서 만연했던 크고 작은 탈주의 관행들이 노예 동원을 용이하게 했다. 또한 부두교 조직망과 의식들도 농장마다 흩어져 있는 노예들을 연결하고 조직화하는 데 일조했다. 물라토 자유민들이 우세를 점하고 있던 서부와 남부에서도 무장 반란이 이어졌다.

1793년에는 영국군이 백인 농장주들의 요청으로 아이티를 침공해 섬의 3분의 1을 점령했고, 스페인령 산토도밍고의 군대 역시 생 도맹그를 침공해 내전과 외세의 침략이 뒤얽힌 상황이 연출되었다. 이때 영국군과 스페인군은 아이티의 흑인 노예들을 훈련시켜 사병으로 활용했는데, 이 병사들이 외국군 퇴각 후 각지의 흑인 무장 세력에 합류했다. 혁명 초기 분열된 백인 지배층과 유색인 엘리트들이 흑인 노예들을 자신들의 투쟁에 동원한 것은 흑인 노예들의 정치화와 무장에 결정적 역할을 했다.[5]

노예 반란이 발발하자 아이티의 프랑스 판무관은 흑인 무장 세력의 도움을 받기 위해 1793년 노예 해방을 감행했고, 1794년 국민공회는 프랑스 모든 식민지 노예들에게 자유와 시민권을 부여하는 법을 통과시켰다. 역사상 유례없는 전면적인 노예제 폐지가 이루어진 것이다. 노예제 폐지령은 흑인 노예들을 공화국으로 결집시켰다. 해방 노예로 이루어진 혁명군은 생 도맹그와 과들루프에서 외국군을 격파했다. 두 섬은 대서양에서 혁명 프랑스를 방어하고 주변 식민지에 반(反)노예제 공세를 가하는 공화국의 아성이 되었다. 산간 지방에서 자급자족적 무장 집단을 이루고 있던 서아프리카 출신 해방 노예들은 폭도가 아니라 공화국을 수호하는 애국 전사가 되었다. 이들 중에는 아프리카 내전에서 다져진 전사들도 있었다. 흑인들의 무장과 입대는 자유와 시민권을 얻기 위한 지름길이 되었다.[6]

아이티 독립전쟁과 나폴레옹 원정군의 대량 학살

1799년 집권한 나폴레옹은 생 도맹그의 실권을 장악한 투생 루베르튀르(Toussaint Louverture)가 독립을 도모한다고 생각하고, 1802년 3만 명의 원정군을 파견했다. 생 도맹그는 이제 프랑스로부터 독립해야 자유를 지킬 수 있게 된 것이었다. 이때부터 1803년 말까지 아이티 독립전쟁이 시작되었다. 반란군 다수는 10여 년간의 전쟁으로 단련된 영국군, 스페인군, 프랑스 혁명군의 베테랑들이었다.

아이티 독립전쟁 과정은 프랑스와의 전쟁뿐만 아니라 해방 노예들 사이의 내전도 포함했다. 루베르튀르처럼 생 도맹그에서 태어난 크리올 지도자들은 산악 지대에서 자율 공동체를 이루고 살던 아프리카 출신 흑인들과 대결했다. 루베르튀르는 자유를 보장한다는 프랑스군의 약속을 믿고 투항했으나 프랑스로 압송되었다. 또한 이 과정에서 프랑스군이 1천2백 명에 달하는 유색인 연대 전체를 바다에 수장시키는 사건이 발생했는데, 이 대규모 학살이 분열을 거듭하던 흑인 진영과 유색인 자유민 진영의 연합을 가져왔다. '인종 간 전쟁'을 야기한 프랑스군의 잔혹 행위에 맞서 힘을 합친 것이다. 아이티 독립전쟁으로 약 10만 명이 넘는 흑인이 죽었고, 나폴레옹이 보낸 4만4천 명의 원정군 가운데 생존자는 7천 명 정도였다.[7]

생 도맹그는 13년간의 혁명, 내전, 독립전쟁을 거쳐 아메리카 최초로 전면적 노예 해방에 기초한 흑인 주권 국가로 탄생했다. 1804년 아이티의 독립을 선포한 장 자크 데살린(Jean-Jacques Dessalines)은 섬에 남은 백인 모두를 학살하라는 명령을 내리고 수천 명의 백인을 학살했는데, 이는 아이티의 외교적 고립을 초래했다.

독립 후 아이티는 북부와 남서부로 나뉘어 반목하다가 1822년에 스페인령 산토도밍고를 병합하면서 섬 전체가 아이티 공화국이 되었다. 그러나 대농장 체제와 환금 작물 수출 경제를 유지하려는 지배 엘리트와 자작농이 되려는 해방 노예들의 갈등이 계속되었고, 프랑스가 요구한 막대한 보상금도 아이티 재정에 큰 부담이 되었다. 그 사이 쿠바가 생 도맹그를 제치고 세계 최대 설탕 생산지가 되었다. 1843년에는 쿠데타가 발발해 군벌이 난립하고 폭동이 빈발함에 따라 아이티는 정치적 혼란에 빠졌다.[8]

이러한 아이티의 상황은 인접한 서인도제도 프랑스령인 마르티니크의 유색인 지도자 시릴 비세트(Cyrille Bissette)의 동화주의에 영향을 주었다. 프랑스는 1848년 식민지 노예들을 해방하고 시민권도 부여했는데, 반(反)노예제 투쟁에 앞장섰던 비세트는 아이티처럼 프랑스로부터 독립하는 것이 식민지들의 정치적 해결책이 될 수 없다고 했다. 또한 분리 독립은 구체제를 유지하려는 백인 농장주들의 술책일 뿐, 식민지는 프랑스에 더욱 통합되어야 한다고 주장했다. 그는 프랑스의 알제리 정복도 문명화 사업으로 받아들였다. 당시 마르티니크와 과들루프에서 아프리카계 주민의 비중은 90퍼센트 이상이었고, 해방 노예들은 토지 보

상을 요구하는 투쟁을 벌이던 와중이었는데, 1849년 20여 년
만에 마르티니크로 돌아온 비세트는 백인 농장주 세력과 손잡고
인종 간 화해를 설파하는 변절을 보였다.[9]

뉴올리언스의 자유 유색인

미시시피강 하류의 뉴올리언스는 1800년에서 1804년 사이
에 북미에서 자유 흑인 인구가 가장 빨리 증가한 곳 가운데 하
나였다. 프랑스가 1718년에 건설해 1724년부터 인종 간 결혼
을 금지하고, 여성 노예의 자식을 노예로 삼는 법을 제정했으며,
1769년까지 노예 해방을 엄격히 제한한 곳이다. 다만 노예 남편
과 아내를 떼놓거나 14세 이하 자녀를 부모와 떨어뜨려 매매하
는 것을 금지했다.

1769년에서 1803년 사이 스페인 지배 하에서는 노예들이 재
산을 소유하고 자유를 구매할 권리를 얻었다. 스페인도 인종 혼
혈을 제한하는 등 프랑스 식민 정부의 규제를 대부분 유지했지
만, 노예 해방에 대한 모든 방해물을 없애고 쿠바에서처럼 노예
들이 자유를 구매하는 관행을 인정했다. 스페인이 자유 흑인의
증가를 허용한 건 백인 노동 인구가 적은 상황에서 구매력을 갖
춘 노동 인구가 필요했기 때문인데, 노예가 자유를 구매할 수 있
게 함으로써 노동을 장려하려는 취지였다. 스페인 지배 하에서
1,330명의 뉴올리언스 흑인이 자유를 구매했고, 백인들도 혼혈

자식 1,128명의 노예를 해방했다.[10]

1800년에 나폴레옹이 스페인으로부터 루이지애나를 획득했지만, 사실상 스페인의 지배는 계속되었다. 1803년에 자유 흑인은 뉴올리언스 전체 인구의 7분의 1 수준으로 성장했다. 미국이 루이지애나를 차지한 후에는 자유 흑인 증가를 막기 위해 노예들의 자유 구매를 불법화했다. 1811년에는 프랑스와 전쟁 중에 쿠바로 피난했던 아이티 흑인 1만5천 명 중 3천 명이 뉴올리언스로 쇄도했다.

같은 해 뉴올리언스에서 노예 약 5백 명이 무장 반란을 일으켰는데, 반란 지도자 가운데 한 명은 생 도맹그에서 온 자유민 물라토 샤를 드롱(Charles Deslondes)이었다. 노예 주인들은 자유 흑인 민병대와 연방군의 도움으로 반란을 진압했다. 이 반란으로 80여 명의 노예들이 사망했다. 당시 뉴올리언스에는 독특한 자유 유색인 공동체가 있었고, 이들 일부는 노예를 소유하는 등 상당한 부를 소유하고 있으면서 백인들과 같은 지역에 거주했다. 1813년 뉴올리언스의 한 민사소송에서 자유 유색인 원고가 백인 피고인을 상대로 재산 청구 소송을 제기해 승소하기도 했다.[11]

1850년대에 『뉴욕타임스』 특파원으로 루이지애나를 여행했던 프레드릭 옴스테드(Frederick Law Olmsted)는 뉴올리언스에 자유 유색인 농장주들이 상당수 있다면서 프랑스계와 스페인계 아프리카인 크리올(Gallic and Hispano-Afric Creoles)이라고 밝혔다. 이들은 과거 프랑스와 스페인 농장주들의 혼혈 후손으로 상당한 부와 재산을 소유하고 있었다. 주로 서아프리카 세네 감비아 출신이 많았는데, 언어와 문화적 유사성을 공유하면서 독특한 아프로-크리올 문화를 형성했다. 이들은 부유할수록 흑인 노예를 소유하고 있었고, 재산을 보호하기 위해 결혼을 통한 배타적 친족 구조를 형성했으며, 백인들과 밀접한 사회적 네트워크를 유지했다. 특히 스스로를 노예나 가난한 자유 흑인과 구별했다. 1850년대에 들어 인종 간 분리가 엄격해지자 뉴올리언스 자유 유색인 일부는 유럽으로 이주하기도 했다.[12]

서인도제도 흑인 여성의 이산 경험

19세기 서인도제도는 아이티혁명에 이은 자메이카 노예 반란과 영국령, 프랑스령 식민지들의 노예 해방으로 역동적인 변화를 겪었다. 당시 이 지역과 아메리카의 아프리카계 여성들이 대서양 횡단기와 그 경험담을 출간한 것도 이러한 역사적 맥락과 관련이 깊다.

글을 읽을 줄 알았던 버뮤다 노예 메리 프린스는 영국 반(反)노예제 활동가들의 도움을 받아 구술 자서전을 남겼고, 자유인이었던 미국의 낸시 가드너 프린스와 자메이카의 메리 씨콜은 자술 기록을 발표했다.[13] 당시 서인도제도와 아메리카의 유색인 여성에게 활동 공간이 제약되었던 상황을 고려할 때, 이들 세 여성의 삶은 이주와 이동의 다양한 층위와 유동성에 주목하게 한다. 이들에게 서인도제도 지역은 출생지이거나 활동지로서, 노예제

사탕수수 농장의 노예들

의 현실을 증언하고 동시에 자유 유색인 여성이 사업 수완을 발휘하거나 사회 개혁의 이상을 추구한 곳이었다.

메리 프린스는 참혹한 노예제의 실상을 고발했고, 카리브해에서 만난 다양한 지역 출신의 흑인들에게 친밀한 유대의 감정을 보였다. 낸시 프린스는 서인도제도에서 뉴욕으로 돌아가는 길에 플로리다 키웨스트와 루이지애나 뉴올리언스에서 노예 경매를 목격하고, 노예 주인들을 심판대에 세워야 한다며 분노했다. 아울러 "상처받은 형제들"이 있는 자메이카에서 교육과 선교 활동에 나섰으며, 학교 건립을 위한 기금 모금에 힘썼다. 씨콜 역시 미국 양키의 인종주의를 통렬히 비난하고, 뉴그레나다공화국의

중요한 사회 정치 세력으로 활약하는 미국 흑인들의 진취적인 역량을 높이 평가했다.[14]

세 여성의 자서전과 여행기의 공통점은 결혼, 남편, 가정생활에 대한 언급이 거의 없다는 점이다. 낸시 프린스와 씨콜은 남편과 사별하고 과부로 여생을 마쳤으며, 메리 프린스는 주인에게 결혼을 인정받지 못해 가정생활을 제대로 누리지 못했다. 씨콜은 남편의 소심하고 온순한 성격에 대해 언급하면서 남편의 죽음이 자신의 첫 시련이었다고 짧게 기술한 뒤, 남자들의 구애에도 재혼하지 않은 것은 자신감 때문이었다고 말한다. 낸시 프린스 역시 남편을 만나 결혼하고 러시아로 건너가 황제와 황후의 환대를 받았다고 밝힌 몇 줄을 제외하고는 부부관계나 가정사를 전혀 기술하지 않았다.

이들의 삶에서 가정의 존재 가치는 극히 미미하다. 하지만 이들은 이러한 가부장의 부재 속에서 경제적 자립을 추구하고 가정적 모성이라는 젠더 규범을 넘어서는 여성성을 보여준다. 낸시 프린스는 미국과 자메이카에서 사회 활동에 매진하며 공적 페르소나를 실현하고자 했고, 씨콜은 전쟁터에서 의술을 발휘하며 부, 명예, 모험을 쫓는 헤로인이 된다. 이처럼 인종-젠더의 틀에 갇히지 않은 자아 구축이 가능했던 것은 장소, 지역, 국가의 경계를 넘는 이산 경험의 산물이었다.

메리 프린스의 노예제 고발

1831년에 아메리카와 서인도제도를 통틀어 최초의 여성 노예 자서전을 발표한 메리 프린스(Mary Prince)는 출생지인 버뮤다를 기점으로 터크스제도와 안티과에서 이어진 노예제의 참상을 구술했다. 그녀는 주인을 따라간 영국에서 자유인의 신분을 얻기 위해 노력했다. 그녀에게 서인도제도란 "푸줏간 주인이 송아지나 어린 양을 사려고 흥정하는 것과 같은" 노예 경매를 거쳐 가족이 뿔뿔이 흩어지는 장소다.

그녀가 가장 생생하게 전달하려 한 것은 노예들에게 가해진 혹독한 노동 부과와 폭력이었다. 그녀는 가내 노예일 때도 아이를 돌보는 일을 비롯해 세탁, 빵 굽기, 바닥 청소, 요리 등의 집안일뿐만 아니라 면화 솜 채취, 감자와 옥수수 작물 경작까지 해야 했다. 터크스제도의 염전에서는 불볕더위에 무릎까지 빠지는 물속에 서서 소금을 수거하며 류머티즘에 걸렸고, 화재로 화상까지 입으면서 다리를 절뚝거리게 되었다. 노예들이 일을 잘 못하거나 제대로 마치지 못하면 주인이나 감독관은 노예를 발가벗긴 후 손목을 묶어 매달고 밧줄이나 쇠가죽 채찍으로 때렸다. 프린스 자신도 버뮤다에서 발가벗긴 채 살점이 떨어지도록 채찍질을 당했다. 소 한 마리를 잃어버린 노예는 온몸이 피범벅이 되도록 맞았고, 임신 중에 채찍으로 맞은 여자 노예는 결국 사산을 한 후에 죽었다. 엉덩이가 불구인 나이 든 노예도 피부 껍질이 붉게 벗겨질 때까지 가시나무 채찍으로 맞았다.[15]

“오 노예제의 공포여! 그것을 생각만 해도 내 가슴이 아프다! 하지만 진실이 알려져야 한다. 내 눈으로 본 것을 말하는 것이 내 의무이다. 영국에 있는 사람들은 노예제를 거의 모르기 때문이다. 나는 영국인들이 노예들을 잘 대해줄 필요가 없으며 노예는 자유를 원치 않는다고 말할 때 큰 슬픔과 분노를 느낀다. 그들은 노예들이 행복하다고 말하지만 그렇지 않다. 목에 고삐를 달고 짐승처럼 등에 채찍질을 당하는 노예들, 부모, 남편, 자식, 형제들과 헤어져 마치 소들처럼 팔리고 헤어지는 노예들이 어떻게 행복할 수 있는가?”[16]

다행히 감리교 교회와 모라비아 교회(Moravian Church)에 갈 기회를 얻어 글을 익히고 “정직하고 근면한” 흑인 홀아비 목수와 결혼했으나 격노한 주인의 처벌을 받는다. 그렇게 결혼 생활도 제대로 누리지 못한 채 주인의 성적 대상이 되어버렸던 그녀에게 여성성이란 노예라는 예속에 덧붙여진 또 다른 제약이었다. 그녀는 가혹한 노동에 뒤따르는 육체적 질병까지 감내하면서 수확한 커피, 감자 등을 팔아 자유를 살 돈을 모으고, 더 나은 조건의 주인을 구하려고 애쓴다. 그녀의 이러한 투지는 영국 의회에 자유 청원서를 제출하고 사법적 판결에 호소하는 것까지 이어진다.[17]

메리 프린스의 삶은 서인도제도 노예들이 한곳에 정주하지 않고 여러 섬을 떠돌며 주인이 계속 바뀌는 처지에 놓여 있었음을,

그리고 그 과정에서 다른 지역에서 온 흑인들과 만나 인종적 유대를 형성했음을 보여준다. 그녀는 "기니 해안에서 온 아프리카인 잭(Jack)", "프랑스 흑인 헤티(Hetty)", "물라토 사이러스(Cyrus)" 등을 출신 지역에 상관없이 "내 동료 노예들(my fellow-slaves)"이라고 부르면서 정서적 유대를 나눈다. 터크스제도에서는 자유 흑인이었던 앤서니(Anthony) 부부의 도움으로 굶주림을 면할 수 있었다고도 밝힌다. 같은 피부색을 지닌 아프리카인 후예들에 대한 그녀의 친밀감을 읽어볼 수 있는 대목이다.

터크스제도에서 버뮤다로 돌아가면서 "어머니와 가족을 만날 기쁨"을 언급했던 프린스는 주인을 따라간 영국에서 자유인의 신분으로 살 수 있었음에도 예의 남편과 가족이 있는 안티과("my own country")로 돌아가길 소망한다. 런던에서 일자리도 구하고 퀘이커교도 여성들의 도움도 받았지만, 자유인으로 서인도제도에 돌아가겠다는 그녀의 의지는 무엇보다 확고했다.[18]

낸시 프린스의 러시아 이민과 자메이카 활동

낸시 가드너 프린스(Nancy Gardner Prince)는 자유 흑인으로 보스턴에서 러시아로 이주해 9년 반을 살고 미국에 돌아왔다. 다시 7년 뒤 자메이카로 건너가 교육 및 선교 활동에 종사했다. 낯선 러시아의 수도 상트페테르부르크로의 이민은 가난과 질병을 벗어나 삶을 개선하려는 목적이었다. 결혼은 "근심과 고난의 세월"

을 벗어나려는 절박한 흑인 여성의 생존 전략이었고, 선택의 폭이 좁았던 여성이 제약을 타개하는 한 방책이었다. 선원이자 요리사 출신으로 러시아 궁정에서 일하던 나이 많은 그녀의 남편 네로 프린스(Nero Prince)는 매사추세츠에서 태어난 유색인으로 프리메이슨이었으며, 1810년에 첫 번째 아내와 러시아로 이주해 귀족 집안의 집사로 일하고 있었다. 낸시 프린스와 결혼할 때는 이혼 후 미국으로 돌아왔을 때였다.[19]

1824년에 러시아로 떠나기까지 매사추세츠에서 낸시 프린스는 자식들을 책임지지 못하는 어머니 밑에서 하녀일 등을 하며 실질적인 가장 역할을 해야 했다. 계부의 학대를 받고 "잘못된 길로 빠져" 보스턴 유곽에 간 언니를 구해내기도 했다. 이후 함께 생계를 이끌던 남동생이 선원으로 돈을 벌기 위해 떠나고 가난에 지친 낸시 프린스는 "모든 희망이 사라진 상태"에서 "내 나라를 떠나기로 결심"한다.

미국 생활이 고단한 가정사로 채워져 있었다면, 러시아 이민 생활은 여행자의 시선으로 서술 톤이 달라진다. 대신 부부관계나 사생활에 관한 내용은 전혀 없으며, 러시아의 자연 환경과 문화적 풍습, 정치적 사건과 자연 재해 그리고 자신의 사업과 종교 활동 등에 대해 서술하고 있다. 러시아로 가는 길에 정박한 코펜하겐에서 12일간 머무르면서 프린스 부부는 왕궁 등 여러 관광지를 방문했고, 상트페테르부르크에 도착해서는 남편이 호위대로 근무하는 차르 궁정에서 금시계와 50불을 결혼 선물로 받고, 황제와 황후의 환대도 받는다.[20]

이후 낸시 프린스는 러시아어를 익혀 하숙을 쳤고, 유아복 제조 가게를 열어 도제와 견습생을 고용했다. 영국과 프랑스 패션을 선호하는 러시아 부인들의 기호에 따라 만든 의복을 황후와 귀족들이 구매하면서 이 사업은 중요한 생계유지 수단이 되었다.

그녀의 글 속에서 황후는 신민을 보호하는 모성과 힘을 지닌 가모장의 모습으로 기술된다. "황후는 권위와 위엄이 있지만, 여흥의 밤을 보낸 후에는 아침 일찍 평상복으로 나가 신민들의 집을 방문하고 궁전 하인과 하녀들에게 고기를 하사한다"라거나 "가난하거나 도움이 필요한 사람들에게 손을 내밀었던" 황후가 사망한 후에는 많은 사람들이 방부 처리된 시신이 전시된 겨울궁전에서 경의를 표했다고 적는다. 황제가 4만 장의 표를 배부해 신민들이 겨울궁전을 구경할 수 있었던 새해맞이 행사와 "묘지에서 술을 마시고 노래하며 춤을 추고 음식을 나누는" 장례식 의례도 묘사했다. 데카브리스트 반란을 직접 목격한 후에는 "훼손된 시체들이 강에 던져지고 희생된 사람들의 피로 물들여진 광장"에 놀라움도 표했다. 1824년 대홍수와 1831년 콜레라 등의 재해를 구약의 이집트인들에게 내린 신의 징벌에 비유하면서 자신이 살아남은 것이 기적적인 구원이라고도 언급했다.[21]

그녀는 피부색에 대한 어떤 편견도 없으며, 국적이나 인종 대신 계급에 따라 지위와 신분이 정해지는 걸 러시아 사회의 특징으로 꼽았다. 그리고 러시아 농노들의 상황도 "가족과 헤어져 팔리는 아픔을 겪지는 않으므로" 미국 노예들보다 낫다고 말한다.

당시 러시아는 노예 수요가 없었으며 일부 귀족들이 고용한 흑인 하인들이 있었지만, 흑인은 러시아에서 수가 많지 않았고 이국적인 사람들로 여겨졌다. 이러한 인종 편견의 부재 속에서 그녀는 고아원 건립을 돕고 가난한 사람들에게 성경을 무료로 나누어주는 등의 활동에도 참여했다. 이는 귀국 후에도 '아프리칸 아메리칸 아동을 위한 사마리안 보호소' 건립 및 보스턴 반(反)노예제여성협회(BFASS, Boston Female Anti- Slavery Society) 활동을 하는 동력이 되었다.[22]

낸시 프린스가 1833년에 귀국을 결정한 것은 혹독한 추위가 폐 건강에 좋지 않다는 의사의 조언을 따른 것이었다. 그런데 2년 뒤 귀국하기로 한 남편이 갑자기 사망하면서 그녀는 과부가 되어 홀로 뉴욕에 도착했다. 이후 다시 러시아 이민 전처럼 궁핍한 상황에 처해지고, 흑인 종교 지도자들의 가부장적 인식과 백인 활동가들의 "인종적 편견"을 겪게 된다.

1839년에 흑인감리교성공회교회(AME Zion Church)에서 입장료를 받고 '러시아의 풍속과 매너'에 대해 강연하기도 했지만, 재봉사 등 여러 직업을 전전하면서 생계를 유지해야 했다. 가난한 유색인 고아들을 돕기 위해 기금 모금에도 나섰으나 성과를 거두지 못했고, 반(反)노예제 활동에서 백인 여성 지도자들과의 협력도 회의하게 된다. 그녀의 미국 귀환은 긴장된 인종 사회로의 이동을 의미했고, 끝내 "미국에는 우리가 머물 도시나 장소가 없다"라는 자각으로 이어지고 말았다.[23]

낸시 프린스의 서인도제도 여정은 카리브해 지역에 대한 미국 흑인들의 관심을 그 배경으로 한다. 아이티혁명 이후 "아프리카 후예들의 자립 정부 능력을 증거"한 아이티에 미국 흑인 이주를 독려하려는 아이티이주협회(Haytian Emigration Society)가 필라델피아와 뉴욕에서 만들어졌다. 미국 최초의 흑인 신문인 『자유 저널(*Freedom's Journal*)』도 투생 루베르튀르의 자전적 이야기를 포함해 서인도제도에 대한 다양한 정보를 게재했다. 1834년에는 미국의 '자유유색인전국대표자회의(National Convention of Free Colored People)'에 아이티인들이 참석해 미국 흑인들과의 유대를 보여주기도 했다. 영국령 식민지에서 노예제가 폐지된 후에는 서인도제도 이주에 대한 미국 흑인 지도자들의 논의가 더 활발해졌고, 윌리엄 웰스 브라운(William Wells Brown) 등 흑인 지도자들은 아이티, 쿠바, 자메이카 등을 방문하고 일자리를 구하려는 미국 흑인들에게 영국이 아니라 서인도제도로 갈 것을 추천했다.[24]

이러한 흐름 속에서 낸시 프린스가 선택한 곳은 자메이카였다. 7년간의 보스턴 생활과 반(反)노예제 활동에서 인종적 갈등과 차별을 겪은 그녀는 "불안과 고통의 세월"을 보낸 뒤 고국에서 더 이상 자신의 설 자리가 없음을 절감했다. 1840년에 미국 회중교회 목사가 킹스턴에 세운 교회의 선교활동에 지원하면서 그녀는 "상처받은 내 형제들의 외침"이 자신을 이끌었다고 말했다. 서인도제도의 노예 해방에 대해 "언젠가는 우리에게도 이러한 축복이 가능할 것"이라고 기대하면서 자메이카 해방 노예들을 격려하고 교육과 선교 활동에 참여하기로 했다. 그녀는 자메이카를 유색인 소녀와 고아들의 자립 공동체를 세울 이상적인

장소로 여겼으며, 기독교적 신앙을 실천할 모국(motherland)이라 생각했다.[25]

자메이카인들에 대한 그녀의 시선은 매우 긍정적이었다. 그녀는 "자메이카의 내 형제들은 게으른 사람들이 아니며, 대부분 토지를 사고 집을 짓고 사탕수수, 커피 등 여러 작물을 경작하면서 훌륭한 자립 능력을 보여준다"라면서 이들에게는 재산을 소유하려는 확고한 의지와 근면한 자립심이 보인다고 기술했다. 이는 자메이카 해방 노예들의 노동 이탈로 사회적 혼란과 경제적 피해가 초래되었다는 영국인들의 비난을 겨냥한 것이었다.

다만 그녀는 킹스턴 침례교에서 활동하는 영국 선교사들과 유색인 교회 지도자들과는 선교 방식을 두고 대립했다. 백인 선교사들이 유색인들을 이용해 성경을 비싸게 팔고, 세례나 예배 참석 표를 발행하는 등 "동전 사냥꾼들(macroon hunters)"이라며 비판을 서슴지 않았다. 또한 교회는 신앙의 공간이 아니라 교제 장소에 가까우며, 신자들도 죽은 자의 영혼이 산 자를 해칠 수 있다고 믿는 등 교리나 예배에 대해 무지하다고 목소리를 높였다.[26] 그러나 자메이카 아동을 도우려는 낸시 프린스의 결심은 확고했고, 1841년 기금 모금을 위해 그녀는 미국으로 돌아갔다. 『해방자』에 「서인도제도」라는 팸플릿을 광고하고 필라델피아, 뉴욕, 보스턴 등지에서 자메이카 학교 건립을 위한 모금 활동을 전개했다.

그런데 돈, 의복, 도서 등을 기부 받아 1842년 킹스턴으로 돌아온 그녀는 떠날 때와 모든 것이 달라진 자메이카의 혼돈과 무질서 상황에 직면했고, "여러 소요로 치안이 불안하고 정세가 불안정해 학교를 세우려는 시도는 무용하다"라며 낙담에 빠진다. 결국 선교사들 또한 심각한 재정적 곤경에 처함으로써 '소녀들을 위한 노동학교(Manual Labor School for Girls)'를 세우려던 그녀의 계획은 후원 부족으로 실패로 돌아갔다. 심지어 미국에서 모아온 기금마저 선교사들에게 뺏기고 안전마저 위협받자 그녀는 "이 사람들이 속임수와 거짓으로 가득 차 있는 것은 놀랍지 않다. 이 것은 노예제의 결과이다. 노예제는 주인과 노예 모두를 부정직한 사람들로 만든다"라면서 "봉사하고 싶었던 사람들"에게 당한 배신을 한탄하며 귀국해야만 했다.[27]

　　낸시 프린스의 자메이카 활동은 미국 흑인들의 자메이카 이주를 반대하는 것으로 막을 내린다. 그녀는 자메이카에 도착한 이민자들의 현실을 전하면서 과장된 약속과 허황한 수사를 경계하라고 강조했다. "아프리카, 남아메리카, 뉴잉글랜드 어디에서 왔던 이민자들은 모두 속았다고 느끼며 가난과 불만에 차 있다"는 것이다. 자메이카 이민국장이 미국 흑인들을 유인하기 위해 "경비 지원과 안정적인 고용"을 약속하곤 하지만, 농장주들은 도제제도를 강요한다면서 반박했다. 「서인도제도」 팸플릿을 쓴 이유도 "미국 흑인들이 이주의 유혹과 속임수에 넘어가지 않게 하려는" 데 있었다. 그녀는 1795년에 시에라리온으로 떠났던 마룬들(Maroons)의 1841년 귀환을 들어 이들을 "진정한 자메이카인들"이라고 평했으며, "자유를 확보한 자메이카가 도덕과 종교를 고양하며 번성하기를 바라는" 기도로써 자메이카의 미래를 축원했다.[28]

메리 씨콜의 카리브해와 크림반도

메리 씨콜(Mary J. G. Seacole)은 자메이카에서 스코틀랜드 출신 아버지와 여의사였던 어머니 사이에서 자유인으로 태어났다. 그녀는 과부가 된 후 가게와 호텔을 운영하며 '황색 여의사'로 45년을 살았고, 이후 파나마로 이주해 바하마, 아이티, 쿠바를 여행했으며, 런던에서도 3년간 장사를 하며 살았다. '여성 율리시즈(female Ulysses)'로 불리는 그녀의 다채로운 경험은 크림반도 전쟁터에서 "마더 씨콜"로 활약한 것에서 두드러졌다. 이는 인종과 젠더에 의해 부과되었던 주변화에 대한 저항을 의미했다.

씨콜은 "우리나라 사람들(my country people)"이 있는 자메이카보다는 영국에 대한 소속감을 보였으며, 자메이카 사회 개선보다는 자신의 경제 자립과 사회적 성공을 추구했다. 1850년에 남동생을 따라 파나마의 뉴그레나다로 이주한 것도 돈을 벌기 위해서였고, 자메이카에서처럼 말라리아, 황열병, 콜레라 환자들을 돌보고 총상 치료와 시체 해부 등 새로운 의료 기술을 습득한다.[29]

대륙횡단철도 건설 당시 파나마는 자메이카인들을 비롯해 1855년에 철도가 완공될 때까지 미국 등 다양한 국적과 인종의 사람들이 모여든 교차 지역이었다. 이곳에서 씨콜은 자신의 피부색에 대한 자부심을 드러내기도 했다. 이동 중 그녀는 자신을 흑인과 원주민을 하인이나 요리사로 고용하는 중산층 물라토로서 황색, 갈색, 크리올로 칭했고, 다른 흑인들은 니그로나 블랙으

메리 씨콜

로 불렀다. 아울러 "북부 미국인들의 유색인에 대한 거부감을 잘 알고 있었지만, 자신들을 나보다 우월하다고 여기는 것을 참을 수 없었다"라면서 자신에게 피부색을 탈색하라고 모욕한 미국 "양키"들의 오만과 인종주의를 신랄하게 비난했다. 또 미국 백인 여성이 뉴올리언스에서 구매해 데려온 어린 니그로를 잔인하게 채찍질하는 것을 고발하면서 "가련한 미국 노예들"에 대한 유대감도 밝혔다. "노예 소녀의 손발을 묶고 옷을 벗겨서 심하게 채찍질하는 것"을 보고 사람들이 고르고나(Gorgona) 유색인 시장에게 데려가 노예를 풀려나게 했다고 언급한다. 물론 그녀 자신도 파나마에서 킹스턴으로 돌아오는 미국 배를 탔을 때, "니거와 함께 탈 수 없다"라는 미국 여성들의 위협에 결국 영국 증기선으로 갈아타야 했다.[30]

씨콜은 "미국 철도회사가 공화국의 땅을 침해하는 것"에 대해 파나마와 뉴그레나다공화국 사람들이 반대하는 것을 지지했다. 다만 미국이 파나마해협을 합병해 보호령으로 만들려고 하는데도 파나마의 합헌 정부가 수시로 전복되는 상황을 언급하면서 파나마와 뉴그레나다는 아직 문명이 지배하지 않는 무법의 장소라고 지적했다. 파나마 원주민과 메스티소에 대해서는 "나태하고, 무기력한" 사람들이며, 콜레라가 퍼졌을 때도 "기적의 힘이 있다고 믿는 더러운 성상을 갖고 거리로 나와 소리지르며 기도하는 가련한 겁쟁이들"로 묘사했다.

반면 그녀는 뉴그레나다인들이 누리는 자유가 미국에서 온 진취적인 니그로들의 덕분이라고 말했다. 미국 남부에서 도망쳐온 노예들이 뉴그레나다 시 정부의 여러 직군에서 능력을 발휘하고 있다고 높이 평가하면서 "테네시에서는 채찍을 맞았을" 이들이 노예들의 피난처에서 자유와 평등을 통해 재능과 용기를 보이며 존경받고 있다고 추켜세웠다.[31]

씨콜은 자서전의 절반 이상을 크림반도에서의 활약에 할애할 정도로 영국 제국에 "쓸모가 있는 곳이라면 어느 곳이라도 갈 준비가 되어 있는" 열정을 보였다. 그녀는 자메이카에서 알던 영국 부대원 다수가 전장으로 떠난 것을 알고 도움이 되고자 크림반도로 향했다. 파나마에서 남동생이 죽은 뒤라 크림반도에서 종군 상인으로 돈을 벌려는 목적도 있었지만, 주된 동기는 "이타적인 것"이었다고 밝혔다. 그런데 정작 영국 전쟁국(British War Office)과 플로렌스 나이팅게일(Florence Nightingale)에게 거부당하자 "영국에도 미국의 피부색 편견이 뿌리를 내리고 있나? 이 숙녀들은 피부색이 검다고 내 도움받기를 거부하는 것인가?"라며 분노했다. 여기에 런던에서 피부색으로 놀림감이 되었던 기억까지 겹쳐졌다.[32]

그럼에도 크림반도 전선에 비공식적으로 침투하는 대담성을 보인 씨콜은 총알이 빗발치는 전장에서 위험을 무릅쓰고 부상 군인을 돌보는 투혼을 발휘했다. 포탄이 떨어지는 전선을 누비며 "이상한 흥분을 느꼈고 더 많은 전장에서 위험을 나누고 싶었다"라던 그녀는 영국군 "아들들"을 보살피는 "마더 씨콜"을 자칭했다. 나이팅게일이 "용감한 자들의 자매(Sister of the Brave)"로 불렸다면, 씨콜은 "검은 어머니(La Mère Noire)"의 이름을 얻었다.

당시 크림반도를 방문했던 영국과 프랑스의 상층 여성들과 달리 그녀는 적극적으로 캠프에서 일했다. 과부에 물라토 여성이었지만, 의료 지식과 기술이 그 역할을 가능하게 했다. 나이팅게일이 그녀의 부적절한 행동을 비난해도 식당에서 "만취나 도박을 허용한 적이 없다"라며 강하게 반발했다. 씨콜은 자신의 의술에 대한 병사와 장교들의 증언을 담은 편지와 메모들을 여행기한 장에 실었다. 『런던타임즈』 통신원 러셀(W. H. Russell)이 "최고의 외과 의사보다 더 능숙한 솜씨로 부러진 관절과 상처를 치료했다"라고 평가한 증언도 인용했다.[33]

씨콜의 여정에서 놀라운 점은 카리브해와 대서양을 건너 다양한 국적과 인종의 "전 세계에서 온" 사람들을 만나며 그 경계를 횡단한 것이다. 그녀는 일찍이 영국을 비롯해 아이티, 쿠바, 바하마 등지를 방문했고, 파나마에서는 칠레, 페루, 미국, 영국, 서인도제도 사람들을 만났다. 지브롤터와 콘스탄티노플 등지를 구경한 뒤 도착한 크림반도에서는 유대인, 그리스인, 튀르키에인을 일꾼으로 고용했으며, 전장의 여러 캠프에서 영국군뿐 아니라 아일랜드인, 프랑스인, 사르데냐인을 치료했다.

크림전쟁의 갑작스러운 종결에 당혹해하면서 "돌아갈 고향이 없다"라고 토로했지만, 그녀에게 "영국은 어린 시절부터 흠모하던 곳"이었다. 미국의 중미 침탈과 인종주의를 비난했던 씨콜은 크림반도에서 헌신하며 영국의 인정을 받으려 했고, 종전 후에도 자메이카와 영국을 오가는 삶을 이어갔다. 그녀는 사업 수완과 의술을 발판으로 "크림반도의 헤로인"이 되었으며, 제국의 변

방이 아닌 중심부에서 크리올 자메이카인의 정체성을 넘어설 수
있었다.[34]

제6장

미국 흑인의 식민화와 횡대서양 이주

미국은 건국기부터 흑인들을 백인 사회와 분리해 미국 내부나 해외에 거주시키는 식민화 방안을 모색했다. 노예제를 반대했던 지도자들도 흑인이 해방되어도 백인과는 함께 살 수 없다고 보았으며, 아프리카 풍토가 이들에게 가장 적합하다고 생각했다. 1773년에 반(反)노예제 선구자였던 앤서니 베네제(Anthony Benezet)는 앨러게니(Allegheny) 산맥과 미시시피강 사이 지역에 노예들을 해방해 이주시킬 것을 제안했다.

제퍼슨은 미국 흑인의 국외 추방을 최초로 제안했다. 애당초 점진적 노예 해방을 지지했던 그는 「버지니아 노트」(1781)에서 일정 연도 이후에 태어난 노예들을 해방하더라도 미국 밖에다 식민화해야 한다는 점을 분명히 했다. 흑인종의 태생적 열등성을 강조하면서 인종 혼합을 막기 위해 국외 이주가 필요하다고 본 것이었다. 이는 흑인 식민이 전제되지 않은 한 노예 해방은 필연적으로 인종 전쟁을 초래할 것이라고 생각했기 때문이다. 그는 1782년에 "노예들이 남자 20세, 여자 18세가 되면 농사일과 기술 등을 가르쳐 해방하고 식민지로 이주"시키는 법안을 제

안했으며, 아프리카를 그 적합한 후보지로 보았다.[1]

회중교회 목사였던 새뮤얼 홉킨스(Samuel Hopkins)는 1784년에 흑인 선교사 양성학교를 세워 흑인들을 아프리카에 파견하려 했다. 부유한 퀘이커교도였던 윌리엄 손튼(William Thornton) 역시 1786년에 상속받은 노예 70여 명을 해방한 후 시에라리온에 보내려 했다. 버지니아 농장주 페르디난도 페어팩스(Ferdinando Fairfax)도 1790년에 노예들을 점진적으로 해방해 아프리카에 정착시킬 것을 제안했다.

벤저민 러시(Benjamin Rush)는 1794년에 2만 에이커의 땅을 펜실베이니아에 확보하고 흑인들을 수용할 수 있다고 보았다. 1795년에 뉴햄프셔 반(反)노예제 활동가들도 미국 영토 일부를 흑인들에게 주고 식민화할 것을 제안했다. 루이지애나가 미국의 영토가 된 후에는 1805년에 필라델피아의 토머스 브래너건(Thomas Branagan)이 인종 혼합의 위험을 경고하면서 루이지애나 서부에 흑인 정착지를 만들어 해방된 흑인들을 이주시킬 것을 제안했다. 가브리엘 프로서의 노예 반란 모의 이후에는 버지니아 의회가 자유 흑인들을 식민화할 장소를 물색할 것을 연방정부와 제퍼슨 대통령에게 촉구했다.[2]

이 시기 일부 북부 흑인은 미국에서는 흑인들에게 희망이 없다고 보고 아프리카로의 귀환을 모색했다. 1773년 매사추세츠 노예들이 주 의회에 자유 청원서를 제출하면서 아프리카에 정착할 의사를 밝힌 적이 있는데, 1787년에는 프린스 홀이 73명의 흑인과 함께 아프리카 이주 및 정착에 필요한 자금을 매사추세츠주 정부에 요청했다. 서아프리카에 정착하면 아프리카 형제들의 영혼을 구하고 문명사회를 만들겠다고 지원을 요청했지만, 받아들여지지는 않았다.

같은 해 로드아일랜드 뉴포트아프리카연합회(Newport African Union Society) 회원 70여 명은 시에라리온과 별도의 독립 정착지를 아프리카에 건설하기 위해 선발대를 파견하려 했으나 무산되었다. 프로비던스의 아프리카협회(African Society) 회원들은 1794년에 시에라리온에 대표를 파견해 실제로 이주 가능성을 타진했다. 하지만 글을 알고 숙련된 기술을 가진 독실한 흑인들로 이주민을 제한받았고 매사추세츠 총독의 추천서도 받지 못해 이 시도는 성사되지 못했다.

필라델피아 흑인 공동체도 1780년에 최초로 연방정부에 점진적 노예제 폐지안을 제안하고, 시에라리온과 유사한 망명지로의 흑인 이주를 요구했다. 하지만 1790년대 초에 작성된 것으로 추정되는 흑인 55명의 "필라델피아 이주 희망자들의 청원서"가 실제로 제출되었는지는 확실하지 않다.[3]

흑인 지도자 가운데 매사추세츠 출신의 퀘이커교 선장이자 상인이었던 폴 커피(Paul Cuffe)는 해상 무역 경력을 발판으로 미국 흑인들의 시에라리온 이주를 직접 도왔다. 그는 일찍부터 대구와 고래를 잡는 선원 일을 시작했고, 1806년에 직접 배를 건조해 선장이 된 후에는 조지아의 서배너 그리고 영국의 리버풀까지 항해할 수 있었다. 그는 기독교가 아프리카 구원의 토대가 아니라 상업이 훨씬 중요하다고 보았으며, 아프리카, 영국, 미국 사

MEMOIR

OF

CAPTAIN PAUL CUFFEE,

A MAN OF COLOUR:

TO WHICH IS SUBJOINED

THE EPISTLE

OF THE

SOCIETY OF SIERRA LEONE,

IN AFRICA, &c.

———

" Deem our nation brutes no longer,
Till some reason ye shall find
Worthier of regard, and stronger
Than the colour of our kind."

COWPER.

Pork:

PRINTED BY C. PEACOCK,
FOR
W. ALEXANDER, AND SOLD BY HIM;
SOLD ALSO BY DARTON, HARVEY, AND Co. GRACE-
CHURCH-STREET, AND W. PHILLIPS, LOMBARD-
STREET, LONDON.
———
1812.

이의 삼각 무역망을 만들고자 했다.

커피는 필라델피아, 볼티모어, 뉴욕에 있는 아프리카협회 회원들과 자유 흑인들의 서아프리카 이주 가능성을 모색했고, 1811년에는 영국 왕립아프리카협회의 초청을 받아 프리타운을 방문한 후, 미국 흑인의 시에라리온 이주에 대한 영국 정부의 인가도 받았다. 또한 시에라리온에 두 달간 머물면서 제분소, 제재소, 제염소 등을 세울 계획을 구체화하고 총독의 교역 허가증을 받았다. 영미전쟁 종전 후인 1816년에는 38명의 미국 흑인과 함께 프리타운에 도착했으며, 뉴욕으로 돌아온 후 이주민 모집에 나서는 한편, 미국 의회에 자금 지원을 요청했다. 그는 시에라리온뿐만 아니라 아이티로의 흑인 이주 계획도 구상했지만, 1817년에 사망하면서 그 프로젝트의 막을 내려야 했다.[4]

이후 미국 식민협회가 세워져 흑인들을 아프리카로 이주시키려는 움직임이 본격화되었다. 하지만 흑인들은 라이베리아 건립이 자유 흑인들의 추방을 위한 계획이라고 보고 이 식민화 계획을 비난했다. 개리슨(William Lloyd Garrison)도 식민협회를 친노예제 조직으로 정의하고, 미국에서 노예제를 안정적으로 유지하려는 음모로 규정했다.

미국 흑인들이 다른 나라에서 피난처와 정착지를 찾는 움직임을 전개한 것은 1850년 도망노예송환법 이후였다. 헨리 빕(Henry Bibb)은 「도망 노예들의 목소리(*Voice of the Fugitive*)」라는 격월간 신문을 발행하며 미국 흑인들의 캐나다 이주에 앞장섰다. 그는 "서인도제도와 북남미 대륙 유색인 동맹"을 제안하는 분리주의를 주창했다. 마틴 딜러니(Martin R. Delany)는 1856년에 캐나다 서부에 이주해 3년간 거주했고, 이후 서인도제도, 중미, 남미를 흑인 이주 지역으로 보았다. 아프리카 니제르계곡 등도 직접 탐방하며 흑인 국가 건립 계획에 앞장섰다.

자유 흑인의 격리와 추방을 위한 움직임

1800년대 초기부터 백인과 흑인의 공존이 어렵다고 본 백인 지도자들은 미국의 인종 문제와 노예제 문제를 동시에 해결하는 유일한 해결책으로 자유 흑인들에 대한 아프리카로의 국외 추방을 꼽았다. 식민주의자들은 미국 사회에 직접적인 위협이 노예제가 아니라 바로 해방된 흑인, 즉 자유 흑인이라고 보았다. 자유 흑인들이 노예들을 선동할지 모른다는 두려움은 아이티혁명의 영향이기도 했는데, 1800년 가브리엘 프로서의 노예 무장 봉기 모의 이후 이에 대한 공포는 더 강렬해졌다.

반(反)노예제에 찬성했던 버지니아주 의원 찰스 머서(Charles Mercer)와 뉴저지 성직자 로버트 핀리(Robert Finley)가 1816년에 만든 미국 식민협회도 아프리카의 개종과 문명화를 내세우면서도 자유 흑인의 격리와 추방을 목표로 했다. 1827년 연례 회의에서 헨리 클레이(Henry Clay)는 협회의 목적이 "자유 유색인의 식민화이지 노예들의 식민화가 아니"라면서 "노예 해방을 시도할 의도가 없다"고 밝혔다. 협회는 "연방정부가 노예를 해방할 어떠한 헌법적 권리도 갖고 있지 않다는 것을 알고 있으며, 노예를 해방할 권리는 노예제를 시행하는 주들이 갖는다"라고 선언했다. 식민협회는 1819년에 연방의회에서 10만 불을 지원받아 1821년 아프리카에 정착지를 만든 뒤, 1830년에 라이베리아를 건립했다.[5]

메릴랜드 식민협회는 1831년에 주 의회로부터 20만 불의 기금 지원을 약속받았다. 냇 터너 반란 이후 1833년에 버지니아 의회도 식민협회 사업을 위한 예산을 승인했으며, 해방 노예는 1년 이내에 주를 떠나게 했다. 식민협회는 전국 지회를 중심으로 기금을 조성하고 "라이베리아의 온화한 기후, 풍부한 토지, 농업과 무역을 통한 생계, 교육의 기회, 사회적 평등과 자유 정부" 등을 홍보하며 지원자를 모집했다. 라이베리아를 "인간의 권리를 누릴 수 있는 유색인의 고향"으로 선전하며 교사, 상인, 목사 등 이주 흑인들의 경험담을 전했다. 또한 침례교, 감리교 등 종교 단체들과 연합해 1837년에 아프리카교육증진협회(American Society for the Promotion of Education in Africa)를 만들고, 아프리카에 흑인 선교사 양성을 위한 학교를 건립하는 데 자원을 집중했다.[6]

식민협회는 토머스 제퍼슨, 제임스 매디슨, 제임스 먼로 등 미국 대통령들의 지지를 받았고, 핀리 사후에는 다니엘 웹스터와 헨리 클레이가 라이베리아 식민 계획을 증진시켰다. 1833년에는 제임스 매디슨이 식민협회 회장으로 취임했다. 1847년에 라이베리아공화국으로 독립한 후 흑인들의 아프리카 이주가 늘었지만, 그 숫자는 미미했다. 남북전쟁 이후 식민협회는 라이베리아 이주 희망자의 지원을 다시 받기 시작했고, 라이베리아 이주 협회(Liberia Exodus Association)가 조직되었다. 1866년에서 1871년 사이 사우스캐롤라이나 흑인 수천 명이 이에 응했지만, 더글러스가 "우리의 목표는 인디언들처럼 별도의 지역에 고립되는 것이 아니라 미국 정부의 중요한 일원이 되는 것"임을 강조하면서 아프리카 이주에 대한 흑인들의 관심도 급격히 줄어들었다.[7]

아프리카 이주에 대한 미국 흑인들의 반응

흑인 지도자들은 자유 흑인들을 아프리카로 쫓아내려는 식민협회의 계획에 맞서는 데 앞장섰다. 식민협회가 창립된 1817년에 필라델피아에서 열린 베델 흑인감리교성공회(Bethel African Methodist Episcopal Church) 집회에 모인 3천여 명의 흑인들은 만장일치로 식민화 사업을 거부했다. 1827년에 볼티모어의 흑인 목사 윌리엄 J. 왓킨스(William J. Watkins)도 식민협회 지도자들이 미국 내에서 흑인의 천부권을 인정하지 않고 아프리카로 쫓아내려는 사업을 진행하고 있다며 통렬히 비난했다.

1830년에 최초로 열린 자유유색인전국대표자회의(National Convention of the Free Colored People)는 매년 필라델피아와 북부 도시들에서 연례 회의를 개최하며 식민협회의 라이베리아 흑인 송환과 주 의회들의 자금 지원에 반대했다. "우리 선조들의 피와 땀과 눈물로 얻은 이 땅을 우리가 왜 떠나야 하는가? 이곳이 진정한 우리의 고향이다"라는 주장이었다. 1845년에 오하이오 클리블랜드에 모인 흑인 지도자들은 식민협회가 아프리카 토지를 구매하려고 모은 기금을 미국 내 흑인 아동을 위한 교육과 보호에 사용할 것을 촉구했고, 흑인들에게도 결코 이 땅을 떠나지 말 것을 호소했다.[8]

그러나 미국에서 희망이 없다고 판단한 흑인들은 국외 이주가 대안이 될 수 있다고 보았다. "미국 내 노예제 종식과 자유 흑인을 위한 사회 정의"를 목표로 1827년 뉴욕에서 창간된 미국 최초의 흑인 신문 『자유저널』은 흑인들의 아프리카 송환에 반대한다고 밝혔다. 하지만 편집자 새뮤얼 코니쉬(Samuel Cornish)는 뉴욕 아이티이주협회(Haytian Emigration Society) 회원으로 흑인들의 아이티 이주를 지지했고, 또 다른 편집자이자 자메이카 출신인 존 러스웜(John Russwurm)도 1829년에 "이 나라에서 시민권을 누린다는 것은 완전히 불가능하다"라면서 라이베리아로 떠났다. 한편에서는 시에라리온 이주도 이어졌다. 조지 톰슨 등 미국선교협회의 흑인 선교사들이 시에라리온으로 건너갔고, 1839년에 일어난 아미스타드 호 노예 반란에서 생존한 윌리엄 레이먼드(William Raymond) 외 35명도 시에라리온으로 향했다.[9]

라이베리아로 보내지는 흑인 이주자들(1896, ©The New York Public Library)

라이베리아로 간 미국 흑인들

1820년에서 1852년까지 미국에서 라이베리아로 이주한 7,836명 가운데 약 2,920명이 자유 흑인이었고, 3,868명은 라이베리아로 보내기 위해 해방된 노예들이었으며, 1,044명은 미국 해군에 의해 대서양 노예선에서 라이베리아로 보내진 아프리카인들이었다. 19세기 말까지 라이베리아로 보내진 흑인은 15,386명이었다. 그 외에 자메이카와 바베이도스 등 서인도제도에서 수백 명의 흑인들이 라이베리아에 합류했다. 이주를 위해 해방된 노예들에 대한 보상과 이주 비용은 식민협회와 자선단체, 종교단체의 기금이나 버지니아, 메릴랜드, 펜실베이니아,

뉴저지 등 주 정부의 지원을 받아 이루어졌다. 1850년에 43만 명, 1860년에 48만 명이던 자유 흑인 중 극히 소수만이 라이베리아를 선택한 이유는 라이베리아가 미국보다 더 나은 곳이라고 확신할 수 없었기 때문이다.[10]

이주를 조건으로 해방된 흑인들은 대체로 라이베리아에서 누리는 자유에 만족했다. 1827년 「미국 자유 유색인에게 몬로비아의 시민이 보내는 글」에서 이주 정착민들은 "우리는 자유를 찾아 이 땅에 자발적으로 왔으며 선조의 땅에서 피부색에 따른 어떤 편견도 없이" 지내고 있다고 했다. 흑인 선교사인 롯 캐리(Lott Carey)도 교회와 학교를 세우고 쌀, 카사바, 커피, 면화 등을 재배하며 경제적으로 독립할 수 있다고 했다. 하지만 초기 이주민은 열병 등으로 사망률이 높았고, 1833년에 라이베리아에 다녀온 한 흑인 목사는 "내 아내와 아이들을 라이베리아에 보내느니 차라리 내가 다시 노예로 돌아가겠다"라고 말하기도 했다.[11]

미국 흑인의 라이베리아 정착에 가장 앞장선 것은 침례교와 감리교 등의 교단이었다. 이들은 라이베리아를 아프리카 복음화의 전초기지로 삼기 위해, 아프리카인들이 "와서 우리를 도와 달라(Come Over and Help Us)"라고 호소하는 홍보 문구를 내걸고 선교사들을 모집했다. 백인 선교사 충원이 어렵게 되자 교단들은 이주민 흑인들을 현지에서 선교사로 임명했다. 감리교의 경우 아프리카 선교를 위해 초기 50여 년간 활동한 97명 중 73명이 흑인이었다.

라이베리아로 이주한 최초의 미국 흑인 86명 가운데 한 명이었던 다니엘 코커(Daniel Coker)는 도망 노예로 20년 이상 감리교 목회 활동을 하다 라이베리아로 이주했다. 그는 이주자들을 신의 선택을 받은 군대라고 생각했고, 그들이 약속의 땅에서 근면한 노동으로 더 나은 기회를 잡을 수 있다고 보았다. "아프리카는 풍요로운 땅이며 위대하고 강한 나라가 될 것"이라는 코커의 글은 식민협회가 이주자들을 충원하는 홍보물에 널리 활용되었다. 범아프리카주의의 아버지로 평가받는 에드워드 W. 블라이든(Edward Wilmot Blyden)도 흑인들의 정치적 자치와 경제적 독립이 라이베리아에서 가능하다고 보고, 1851년에 라이베리아로 이주해 미국 흑인의 아프리카 귀환을 촉구했다. 그는 고향인 아프리카에서 아프리카 문명의 유산을 계승하고 인종적 자부심을 회복할 것을 주장했다.[12]

라이베리아 이주민들은 식민위원회를 통해 법령을 제정하고, 부총독과 보안관 등 선출직뿐 아니라 관세 세리, 물품 검사관, 경관 등 행정 공직도 임명했다. 이들 아메리코-라이베리아인들(Americo-Liberian)은 식민협회에 더 많은 자치권 및 균등한 공직 분배를 요구하며 식민위원회의 권한을 확대해나갔다. 반면 자금 부족으로 라이베리아에 대한 영향력이 계속 줄어든 식민협회는 1841년에 백인 총독 사망 후 흑인 이주민 조셉 J. 로버츠(Joseph J. Roberts)를 후임으로 임명했다. 이후 라이베리아인들은 협회로부터 식민지 통제권을 넘겨받았다.

자유제헌회의(Liberal Constitutional Convention) 대표 12명 가운데 11명이 아메리코-라이베리아인들이었다. 이들은 행정, 사법, 입법부 자리를 차지하고 라이베리아 정부를 운영했다. 1847년 독립 후에는 선출 대통령과 부통령, 상원, 하원으로 구성되는 정부를 구성했으며, 시민권과 재산 소유권 대상을 유색인으로 제한해 백인들로부터 라이베리아의 정치적·경제적 독립을 추구했다.

아메리코-라이베리아인들은 아프리카 토지를 헐값에 구매하거나 힘이 약한 부족의 땅을 양도받았고, 때로는 토착 부족과 전쟁을 벌여 토지를 획득했다. 이주민들은 토착민들이 구습을 버리고 라이베리아 정부 법을 따를 것을 요구했다. 하지만 토착민들은 교육받은 소수를 제외하고서 시민권을 부여받지 못했고, 문화적 동화에도 적응하지 못했다. 아프리카 토착민 아동들은 이주민 가정에서 도제 생활을 하며 학교 교육을 받았지만, 도제가 끝난 후에는 대부분 부모가 있는 내륙 고향으로 돌아갔다. 라이베리아 정부는 교육프로그램을 내륙 정착지까지 확대할 자금과 인력이 부족했고, 아메리코-라이베리안 과두정에 대한 토착민들의 불만과 분노도 쌓여갔다.[13]

아프리칸에서 유색인으로

미국 흑인들의 반(反)노예제 운동의 중요한 한 축은 아프리카인이라는 정체성이었다. 자유 흑인들은 아프리카의 역사와 전통을 예찬하고 아프리카 후손들의 단결을 촉구하면서 1820년대부터 전 세계 범아프리카 공동체의 단합을 호소했다. 그 대표적인 글은 뉴욕의 흑인 설교자였던 로버트 영(Robert Alexander Young)이 1829년에 발표한 「에티오피아 선언(*Ethiopian Manifesto*)」이었다. 영은 아프리카인들이 노예제의 압제 아래 짓밟히고 있지만, 아프리카의 불행과 고통이 끝날 때가 왔다면서 전 세계 아프리카인의 단합을 호소했다. 그는 신이 블랙 메시아를 보내 아프리카인들을 해방시키고 그들을 하나의 국가로 만들 것이라고 주장했다. 그러므로 전 세계 형제들의 완전한 해방을 위해, 그리고 범아프리카 공동체의 자유를 위해 미국 흑인들이 나설 것을 촉구했다.[14]

그러나 자유 흑인들을 아프리카로 보내려는 미국 식민협회의 활동과 라이베리아 건립 움직임이 본격화하자 식민화를 거부하는 미국 흑인들은 자신들의 호칭을 "아프리칸"에서 "유색인(Colored)"으로 "아프리칸 아메리칸"에서 "유색인 아메리칸"으로 바꾸기 시작했다. 캐나다를 도망 노예와 자유 흑인들의 이주 정착지로 물색하던 논의도 1833년 흑인대표자회의(National Negro Convention)에서 일단락되었다. 국외 이주는 미국 식민협회에 동조하는 것으로 보일 수 있으며, 자유 흑인들의 시민권을 인정하지 않는 빌미가 된다고 보았기 때문이다.

아프리칸에서 유색인으로 호칭이 바뀌면서 미국 흑인들의 활동은 자유유색인대표자회의(National Free Colored Convention)를 중심으로 발전해나갔다. 유색인이란 호칭은 아프리카인의 후예라는 자부심을 세우기보다 미국인으로서의 정체성을 더 강조한 것이다. 신 앞에 인간은 동등하며 인종적인 차이는 본질적인 것이 아니라 표면적인 피부색을 의미할 뿐이라는 뜻도 함축했다. 이는 미국 흑인들이 아프리카 '고향'으로 회귀할 것이 아니라 '조국'인 미국에서 완전한 평등을 얻어야 한다는 주장으로 이어졌다.[15]

1850년대 미국 흑인들의 국외 이주 모색

그러나 1850년 도망노예송환법에 이어 1854년에 캔자스와 네브래스카 준주의 노예제를 주 의회가 결정하게 함으로써 미주리 타협안이 철회되고, 1857년 드레드 스콧(Dred Scott) 판결이 흑인 시민권을 부정하자, 노예제 반대 활동을 벌이며 식민협회의 라이베리아 프로젝트를 비난했던 흑인 지도자들은 다시 아프리카를 비롯해 국외로 이주하는 방안을 모색했다. 이는 아메리카, 아프리카, 서인도제도에 흩어져 있는 흑인들의 연대 의식과도 병행되었다.

미국 흑인들이 일찍부터 가장 선호했던 이주지는 캐나다였다. 1830년 흑인대표자회의는 캐나다 토지 구매를 결정했고, 이듬해 8백 에이커의 땅을 구매해 2천여 명이 이주했다. 이후 국외 정착지 건설을 지원하는 데 반대가 커지고 지원도 중단되었다가 도망노예송환법 통과 후 캐나다 이주민협회(Refugees' Home Society in Canada)가 2천 에이커의 땅을 구매하고 이주민들에게 장기 계약으로 양도하기 시작했다. 1851년에 캐나다의 체이섬(Chatham)으로 이주한 도망 노예 헨리 빕이 이 캐나다 이주 활동에 앞장섰다. 그는 같은 해 토론토에서 열린 북미유색인회의에서 대표로 선출된 뒤, "식민협회의 아프리카 식민화 반대, 즉각적이고 영구적인 노예 해방"을 주장했다. 협회는 "전 세계 흑인의 권리 보호와 흑인의 정치적·사회적 지위 개선을 위해 북미와 남미 그리고 서인도제도 유색인들의 연대를 만들 것"을 결의했다. 1860년경 캐나다의 흑인 인구는 거의 6만 명에 육박했다.[16]

조국인 미국을 떠날 이유가 없다고 역설하며 미국 노예들에게 모든 수단을 동원해 저항하라고 촉구했던 헨리 가넷 목사도 서인도제도와 아프리카로의 흑인 이주를 지지하기 시작했다. 그는 1850년부터 2년간 영국에서 노예제 반대 순회강연으로 기금을 모았고, 1852년에는 자메이카에 선교사로 파견되어 3년간 체류했다. 그는 아프리카문명협회(African Civilization Society)를 만들고 나이지리아에 이주 정착지를 세울 계획이었다. 열렬한 노예제 반대 운동가 새뮤얼 R. 워드(Samuel R. Ward)도 1851년에 캐나다로 이주했다가 1855년에 자메이카로 이주해 말년까지 목회 활동에 종사했다. 캐나다에서 헨리 빕을 도왔던 제임스 T. 홀리(James T. Holly)도 1854년에 제1차 유색인이주대표자회의(National Emigration Convention of Colored Men)에 참석한 뒤 아이티로 정착지를 바꾸었다. 그는 이주민을 위한 기금을 모은 후 1861년에 직접 110명을 이끌고 아이티에 도착했고, 성공회 교회와 학교를 세우며 목회자로 활동했다. 이들은 흑인 이주민들이 경제적 독립과 자치 능력을 증명해 보이는 것이 무엇보다 중요하다고 생각했다.[17]

마틴 딜러니의 아프리카 이주 운동

미국 흑인들의 국외 이주에 가장 적극적이었던 지도자는 마틴 딜러니(Martin Delany)였다. 그는 1840년대까지 다른 반(反)노예제 활동가들과 함께 식민협회 비판에 동참했고, 일단 노예제가 폐지되면 해방 흑인들이 미국 내에서 합당한 자리를 차지할 것이라 생각했다. 하지만 도망노예송환법이 제정되자 미국에서는 더 이상 흑인의 미래가 없다고 단언해버렸다.

그는 1852년 「미국 유색인의 상황, 향상, 이주, 운명에 대한 정치적 해석」이라는 글에서 미국에서는 더 이상 흑인의 생존과 자립을 기대하기 어렵다고 판단하고 분리와 이주를 주장했다. 미국은 흑인들이 피 흘려 지킨 조국이며 당연히 천부권인 시민권을 누려야 하지만, 그것이 불가능하다면 다른 지역으로 이주를 생각해야 한다는 것이었다. 물론 흑인이 미국의 주인이 아님을 인정하고 밀려나거나 쫓겨나는 것은 아님을 분명히 해두었다. 1854년 유색인이주대표자회의에서 「아메리카 대륙에서 유색 인종의 정치적 운명」이라는 제목의 연설을 하면서는 이주 목적이 자유 흑인들의 역량과 힘을 길러 노예 형제들을 구하는 데 있다고 밝혔다. 다만 식민협회가 세운 라이베리아는 독립 공화국이 아니라 자유 흑인들을 미국에서 없애기 위해 식민협회가 만든 허수아비 정부이기 때문에 그 이주에 대해서는 강력히 반대했다.[18]

1851년 캐나다 방문 뒤, 딜러니는 캐나다가 유색인에게 백

마틴 딜러니

인과 같은 기회를 제공하는 곳이라고 언급했으며, 1856년에는 아예 그곳으로 이주까지 했다. 이후 무역(Commerce), 기독교(Christianity), 문명(Civilization)이라는 '3C'를 흑인 이주의 성공 요건으로 설정하고, 이주 지역을 아프리카 나이지리아로 변경했다. 그는 니제르(Niger) 계곡 탐험대를 만들어 9개월간 아프리카에 머물렀으며, 양도받은 토지에서 토착민들에게 기술과 지식을 전수했다. 1860년에 영국으로 건너가 아프리카원조협회(African Aid Society)의 지원도 약속받았고, 전 세계 흑인들의 범아프리카(Pan-African) 비전을 제시하는 데 앞장섰다.

하지만 남북전쟁이 발발하자 북군 흑인 부대 소집에 응해 최초의 흑인 장교로 전쟁에 복무했다. 종전 뒤에는 사우스캐롤라이나 해방흑인국(Freedmen's Bureau) 관리로 일했다. 하지만 재건이 실패로 돌아간 후에는 다시 아프리카로의 흑인 이주를 추진하면서 흑인 민족주의를 주창했다. 즉, 그는 흑인들은 다른 집단과 확연히 구분되는 공통된 언어, 문화, 종교의 유산을 공유하는 인종적 정체성을 지니고 있기 때문에, 흑인들의 자립 국가를 수립해야 한다고 믿었다.[19]

프레드릭 더글러스의 흑인 시민권 활동

딜러니의 이주 운동은 동료이자 정치적 적수였던 프레드릭 더글러스와의 사이에 불화와 갈등을 초래했다. 더글러스는 미국 내에서 흑인과 백인이 공존하는 통합을 추구했다. 딜러니는 자신의 검은 피부에 대한 자의식과 자부심이 대단했고 참다운 아프리카인의 혈통이라고 내세웠는데, 더글러스는 자신이 백인 아버지와 노예 어머니 사이에서 태어난 혼혈이지만 노예제를 극복한 산 증인임을 강조했다. 딜러니가 주로 흑인 프리메이슨 집회 등에서 흑인들을 대상으로 복종과 순종을 유도하는 백인들의 설교에 저항하라고 설교했다면, 더글러스는 백인 동료들의 초청으로 전국의 백인들에게 공개 연설을 이어갔다.

더글러스는 국외 이주가 미국 노예제 문제의 해결책이라고 보지 않았다. 그에게 국외 이주는 오히려 백인들의 인종 분리 전략과 흑인 분산책에 휘둘리는 것이었다. 더글러스는 고대 이집트와 에티오피아의 문명과 유산을 강조하면서도 미국 흑인의 참다운 고향이 미국이 아니라 아프리카라는 잘못된 생각을 심어줄 것을 경계했다. 그는 "이 나라의 흑인은 이 땅의 정당한 주인들이다. 우리는 미국에서 태어난 시민이다. 따라서 다른 시민과 동등한 권리를 보장받아야 한다"라며 미국인으로서의 흑인 정체성에 초점을 맞추었다. 외국 땅에 흑인 정착지를 세우기 위한 노력이 아니라 미국 내에서 흑인의 자유와 시민권을 위해 모든 가능한 수단을 활용해야 한다는 것이다. 그는 딜러니와 같은 적대적인 인종 의식이 오히려 백인의 인종주의를 강화한다고 보았다. 아프리카와 미국 흑인들의 인종적 연계를 강조하는 것은 퇴행적이며 흑인 시민권을 추구하는 노력을 위축시킬 뿐이라고 말했다.[20]

프레드릭 더글러스

메릴랜드 태생의 도망 노예인 더글러스는 1841년부터 미국 반(反)노예제협회(American Anti-Slavery Society)의 연사로서 개리슨과 함께 노예제 폐지 운동에 헌신한 대표적인 흑인 활동가이다. 1845년에 출간한 자서전은 북부뿐만 아니라 유럽 여러 나라에서 번역, 출간되었고, 이어진 영국 강연 여행에서 자유를 얻었다. 귀국 후에는 뉴욕주 로체스터에서 『북극성(North Star)』이라는 주간지를 창간해 반노예제 이념과 활동을 전파했다.

더글러스와 개리슨과의 결별은 미국 헌법에 대한 견해 차이에서 비롯되었다. 개리슨은 헌법이 노예제를 용인하는 친노예제 문서라고 보고 입법을 통한 노예제 폐지 방안을 고려하지 않았는데, 더글러스는 헌법이 모든 사람의 자유를 보장하는 반노예제 문서이고 연방정부가 노예제를 폐지할 권한을 지녔다고 보았다. 그리고 반노예제 정당인 자유당(Liberty Party)이 미시시피 서쪽 지역의 노예제 확산을 반대하는 자유토지당(Free Soil Party)과 합당한 이후 전당대회에 참석하기도 했다.

폭력에 대한 견해도 서로 달라서 개리슨은 일관되게 비폭력을 옹호했지만, 더글러스는 호전적인 존 브라운을 만난 이후 노예제를 폐지하기 위한 길이라면 폭력도 용인할 뜻을 밝혔다. 존 브라운이 1859년에 연방 무기고를 습격하고 체포되어 교수형을 당한 후, 더글러스가 이 사건에 연루되었음을 암시하는 편지가 발견되자 캐나다로 피신해 결백을 입증하려 노력했다. 남북전쟁 중에 연방의회가 흑인들의 북군 입대를 법으로 허용하자, 더글러스는 흑인의 자원 입대를 위한 모병 활동에 나섰고, 흑인 병사의 처우 개선을 위해 링컨 대통령과 면담도 했다. 전쟁이 끝나고 헌법 수정조항 제13조가 비준된 후에도 흑인이 투표권을 갖기 전까지는 노예제가 폐지된 것이 아니라고 주장하면서 흑인 시민권 활동을 이어갔다.[21]

윌리엄 웰스 브라운의 유럽 여행

한편에서는 유럽으로 건너가 노예제의 실상을 알리고, 그 폐지를 위한 지원을 얻으려는 미국 흑인들의 노력이 전개되었다. 1830년에서 1865년 사이에 대략 80여 명의 미국 흑인들이 유럽을 방문한 것으로 알려져 있는데, 찰스 리먼드(Charles Lenox Remond)는 1840년에 런던에서 열린 제1차 세계반노예제회의(World Anti-Slavery Convention)에 참석했고, 프레드릭 더글러스는 1845년부터 20개월간 유럽에서 반노예제 연사로 활동했다. 자유와 안전이 보장되고 연사로서 주목받은 여행에 대해 더글러스는 "내 인생에서 가장 행복한 시간"이었다고 말했다.

월리엄 웰스 브라운(William Wells Brown)은 1849년에 파리에서 열린 국제평화회의(International Peace Congress)에 참석하는 미국 대표 가운데 한 명으로 유럽을 방문했다. 여행 중 도망노예송환법이 제정되어 귀국이 어려워지자 1852년에 『유럽에서의 3년』이라는 여행기를 런던에서 발표하고, 1854년까지 영국에 체류했다. 그는 잉글랜드, 프랑스, 스코틀랜드, 아일랜드, 웨일스의 여

윌리엄 웰스 브라운

러 도시들을 방문했는데, 그의 여행기는 귀국한 후『유럽의 미국
도망자』로 재간행되었다.[22] 유럽 여행은 평화회의 참석과 대중
강연 등 공적인 일을 병행하면서 브라운이 진정으로 자유롭다고
느낀 최초의 여행이었다.

켄터키주에서 백인 농장주와 노예 어머니 사이에서 태어난 브
라운은 농장 노예와 달리 여러 도시에 임대로 고용되어 주인이
자주 바뀌는 노예 생활을 했다. 가내 하인, 호텔 웨이터, 마부 등
으로 일하던 그는 20세인 1834년에 탈주에 성공했고, 이후 뉴
욕주 버팔로에서 9년간 증기선 선원으로 일하며 도망 노예들을
캐나다 땅에 내려주었다. 1843년부터는 뉴욕 반(反)노예제협회
강연자로 활약하면서 더글러스가 운영하는 신문『북극성』제작
에도 참여했지만, 도망 노예의 긴장감을 한순간도 늦출 수 없었
다.[23]

이러한 브라운에게 5년간의 유럽 체류는 해방감과 함께 다양
한 지역의 풍광과 유적지를 직접 보고 문인들을 비롯한 유명 인
사들과 교류할 기회를 제공했다. 그는 궁전과 광장, 역사 기념
물 등을 보고 경탄하면서도 독학으로 익힌 역사, 문학, 예술에 대
한 지식을 토대로 독자적 시각까지 제시했다. 그는 전통의 지속
과 역사의 유구함보다 동요와 저항, 혁명의 유산, 군주의 압제
에 대한 유혈 폭력에 더 주목했다. 튈르리궁전을 방문했을 때는
"1792년 6월에 여기서 폭도들의 공격이 있었고 8월에 스위스
경비대들이 학살당했으며 1830년 7월에도 인민의 공격으로 왕
과 가족이 도망쳤다는 사실 때문에, 이 궁전을 꼭 방문하고 싶었

다”라고 말했다. 파리 콩코드광장에서는 “루이 필립을 왕위에서 쫓아낸 1848년 혁명이라는 가장 흥미로운 사건이 바로 이 근처에서 일어났다”라면서 “불과 몇 달 전에 대포와 화승총의 불꽃이 일고 비명의 외침이 바리케이드 뒤에서 들렸던 곳”이었음을 상기했다.[24]

역사적 장소에 대한 브라운의 소감은 권력의 흥기와 몰락 그리고 지배와 저항을 대비시키는 역사의식으로 이어진다. 베르사유의 루이 14세 궁전과 동상 등 “기념물들은 방종한 왕의 환상을 만족시키기 위한 것”이며, 잉글랜드 고딕 수도원은 창살에 갇혔던 수감자들의 눈물을 생각할 때 “봉건 왕족의 억압을 떠올리지 않을 수 없다”라고 술회했다. 런던탑을 방문한 후에는 “왕과 여왕을 가두고 살해한 이야기”가 가장 가슴에 남았으며, 트라팔가 광장의 넬슨 제독 기념비에 모인 사람들을 보고서 자신은 전쟁 영웅에 대한 존경심이 없다고 일갈했다. 그리고 옥스퍼드는 학식의 중심지이지만 “위대한 공화주의자들의 저술이 화염에 불태워지고, 가톨릭 왕이 백성들을 잔혹하게 학대했던 곳”이며, 프랑스가 엄청난 비용을 들여 오벨리스크를 이집트에서 콩코드광장으로 가져오면서 수많은 이집트인들의 노동을 징발했음을 짚었다. 억압받은 자의 시선에서 기념비적 역사를 뒤집어보는 그의 저항 기억(counter-memory)을 보여주는 대목이다.[25]

브라운은 여행 내내 유럽과 미국을 비교했으며, 자신의 피부색에 대한 태도의 차이에도 민감하게 반응했다. 그는 "꿈만 같은 구세계 방문"을 위해 증기선을 타고 보스턴을 떠날 때, 미국을 조국으로 부르면서 자신이 태어난 미국을 떠나는 도망 노예의 슬픈 마음을 적었다.[26]

노예제의 희생자로서 내가 받은 처우를 생각하면, 그리고 내가 다시 붙잡혀서 채찍질과 쇠사슬에 묶일 수도 있다는 것을 생각하면, 이 나라를 떠나는 것에 후회가 없으리라 생각했다. 하지만 해안의 모습이 희미해질 때 후회가 밀려왔다. 외국으로의 여행은 기쁠 것 같았다. 하지만 우리가 살고 있는 나라의 잘못이 무엇이든, 그리고 법이 아무리 억압적이라 하더라도 고국(our native land)을 떠나는 것은 슬픈 감정을 갖게 한다.[27]

그러나 "브리튼의 땅에 발을 내려놓자마자" 피부색에 주목하거나 모욕을 주는 사람이 한 명도 없고, "미국 전역에서 겪어온 편견이 사라지는 것"을 경험하면서 브라운은 10일간의 대서양 항해가 가져온 놀라운 변화를 실감했다. "소위 '자유로운 국가'인 미국에서 열등한 사람으로 여겨지던 내가 영국 땅에 내리자마자 인간으로, 그리고 동등한 인간으로 대우받았다"라면서 그는 "내

삶에서 최초로 나는 진정으로 자유다"라고 소리친다. 그리고 "피부색이 범죄로 여겨지는" 미국의 노예제 참상을 알리기 위해 쇠목줄, 즉 니그로 목줄(Negro Collar)을 휴대했음을 밝혔다.[28]

영국에 대한 브라운의 호의적 평가는 2주일간 관람했던 런던 박람회에 대한 소회에서도 드러난다. 브라운은 6만 명이 넘는 군중이 모여든 그 규모와 화려함에 놀라움을 금치 못했으며, 수정궁을 세계에서 가장 위대한 건물이라고 평했다. 잉글랜드는 기계류를, 프랑스는 예술 작품을 내세웠는데, 미국은 곡물과 고기 등을 출품해 노예노동을 전시한 셈이라고 비판하기도 했다. 또한 "잉글랜드가 세계에서 가장 위대한 국가"이며 "언론 자유를 세계 최초로 인정한 정부"라면서 내셔널갤러리에 전시된 초상화의 인물들처럼 위대한 인물들이 많고 높은 문화적 성취를 이루었다고 말했다. 반면 미국은 "박람회에 모인 모든 다른 나라들보다 뒤떨어져 있다"라고 평가했다.[29]

이어서 브라운은 미국 백인들에게 통쾌하게 복수했다고 밝힌다. 리버풀로 오는 증기선에서 니거(nigger)와 같은 배의 승객이라는 사실을 불쾌해하던 미국 대표들은 "저 니거는 주인의 농장에 있는 것이 더 낫다", "흑인을 파리에 대표로 보내기로 한 미국평화협회는 무슨 생각을 한 것인가?"라며 불만을 토로했다. 하지만 브라운이 프랑스 외무상인 알렉시스 드 토크빌의 집에 초대되어 환대받는 것을 보고 미국 대표들은 브라운에게 먼저 악수를 청하며 평화회의 의장인 빅토르 위고를 소개해달라고 도리어 그에게 부탁까지 해온다. 물론 브라운은 이를 단번에 거절했다. 런던

박람회에서도 버지니아 농장주들 주변을 영국 숙녀와 팔짱을 끼고 산책하면서 그들의 질시 어린 시선을 자극했다.[30]

브라운은 여행 중 계속 유색인 형제들에게 눈길을 주며 친밀감을 표현했다. 자신의 옅은 피부색에 빗대어 스스로를 '하얀 노예(white slave)'라 칭했던 그는 런던의 트라팔가광장에 서 있는 실물 크기의 아프리카인 동상을 "나의 흑인 형제(my sable brother)"라고 불렀다. 옥스퍼드에서는 "우리 인종 중에서 이 대학에 들어올 수 있는 사람이 거의 없다는 것은 유감"이라고 아쉬워하면서 캠퍼스에서 유색인 남학생을 발견하고 크게 기뻐했다. 스코틀랜드 에든버러에서도 유색인 대학생들이 백인 학생들과 같은 의자에 앉아 공부하며 어깨동무를 하고 거리를 거니는 것을 지켜본다. 그리고 유색인들이 동료애와 존중의 감정으로 대접받는 모습을 미국인들이 본다면 자기 나라를 부끄럽게 여길 것이라고 말했다.[31]

또한 브라운은 빈민과 거지, 노동자 등 하층 계급의 생활상에도 관심을 가졌다. 더블린의 빈민이 "이제까지 보아온 어떤 가난한 사람들과도 비교할 수 없을 만큼" 더럽고 병약한 사람들이라고 말하면서 거지 무리가 소리치며 구걸하는 모습을 보고 놀라움을 금치 못했다. 또한 영국의 노동자가 열악한 상황에 있다 하더라도 미국 노예들과 비교할 수 없는 생활을 누린다고 보았다. 즉, 석탄 탄광에 둘러싸인 뉴캐슬 노동자들은 "일자리가 많고 글을 읽을 줄 알며" 자유인으로서 고용주를 선택할 수 있고, 자녀를 교육할 권리가 있으며, 법정에서도 동등한 권리를 지닌다는 것이었다. 브라운은 뉴캐슬 노동자들을 미국 노예들의 따뜻한 친구들이라고 부르며 친밀한 감정을 보였고, 미국 노예가 처한 현실은 영국 빈민이나 노동자들이 처한 계급적 차별과 견줄 수 없는 것이라고 말했다.[32]

무엇보다 브라운이 유럽 체류를 통해 얻은 소득은 국제적인 협력과 연대의 가능성을 본 것이었다. 그는 국제평화회의에서 영국, 프랑스, 벨기에, 독일, 스위스, 스페인 대표들을 만나 "국가와 종교의 구별 없이 모든 종류의 증오를 없애고 진보와 평화로 향해 나아갈 것"을 호소하는 연사들의 주장에 공감했다. 런던박람회는 코즈모폴리터니즘을 슬로건으로 표방했는데, 브라운은 유럽인, 아시아인, 아메리카인, 아프리카인을 비롯해 전 세계 사람들이 경계 없이 모인 현장을 중계한다. 박람회는 언어나 피부색에 상관없이 "광산, 공장, 사무실, 농지에서 온 노동자들이 부유한 이웃들과 함께 축제를 즐기고," "군주와 상인, 귀족과 거지, 켈트인과 색슨인, 그리스인과 프랑스인, 히브리인과 러시아인이 모두 동등하게 만나는" 곳이었다.[33]

그러나 브라운은 이국의 땅에서 자서전 판매 수익으로 생활을 지탱해야 하는 유색인 여행자(colored tourist)의 처지였다. 자유인의 신분을 누린다고 하지만 백인들의 후원에 의지해야 하는 도망 노예의 초라하고 불안한 현실에서 벗어날 수 없었다. 결국 그는 문화와 권력의 중심부를 여행하는 주변적 존재라는 자각에 이른다. 수익 전액을 딸의 학비와 양육비로 송금한 후에 여행 경비가 바닥났을 땐, "고향에서 3천 마일 떨어져 있는 내 호주머니에는 한 푼밖에 없다”라면서 절박한 심정을 토로하기도 했다. 1854년 영국인 후원자의 도움으로 자유 신분을 얻자마자 그는 “내 나라”에 돌아가 자유를 위해 싸우겠다며 귀국한다.[34]

브라운의 여행 경험은 국가와 인종 패러다임의 견고함을 자각하는 계기가 되었지만, 동시에 유색인 형제들과의 초국적 유대와 연대의 필요성도 일깨웠다. 그는 미국 밖에 흑인 국가를 건설하는 것이 아니라 미국을 진정한 조국으로 만들어야 하며, 무엇보다 흑인종의 교육과 계몽이 필요하다고 역설했다. 유럽 여행에서 갖게 된 국제적 시야를 확장해 초국적 흑인성(transnational blackness)의 중요성을 인식했으며, 에티오피아와 이집트 선조들의 놀라운 문명의 성취를 강조하면서 아이티혁명과 흑인 공화국 수립을 신세계에서 아프리카인들이 보여준 정치적 성취의 모범이라고 평가했다. 또한 런던의 반(反)노예제 강연에서는 “영국과 세계의 인민들에게 보내는 호소문”을 발표해 노예제 폐지를 위한 인류애 실천을 촉구했다.[35]

제7장

재건기 남부 흑인의 기회와 성취

*

미국 노예제는 남부만의 유산이 아니라 북부가 공모한 협조 체제였다. 북부는 노예제를 주의 권한이라고 보았으며, 노예제 경제가 유지되는 대가로 막대한 경제적 이윤을 취했다. 뉴잉글랜드는 남부에 공산품을 수출하고 노예 생산품을 수입했으며, 카리브해의 설탕 생산 지역에도 대구, 목재 등을 수출하며 무역을 독점하는 등 대서양 경제와도 밀접하게 연결되었다.

남부에서 노예제 방어 태세가 강화된 것은 면화 경제 확장 때문이었다. 즉, 노예제는 필요악이 아니라 적극적 선(善)이 되었으며, 남부 백인들은 노예가 북부 노동자보다 더 나은 생활을 하고 있다고 반격했다. 남부는 면화 생산의 경제 단일체라는 이념으로 결속했으며, 노예들이 주인의 온정적 보호를 받고 있다는 노예제 옹호론이 북부에도 퍼져갔다.

북부의 노예제 반대 운동은 노예제 확산을 막는 것에 주력했는데, 반노예제 진영과 친노예제 진영의 본격적인 격돌은 1850년대에 전개되었다. 1854년 캔자스-네브래스카 법 이후 노예제에 반대하는 공화당이 창당되었고, 이후 캔자스 의회가 노예제를 합법화하자 민간인 사이의 무장 갈등은 '유혈의 캔자스(Bleeding Kansas)'로 증폭되었다. 1857년 드레드 스콧(Dred Scott v. Sandford) 판결에서는 연방대법원장인 로저 B. 태니(Roger B. Taney)가 흑인의 시민권과 소송권을 부정하고 연방정부가 노예제 문제를 다룰 권한이 없다고 판결했다.

남부를 경악과 두려움에 빠트린 것은 1859년 존 브라운의 무기고 장악과 노예 폭동 선동이었다. 브라운은 반란죄로 기소되어 사형을 선고받았지만, 공화당이 모든 준주에서의 노예제 폐지를 주장하며 링컨을 대통령에 당선시키자 남부의 연방 이탈이 시작되었다. 사우스캐롤라이나가 1860년 12월에 최초로 연방을 이탈했고, 미시시피, 플로리다, 앨라배마, 조지아, 루이지애나, 텍사스의 6개 주가 1861년 1월과 2월에 이탈했다. 이들 7개 주가 남부 연합을 결성하고 사우스캐롤라이나의 섬터 요새를 공격하며 전쟁이 시작되었다. 이후 버지니아, 아칸소, 테네시, 노스캐롤라이나가 연방에서 탈퇴했고, 노예주인 메릴랜드, 델라웨어, 켄터키, 미주리는 연방에 가담했다. 북부는 1862년에 서부 준주들의 노예제를 폐지하고, 노예 소유주들에게 보상금을 주었으며, 1863년 1월 링컨 대통령은 반란 상태에 있는 남부 주들의 노예 해방을 선언했다.

남북전쟁 당시 북부 인구는 남부의 2배였고, 노예를 빼면 4배였다. 북부는 병력을 충원하기 위해 1863년에 강제 징집법(national draft law)을 제정했는데, 대신 군대에 갈 사람을 고용하거나 3백 달러를 내면 면제가 되었다. 이에 징집법에 반대하는 시위가 뉴욕시에서 일어났는데, 흑인들을 대상으로 폭행을 가하고 흑인의 집과 상점을 불태우며 4일간 지속되었다. 백 명 이상이 사망한 이 폭동은 연방군에 의해 진압되었다.

남부도 1862년에 백인 남성의 의무 복무를 내용으로 징병법(Conscription Act)을 제정했으나 북부처럼 대신할 사람을 구하면 복무를 피할 수 있었다. 이 조항은 가난한 남부 백인들의 반대로 이듬해에 철회되었는데, 남부는 징집병 수가 줄어들면서 심각한 인력 부족에 시달렸다. 이후 30만 명의 노예 징집을 결정했지만, 시행 전에 전쟁은 막을 내렸다. 남부는 노예와 토지에 자본이 투자되어 있어서 유동 자산이 부족했고, 공채와 지폐를 대량으로 발행해 인플레이션까지 심해져 있었다. 개별 주들이 기금 징발에 소극적이어서 재정 지원도 문제였다. 결국 남부는 전쟁에서 패배하고 북부군의 군정 하에 놓였다.

전후 1865년 노예제 폐지에 이어 1868년 흑인 시민권 부여, 1870년 흑인 선거권 부여 등 일련의 헌법 수정조항은 미국 흑인의 권리 보호에 혁명적인 변화를 초래했다. 남부 흑인들은 재건기의 기회를 활용해 놀라운 성과를 거두었다. 이들은 해방 직후부터 학교, 교회, 상조회, 자선 단체 등에서 조직력을 강화하며 상부상조와 연대를 위한 공동체를 만들어갔다. 이들 조직은 흑인의 교육 기회를 확장하고 투표 참여를 독려했으며, 흑인 지도자들의 공직 진출을 이끌었다. 흑인 정치인들이 주 의회뿐 아니라 연방의회에도 진출해 인종 평등의 정치를 실현하기 위한 노력을 전개했다. 1870년대 들어 급진 재건은 내리막을 걸었고,

백인의 방해와 위협, KKK의 인종 폭력에 맞서야 했던 상황에서 남부 흑인들은 흑인 민병대를 조직하고 유니언연맹(Union League) 등을 자경대로 활용하며 방어에 나섰다.

그러나 권력과 지위를 회복하려는 남부 백인의 반격에 연방정부의 재건 의지는 갈수록 퇴색해갔다. 공화당 분열 이후 온건한 공화당원들이 재건을 이끌게 되면서 흑인의 권리 보호보다 남부 백인과의 협조와 안정이 더 중시되었다. 흑인 지도자들은 해방 흑인의 자립 의지를 북돋고 권리 향상을 위해 노력했지만, 남부 대다수 농촌 흑인의 사회적·경제적 필요를 충분히 대변하지 못했다.

재건 시기를 회고하는 해방 흑인들은 생애 최초로 투표권을 행사하고 흑인을 의원이나 공직자로 선출한 경험도 기억하지만, '40에이커의 토지와 노새 한 마리'에 대한 기대가 그들의 최대 관심사였다고 말한다. 해방 이후 실질적 독립에 필요한 토지 분배나 경제적 지원이 이루어지지 않았기 때문에, 해방 흑인들은 생계유지가 급선무였다고 토로했다. 흑인 다수는 임차농과 소작인의 생활을 하며 더 나은 보수와 노동 조건을 찾아 숱한 이주를 거듭했고, 서너 개 주의 경계를 넘나들며 끊임없이 더 나은 기회를 쫓는 생존 궤적을 밟았다. 노스캐롤라이나의 해방 흑인 토머스 홀(Thomas Hall)은 해방 후 70년이 지났을 때, 다음과 같이 회고했다.

링컨은 우리를 해방했다고 칭송받았다. 그러나 과연 그는 우리를 해방했는가? 그는 우리에게 자유를 주었지만, 자립할 기회를 전혀 주지 않았다. 우리는 여전히 백인에게 일자리와 식량을 의존해야 했다. 노예제보다 더 낫다고 할 수 없는 예속 상태에서 궁핍과 가난에 처하게 되었다.[1]

남부 백인의 시각에서 재건기는 북군 퇴역 군인들, 즉 방종한 북부 떠돌이들(carpetbaggers)이 남부로 몰려와 자행한 약탈과 혼란의 시기였을 뿐이다. 남부 흑인들에게 재건 정부는 토지 재분배 같은 실질적 자립을 돕지 않은 무능한 체제였다. 해방 흑인에 대한 교육 및 정치 참여 기회 부여, 참정권 보호 등은 획기적인 변화였지만, 2백 년 노예제의 유산을 바로잡고 인종 평등을 수립하기에 재건 정부는 미약한 채로 단명해버렸다.

연방정부와 공화당의 내분과 갈등은 결국 1877년에 공화당 후보에 대한 지지를 얻는 대가로 연방 군대가 철수하는 타협으로 종결됨으로써 남부 주들이 흑인의 투표권과 평등권을 박탈하는 역사 퇴행의 길을 열어주고 말았다. 인종차별에 대한 법적 보호 장치마저 남부 주 정부에 떠넘긴 채 재건은 막을 내렸다. 그러나 재건기 개헌은 사실상 헌법을 새로 쓰는 두 번째 건국이었고, 비록 그 성취가 제한적이었지만 남부 흑인들에게 중요한 정치적·사회적 진출 기회를 부여했다.[2]

미국 노예 해방의 특징

남북전쟁에서 북부의 목표는 연방 수복이었다. 1863년 노예해 방령은 유럽 국가들의 지지를 얻고 남부 연합을 와해시키기 위한 정치적·군사적 전략에 가까웠으며, 반란 상태에 있는 남부 지역에 적용되었으므로 선포 당시에는 단 한 명의 노예도 해방되지 못했다. 즉, 북부의 애초 전쟁 목표는 노예 해방이나 노예제 폐지가 아니었다. 미국 내 모든 지역의 노예제 폐지는 1865년 연방의회가 헌법 수정조항 제13조를 승인하고, 각 주가 이를 비준함으로써 이루어졌다.

그런데 미국 노예 해방의 규모와 방식, 결과는 매우 독특했다. 노예 반란으로 해방이 이루어진 생 도맹그와 내전에 이어 해방이 이루어진 미국을 제외하고, 대부분 노예 해방은 평화 시 입법을 통해 이루어졌다. 해방은 대체로 즉각 시행되지 않고 점진적으로 이루어졌으며, 노예해방령 이전에도 브라질과 서인도제도에서는 노예를 해방하는 것이 수월했다. 또한 미국을 제외하고 노예 해방은 노예 주인들에게 현금, 채권, 도제 제도의 노동 시간 형태로 보상을 해주었다. 미국에서는 카리브해와 브라질의 노예 숫자를 훨씬 초과하는 350만 명의 노예가 해방되었고, 해방은 갑자기 일어났으며, 주인에게 보상이 주어지지 않았다. 해방 후에도 미국은 흑인들이 몇 년 이내에 투표권을 누리고 정계에도 진출해 활동을 전개했던 유일한 사회다.

아이티가 1804년에 헌법으로 노예제를 폐지한 후, 서인도제

링컨의 노예해방령(1863)

도의 영국 식민지들은 자메이카의 31만 명, 바베이도스의 8만 3천 명을 포함해 약 70만 명을 1830년대에 해방했으며, 농장주들의 토지 소유와 정치권력을 보장하고 그들에게 보상금 2천만 파운드를 주었다. 스웨덴, 덴마크, 프랑스의 식민지들은 1840년대에 노예제를 폐지했다. 중남미의 스페인 식민지들도 독립한 후 1820년대에 노예제를 폐지하면서 현금 지불이나 도제 제도 등의 방법으로 노예 주인들에게 보상했다. 하지만 해방 이후 아이티 노예들은 정치적 불안과 경제 침체를 감내해야 했다. 자메이카는 해방 노예들의 토지 소유와 투표권를 제한했으며, 1865년에는 모란트 베이(Morant Bay) 반란이 일어나 4백 명이 넘는 흑인이 처형되고 의회가 해산되면서 다시 영국 왕실의 직접 통치를 받았다.

반면 쿠바와 브라질은 미국과 영국이 1808년에 노예무역을 멈춘 후에도 오랫동안 대서양 노예무역을 통해 많은 노예를 수입했다. 브라질은 1851년까지, 그리고 쿠바는 1867년까지 노예를 수입하며 세계 최대의 커피와 사탕수수 생산지가 되었다. 쿠바는 노동 수요가 커지면서 중국에서 약 12만 명의 노동자를 수입했다. 서인도제도의 영국령 농장주들도 노예 해방 후 크리올의 임금 인상을 막기 위해 쿨리라고 불리는 10만 명의 인도 노동자들을 수입했고, 1880년대와 1890년대에는 1백만 명이 넘는 인도인, 25만 명의 중국인, 그리고 일본인과 태평양 섬사람들을 계약 노동 이민으로 수용했다.[3]

링컨은 노예제를 도덕적으로 잘못된 제도라고 믿었지만, 그 폐지론자는 아니었으며 자신을 노예제 폐지론자라고 주장한 적도 없었다. 그는 기존의 노예제는 인정하되 향후 확산은 저지하자는 입장이었다. 이미 노예제가 존재하는 곳에서는 점차 그것이 사라질 것으로 믿었다.

1830년대에 링컨은 노예제 폐지론에 대해 신중한 거리두기와 불신을 드러냈고, 1852년 헨리 클레이에 대한 추도사에서 노예제 폐지론자들에 대한 적대적 인식을 뚜렷하게 드러냈다. 그는 헌법을 친노예제 문건으로 비난하는 노예제 폐지론자들을 반정부 극단주의자들이라고 비난했다. "미연방을 산산조각 내려하고 헌법을 갈기갈기 찢어 쓰레기 조각으로 만들려" 한다는 것이다. 그는 노예제가 이미 깊이 뿌리내리고 있으므로 한 번에 노예제를 제거하는 것이 불가능하다고 판단했으며, 그렇게 할 경우 더 큰 해악을 초래할 것이라고 보았다. 링컨은 1854년 연설에서 노예제가 지극히 부도덕한 제도이므로 노예제를 증오한다고 하면서도 남부와 적대 관계를 만들어 연방의 분리라는 위험을 초래해서는 안 된다고 보았다.[4]

1854년 캔자스-네브래스카 법에 반대해 노예제 확산 방지를 정강으로 하는 공화당이 창당되자 링컨은 1858년 공화당 후보로 상원 선거에 나섰다. 새로운 주로 편입된 지역의 노예제 인정 여부를 주민이 결정하게 함으로써 노예제 확산의 근거가 된 이 법안 통과에 결정적인 역할을 한 사람은 민주당 상원의원 스티븐 더글러스(Stephen Arnold Douglas)였다. 노예제는 주가 결정할 문제라는 주장에 대해 링컨은 자신은 노예제 확산을 반대하는 것이지 노예제 전면 폐지를 주장하는 것이 아니며, 남부 노예제에 간섭할 의사도 법적 권한도 없다고 밝혔다.

상원의원 선거에서 패배한 후 1860년 대통령 후보 지명 경쟁에서도 링컨은 노예제에 반대한다고 밝혔다. 다만 남부에 존재하는 노예제를 법적 현실로 인정해야 하며, 도망노예송환법과 드레드 스콧 판결도 법적 권위를 존중해야 한다고 했다. 1860년 공화당 전당대회에서 발표된 정강 정책의 핵심 내용도 노예제 확산 방지였다. 링컨의 일관된 목표는 연방 보존이었고, 이는 노예제를 유지하면서 연방에 남은 켄터키, 메릴랜드, 미주리, 델라웨어, 웨스트버지니아를 남부 연합에 잃지 않으려는 정치적 고려이기도 했다. 따라서 1860년 대통령으로 선출된 후에도 링컨에 대한 노예제 폐지론자들의 비판과 비난은 계속되었다.[5]

링컨은 1862년에 '점진적·자발적 유상 노예 해방'을 제안했고 1863년 노예해방령을 발표했는데, 이는 유럽 열강의 지지를 얻고 남부 연합에 타격을 가하려는 고려에서 비롯되었다. 또한 링컨은 노예들이 해방되더라도 백인 사회에 동화하기 어렵기 때문에 국외로 흑인 식민화가 필요하다고 보았으며, 대통령이 된 후엔 실제로 이 계획을 실행에 옮겼다.

그는 하원에 흑인 해방 및 식민화 위원회(Select Committee on Emancipation and Colonization)를 만든 뒤, 흑인들을 다른 지역에 이

주하게 할 방도를 찾게 했다. 노예들이 미국 밖으로 이주하면 비용을 지원하겠다고 했으며, 흑인 대표들을 백악관에 초청해 중남미나 아프리카로 자진 이주할 것을 권고하는 연설(Address on Colonization to a Committee of Colored Men)을 했다. 아이티의 릴라바쉬(L'Ile a Vache) 그리고 파나마의 치리키(Chiriqui)가 식민지 후보지로 추진되었지만, 역설적이게도 링컨의 노예해방령이 다른 나라로 흑인을 이주시키려는 계획에 가장 큰 저해 요인이 되었다.[6]

재건 과정과 해방흑인국의 활동

링컨은 전쟁이 끝나기 전인 1863년 12월에 재건 계획을 발표했다. 남부 백인 가운데 연방정부에 충성을 맹세하고 노예제 폐지를 받아들인 사람을 일반 사면한다는 내용이었다. 또한 교육받고 재산이 있으며 북군에 복무한 경험이 있는 흑인에게 선거권을 부여하자고 제안하기도 했다. 북부 점령 하의 루이지애나와 아칸소, 테네시 등 3개의 남부 주는 링컨의 재건 계획에 따라 1864년에 친(親)연방 주 정부를 다시 구성했다.

1865년 4월 북부의 승리로 전쟁이 끝난 후, 북부 급진주의자들은 남부 연합의 민간 지도자와 군사 지도자들의 처벌, 남부 백인의 공민권 박탈, 흑인의 법적 권리 보장, 그리고 남부 백인들의 재산을 몰수해 해방 흑인들에게 분배하라고 촉구했다. 이에 앤드루 존슨 대통령은 헌법 수정조항 제13조를 비준한 남부 주들의 연방 재가입 및 남부 연합 지도자들의 복귀를 제안했다. 그러나 '대통령의 재건(Presidential Reconstruction)'으로 알려진 존슨의 재건 계획은 1865년 12월에 연방의회가 소집되면서 중단되었다. 소집된 의회는 '회복된' 주의 의원을 받아들이지 않은 채 의회가 주도하는 혹은 급진적인 재건을 시작했다.

전쟁이 끝난 후 연방군은 남부에 남아 질서를 유지하고 해방 노예를 보호했으며, 1865년 3월에 창설된 해방흑인국(Bureau of Refugees, Freedmen, and Abandoned Lands)이 남부 흑인 구호 사업을 담당했다. 해방 노예의 적응을 도운 세 기관은 흑인 교회, 흑인 학교 그리고 해방흑인국이었다. 해방흑인국은 해방 흑인의 권익을 보호하고, 그들이 부당한 노동 계약 체결에 놓이는지 감시하며, 남부의 버려진 토지 및 부동산을 몰수해 해방 흑인에게 임대할 수 있는 권한을 부여받았다. 하지만 대부분의 몰수 토지는 원래 백인 소유주들에게 돌아갔다.

해방흑인국은 해방 노예에게 식량과 의약품을 나누어주었으며, 해방흑인학교(Freedmen's schools)를 세웠다. 북부의 미국선교회(American Missionary Association, AMA)와 같은 교회 단체들 그리고 흑인원조회(Freedmen's Aid Societies)를 비롯한 민간 단체들도 남부에 선교사와 교사들을 수천 명 파견했다. 1870년까지 4천 개의 학교가 설립되어 9천 명에 달하는 교사가 20만 명의 학생을 가르쳤다. 그 교사의 절반은 흑인이었다.[7]

1865년과 1866년 초 미시시피주를 시작으로 남부는 흑인 단속법(Black Codes)으로 불리는 일련의 법들을 제정하기 시작했

인종주의 팸플릿의 표지(1865, ©Internet Archive)
인종 혼합이나 인종 간 결혼에 대한 백인의 두려움을 보여준다.
남북전쟁이 끝난 후에 남부 주 의회들은 흑인과 백인의 결혼을 금지하는 법을 통과시켰다.

다. 노동 계약서를 휴대하지 않고 검문에 걸리면 부랑자로 붙잡아 벌금을 부과하는 부랑자 법, 흑인 미성년자의 노동을 농장주들에게 보장하는 도제 법, 농민이나 하인 이외의 직업을 금지하는 노동 계약법 등이 만들어졌다. 흑인에겐 재산 취득 및 소유, 결혼, 계약, 소송, 법정 증언권이 주어졌으나 무기 휴대가 금지되고 배심원단에서 배제되었다. 이에 연방정부는 해방흑인국의 활동 시한을 연장하고 흑인 단속법에 따른 강제 노동 계약을 무효로 하게 했다.

1866년 4월 연방의회는 흑인을 미국 시민으로 선언하고, 시민의 권리를 보호하기 위해 주 행정에 개입할 수 있는 권한을 연방정부에 부여하는 제1차 민권법(Civil Rights Act)을 통과시켰다. 존슨 대통령은 해방흑인국 법안과 민권법에 거부권을 행사했지만, 의회는 재가결했다.

1866년 의원 선거에서 공화당이 상·하원에서 압도적 다수를 차지한 뒤, 1867년 3월에 통과된 재건 법안(Reconstruction Acts)은 존슨 대통령의 관대한 남부 복원 계획에 맞서 만들어진 급진 재건 정책이었다. 연방정부는 10개의 남부 연합 주 정부를 승인하지 않는 대신 5개의 군사 지구로 통합했으며, 군 지휘관들이 해당 구역을 관리하고 시민권 침해 사례를 군사 법정에서 재판할 수 있게 했다. 남부 연합의 상급 관리들은 정치 참여가 제한되었고, 흑인 선거권을 비준한 주들만 연방에 재가입시켰다. 1868년에 남부 7개 주가 헌법 수정조항 제14조를 비준해 연방에 재가입했고, 1870년에는 수정조항 제15조에 대한 비준도 완료되어

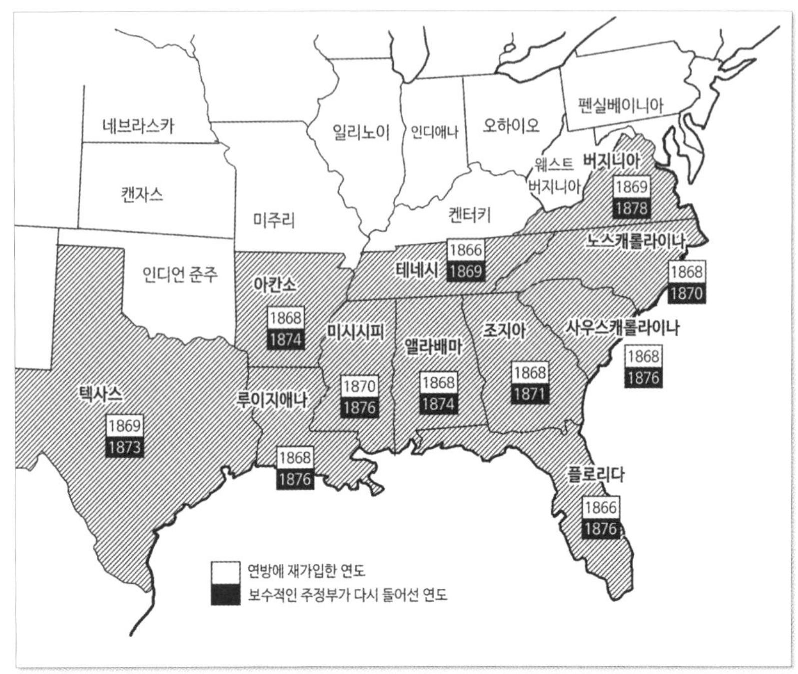

남부 연합 주들의 연방 재가입 연도와 보수적인 주 정부가 들어선 연도

남부 연합의 모든 주가 연방에 재가입했다.[8]

토지를 소유하지 못한 해방 노예들

1865년 4월에 남북전쟁이 막을 내리고 같은 해 12월에 노예해방령(Emancipation Proclamation), 즉 헌법 수정조항 제13조가 비준되면서 약 350만 명의 해방 흑인들에게 새로운 삶의 기회가 주

어졌다. 미국 헌법에는 최초로 '노예제'라는 용어가 사용되었다. 이에 흑인들이 가장 기대한 것은 무상 토지의 공급이었다. 전후 흑인 지도자들은 연방정부가 흑인들의 노예노동에 대한 보상으로 공유지를 지급해야 한다고 주장했다. 토지 소유권보다 해방 흑인들에게 더 유익한 보상은 없었다.

남북전쟁 당시 1865년 1월 북군의 셔먼(William Sherman) 장군은 특별 명령(Special Field Order No.15)을 발표해 남부 연합 지주들이 버리고 간 사우스캐롤라이나 찰스턴에서 플로리다 잭슨빌 사이의 해안 토지(Sea Islands)를 흑인들이 경작하게 했고, 행군에 합류한 흑인 피난민과 해방 흑인 4만 명에게 48만5천 에이커의 토지를 40에이커씩 나누어주고 정착하게 했다. 하지만 이들에게 부여된 것은 소유권이 아니라 점유권이었고, 1년도 되지 않아 앤드루 존슨은 몰수한 토지를 해방 노예에게 제공한다는 해방흑인국 법안에 거부권을 행사했다. 연방의회가 흑인들의 토지 소유권을 인정하지 않자 몰수된 토지에 정착한 흑인들은 바리케이드를 치고 필사적으로 토지를 지키려 했으나 토지 재점유에 실패했다. 1867년까지 원래 백인 소유주에게 토지 반환이 이루어졌다.[9]

남부 홈스테드법(Southern Homestead Act)으로 알려진 1866년의 스티븐스 법안(Thaddeus Stephens' Bill)은 앨라배마, 아칸소, 플로리다, 루이지애나 그리고 미시시피에서 몰수한 4천5백만 에이커의 공공 토지를 해방 노예와 연방에 충성하는 백인에게 매매했다. 최대 80에이커를 받고 5년간 정착 후에 5불의 등록비만 내면 되었다. 하지만 이 공유지는 토질이 나빴고 해방 노예 가운데 농기구와 씨앗, 가축을 사서 농경과 생계를 이어갈 자금 여력이 있는 노예는 많지 않았다. 해방 후에 토지가 없는 흑인들은 땅을 임대해 경작하는 소작농이나 농업 노동자가 되어 고정 지대를 내거나 수확량의 일부를 내놓아야 했다.

경제적 독립을 원했던 해방 흑인들은 플랜테이션을 떠나 도시에서 일자리를 구하거나 더 나은 노동 조건의 농장으로 이주하려 했고, 남부 주들은 흑인들을 농토에 붙잡아두기 위해 고용주와 계약을 맺지 않은 해방 노예들을 부랑자로 체포하는 법을 제정했다. 이에 앨라배마의 해방 흑인은 "백인의 부는 노예노동에서 나왔으므로 흑인은 그 부의 공정한 몫을 받을 자격이 있다"고 주장했다. 백인 사회를 유지하고 지탱해온 것이 바로 자신들이라고 밝히면서 합당한 토지 지급을 강력히 요구했다.[10]

우리는 지금까지 들판에서 충실히 일했다. 따라서 우리에게 공정한 기회를 줘야 한다. 백인을 만들어온 것은 우리 흑인이며, 우리에게 토지를 주면 백인의 도움 없이 자립할 수 있다. '모든 인간은 자유롭고 평등하게 태어났으며 천부인권을 부여받았다.' 당신들처럼 우리도 여기서 태어났다. 우리 어머니들이 당신들을 양육했고 배고픔을 채워줬으며, 우리 아버지들이 당신의 아버지들을 먹여 살렸다.[11]

한편에서는 해방 흑인들의 서부 이주가 전개되었다. 미시시피 해방 노예들은 뉴멕시코나 애리조나 이주를 고려했고, 노스캐롤

캔자스 이주 독려

1878년 3월 18일 테네시주 내시빌에서 제작된 이 포스터는 미국 남서부의 땅에 정착하기를 원하는 사람들에게 저렴한 운임을 약속하며 캔자스로의 이주를 독려하고 있다. 벤저민 싱글턴(Benjamin Singleton)은 흑인 이주를 돕는 데 앞장선 활동가였다.

라이나 흑인들은 네브래스카 홈스테드 법에 호응했다. 1870년대 후반부터 켄터키, 미주리, 테네시, 아칸소의 흑인들은 캔자스, 인디애나, 오클라호마 등 서부 초원 지대의 정착지에서 새로운 삶을 시작했다. 인디언 영토 내의 점유되지 않은 토지와 오클라호마 영토의 모든 지역이 이주민에게 개방되었다. 캔자스는 "40에이커의 토지와 나귀 1마리"를 약속해 남부 흑인 수만 명의 호응을 받았다. 오클라호마는 외부인 정착에 필요한 토지를 지원했고 1890년과 1910년 사이에 오클라호마로 이주한 약 10만 명의 흑인들은 인디언 영토에 블랙타운을 건설했다. 하지만 1900년에도 미국 흑인의 90퍼센트는 여전히 남부에 살았으며, 남부 8백만 흑인의 4분의 3은 농촌에 거주했다. 반면 88만 명의 북부 흑인 71퍼센트는 도시에 살았다.[12]

소작인과 임금농으로 생계를 꾸린 해방 노예들

노예들은 해방 소식을 양키나 주인에게서 듣고 기쁨의 환호를 질렀다. "해방이다! 아브라함이 우리를 해방했다!(Free! Free! Abraham Freed Us!)"[13] 이제 통행증 없이도 돌아다닐 수 있게 된 해방 흑인들은 헤어진 가족을 찾아가거나 도시로 가서 새 일자리를 물색했다. 과거 주인으로부터 더 좋은 계약 조건을 얻어내려고 노력하면서 자유의 한계를 시험했다. 흑인 신문에는 헤어지거나 팔려간 가족을 찾는 광고들이 넘쳐났다.

1865년에서 1870년 사이에 남부의 가장 큰 10개 도시의 흑인 인구는 2배로 늘었다. 하지만 도시의 일자리와 거주지가 부족해지면서 1870년 이후 흑인의 도시 이주는 급속히 줄어들었다. 흑인 여성은 농사일을 그만두고 남편과 자식 부양에 전력하거나 하녀, 세탁부, 보모 등의 일자리를 구했다. 또한 해방 흑인들은 주인이 편의상 지어준 이름을 버리고 새 이름과 성을 지었다. 해방흑인국에 구호 신청을 하거나 퇴역 군인 혜택과 투표권을 얻으려면 연방 기관에 성과 이름을 등록할 필요가 있었기 때문이다. 전후 남부에서는 많으면 한 번에 흑인 수십 쌍이 결혼식을 올리는 모습도 흔했다. 아울러 노예 시절의 결혼을 합법화하거나 주인이 시켰던 강제혼도 무효로 만들곤 했다.[14]

하지만 해방령 이후 노예들은 "적절한 임금을 받고 성실히 노동할 것", "자기 방어 외에 어떠한 폭력도 피할 것"이라는 지침 외에 아무런 대책도 부여받지 못했다. "가진 것도 없고 아는 것도 없어" 이주 준비가 안 된 해방 노예들은 살던 농장을 떠나지 않고, 한동안 그대로 남아서 임금을 받으며 일했다. 토지를 임대한 흑인들은 비료와 농기구 등 농사에 필요한 물품을 상인들에게 외상으로 구매하고, 그 담보로 수확물 선취권을 내줘야 했다. 이는 수확량이 많아도 헤어 나올 수 없는 빚의 악순환을 초래했다. 그리고 점차 지주들이 가축과 농기구를 흑인들에게 넘기고 토지 이용 대가를 요구하는 분산 소작 농경(sharecropping)이 늘어갔다. 임차농 혹은 소작농은 농장주에게 보통 수확량의 절반을 바쳤다.[15]

해방되었을 때 그들은 우리가 원하는 곳으로 떠날 수 있다고 했다. 남아서 주인과 계약을 맺으면, 과거처럼 똑같이 일하고 임금을 받을 것이라고 했다. 노예 대부분은 해방되었을 때 다른 갈 곳이 없었고, 그래서 과거 주인과 함께 머물렀다. 옛 주인이나 백인들도 예전처럼 흑인을 잔인하게 대하지 않았다. 주인이 잘 대해주는 경우는 노예들이 아무도 떠나고 싶어 하지 않았다. 대부분은 농장에 남아 소작농 혹은 임금농(wage hands)으로 일했다.[16]

그러나 해방흑인국의 기록을 보면, 식비 등의 비용 지출이나 면화 가격 하락, 흉년, 채무 등을 핑계로 약속한 대가를 주지 않는 주인들이 있었고, 계약 조건을 지키지 않고 무단이탈하는 해방 노예도 있었다. 임금을 더 많이 주겠다는 제안을 받고 다른 곳으로 이주한 흑인들이 속임수에 당하는 경우도 많았다. 정부가 해방 노예에게 '40에이커의 땅과 노새 한 마리'를 준다는 소문은 무성했지만, 그 기대는 곧 실망과 낙담으로 바뀌었다.

흑인은 해방이 되었어도 가진 것이 하나도 없었고 아는 것도 없었기 때문에 살아가기가 힘들었다. 해방된 날에도 다른 날처럼 하던 농사일을 계속했다. 노예들은 아무 기대도 없었다. 다만 '40에이커의 땅과 한 마리의 노새'를 우리에게 줄 것이라는 소문만 있었다. 우리는 자유를 얻은 후에 생계를 유지하기가 매우 힘들었다. 따라서 어떤 일자리든 주어지는 대로 했다. 아버지가 임금을 모아 독립하는 데 10년이 걸렸고, 삼촌들은 예전 농장에 그대로 남아 일하다가 나이가 들어서 일을 할 수 없게 되자 쫓겨났다. 나도 도시에서 일자리를 찾았으나 실패하고 다시 고향에 돌아와 지금까지 살고 있다. 나는 무슨 일이든지 돈이 되는 일을 하며 생계를 꾸렸다. 정부의 도움은 하나도 받지 않았다. 투표를 할 수 있었고 공직에 임명된 흑인들의 이야기도 들었으나 생계를 꾸리느라 힘든 생활이었다.[17]

정부 지원이 없는 상황에서 해방 노예들에게 일자리와 생계의 어려움은 여전했다. 과거 농장에 남아 계속 일한 흑인들은 임금 받는 노동자로 바뀌었을 뿐, 여전히 농장주 허가 없이 농장을 떠날 수 없었다. 물론 더 나은 노동 조건을 제시하는 농장으로 계속 옮기면서 저축하고 토지 구매에 성공한 해방 흑인도 있었다. 일부는 더 나은 일자리나 더 많은 임금을 쫓아 여러 주의 경계를 넘어 이주를 거듭했다. 부모가 과거 농장에 남아 있더라도 자식들은 기회를 찾아 여러 곳을 돌아다녔다.

해방 후 우리는 테네시주에서 1~2년을 머물며 일했고, 이후 일리노이주로 가서 살았다. 일자리를 찾아 다시 미시시피주로 내려왔고, 아칸소주에 정착했다. 해방되었을 때 어머니와 나는 주인(Tom White)의 농장을 떠나 오스본 씨(Mr. Lee Osborn) 농장으로 가서 일했는데, 그는 우리에게 1일에

해방 흑인 가족의 모습(1886)[19]

75센트를 주고 식사도 주었다. 그해 가을에는 로린스 씨(Mr. John Rawlins) 농장으로 가서 면화와 옥수수 소작을 했다. 그는 수확 후에 숙식비를 차감하고 임금을 배당해주었다. 우리는 다시 넬슨 씨(Mr. Hugh Nelson)의 농지로 옮겨 일했으며, 토지를 임대해 경작할 충분한 돈을 모을 때까지 소작을 계속했다.[18]

1871년에 연방의회는 재무성 산하에 남부 청구 위원회(Southern Claims Commission)를 설치해 연방파 남부인들이 전쟁 중 입은 재산 피해에 대한 보상 청구를 받았다. 1873년~1880년 사이에 2만2천 건이 넘는 청구가 이루어졌고, 수백 명의 과거 노예들도 남북전쟁 중 북군이 징발해간 마차, 소, 옥수수 등 재산 피해를 증언했다. 노예들은 주어진 일을 마친 뒤 텃밭 등을 이용해 작물을 경작했으며, 목수나 대장장이, 통 제조업자 등 기술을 가진 노예들은 도구를 만들어 판매했는데, 그 피해에 대한 보상을 청구한 것이었다. 하지만 과거 노예들의 청구 금액은 백인들보다 훨씬 적었으며, 실제로도 북군이 취해간 재산보다 적게 보상받았다.[20]

남부 백인 농장주들의 반응

해방 후 남부 백인이 우려했던 것은 해방 노예들이 한꺼번에 농장을 떠나 농토가 황폐해지는 것이었다. 농장주들은 해방 노예가 도시로 이탈하는 것을 막기 위해 순찰까지 돌며 통행을 막는 등 불법을 자행하기도 했다. 하지만 흑인의 대규모 이동이나 이주는 없었으며, 해방 노예들은 대부분 과거 살던 지역을 크게 벗어나지 않았다.

앨라배마 백인 농장주였던 제임스 멀로리(James Mallory)는 해방 첫해에 노예들이 많이 떠나갔으며, 남아 있는 노예들도 일하려 하지 않는다고 했다. 1년 노동 계약을 맺기도 하지만 대부분 주인을 떠나 새로운 곳으로 떠나려 한다면서 정부가 가난한 백인이나 해방 노예에게 식량을 배급하는 것이 그들의 노동 습관에 해악을 끼친다고 보았다. 그는 해방 노예들의 무지와 나태를 질타하면서도 유색인대표자회의(Convention of Colored People)에 참석한 흑인들의 질서와 품위를 평가했다.

흑인은 무식하고 게으르며 노동의 대가 이상을 요구한다. 북군이 식량을 준다기에 수많은 흑인이 길을 가득 메우고 있다. 그러나 흑인들은 식량을 얻지 못한 채 실망에 빠져 먼지와 더위 속에서 돌아온다. 가뭄이 심해 흑인들은 전혀 일을 하지 않는다. 면화, 말, 돼지, 옥수수, 밀 등을 백인과 흑인이 훔쳐간다. 옥수수가 귀해 가난한 사람은 살 수 없다. 주의 여러 지역에서 온 흑인 대표자들이 5일간 질서 있고 품위 있게 모임을 가졌다. 목사들이 다수였고 다른 지역 흑인들의 상황이 전해지자 모두 눈물을 흘렸다. 해방 노예들은 여전히 고용을 거부하고 스스로 자립하고자 한다. 전쟁, 죽음, 고통의 다사다난했던 한 해가 막을 내렸다.[21]

일부 남부 백인은 미련 없이 농장을 떠나 백인의 멸시에 반발하는 해방 노예의 모습에 황망함과 배신감, 분노를 드러냈다. "모든 흑인이 우리를 떠났다. 내 평생 그러한 배은망덕은 본 적이 없다. 한평생 같이 지낸 흑인 노예들의 얼굴이 그립고, 그들이 우리를 전혀 돌보지 않고 단번에 우리를 떠난 것을 생각하니 마음이 얼마나 괴로운지 모른다."[22]

한편 다른 곳으로 이주한 해방 노예들이 옛 주인에게 보낸 편지들에선 새로운 일자리에 대한 만족, 주인 가족을 포함한 농장 사람들에 대한 안부, 과거 행복했던 시절에 대한 소망 등이 비치기도 한다.[23] 일부 주인들은 떠나간 해방 노예들에게 다시 돌아오라는 전갈을 보냈는데, 일례로 이런 내용의 편지를 받은 조던 앤더슨(Jordan Anderson)은 자신과 아내의 노예노동에 대한 정당한 보상을 먼저 하라고 요구했다. 그리고 농장을 떠나올 때 총으로 위협하던 주인의 과거를 상기시켰다.

제가 떠날 때 주인님은 저에게 2발의 총알을 쏘았지요. 저는 이곳에서 매우 잘 지내고 있습니다. 한 달에 25불을 벌고 음식과 의복도 받습니다. 아내와 안락한 가정을 이루고 아이들은 학교에 가서 잘 공부하고 있습니다. 주일에는 교회에 가며 우리는 친절한 대접을 받습니다. 저는 주인님에게 32년 동안 충직하게 일했으며 아내는 20년간 일했습니다. 저에게 한 달에 25불, 그리고 아내에게 한 달에 2불을 주는 것으로 계산하면, 우리가 번 것은 11,680불이 됩니다. 여기서 의복비, 세 번의 의사 왕진비, 아내의 이를 뽑은 비용을 제한 차감 잔액이 우리가 정당하게 받아야 할 액수입니다. 그 돈을 이곳으로 보내주지 않는다면, 당신의 약속을 믿을 수 없습니다. 그리고 당신과 당신의 조상이 나와 나의 조상에게 저지른 잘못, 즉 수 세대 동안 아무 보상도 없이 일하게 한 것을 인정해야 합니다.[24]

자립과 단결을 위한 흑인 공동체의 활동

"뭉치면 살고, 흩어지면 죽는다(United We Stand, Divided We Fall)."[25] 이는 해방 직후 남부 흑인들의 신조였다. 흑인 공동체는 침례교, 감리교 등 개신교회를 구심점 삼아 해방 노예의 토지 구매를 위한 자금 운동을 벌였으며, 흑인들의 경제 자립을 독려하고 투표권 행사를 장려했다. 흑인 학교에서 종사한 1만 명이 넘는 흑인 교사들도 여러 공동체와 협회 활동에 적극적으로 참여했으며, 일부는 의회와 공직에 진출해 정치 지도자로서 역량을 발휘했다. 해방 직후 남부 각 주에는 흑인대표자회의가 만들어졌고, 이 모임에 참석한 흑인들은 근면과 정직 그리고 성실한 노동을 다짐하고, 법을 준수하는 시민의 덕목을 갖추기로 결의했다. 연방정부에 충성을 맹세하면서 흑인의 생명과 재산을 지켜줄 것이라는 믿음을 표했으며, 백인들에게도 우의와 협력을 기대했다.[26]

> 자비로운 신의 섭리로 미국 흑인은 자유를 누리게 되었고, 이제 인간으로서 권리를 갖게 되었다. 우리는 백인에 대한 평화, 우애, 선의의 감정으로 우리의 보편 인권을 지키는 데 최선의 노력을 다할 것이다. 우리는 성실한 노동이 부의 유일하고 합당한 토대임을 알고, 가족 부양과 공동체 번영을 위해 근면하고 정직하게 일할 것이다. 우리는 양심에 따라 법을 준수할 것이며, 미국 정부에 대해 흔들리지 않는 충성심과 감사의 마음을 지니고 있다. 미국 정부가 우리의 생명, 재산, 명예를 지켜준다고 믿는다.[27]

이 결의문을 발표한 흑인대표자회의 의장 윈(E. S. Winn)은 이후 남부 흑인들에게 지속적으로 가해지는 폭력 행위를 보고, 이에 대한 보상을 정부에 요구했다. 흑인들에게는 인내하며 서로 도울 것을 호소했으며, 가난한 흑인과 힘을 합쳐 집과 일자리를 얻고 가정과 생활의 안정을 구축하자고 격려했다.

이제까지 받아온 학대와 부당한 대우가 여전히 자행되고 있다. 미국 정부에 대한 우리의 믿음은 굳건하나 정부의 보호를 받지 못하고 있다는 사실은 우리를 당혹스럽게 한다. 우리는 인내하면서 계속 법을 지키고 성실하게 노동하는 시민이 되어야 한다. 정부는 흑인들에게 가해지는 모든 폭력 행위에 대해 우리를 보호할 의무가 있으며, 보상의 책임이 있다. 분명한 증거를 갖춰 해방흑인국에 사안을 보고하고 우리의 권리를 쟁취할 것이다.[28]

전쟁 전에 시작된 유니언연맹은 전후 남부 전역으로 확대되면서 해방 흑인의 정치적 대변자로 등장했다. 1867년 의회 재건이 시작되었을 때, 앨라배마 그린즈버러 카운티에서는 약 4천 명이 모여 급진 재건을 지지하는 유니언연맹 결의안을 채택했다. 연맹의 주요 기능은 해방 흑인의 선거인 등록과 공화당 지지를 이끌어내기 위한 정치 교육의 장을 만드는 것이었지만, 흑인을 배심원에서 제외하는 등 사법적 불평등에 항의하고 백인의 협박과 폭력으로부터 해방 흑인을 지키는 자위대나 자경대의 역할도 담당했다. 노스캐롤라이나에서는 백인 시민이 누리는 사회적·정치적·사법적 권리와 동등한 권리를 정부에 요구하며 평등권연맹(Equal Rights League)이 결성되었다. 흑인 유권자들은 유니언연맹이나 평등권연맹 등 유사한 지역 정치 조직에 등록했다. 이 연맹들은 남부 주들의 제헌의회에 수백 명의 대표를 파견했다.[29]

해방 흑인들은 정치 집회와 행진에 쏟아져 나왔고, 교회뿐만

하워드대학 본부 앞에 모인 흑인 학생들(1870)
재건기 흑인들의 가장 큰 관심사는 토지 소유와 함께 교육과 선거권이었다.
1867년에 워싱턴D.C.에 세워진 하워드대학은 남북전쟁 종전 후 의학 등
전문 교육을 제공한 흑인 대학들 가운데 하나였다.
일부 서부와 북부 도시들이 전쟁 이후 인종 통합 학교를 허가했지만,
남부에서는 뉴올리언스만 인종 혼합 학교를 승인했다.

아니라 상조회, 자선 단체에서 활동하는 변호사, 목사, 교사, 퇴역 군인, 숙련 장인 등이 정치에 뛰어들었다. 1867년 버지니아 선거인단에 등록된 10만 명의 흑인 가운데 88퍼센트가 투표에 참여할 만큼, 흑인 선거인들은 의회 및 주와 카운티 관리들을 선출하는 데 적극적이었으며, 판사, 부지사, 교육감, 검사, 치안판사 등 다수 공직에 진출했다.

남부에서 흑인 인구가 절반을 넘은 사우스캐롤라이나와 미시시피를 비롯해, 선거권을 박탈당한 백인 비율이 높은 다른 3개 주에서도 흑인 선거인단이 백인 선거인단보다 많았다. 이제 남부의 공화당 주 정부들은 인종 간 연합 정치라는 미국 정치사상 초유의 실험에 직면했다. 노스캐롤라이나 백인 상원의원이었던 토머스 세틀 주니어(Thomas Settle Jr.)는 흑인과의 연대 필요성을 언급했으며, 백인 유권자의 각성을 촉구했다. 그는 "법 앞에서 흑인을 보호하고 시민으로서 투표권을 행사하게 해 근면한 흑인이 유덕한 시민이 될 수 있도록 도와야 한다"라고 강조했다.

흑인 정치인들은 혼혈친목회(Brown Fellowship Society)나 우애조합(Humane and Friendly Society) 같은 조직에 가입해 백인들과 유대를 다졌다. 사우스캐롤라이나에서 카운티 행정장관으로 선출되거나 주지사 임명을 받아 공직을 수행했던 흑인들은 백인 정치인 지지 연설 등으로 협조함으로써 공직에 진출할 수 있었다.[30]

재건기 흑인 지도자들의 활동

해방 흑인의 권리를 앞장서 주창한 흑인 지도자 중에는 군인 출신도 많았다. 1863년에 시작된 북군 입대 흑인은 모두 178,895명으로, 북군 병력의 10~13퍼센트를 차지했다. 흑인 해군은 약 2만9천 명으로 전체 해군의 4분의 1을 차지했다. 북군에 충원된 흑인들의 봉급(7달러)은 백인 사병 봉급(16달러)의 절반에도 미치지 못했지만, 링컨의 노예해방령 발표 직후 입대자는 급격히 늘었다. 북군은 남부에서도 흑인을 대상으로 병사와 선원을 적극적으로 모집했다. 이들 일부는 전투 부대로 편제되었는데, 매사추세츠 54보병대가 가장 유명했다.

대부분의 흑인 병사는 전선 후방에서 참호를 파는 일 등에 복무했다. 노예였다가 북군으로 참전한 윌리엄 머피(William Murphey)는 1868년 아칸소 제헌의회에서 흑인 투표권에 반대하는 의원들에게 "전쟁터에서 전공을 세운 사람이 아무 권리도 못 갖는단 말이요?"라며 반문했다. 북군에서 장교로 복무하다 해방 흑인국 관리가 된 마틴 딜러니도 5백여 명의 사우스캐롤라이나 해방 노예들 앞에서 행한 연설에서, 전쟁에 참여한 흑인의 공로와 노예노동의 희생을 언급하며 당당하게 흑인의 권리를 주장하라고 말했다.[31]

더글러스와 딜러니를 비롯한 흑인 지도자들과 남부 흑인 언론은 해방 노예들이 과거의 구습에서 벗어나 근면, 정직, 절제하면서 저축과 검약으로 토지를 구매할 것을 조언했다. 더글러스는

남북전쟁 중 흑인으로 구성된 최초의 보병연대, 매사추세츠 54연대

도시 생활이 곧 자유를 보장하는 것은 아니라면서 해방 흑인들에게 무작정 도시로 몰려오지 말고 지출이 적은 농촌에 남아 근면하게 노동할 것을 충고했다. 그러나 백인의 편견에 맞서 흑인의 자립 의지와 도덕적 각성을 촉구한 이들의 원론적 조언은 토지 구입과 신용 지원 등 시급한 경제적 지원을 바랐던 해방 노예들의 기대와는 거리가 멀었다. 흑인 공화당원들은 토지 몰수와 재분배를 가장 중요한 이슈로 제기했는데, 정치 지도자들은 농촌 해방 노예들의 토지에 대한 열망보다 정치적 평등과 자조 이념을 더 중시했다. 해방 노예들의 초라한 행색과 비속한 태도에

거리를 두려는 엘리트 흑인 집단과의 균열도 흑인 공동체의 효
과적인 대응 전략 모색에 한계로 작용했다.[32]

흑인 선거권에 부정적인 공화당 지도자들

1870년 3월에 비준된 헌법 수정조항 제15조는 미국 의회의 가
장 혁명적인 법령이었다. 하지만 연방의회는 '인종, 피부색, 출신,
재산, 교육 혹은 신앙'에 근거해 투표권과 공직 진출을 차별하지
못하게 하는 더 혁신적인 안을 버림으로써 문자 해독, 인두세,
재산 수준 등이 투표권의 조건으로 남부에 도입되는 길을 열고
말았다. 흑인 참정권을 역설했던 미주리 상원의원 칼 슈츠(Carl
Schurz)는 공화당의 사명은 수정조항 채택으로 충분히 완수되었
으므로, 연방정부는 남부에서 손을 떼고 다만 흑인의 정치적 권
리와 교육 기회를 보호할 것을 조언했다. 가능한 한 제한적이고
보수적인 재건, 즉 "전쟁 이전의 상태로 돌아가 주들이 일을 알
아서 하도록 하자"는 입장이었다.[33]

  그런데 노예 해방을 주장했던 백인 공화당 지도자들이 흑인
선거권에 일치된 지지를 보인 것은 아니었다. 일찌감치 개리슨
은 해방 노예에게 투표권을 주는 것에 대해 회의적이고 부정적
인 태도를 보였다. 그는 노예제 폐지가 곧 흑인 선거권 부여를
의미하지는 않는다고 선을 그었다. "언제부터 노예제 폐지가 곧
정치적 평등을 인정하는 것으로 여겨졌는가? 노예들이 자유인으

루이지애나 제헌의회를 묘사한 석판화(1868, ©The New York Public Library)
1868년 루이지애나주 제헌의회 의원 다수는 흑인이었다.
그중 북부에서 태어나 루이지애나로 이주한 자유민도 다수였다.
이때 통과된 헌법은 흑인의 정치적 자유와 시민권을 보장하는 것이었지만,
몇 년 뒤 백인 의원들이 새 헌법을 통과시킴으로써 조항 대부분이 폐지되었다.

로 변모할 수는 있지만 그와 동시에 모든 정치적 권리를 부여받아야 하는가? 만약 해방 노예들이 투표권을 갖게 되더라도 백인의 편견 때문에 그것은 곧 박탈당할 것이다"라고 예측했다.

『뉴욕트리뷴』을 창간한 호레이스 그릴리(Horace Greely)와 해방 흑인국의 수장 하워드(O. O. Howard) 장군도 "최소한의 교육적 자질을 갖춘 사람"에게 투표권이 주어져야 한다는 데 생각이 일치했다. 당시 북부에서도 5개 주만 흑인에게 투표권을 부여했고, 코네티컷, 뉴저지, 오하이오, 미시간, 펜실베이니아, 미네소타, 위스콘신 등의 주는 흑인 선거권을 거부했다. 이러한 상황에서 공화당이 흑인 투표권 부여를 결정한 것은 남부에서 늘어날 의석에 공화당 의원을 채우기 위해 흑인의 투표가 필요했기 때문이며, 국채 발행과 보호 관세 등 경제 정책을 실현하기 위해서도 남부 민주당의 귀환을 막아야 했기 때문이다. 즉, 흑인의 선거권은 공화당의 정치적 우세와 북부의 경제 이익을 지키는 데 필요한 것이었다.[34]

재건기 흑인의 정계 진출

투표권을 갖게 된 남부 흑인들은 정치 참여에 나서 주 제헌의원을 비롯한 여러 공직에 진출하는 등 정치 활동을 전개했다. 루이지애나와 사우스캐롤라이나에서는 흑인이 주 의회 하원 의석의 다수를 차지하기도 했다. 흑인은 주 의회뿐 아니라 연방의회에도

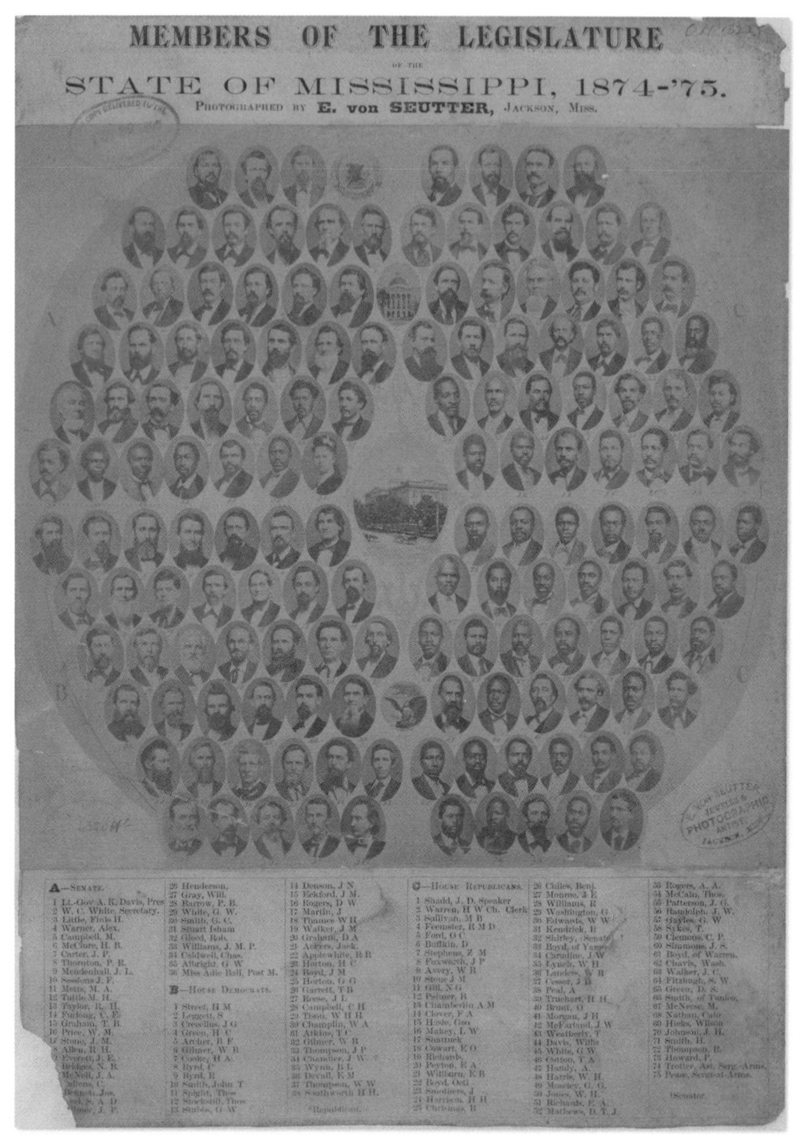

1874~75년 미시시피주 의회 의원들
이 시기 미시시피는 다른 주들보다 더 많은 흑인 공직자를 배출했다.

진출했다. 1868년에서 1876년 사이 하원의원은 14명, 상원의원은 2명으로, 사우스캐롤라이나 출신이 6명으로 가장 많았다. 1870년에 미시시피주에서 하이럼 레블스(Hiram Rhodes Revels) 목사가 연방 상원의 유일한 흑인으로 선출되었고, 사우스캐롤라이나의 조셉 레이니(Joseph Rainey)를 비롯한 6명의 흑인 연방 하원의원이 탄생했다. 이후 미시시피의 블랜치 브루스(Blanche K. Bruce)가 두 번째 흑인 연방 상원의원이 되었고, 사우스캐롤라이나를 비롯해 앨라배마와 미시시피 그리고 플로리다, 루이지애나, 조지아, 노스캐롤라이나에서 흑인 연방 하원의원을 배출했다.

흑인이 주 하원에서 의석의 다수를 차지한 사우스캐롤라이나는 7명의 흑인을 연방의회로 보냈으며, 6명의 흑인 부지사가 있었고, 하원의장도 2명이 있었다. 1867년 재건법 하에서 4만6천 명의 백인과 8만 명의 흑인이 유권자로 등록했지만, 백인 투표자는 4천 명 그리고 흑인 투표자는 6만6천 명이었다. 하지만, 흑인이 사우스캐롤라이나 하원의 다수를 차지했을 때도 백인들은 상원을 계속 지배했기 때문에 흑인 의제를 막을 수 있었고, 1874년 의회부터는 백인이 상원, 하원 모두 다수를 차지했다. 급진 재건 시기에 남부 어느 곳에서도 흑인들이 주 정부를 장악하거나 지배하지 못했다.

1860년에 미시시피 인구는 백인 35만 명 그리고 흑인 43만 명이었지만, 첫 재건의회 115명의 의원 가운데 흑인은 40명이었다. 다른 남부 주들에서 흑인의 공직 진출은 훨씬 적었고, 플로리다는 첫 재건의회 76명의 의원 가운데 흑인은 19명이었다.

유일한 흑인 사법 관료는 사우스캐롤라이나주 상원의원을 역임하고 주 대법원 판사로 7년간 봉직한 조나단 라이트(Jonathan J. Wright)였다.

하지만 이러한 정계 진출에도 불구하고 재건 기간 흑인 정치인들의 입법 활동과 공직 수행에 대한 평가는 엇갈렸다. 흑인 의원들은 초선으로서 중요한 위원회의 중책을 받지 못했고, 제안한 법안을 통과시키는 데도 어려움을 겪었다. 레블스 상원의원은 소형 법안 5개를 제출했지만 모두 입법에 실패했고, 노예 출신으로 사우스캐롤라이나주 의회와 연방의회에서 11년간 봉직한 로버트 스몰스(Robert Smalls) 의원은 흑인의 평등한 교통수단 이용 법안을 지지한 것 외에 별다른 공적이 없었다. 이에 대해, 부커 T. 워싱턴은 "불과 어제까지 노예였던 사람이 며칠 사이에 바뀌어 한 주나 국가를 위한 법을 만들 수 있을 것 같지는 않았다"라고 회고했다. 반면 노예 출신으로 미시시피 최초 흑인 하원 의장이자 후에 연방 하원의원이 되었던 존 린치(John Roy Lynch) 의원은 흑인 의원과 공직자들의 신중한 태도와 분별력을 높이 평가했다. 그는 여러 법안을 제안했고, 특히 공공시설 사용의 인종차별을 금지하는 1875년 민권법 제정에 노력했다.[35]

흑인의 자질과 정치 지도력 폄하에 앞장선 것은 백인 언론들이었다. 사우스캐롤라이나 찰스턴의 신문들은 1867년 주 제헌의회 흑인 대표들을 조롱하고 그들의 능력을 의심하는 보도를 계속했고, 노스캐롤라이나 신문들도 "흑인은 시민의 자질이 부족하고 감정적이며 신뢰할 수 없으므로" 정치에 참여해서는 안

된다는 사설을 실었다. 흑인에게 투표권을 주고 더 나아가 사회적 평등, 즉 흑인과 백인을 함께 배심원에 앉히고 같은 공공시설을 쓰게 하며 인종 통합 학교를 허용하고 흑백 간 결혼을 허용한다면, 곧 재앙이 초래될 것이라고 위협했다.

1868년에 노스캐롤라이나 윌밍턴『데일리저널』의 주필은 통합 공립학교에 반대하면서 "당신의 백인 딸 옆에 흑인 소년이 앉아 공부할 것이다! 그 딸이 흑인 소년과 사랑을 나누어도 아무도 딸을 지킬 수 없다"라고 썼다. 결국 공화당의 내분과 연방정부의 역할 축소 및 주권 보장의 추세가 확산되면서 남부에서 흑인 투표권 실험은 흑인들에게 시민으로서의 능력을 발휘할 시간과 기회를 충분히 제공하지 못한 채 막을 내리고 말았다.[36]

찰스 섬너의 인종 평등 이념 [37]

재건기는 인종과 시민권의 관계에 대한 급진 사상이 본격적으로 연방 정치 무대에 등장한 시기다. 이때 인종 평등 정책 추진에 앞장선 이가 공화당 상원의원으로서 급진파의 수장이었던 찰스 섬너(Charles Sumner)다. 그는 1860년 「노예제의 야만성」이라는 연설에서 인종차별을 '피부색의 카스트'라면서, 피부색에 따른 계서제인 노예제와 백인 우월주의를 제거해야 한다고 주장했다.

하지만 링컨은 노예제에 개입할 의도가 없으며 노예제 폐지

찰스 섬너

의 권한도 없다고 선언했고, 공화당도 노예제 자체의 폐지가 아니라 그 확장만을 막으려 했으며, 이로써 남부를 자극하지도 않았다. 섬너는 전쟁 발발 직후부터 반란 지역에 즉각적인 노예 해방을 촉구하고, 흑인 시민권을 포함해 흑인의 권리 보호를 주장했다. 섬너도 연방 복구라는 대의에서 벗어난 적이 없었지만, 전쟁과 노예제를 별개 사안으로 보지 않았다. 즉, 남부의 반란 사유가 노예제의 확장과 수호 때문이라고 보았고, 노예제가 존치되면 연방 복귀 이후에도 남부가 다시 연방 탈퇴를 주장하거나 반란을 일으킬 가능성이 높다고 했다.

1864년에 개리슨과 같은 노예제 폐지주의자들은 노예 해방이 곧 정치적 평등을 인정하는 것은 아니라고 하면서 해방 노예들의 투표권에 부정적이었지만, 섬너는 공화국의 핵심은 자유, 법 앞의 평등, 피치자들의 동의라면서 흑인의 투표권을 가장 강력히 주장했다. "투표권은 흑인에게 총과 같은 역할을 할 것"이라고 했다. 물론 이 배경에는 흑인에게 투표권이 주어지지 않으면 남부 의회가 민주당 의원들로 채워질 것을 막기 위한 의도도 있었다. 섬너는 헌법 수정조항 제15조에 대해서도 남부 주들이 교육 수준이나 재산 소유와 같은 조건을 내걸어 얼마든지 흑인 투표권을 제한할 수 있다며 법안에 반대했다. 그리고 그의 예상은 그대로 적중했다.

섬너의 공화주의 신념은 인종 평등이라는 대의와 연결되었으며, 재건기에 "인종에 상관없이 모두가 법 앞에 동등한 권리를 누린다"라는 원칙을 강조했다. 이는 제2차 민권법으로 실현되었

고, 모든 공공시설에서 인종과 피부색, 과거의 예속 상태에 상관
없이 평등하고 공평하게 혜택을 누릴 권리를 부여했다. 공공시
설에서 인종차별을 금지해야 한다는 섬너의 주장은 "분리하지만
동등하다"라는 사회적 통념에 정면으로 도전한 것으로 당시 시
민권 개념보다 훨씬 급진적이었다.

그는 사회적 평등이란 모두가 법적인 제약 없이 동등한 권리
를 누리는 것이며, 백인에게 허용되는 모든 것이 흑인에게도 허
용되는 상태라고 정의했다. 인종에 상관없이 평등한 시민권과
보편적 권리를 확립하는 것은 흑인들이 노예제의 굴레로 떨어지
는 것을 방지할 수 있는 유일한 안전 장치였다. 그러나 섬너 사
후에 1883년 연방대법원은 1875년 민권법을 위헌으로 판결했
으며, 1896년 플레시 대 퍼거슨 판결은 흑백 분리가 평등을 위
배하지 않는다고 함으로써 그가 우려했던 유사 노예제의 부활이
현실화되었다.

남부 백인들의 흑인 테러

종전 직후 남부 백인들이 크게 반발한 것은 북군에 복무했던
흑인 병사(United States Colored Troops, U.S.C.T.) 약 8만 명이 남은
1년간의 복무를 위해 남부에 배치된 것이었다. 백인들은 흑인 군
인들이 지역 흑인과 연대해 백인을 공격하는 등의 행동을 벌일
것을 우려했다. 더구나 "북부에서는 흑인들이 백인과 함께 거리

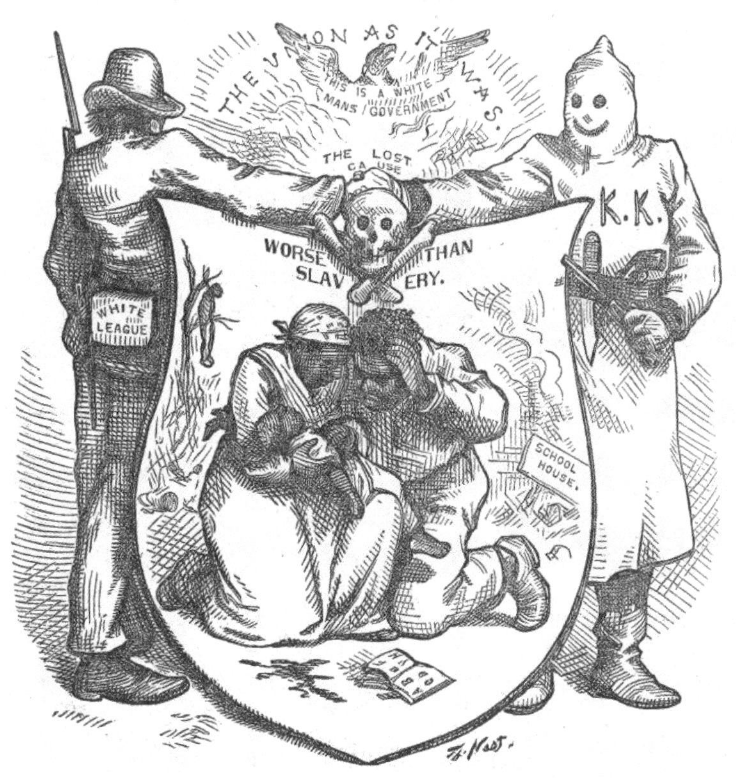

백인연맹과 KKK단(『Harper's Weekly』, 1874)

를 걷고 함께 전차를 타고 교회 옆자리에 앉으며 서로를 미스,
미스터라고 부른다"라는 소식을 접하고, 똑같은 장면이 남부에
도 재현될 것을 경계했다.

특히 뉴올리언스, 서배너, 리치먼드, 찰스턴, 내슈빌, 볼티모
어 등 남부 도시 백인들은 공공장소와 교통수단을 흑인과 따로

사용하는 인종 분리 규정을 만들기 시작했다. 찰스턴에 새로 설립된 전차회사(City Railway Company)는 동일 시설의 전차를 별개로 운영하거나 분리 칸막이를 두려 했지만, 흑인들의 반발에 부딪혔다. 리치먼드의 전차회사는 두 종류의 전차를 만들어 하나는 백인에게만 한정하고 다른 하나는 누구나 이용할 수 있게 했다.[38]

더 나아가 남부 백인들은 비밀 조직을 만들어 흑인에 대한 협박과 강압, 폭력과 살인을 저질렀다. 남부에서 흑인에 대한 폭력은 새로운 일이 아니었지만, 급진 재건으로 백인의 인종 폭력은 더욱 심화·확대되었다. 1866년 6월 테네시주에서 창립된 쿠클럭스클랜(KKK), 1867년 등장한 흰동백기사단(Knights of the White Camellia)과 백인형제단(White Brotherhood), 군사 조직인 붉은셔츠단(Red Shirts)과 백인연맹(White Leagues) 등이 이와 관련한 대표적인 단체들이다. 이들은 1870년경 거의 모든 남부 주에 침투해 지방 조직 단위로 행동을 개시했다.

전쟁 이후 남부 흑인에 대한 첫 테러는 1866년 테네시주 멤피스에서 일어났다. 북군에서 막 제대해 청색 유니폼을 입은 흑인들과 아일랜드 이민 경찰들 사이에서 벌어진 다툼이었는데, 쿠클럭스클랜의 개입으로 46명의 흑인이 살해되는 유혈사태로 번졌고 결국 계엄령이 선포되었다. 백인 폭도들이 흑인 구역을 침입해 집, 교회, 학교를 불태웠지만, 연방군은 개입을 거부했다. 같은 해 뉴올리언스에서는 제헌의회에 동등한 투표권을 요구하는 흑인들의 행진을 해산시키면서 인종 폭동이 일어나 48명

의식 중인 KKK단

이 사망하고 166명이 부상당했다. 1868년 선거를 앞두고 노스캐롤라이나에서도 모습을 드러낸 쿠클럭스클랜은 흑인이 소수인 피드몽(Piedmont) 지역에서 세력을 규합했다. 1867년에서 1871년 사이에 켄터키에서만 116건의 인종 폭력이 발생했고, 조지아에서는 흑인 공화당 의원 3명이 살해되었다.[39]

백인의 폭력은 '흑인 지배(Negro Rule)'로 규정한 재건 체제를 무너뜨리기 위해 흑인의 공화당 지지 투표를 방해하는 것이 주목적이었다. 백인들은 흑인 공화당원과 투표하려는 흑인들을 협박했다. 흑인은 사소한 범법 행위를 해도 재판 없이 곧바로 수감되었으며, 변호권을 박탈당했고, 백인으로 구성된 배심원 법정에서 중형을 선고받았다.

1868년부터는 흑인에 대한 폭력이 심해져 남부 여러 주의 해방흑인국은 흑인에게 가해지는 폭력과 살인의 증가를 보고했으며, 흑인 보호를 위한 군대 주둔과 흑인의 법정 증언권을 건의했다. 무장한 백인들이 농장을 떠나 이주하려는 해방 노예들을 총칼로 위협했으며, 일부 농장주는 떠나는 과거 노예들을 쫓아가 총을 쏘거나 붙잡아 목매달기도 했다. 주인에게 불손하거나 열심히 일하지 않는 흑인도 밤이면 끌려나와 폭행을 당했다. 흑인 여성에 대한 성폭행도 빈번해 일부 흑인은 밤에 가족을 데리고 집을 떠나 숲으로 피신하거나 스스로 무장하기도 했다. 칼 슈츠 미주리 상원의원은 "무장한 백인들이 순찰을 다니며 떠돌아다니는 흑인들을 폭행했다. 살해당한 흑인의 시체가 고속도로와 샛길에서 발견되었다. 귀가 잘리거나 몽둥이에 머리가 부서지거나 칼이나 채찍으로 몸이 찢어진 흑인들에 대한 병원 기록이 많았다"라고 기록했다.[40]

쿠클럭스클랜의 조직적 활동은 테네시주 서부와 중부, 노스캐롤라이나, 사우스캐롤라이나 등에서 활발했다. 흰 두건, 하얀 가운, 불타는 십자가를 사용하는 지도자들 가운데는 농장주, 상인, 변호사, 의사, 심지어 목사들도 있었고, 그 구성원은 백인 빈농과 노동자, 민주당 정치인 등 다양했다. 복장은 흑인들을 겁주기 위해 지옥에서 돌아온 남부 연합군의 유령을 뜻한다고 했다. 이들은 검은 얼굴로 분장하거나 원주민 복장을 하고 소, 당나귀, 염소 같은 동물의 뿔이나 가죽을 착용하기도 했으며, 동물의 행동이나 소리를 흉내 내는 등 카니발이나 민스트릴(minstrel) 무대를 연상하게 하는 퍼포먼스와 행진을 벌였다.[41]

사우스캐롤라이나는 연방정부가 쿠클럭스클랜 조직을 분쇄하기 위해 가장 노력을 기울인 지역이었다. 1868년 대통령 선거 캠페인 기간에 8명의 흑인이 살해되고 공화당 하원 의석 4개가 모두 민주당에 넘어갔는데, 1870년 선거에서는 공화당 주지사가 흑인 민병대에 무기 제공을 약속하고 흑인 투표의 견고한 지지로 재선되었다. 하지만 다음날 로런스 카운티에서 민주당 당원들과 2천5백 명의 무장 백인들이 흑인 민병대를 강제로 무장 해제시키고, 흑인 치안판사와 공화당원을 살해하는 폭력이 벌어졌다.

가장 큰 규모의 클랜 활동은 유니언 카운티에서 1871년 1월에 일어났다. 마스크를 쓴 남자 5백 명이 교도소로 호송 예정이던 흑인 죄수 8명을 살해하고 수백 명의 흑인 공화당원을 폭행했다. 요크 카운티에서도 3백여 건의 인종 폭력이 발생했다. 이처럼 1870~71년에 부활한 쿠클럭스클랜에 대해 사우스캐롤라이나주 정부는 흑인 민병대의 무장 해제를 결정하며 백인들을 달래려 했다.[42]

이에 연방정부는 1870년에 강제 집행법(Enforcement Acts)을, 1871년에는 쿠클럭스클랜법(Ku Klux Klan Act)을 제정해 인종 테러를 연방법으로 처벌할 수 있게 했다. 인종 소요가 일어난 지역에 주의 허가 없이 연방정부가 개입할 수 있으며 대통령이 군대를 파견할 수 있게 했다. 이 법에 근거해 그랜트 대통령은 1871년 10월에 사우스캐롤라이나에 계엄령을 내렸고, 해산 명령을 받은 클랜 회원들은 도망치거나 붙잡혀서 수감되었다. 그러나 1873년까지 기소된 831명의 클랜 회원 가운데 실제로 형을 받은 사람은 27명에 불과했다. 대부분 혐의가 기각되었지만, 이후 남부 전역에서 클랜의 인종 폭력이 크게 줄어들었다.

남부 흑인의 민병대 조직과 자기 방어

해방 흑인들의 회고는 재건 시기에 그들이 겪은 백인 폭력에 대한 공포를 생생하게 전해준다.

[앨라배마의 악당인 스티브 렌프로(Steve Renfroe)를 지도자로 하는] 클랜 무리는 많은 돈을 벌고 있던 해방 노예 두 명의 뒤를 쫓아 총으로 사살했다. 흑인들은 그날 밤 강으로 내려가서 시체를 찾아 묘지에 묻어주었다. 이때는 아무도 다른 사람을 보호할 수 없는 무서운 때였다. 마치 수백 마리의 말들이 오는 소리를 들었는데 나가보니 모두 하얀 천으로 덮인 말들이 있었고, 눈 부분만 헝겊이 파여 있었다. 말을 타고 있는 백인들도 두건을 쓰고 있었는데, 그 지도자

는 손에 불타는 십자가를 들고 있었다. 우리는 무릎을 꿇고 두려움에 몸을 떨었다. 백인을 폭행한 흑인을 찾기 위해 마스크를 한 백인들 수십 명이 돌아다녔다. 또한 공직에 출마하려는 흑인이 유세 연설에 나섰을 때 클랜 폭도가 그의 집에 불을 지르고 총을 난사해 죽이기도 했다.[43]

해방 흑인들에게 가해지는 백인의 테러를 막기 위한 남부 주들의 방안은 민병대(Reserve Militia) 법안 제정이었다. “무장하라! 무장하라! 흑인들이여 앞으로!(To Arms! To Arms! Colored Men to the Front!)”는 1870년에 9개의 남부 주에서 민병대를 조직할 때 자원자들을 모집하는 구호였다. 1870년 7월에 민병대 구성이 처음 승인된 후, 11개 남부 연합 주 가운데 9개 주에서 민병대가 조직되었다. 지원자 대부분은 공화당의 입법 취지에 헌신할 준비가 된 흑인들이었다. 민병대 법은 주마다 내용에 차이가 있었지만, 대체로 18세에서 45세 사이의 남자들로 병력을 구성하고, 이들을 주 경비대(State Guard)와 민병대로 구분했다.

하지만 테네시, 앨라배마, 미시시피, 플로리다 등의 급진적인 주지사들도 인종 폭력에 대한 공포 때문에 민병대 충원에 미온적이었으며, 제복, 식량, 무기 공급 및 규칙적인 소집과 훈련이 원활하지 못했다. 또한 남부 연합군 퇴역 장교와 군인들로 조직된 무장 백인들은 백인연맹 등을 동원해 흑인 민병대를 공격했으며, 민주당은 계속 흑인의 무장 해제를 요구했다. 결국 흑인 민병대는 급진적 정치 집회를 보호하거나 반대 집회를 해산시크는

등의 임무 수행으로 점차 그 역할이 줄어들었다.[44]

이에 흑인들은 자기 방어를 위해 무기를 지니고 다니거나 일종의 연대 조직을 만들어 백인의 위협과 폭력에 대응했다. 남부의 인종 폭동이 농촌뿐만 아니라 리치먼드, 애틀랜타, 멤피스, 뉴올리언스 등의 도시에도 번져갈 때, 흑인 지도자들은 흑인이 힘을 모아 스스로 방어해야 할 필요성을 역설했다. 뉴올리언스 흑인 신문은 "경찰이나 군인에게 우리의 보호를 맡길 수 없고, 살인이나 강간 같은 백인 범죄에 대해 공정한 형사 법정을 기대할 수 없다면, 우리 자신이 스스로 보호하고 방어해야 한다. 즉시 자경단(societies for self-protection)을 결성하고 개인적으로 방어하자"라고 촉구하면서 해산된 흑인 군인들에게 총을 보유할 것을 조언했다.

사우스캐롤라이나의 흑인 노동조합은 회원에게 문제가 생기면 그들을 보호하기 위해 SOS호출(distress calls)을 운영했으며, 회원들은 나팔이나 뿔피리를 갖고 있다가 곤란한 때에 도움을 요청했다. 미시시피의 한 흑인은 "헌법 수정조항 제14조는 누구도 합당한 법 절차 없이는 생명이나 재산을 빼앗길 수 없다는 것이 아닌가? 모든 사람은 법의 동등한 보호를 받아야 한다고 되어 있지만, 우리 흑인은 그렇지 않다"라며 항변했다.[45]

해방 이후 남부에서 사법 체계의 차별과 이중 기준, 경찰의 과도한 체포와 처벌은 흑인의 재산과 투표권에 대한 법률의 동등한 보호를 외면했다. 흑인의 증언 인정과 배심원 참여에도 불구하고 법정은 백인이 지배했다. 억울하게 기소되었으나 법의 정의를 기대할 수 없었던 흑인들은 감옥을 급습해 동료를 풀어주기도 했으며, 살인죄를 저지른 백인들을 공정하게 재판하라며 사법 정의를 요구했다.

1866년 사우스캐롤라이나주 콜롬비아에서 경찰서장이 흑인을 체포하다 총으로 살해했는데 배심원들이 그를 방면해버리는 사건이 있었다. 이에 흑인들이 무장 보복으로 위협했고, 연방군이 배치되어서야 그 실행을 막을 수 있었다. 앨라배마주 셀마에서는 백인 살인자를 넘기지 않으면 마을 전체를 불태우겠다고 흑인들이 위협하자 연방군이 개입했고, 조지아주 제퍼슨에서도 무장한 백여 명의 흑인들이 린치를 가한 백인의 처벌을 요구하면서 해방국 관리가 연방군을 요청했다.[46]

남부 백인들은 흑인들의 무기 휴대와 잦은 폭력을 비난했다. 루이지애나의 보수 신문들도 흑인들이 술을 마시고 싸움을 벌이며 칼이나 총을 써서 폭력과 살인을 일삼는다고 보도했다. 해방 후 급진 통치 1년이 흑인의 무법 상태를 초래해 과거에 선량한 노예였던 흑인들을 잔인한 범죄자들로 만들었다면서 흑인들에게 자유는 곧 방종과 나태를 뜻한다고 했다. 그러나 재건 시기 흑인의 살인 범죄는 전체 살인의 20퍼센트 미만이었고, 그중 백인 희생자의 수준도 그 정도였다. 오히려 흑인이 살인 사건 희생자의 72퍼센트를 차지했다. 재건기 흑인 간 싸움이나 폭력은 백인의 선동에 대응하고 자기 방어를 위해 무기를 소지하던 관행이 한 원인이었지만, 문맹과 가난, 사회적 억압과 심리적 소외감을 음주나 도박 등으로 발산하면서 일어난 것이기도 했다.[47]

재건의 종식

1868년 율리시스 S. 그랜트(Ulysses Simpson Grant)의 선거 슬로건은 "평화를 갖자(Let us have peace)"였다. 그랜트의 대통령 취임 이후 남부는 점차 민주당이 주 정부를 장악하기 시작해 1869년에 조지아, 노스캐롤라이나, 버지니아에 복원(Redeemer) 정부가 들어섰고, 1872년에는 남부 백인 모두가 투표권을 회복하면서 텍사스, 아칸소, 앨라배마에도 민주당 지배 정부가 들어섰다. 이후 남부는 20세기 중반까지 확고한 민주당 지배가 되었다.

남부 복원자들은 남부 분리를 주장했던 민주당 당원들, 남부 연합군 출신들, 농장주들을 중심으로 세력을 규합해 재건 해체를 요구했고, 재건 채무의 이행을 거부했다. 그랜트 공화당 정부는 쿠클럭스클랜 등의 방해와 기금 축소로 기능이 약해진 해방 흑인국을 1872년에 폐지하기로 했으며, 남부 주들의 자치 권한에 힘을 실어주었다. 1873년 시작된 재정 위기와 공황이 4년간 지속되었고, 이후 철도 파업과 노동 문제 등 경제 이슈가 중요 사안으로 등장하면서 해방 흑인들의 문제는 점차 정치권의 관심에서 멀어졌다. 결국 사우스캐롤라이나, 루이지애나, 플로리다에서 1877년에 마지막 연방군이 철수함으로써 재건이 막을 내렸다.

이후 1880년대 초부터 남부는 인종 분리 법안들을 통과시키기 시작했다. 미시시피는 인종 분리가 법으로 수립되기 이전부터 이미 '사실상(de facto)'의 인종 분리 질서를 만들었다. 학교를 비롯해 극장, 공원 같은 공공시설, 기차·전차·버스 등 교통수

짐 크로우 법에 따라 유색인 정류장에서 대기 중인 흑인(1940, 노스캐롤라이나)

단 이용에 인종을 분리하는 짐 크로우 법(Jim Crow Laws)이 남부 전역에서 성문화되었다. 1896년 플레시 대 퍼거슨 판결(Plessy v. Ferguson)에서 연방대법원은 "분리하되 동일(separate but equal)"하면 인종 분리 시설은 합법이라고 함으로써 인종 분리를 제도화하는 주 법령을 승인했다.

1890년대에는 흑인의 투표권을 박탈하기 위해 재산 소유, 문자 해독력, 조부 조항 등의 방안이 남부에서 본격적으로 전개되었다. 1890년 매사추세츠 상원의원인 헨리 캐벗 로지(Henry Cabot Lodge)가 발의한 연방 선거법(Federal Election Bill)은 연방정부가 하원 선거를 감시함으로써 흑인의 투표권을 현실적으로 보장하려는 취지였으나 부결되었다. 루이지애나의 경우 1896년에 13만 명이었던 흑인 투표인단 수는 1904년에 1,342명으로 줄었고, 인두세 조항으로 백인 남성의 유권자 등록도 96.3퍼센트에서 52퍼센트로 떨어졌다. 앨라배마는 1906년에 전체 흑인 유권자 가운데 2퍼센트만 투표할 수 있었다.[48]

재건은 흑인의 진정한 평등을 보장하기에 너무 미약하고 너무 단명했다. 연방정부는 재건 동안 남부의 노예제 폐지를 제외하고 그 어떤 근본적인 경제 개혁도 하지 않았으며, 기존 지배 계급의 정치권력도 변화시키지 못했다. 남부 연합에 대한 처벌과 노예노동에 대한 보상도 이루어지지 못했다. 반란 가담자의 재산을 몰수해 해방 노예에게 토지로 나누어주는 방안은 국가가 사유 재산을 침해할 수 없다는 명분에 밀려 폐기되었다. 남부 연합주의자들의 재산 몰수와 투표권 박탈 같은 조치 없이는 급진 공화당이 투표를 통해 성공하기는 어려웠다.

그랜트 행정부는 무능하고 비효율적이었으며, 연방정부도 민주당이 장악한 남부 주들의 정치에 개입하지 않으면서 신(新)남부 인종 정치를 방임했다. 연방정부의 정책 방기는 남부에 노골적인 메시지를 보냄으로써 인종 분리와 인종차별을 강화하는 결과를 초래했다. 남부에서 흑인의 투표권 박탈과 법적 인종 분리는 남부를 미국의 다른 지역과 구별되는 곳으로 만들어버렸다. 노예제의 폐지로부터 흑인 시민권과 투표권을 보장해 인종 평등을 시도했던 놀라운 실험은 결국 실패로 막을 내렸다.

제8장

스펙터클 린치와 백인성의 구축

*

19세기 말 남부에서 퍼져간 백인들의 흑인 린치는 그 야만성과 가학성이 과거 노예제에서 만연했던 남부 폭력 문화를 넘어서는 것이었다. 미국 독립전쟁 중에 찰스 린치(Charles Lynch)에 의해 시작되어 정당한 법 절차 없는 사형 집행으로 이어졌던 린치는 남부에서 흑인에 대한 반(半)공식적 살해 수단으로 진화했다. 1880년대에 시작해 1890년대 절정기를 이루고 1930년 이후 급격하게 감소하기까지 남부는 가히 '린치의 시대(Age of Lynching)'였다.

그런데 스펙터클 린치는 단순히 대중이 집행한 사형(私刑)인 인종적 폭력에 그치지 않고, 집단 살해 현장을 공개적인 구경거리로 만든 일종의 의례가 되었다는 점에서 놀라운 것이었다. 손가락이나 머리카락 등 희생자의 신체 일부나 유품을 수집해 전시하고 보존하는 중세적 관행, 그리고 가해자들을 무용담의 주인공으로 묘사하는 퇴행을 드러냈다. 그것은 미국 인종사에서 유례가 없는 현상으로, 범죄 혐의를 받는 흑인을 잔혹하게 고문하고 화형에 처하는 살인이 비밀리에 행해진 것이 아니라 일종의 카니발 혹은 페스티벌처럼 군중 행사가 되었다. 노예제 아래서 재산 가치로서 주어진 법적 보호가 사라지면서 남부 흑인들은 역설적으로 더 잔혹한 린치의 대상이 되어버린 것이었다.[1]

스펙터클 린치의 폭도들은 유치장이나 감방을 습격해 혐의가 있는 흑인을 끌어내 거세를 포함한 신체 절단과 고문을 하고 목을 매달거나 기둥에 묶은 뒤 산 채로 불태웠다. 린치 장소와 시간은 신문 등에 미리 공고되었으며, 군중의 이동을 돕기 위해 특별 기차가 편성되고 인근 지역 구경꾼들까지 몰려들어 행사를 관람했다. 대규모 군중을 끌어들인 공개적인 린치의 피날레는 광적인 기념품 수집, 그리고 희생자의 신체 일부나 조각을 전시하거나 판매하는 것이었다.

시간이 지나면서 고문과 살해 과정이 일정한 순서와 구조를 갖춘 대중 의례로 변모했으며, 가학적 고문과 관음증적 특성에 신문, 전신, 전화, 라디오 등 통신 기술의 발달에 의지한 근대적 의식이었다는 점이 이 린치의 핵심이다. 백인 폭도들은 두려움이나 수치심 없이 "린치 카니발"에서 "니거 바비큐"를 하고, 고문과 살인을 구경거리로 만들었다. 제임스 앨런(James Allen) 사진집 제목인 『안식처도 없이(*Without Sanctuary*)』처럼 린치 사진과 엽서, 기념품의 상업적 유통은 희생자가 죽어서도 안식처를 찾을 수 없게 만들었다.[2]

비영리 단체 '평등한 정의 구현(EJI, Equal Justice Initiative)'이 만든 지도가 보여주듯 린치는 미국 전역에서 일어난 양상이었지만, 남부의 스펙터클 린치는 다른 지역과 구별되는 예외적인 행사였다. 특히 이러한 현상이 20세기까지 지속된 배경에 대한 여러 논의들이 있었다. 무엇보다 스펙터클 린치의 가장 중요한 원인은 인종 폭력을 포함한 불법적 범죄 처벌의 권한이 주와 카운티에 있었고, 형사 사법 체계가 이를 묵인하고 방조했다는 데 놓인다.

연방의회는 헌법 수정조항을 제정하고 KKK 법안을 만들면서 흑인의 권리 회복에 노력했지만, 반(反)린치 법안이 상정될 때마다 이는 주의 권한에 개입하는 행위라면서 해당 법안들을 거부했다. 연방정부도 공화당 출신 남부 주 지사들의 연방 군대 요청을 수용하지 않았고, FBI가 창설된 뒤에도 치안 유지의 배타적 사법권을 가진 주의 권한을 인정함으로써 남부 폭도들의 폭력을 사실상 용인해버렸다. 무엇보다 연방대법원의 1876년 크루이크생크(United States *v.* Cruikshank) 판결은 흑인의 생명을 침해한 사건이 주 법원의 판결 대상이며 연방법원은 개입하지 않는다고 공포함으로써 연방의회의 흑인 보호 법안들을 무력화시켰다. 이는 1883년 민권법 판결, 1896년 플레시 대 퍼거슨 판결 그리고 1898년 윌리엄스 판결(Williams *v.* Mississippi)을 통해 흑인의 시민권과 투표권을 보장한 헌법 수정조항들의 적용 범위를 축소하고 그 효력을 약화시켜버렸다.

흑인에 대한 린치를 스펙터클한 볼거리로 만든 것은 남부뿐 아니라 미국 사회 전체에서 지배적인 인종 질서가 견고해지고 유색 인종의 타자화가 가속되는 흐름과 함께 일어났으며, 백인성(whiteness)이 남부성에 그치지 않고 미국 국가 정체성의 중핵으로 자리 잡는 데 영향을 미쳤다. 그레이스 헤일(Grace E. Hale)은 『백인성 만들기』에서 1890년에서 1940년 사이 남부의 인종 분리 문화가 계급을 초월한 백인성의 구축을 가져온 과정을 살피면서, 스펙터클 린치가 소수 자경단이나 극단주의자들의 행동이 아니라 백인 폭도들의 대담하고 공개적인 이벤트에 백인 공동체 전체가 가담한 것이라고 했다. 또한 린치는 신문, 엽서, 책, 팸플릿, 라디오를 통해 광범하게 알려지면서 그 이미지와 서사가 많은 청중에게 전달되는 힘과 영향력을 발휘했다고 보았다.[3]

전미유색인지위향상협회(NAACP, National Association for the Advancement of Colored People)는 1937년 반(反)린치 법안을 촉구하는 뉴욕시 시위에서 "인간을 공개적으로 고문하고 불에 태우는 린치는 문명사회에서 미국에서만 유일하다. 미국의 수치이자 미국 문명을 훼손하는 린치를 멈추라"라고 촉구했다.[4] 하지만 1955년 발생한 에밋 틸(Emmett Till) 린치는 아직 끝나지 않은 린치 유산의 위력을 드러낸 사건이었다. 미시시피를 방문했다가 백인 여성에게 접근했다는 이유로 린치를 당한 15세 시카고 흑인의 참혹한 모습이 신문과 텔레비전에서 중계되었고, 재판정에서 자신감에 찬 피고들, 백인들로만 구성된 배심원, 인종 분리된 좌석에 앉은 참관인을 전국의 시청자가 보게 되었다. 피고 측 변호사가 "앵글로색슨인 배심원 모두는 피고를 방면할 용기를 갖고 있다"라고 훈계하는 장면에 이어 방면된 피고인들의 환호까지 적나라한 남부의 모습이 중계되자 미국민들은 경악을 금치 못했다. 텔레비전은 1934년의 클로드 닐(Claude Neal) 린치 보고서보

THE SHAME OF AMERICA

Do you know that the <u>United States</u> is the <u>Only Land on Earth</u> where human beings are <u>BURNED AT THE STAKE?</u>

In Four Years, 1918-1921, Twenty-Eight People Were Publicly BURNED BY AMERICAN MOBS

3436 People Lynched 1889 to 1922

For What Crimes Have Mobs Nullified Government and Inflicted the Death Penalty?

The Alleged Crimes	The Victims	Why Some Mob Victims Died:
Murder	1280	Not turning out of road for white boy in auto
Rape	571	Being a relative of a person who was lynched
Crimes against the Person	614	Jumping a labor contract
Crimes against Property	233	Being a member of the Non-Partisan League
Miscellaneous Crimes	463	"Talking back" to a white man
Absence of Crime	175	"Insulting" white man.
	3436	

Is Rape the "Cause" of Lynching?

Of 3,436 people murdered by mobs in our country, only 571, or less than 17 per cent., were even accused of the crime of rape

83 WOMEN HAVE BEEN LYNCHED IN THE UNITED STATES

Do lynchers maintain that they were lynched for "the usual crime"?

AND THE LYNCHERS GO UNPUNISHED

THE REMEDY

The Dyer Anti-Lynching Bill Is Now Before the United States Senate

The Dyer Anti-Lynching Bill was passed on January 26, 1922, by a vote of 230 to 119 in the House of Representatives

The Dyer Anti-Lynching Bill Provides:
That culpable State officers and mobbists shall be tried in Federal Courts on failure of State courts to act, and that a county in which a lynching occurs shall be fined $10,000, recoverable in a Federal Court.

The Principal Question Raised Against the Bill is upon the Ground of Constitutionality.

The Constitutionality of the Dyer Bill Has Been Affirmed by —
The Judiciary Committee of the House of Representatives
The Judiciary Committee of the Senate
The United States Attorney General, legal adviser of Congress
Judge Guy D. Goff, of the Department of Justice

The Senate has been petitioned to pass the Dyer Bill by —
29 Lawyers and Jurists, including two former Attorneys General of the United States
19 State Supreme Court Justices
24 State Governors
3 Archbishops, 88 bishops and prominent churchmen
39 Mayors of large cities, north and south.

The American Bar Association at its meeting in San Francisco, August 9, 1922, adopted a resolution asking for further legislation by Congress to punish and prevent lynching and mob violence.

Fifteen State Conventions of 1922 (3 of them Democratic) have inserted in their party platforms a demand for national action to stamp out lynchings.

The Dyer Anti-Lynching Bill is not intended to protect the guilty, but to assure to every person accused of crime trial by due process of law.

THE DYER ANTI-LYNCHING BILL IS NOW BEFORE THE SENATE
TELEGRAPH YOUR SENATORS TODAY YOU WANT IT ENACTED

If you want to help the organization which has brought to light the facts about lynching, the organization which is fighting for 100 per cent. Americanism, not for some of the people some of the time, but for all of the people, white or black, all of the time

Send your check to J. E. SPINGARN, Treasurer of the

NATIONAL ASSOCIATION FOR THE ADVANCEMENT OF COLORED PEOPLE
70 FIFTH AVENUE, NEW YORK CITY

THIS ADVERTISEMENT IS PAID FOR IN PART BY THE ANTI-LYNCHING CRUSADERS.

「미국의 수치」
전미유색인지위향상협회의 반(反)린치 캠페인

다 훨씬 즉각적으로 전국에 린치의 실상을 알리는 매개체였다.[5]

세계에서 유례를 찾을 수 없는 스펙터클 린치는 미국 인종사에 지울 수 없는 유산을 남겼다. 인종 분리는 흑인에게 적어도 상대적인 안전과 보호 공간을 제공했고, 자유의 공간에서 존재할 최소한의 권리를 허용했지만, 린치는 단순한 생명 위협이 아니라 인간의 최소한 품위를 조롱한 것이었다. 린치는 흑인의 권리 회복에 가한 치명적인 공격에 그치지 않고, 흑인에 대한 과도한 형량 처벌과 대량 수감 그리고 경찰 폭력의 남용으로 이어지면서 인종 갈등을 미국의 핵심 문제로 만들었다. 지금까지도 린치 살인과 인종 폭동의 생존자들은 범죄의 실상을 제대로 밝히려는 노력과 함께 주 정부에 생명과 재산의 파괴에 대한 배상 요구를 준비하고 있다.[6]

1930년 인디애나주 매리언(Marion)에서 일어난 린치에서 살아남은 제임스 캐머런(James Cameron)은 위스콘신주 밀워키에 블랙홀로코스트박물관(America's Black Holocaust Museum)을 1988년에 세우고 린치의 참상을 알리고 있다. 2018년에는 린치 희생자들을 위한 추모관이 '평화와 정의를 위한 기념관(National Memorial for Peace and Justice)'이라는 이름으로 '평등한 정의 구현' 단체에 의해 앨라배마주 몽고메리에 세워졌다. 그러나 반(反)린치 법안은 연방 하원에서 1922년, 1937년, 1940년에 통과되었지만, 모두 상원에서 부결되었고, 1955년 에밋 틸 사망 이후 마련된 '에밋 틸 반(反)린치 법안(Emmett Till Antilynching Act)'은 2022년에야 연방의회에서 통과되었다.[7]

구경거리가 된 사형(私刑): 고문과 살인

노예 해방이 이루어진 다른 사회에서도 해방 이후 폭력이 존재했지만, 그것은 린치에 의한 것이 아니라 정치적 폭동과 물리적 소요에 대한 반응에 가까웠다. 미국 남부의 린치는 소규모 집단에 의해 사적으로 조직된 것으로, 국가 경찰력이 묵인했다.

린치라는 용어는 식민지 시기 버지니아 민병대 대령이었던 찰스 린치(Charles Lynch)에게서 비롯되었다. 그는 1780년 독립 전쟁 중에 왕당파로 의심되는 사람들을 '정당한 법의 절차(due process of law)'에 따르지 않고 비공식 재판을 통해 일부를 반란 주모자로 즉결 처형했다. 당시 버지니아 지사였던 제퍼슨은 반란죄 처벌이 불가피했던 긴급 상황으로 인정하고 린치의 행동을 승인했으며, 기소된 왕당파들은 후에 공식 재판의 기회를 부여받았다. 사법 질서를 무시한 린치 행위는 임박한 위험을 조건 삼아 초법적 폭력이 허용되는 첫 번째 예외 사례가 되었다. 19세기에도 무법적 폭력은 콜로라도 같은 극서부, 일리노이와 미네소타 같은 중서부, 펜실베이니아와 뉴욕 같은 북동부 주들에서도 일어났으며, 이후 합법적 절차를 무시한 집단 폭행과 살인을 점차 린치로 부르게 되면서 일종의 사형(私刑)인 교수형과 동의어로 사용되었다.[8]

남부에서는 앤드루 존슨 대통령의 포용 정책 아래서 해방 흑인의 권리 회복을 막으려는 백인들의 집단 폭행이 빈번히 일어났다. 1866년 루이지애나 프랭클린 교구에서는 남부 연합군이었던 게릴라들이 블랙 기병대(Black Cavalry)를 조직하고 얼굴을 검게 칠해 변장한 뒤, 농장의 "니그로 숙소"를 습격해 흑인 8명을 린치하고 2명을 교수형에 처했다. 공화당 출신의 루이지애나주 지사가 존슨 대통령에게 "모든 비밀 정치 조직 해체"와 "무질서 및 폭력 진압"을 위해 더 많은 연방 병력을 요청했지만 받아들여지지 않았다.[9]

1868년에는 루이지애나주 성 랜드리 교구(St. Landry Parish)에서 백인 민주당 당원들이 공화당 후보를 지지하는 흑인 공동체에 테러를 가해 2주 동안 백 명이 넘는 흑인이 사망했다. 1873년에 공화당원을 포함해 흑인 백여 명이 살해당한 콜팩스 학살(Colfax Massacre)은 재건기에 일어난 가장 참혹한 사건이었다. 1874년에는 인종 폭력에 앞장선 백인연맹(White League)이라는 단체가 등장했으며, 이듬해에는 붉은셔츠단(Red Shirts)으로 알려진 준 군사 집단이 미시시피에서 조직되어 흑인 유권자를 위협하고 흑인 지도자들을 암살했다. 전후의 사회적 무질서와 법적 불확실성의 상황에서 1875년 미시시피 선거는 주 정부가 흑인 유권자를 보호하지 않고 연방정부가 그렇게 할 의지가 없다는 것을 증명했다.[10]

1880년대에 들어 흑인 린치 희생자 수가 급격히 증가했고, 1890년을 전후해 점차 공개 린치의 형태를 띠게 되었다. 1890년대 10년간 14개 남부 주에서 발생한 린치는 매년 평균 138건이었고, 피해자의 75퍼센트가 흑인이었다. 남부의 1천 2백 개 카운티가 남긴 기록을 보면, 린치가 가장 많이 일어난 주는 조지아, 앨라배마, 미시시피, 루이지애나이고, 1882년부터 1920년 사이에 남부 전체에서 일어난 린치의 58퍼센트를 차지했다.

특히 스펙터클 린치는 신문에 공개적으로 행사를 광고하고, 운집한 대중 앞에서 죄목을 붙인 흑인을 나무에 매달고 산 채로 불태워 죽이거나 총칼로 살해했다. 일부는 살아 있을 때 거세를 당하고 손가락이나 발가락이 잘렸으며, 군중은 죽은 시신에서 이빨과 뼈 등 사체 일부를 기념품으로 가져가기도 했다. 수천 명의 관중 앞에서 고문과 살인을 구경거리로 전시한 스펙터클 린치에 대해, 1901년 마크 트웨인은 "린치 국가 미국(United States of Lyncherdom)"이라고 칭하면서 린치에 참여한 폭도만이 아니라 폭도에 맞서지 않은 시민들을 크게 책망했다.[11]

린치 데이터는 터스키기연구소(Tuskegee Institute)가 최초로 기록하기 시작한 1882년부터 공식적으로 수집되었고, 전미유색인지위향상협회, 『시카고 트리뷴』 등이 수합했다. 이들 기관은 가해자의 규모나 관중 유무 등 린치를 정의하는 기준이 달랐고, 따라서 횟수 등의 통계 자료가 서로 차이를 보인다. 역사가들은 보고되거나 기록되지 않은 폭도들의 린치가 더 많을 것으로 본다.

린치를 인종 테러로 정의한 비영리 단체 '평등한 정의 구현'은 2017년에 발표한 보고서에서 1877년에서 1950년 사이에 12개 남부 주에서 일어난 흑인 린치의 횟수를 4,084회로 제시했고, 1882년부터 1930년까지 린치 폭도에 의해 살해된 흑인을 약 3,220명으로 추산했다. 남부에서 일어난 린치가 미국 전체 린치에서 차지하는 비율은 1880년대 82퍼센트에서 1920년대에 95퍼센트로 늘었다. 가장 많은 흑인 희생자가 나온 미시시피, 조지아, 루이지애나, 앨라배마주의 린치 희생자 가운데 흑인 비율은 86~93퍼센트에 달했다.[12]

린치를 묵인하고 외면한 지도층

그러나 사법 질서를 무시하고 고문과 살인의 폭력을 행사하는 사형(私刑)에 대해 당시 미국 지도층의 여론은 수용적이었다. 저명한 역사가인 허버트 H. 뱅크로프트(Hubert H. Bancroft)는 1887년 저서 『대중 재판소(*Popular Tribunals*)』에서 린치를 '대중 정의(popular justice)'의 이름으로 옹호하면서 시민 다수가 만든 법이 실패하면 새로운 규칙을 채택하는 것이 다수의 의무가 되는데, "자경단은 자신들의 정당한 힘을 비공식적으로 행사하는 것"이라고 했다. 그는 린치는 사법 체계가 미비한 지역에서 사법 절차를 보완하고 대체하는 피통치자의 권리 행사이며, 체제가 정비되면 린치는 약해질 것이라고 보았다.

이러한 시각은 1908년 언론인 레이 S. 베이커(Ray S. Baker)에게도 이어졌다. 그는 "범죄를 제대로 단죄하지 못하는 법정의 지체와 미숙함 때문에 무력화된 법"을 린치가 대신한다고 주장했다. 마크 트웨인도 1872년에 "프런티어 사람들이 법정이 무능할 때 범죄자를 다루는 방식"이라고 몬태나 린치를 옹호한 바 있었다. 이처럼 사법 시스템이 비효율적이라고 판단되면 시민이 법의 경계를 넘어 범죄를 제어할 권한을 갖는다는 인식은 재판관 린치(Judge Lynch) 또는 린치 법(Lynch Law)이라는 용어로 표현되었다.[13]

놀랍게도 흑인들에 가해진 전대미문의 폭력성과 야만성을 가진 린치에 대해 역사가들은 오랫동안 연구를 외면했다. 본격적인 연구가 시작된 것도 1990년대에 들어서다. 그 배경에 저명한 남부 연구자 C. 밴 우드워드(C. Vann Woodward)의 역할이 놓여 있다. 그는 남북전쟁 이후 남부의 역사에 대한 기념비적인 연구서인 『신남부의 기원(*Origins of the New South, 1877-1913*)』을 1951년에 발표했는데, 린치를 한 문단으로 간략히 정리하는 데 그쳤다. 이후 저술에서도 흑인 투표권 박탈과 인종 분리를 자세히 기술했지만, 이 시기 린치의 확산에 대해서는 거의 언급하지 않았다. 이러한 우드워드의 패러다임이 1980년대까지 학계를 지배하면서 린치는 역사가들의 주요 연구 주제에 들어가지 못했다.[14]

미국판 홀로코스트의 배경

제임스 앨런의 린치 사진집 『안식처도 없이』(2002)의 서문을 쓴 존 루이스(John Lewis) 하원의원은 스펙터클 린치 사진들을 미국 홀로코스트(American Holocaust)의 증거로 소개했다. 사진전을 보도한 『뉴욕타임스』도 린치를 나치 홀로코스트와 비교하면서 가해자들이 평범한 시민들이었고 린치를 함께 "보았던" 다수의 이름으로 자행되었으므로 이들이 살인자라는 낙인이나 처벌을 피할 수 있었다고 했다. 루이스는 린치가 역사가들의 외면을 받았을 뿐 아니라 미국인 모두가 린치에 대한 기억을 회피해왔다고 말했다.

역사가 조엘 윌리엄슨(Joel Williamson)도 스펙터클 린치를 미국인들이 대면하려 하지 않는 홀로코스트라고 지적했다. 미국인들은 린치보다 노예제를, 그리고 노예제나 린치보다는 인종 분리를 다루는 것이 더 편하다는 것이다. 노예제를 온정주의적 제도로 포장하고 인종 분리는 "분리되었지만 동등한" 시설과 기회를 제공했다고 옹호함으로써 끔찍한 린치의 역사에 직면하지 않으려 했다고 보았다. 역사가 리온 F. 리트웍(Leon F. Litwack)은 앨런의 사진집에서 린치 절정기의 딥 사우스(Deep South)가 킬링필드였다면서 린치 가해자들을 "지옥의 개, 악마 같은 사람들(Hellhounds)"이라고 불렀다.[15]

남부에서 흑인에 대한 백인 린치가 이렇게 과감하고 잔인하게 일어난 배경은 무엇일까? 1905년에 흑인에 대한 린치를 "국가적 범죄(national crime)"라고 규정한 사회학자 제임스 E. 커틀러(James E. Cutler)는 미국 법체계의 전통이 짧고 법에 대한 미국인들의 태도가 유럽 국가들과 다르기 때문이라고 지적했다. 즉, 법이 존중의 대상이 아니며, 자유를 확보하는 수단 이상이 아니라는 것이다. 그는 법 집행이 미비해 정착기 초기부터 무질서의 경향이 존재해왔는데, 그 결과 미국인들은 법을 스스로 처리하려는 매우 특이한 태도를 지니게 되었다고 진단했다.[16] 스웨덴 학자 군나르 뮈르달(Gunnar Myrdal)은 1944년에 미국 린치의 가학적 사디즘의 분위기가 놀라울 정도로 마녀사냥의 현상과 유사하다고 보았다. 그는 린치의 원인으로 주 당국과 법원이 처벌에 적극적이지 않았고, 가해자들이 유죄 선고를 받아도 대체로 사면되었으며, 지역 경찰이 린치를 묵인했기 때문이라고 보았다. 그리고 그 기저에는 남부 백인의 낮은 교육 수준과 문화가 깔려 있다고 했다.[17]

역사학자 존 캐시(W. J. Cash) 역시 법을 무시하는 남부 문화가 린치를 자극했으며, 그 뿌리는 프런티어 풍조의 지속이라고 언급했다. 변경 지역에서는 형사·사법 질서가 느슨하고 제도화된 즉각적인 법 집행이 미비했는데, 남부도 오랫동안 주로 독립적인 농장 운영이 지속되면서 사법 절차에 기대지 않고 스스로 생존과 재산을 지키려고 한 데서 이러한 린치가 기원한다고 보았다.[18]

린치는 인구 밀도가 낮은 지역에 흑인 이주민이 많이 들어왔을 때, 즉 백인들이 "낯선 니거(strange niggers)"들에게 둘러싸인 곳에서 사법 질서가 미비할 때, 더 자주 일어났다.[19] 또한 린치는 경제 불황에 대한 백인 하층민의 좌절이 기저에 있었고, 투표권을 확보하고 백인 노동 시장에 도전하는 흑인들의 위협에 반응한 것이었다. 실제로 린치 활동의 절정기는 1890년 미시시피를 뒤이어 남부 주들이 흑인 투표권을 박탈하던 시기와 대체로 일치한다. 높은 린치 빈도를 보인 미시시피, 루이지애나, 아칸소,

텍사스의 면화 지역은 루이지애나를 제외하고 흑인 인구가 급격히 증가했으며, 민주당의 영향이 강한 곳이었다. 즉, 정치적 위협과 경제적 경쟁 상황에서 남부 백인의 위기와 좌절을 흑인을 희생양 삼아서 발산한 것이 린치였다. 백인 지배층은 인종 적대감을 이용해 흑백 하층민의 연대를 막음으로써 사회적 카스트를 유지할 수 있었다.[20]

그러나 20세기에도 남부의 스펙터클 린치가 지속된 것은 인종적 보복의 불공정한 처벌(rough justice)인 린치를 오히려 범죄와 싸우는 공동체 정의, 대중 정의의 이름으로 정당화했기 때문이다. 1890년대 더닝(Dunning) 학파 역사가들이 명명한 소위 '흑인 지배(Negro Rule)' 하에서 남부 백인들은 흑인이 가담한 범죄에 대한 법 절차를 불신했다. 그들은 백인들이 판사와 배심원을 선별하고 지역 법원을 통제하더라도 흑인 범죄에 대한 법정의 판단이 신속하지 않고 미흡하다고 판단될 때 오히려 린치가 범죄를 제어한다고 믿었다. 또한 폭도들은 카운티 사법권이 지역 질서 유지의 주도권을 갖고 있으므로 범죄 통제권이 이웃과 공동체에 있다고 주장했으며, 자신들은 법을 위반하는 것이 아니라 여론이 만든 법을 집행하고 있다고 했다.

이렇게 린치 가해자들은 "국민이 주인(people are sovereign)"이고 법은 국민에게서 나오므로 흑인이 저지른 죄에 대한 법의 처벌이 미미할 때 "주민이 그 범죄에 맞는 처벌을 하는 것"은 정당하다고 주장했다. 이러한 상황에서 린치 가해자인 백인이 기소된 경우는 손에 꼽을 정도였고, 살해나 폭행으로 기소가 되더라도

대부분 가벼운 벌을 받거나 방면되었기 때문에 가해자들은 유죄 판결에 대한 두려움이 없었다.[21]

주와 카운티의 사법권 우위

흑인에 대한 스펙터클 린치가 40여 년 넘게 끊이지 않았던 중요한 이유는 독점적 사법권을 갖는 중앙정부 없이 주와 카운티의 권한이 우선시되고, 임의적인 법 집행이나 폭력에 대한 관용이 적법한 사법 절차를 대체했기 때문이다. 건국 이전부터 사법과 행정이 지역 단위의 보통법 문화를 통해 이루어졌으며, 카운티와 주 단위의 치안권(police power)이 행사되었다. 연방 권력을 강화하려는 움직임이 존 마셜 주도의 연방대법원에서 있었지만, 미국에서 범죄 정의, 즉 정당한 법 절차의 권리는 주의 권한이었다. 재건기 헌법 수정조항 시행의 가장 큰 장애도 지역 자치정부(local self-government)라는 오랜 전통이었다. 미국의 사법 문화에서 주의 권한에 대한 전통적 존중은 연방정부의 법 집행을 방해했고, 나아가 헌법 수정조항의 효력을 제한하는 대법원의 판결을 이끌었다.[22]

범죄에 대한 처벌권을 가진 주와 카운티의 형사 사법 체계에서 신속하고 적절한 처벌이 이루어지지 않는 것에 대한 불만이 자경단 활동이나 린치로 표출되었다. 그 대표적 사례로 1766년에서 1771년 사이에 노스캐롤라이나에서 일어난 규제자 운동

(regulator movement)은 피드몽 지역 농민들이 식민지 지배층의 사법 질서를 신뢰하지 않고, 합법적 절차 대신 확실하고 즉각적인 처벌을 한 것이었다. 독립전쟁 중 찰스 린치가 반란 주모자를 즉결 처형한 것도 자경주의가 사회 질서를 수립하는 보다 확실한 방법이라는 믿음에서 나왔다.

19세기 초 남부 면화 지역에서는 '슬릭 선장의 부대(Captain Slick's Company)'나 '슬리커스(Slickers)'라고 불리는 조직의 자경단 운동이 광범하게 자리 잡았다. 이들은 범죄를 막는 데 법 조항들이 충분하지 않기 때문에 스스로를 방어하겠다며 '슬릭 법(Slick law)'에 의지했다. 남부, 중서부, 서부 자경단은 1840년대와 1850년대에 징벌 방식을 매질에서 즉결 처형으로 바꾸면서 때로는 군중을 모아놓고 린치로 불리게 된 교수형을 실시했다.[23]

지역 단위의 불평등한 법질서 안에서 흑인들이 행사할 수 있는 권리는 매우 제한되어 있었다. 남부뿐 아니라 북부나 서부의 자유 흑인들도 참정권을 비롯해 총기 소지권, 이주의 자유, 법정 증인이나 배심원 출두, 계약 당사자 권리 등을 보호받지 못했다. 1820년대부터 북부의 여러 주에서 자유 흑인을 겨냥한 흑인 차별법이 통과되었지만, 이를 제어하는 연방 차원의 법 제정은 이루어지지 않았다.

1857년 흑인 시민권을 부정한 연방대법원의 드레드 스콧 판결은 연방 차원과 주 차원의 시민권이 서로 다른 원리와 법적 근거에 기반해 있다는 것을 분명히 한 판결이었다. 연방헌법도 시민의 권리에 대한 법적 구속력이 없었다. 헌법 수정조항 제

1~10조는 연방정부의 개인 권리 침해만을 제한할 뿐, 주 정부나 지역사회의 권리 제한을 오히려 뒷받침하는 조항들로 간주되었다. 내전과 재건의 시기에도 개인의 권리를 규정하고 보호하고 제한하는 것은 주의 소관이라는 관념이 지배적이었다. 링컨이 1863년에 내놓은 '사면과 재건에 대한 선언'도 노예 해방을 연방 직권으로 강제하는 것이 아니라 주 정부들이 각자 정한 방식에 따라 수행하도록 연방정부는 종용하기만 한다는 내용이었다. 해방 노예의 지위와 권리도 전적으로 주 정부의 소관에 맡기는 것이었다.[24]

연방정부와 연방대법원의 대응

주의 권한을 박탈하지 않는 한 남부의 인종차별적인 법 시행은 계속될 것이었다. 하지만 연방정부는 흑인의 기회를 제한하는 주의 법 제정과 집행에 간여하지 않았다. 다만 테네시에서 퍼져 나간 쿠클럭스클랜의 테러와 폭력에 대해 연방의 권한을 확대하는 집행령들(Enforcement Acts)을 제정했다. 1871년 KKK법안(Ku Klux Klan Act)으로 알려진 헌법 수정조항 제14조 집행령(Act to Enforce the Fourteenth Amendment)은 투표권을 박탈하거나 법의 동등한 보호를 방해하는 죄를 연방법원에 기소할 수 있게 하고, 대통령의 연방군 사용을 가능하게 했다. 그러나 민주당은 연방정부의 이 조치가 살인과 폭행에 대한 배타적인 사법권을 가진

주의 권한에 대한 침해라고 비난했고, 1892년에 대통령과 의회를 장악한 후 재건기 집행령의 상당 부분을 폐기함으로써 인종적 린치는 남부 주들의 소관이 되었다.[25]

연방대법원은 재건기 입법 조항의 적용 범위를 축소하는 판결들로 연방의회 법안을 무력화하고, 헌법 수정조항이 보장한 흑인 시민권의 헌법적 효력을 제어했다. 1873년에서 1900년까지 연방대법원은 재건기 헌법 수정조항에서 발생한 150건의 소송을 다루었는데, 1876년 크루이크생크 판결은 헌법 수정조항 제14조가 주 정부의 개인 권리 침해를 금지한 것이며, 개인 간 폭력에는 연방법이 적용되지 않는다고 밝혔다. 그 결과 연방정부의 집행령들은 사문화되었고, 법무부가 기소한 재판들이 중지되었으며, 미시시피에서만 179건의 집행령 기소가 취하되었다.[26]

1883년에는 남부 주들의 인종 분리법이 개인 간 사적 접촉을 규제한 것이므로, 민권법을 위반하지 않았다는 연방대법원의 판결이 나왔다. 더 나아가 1896년 플레시 대 퍼거슨 판결은 "분리하되 동등한" 공공시설 설치를 합헌으로 인정함으로써 인종 분리 법령의 홍수를 가져왔다. 1898년에 연방대법원의 윌리엄스 판결이 미시시피의 인종적으로 편향된 투표 자격 요건을 인정하자 헌법 수정조항 제15조는 남부에서 사실상 무효가 되었고, 남부는 조부 조항, 인두세, 문맹 테스트 등을 통해 흑인 유권자 수를 줄이는 데 박차를 가했다.[27]

연방정부, 의회, 법원의 보호 없이 흑인 유권자들은 남부 전역에서 백인들의 공격 대상이 되었다. 1885년에서 1908년 사이에 과거 남부 연합이었던 11개 주는 모두 주 헌법을 개정해 흑인의 투표권을 제한했으며, 인종 간 결혼과 인종 통합 교육을 금지하는 조항도 제정했다. 또한 텍사스, 미시시피, 조지아에서 시작되어 남부 여러 주에 확대된 죄수 임대 제도는 주와 카운티의 흑인 죄수들의 노동을 임대 계약으로 팔 수 있게 했다. 이는 헌법 수정조항 제13조의 "범죄에 대한 처벌 제외" 규정을 악용한 것이었다. 즉, 유죄 판결을 받은 범죄에 대한 강제 노역 부과가 가능해졌고, 이는 죄수 노동의 길을 열어주었다. 이처럼 인종 불평등이 제도화되고 인종 카스트 체계가 구축되는 '제2차 노예제(second slavery)' 시기에 린치는 남부 백인들이 흑인을 제어하는 주된 수단이 되었다.

1893년 헨리 스미스에 대한 스펙터클 린치

노예 해방 이후 남부 흑인에 대한 백인의 인종적 폭력은 조용히 비밀리에 자행되는 소규모 폭행과 교수형이 많았다. 반면 1890년대 절정기의 스펙터클 린치는 칼과 총을 사용한 고문과 살해뿐 아니라 여기에 화형까지 더해지면서 지역의 자극적인 구경거리이자 흥밋거리, 오락거리에 가까워졌다.

대규모 군중 앞에서 행해진 스펙터클 린치의 출발은 1893년 2월 텍사스주 파리(Paris)에서 일어난 헨리 스미스(Henry Smith) 린치다. 그는 3살 된 백인 여아를 성폭행하고 살해한 혐의를 받았

헨리 스미스 린치(1893)

다. 보안관이 소집한 약 2천 명의 추적대가 그를 붙잡아 '정의'라는 플래카드가 걸린 사형대 위에 그를 세웠다. 스미스는 만여 명의 관중 앞에서 1시간 동안 고문을 당했는데, 여아의 아버지가 불에 달군 쇠막대로 스미스의 팔, 다리, 가슴, 등 그리고 입을 지진 후에 스미스의 몸에 불을 붙였다. 헨리 스미스 린치는 이전의 즉흥적이었던 린치와 다르게 치밀하게 계획되어 린치를 노골적으로 알리는 공고를 하고, 린치가 끝난 후에는 기념품 모으기와 린치 사진 및 팸플릿 판매가 이루어졌다.[28]

북부 신문들은 흑인을 불에 태우는 폭도를 삽화로 그리고 "문명의 역사에서 어떤 기독교 국민도 이처럼 충격적인 잔혹함과

야만성을 보이지 않았다"라고 탄식했으며, "자유롭고 용감한 자
들의 나라인 미국이 가장 수치스러운 야만적 국가 범죄를 저지
르고 있다"라며 비난했다.[29] 더욱 놀라운 점은 헨리 스미스의 고
문과 화형 과정이 소리로 녹음되고 복사되어 전국에서 팔렸다는
사실이다. 그해 말 흑인 새뮤얼 버뎃(Samuel Burdett)이라는 흑인은
워싱턴주 시애틀에서 스미스 린치 사진들이 이젤에 세워져 전시
되고, "고통으로 지르는 비명, 목숨을 애원하는 소리"를 들을 수
있는 헤드셋이 비치된 것을 보았다. 시각과 청각을 결합한 이 전
시는 그야말로 공포였다고 그는 회상했다. 흑인 살해가 대중적
행사로 전시되고 법적 규제를 받지 않았다는 것, 그리고 사진술,
녹음 기술 같은 근대 기술이 폭력에 대한 대중의 경험을 매개했
다는 것은 곧 스펙터클 린치의 특징으로 자리 잡았다.[30]

스펙터클 린치의 전형, 1899년 샘 호스 린치

헨리 스미스에 대한 린치가 자경단의 이름으로 조용히 자행되
던 린치에서 공개적인 구경거리로 변모한 시작이었다면, 1899년
4월 조지아주에서 일어난 샘 호스(Sam Hose)에 대한 린치는 신
(新)남부의 수도로 자처하는 곳에서 일어난 스펙터클 린치의 전
형이었다. 애틀랜타에서 40마일 떨어진 곳에서 일어난 이 사건
은 알프레드 크랜포드(Alfred Cranford)라는 농장주의 아내가 흑인
노동자 샘 호스의 살인과 강간을 주장한 것이었다. 샘이 도끼로

남편을 죽이고 아이들 2명도 상해했으며 자신을 강간했다는 말을 듣고 변호사, 의사, 상인, 농장주 등 6개 카운티의 백인들로 구성된 민병대가 "극악무도한 짐승"에 대한 추적을 시작했고, 지역 신문들도 샘 호스 포획에 걸린 5백 불의 현상금을 알렸다. 애틀랜타 신문들은 샘에 대한 추적을 보도하며 린치를 예고했고 10일간의 추적 끝에 백 마일 떨어진 곳에서 붙잡힌 샘에 대한 린치는 일요일 오후 예배가 끝난 직후 시작되었다.[31]

샘 호스 린치에서 중요한 변화는 지역 신문들이 독자를 유인하기 위해 린치를 광고하고 홍보했다는 것이다. 샘 호스가 잡혔다는 소식과 함께 린치의 시간과 장소가 신문과 전신으로 알려졌고, 애틀랜타에서는 특별히 전세 낸 열차의 출발까지 예고되었다. 린치 다음 날 지역 신문은 "검은 유혈의 일요일(Black and Bloody Sunday)"이라는 제목으로 약 2천 명의 군중이 지켜본 장면을 묘사했다. 폭도들이 샘 호스를 쇠사슬로 말뚝에 묶고 손가락, 발가락, 귀, 혀, 성기를 잘랐으며 온몸에 기름을 부은 후 서서히 불에 태웠고 "그들은 폭도로 부를 수 없을 만큼 침착하고 신중했다"라고 적었다.[32] 다음은 『애틀랜타저널』에 실린 내용이다.

샘 호스는 화형 기둥으로 걸어갈 때 움찔하지도 않았고 다리가 불타는데도 비명을 지르지 않았다. 다만 몸을 비틀고 튀어 오르며 초인적인 힘으로 화염과 싸우고 있었다. 핏줄이 터지고 눈알이 튀어나왔지만, 그의 입에서 나온 유일한 소리는 '오, 신이여! 오, 예수여(Oh, my God! Oh, Jesus)'였다.[33]

군중의 반응은 광적이었다. 그들은 "장작불을 너무 뜨겁게 하지 마라"라고 외치면서 희생자의 고통을 늘릴 것을 요구했고, 화형이 끝난 후에는 뜨거운 잔해 속에서 불에 탄 심장과 간을 도려냈다. "사람들이 이 무서운 비극의 기념품을 확보하려는 미친 경주를 벌이며 서로를 밀쳤다. 심지어 재를 손수건에 싸서 가져가거나 불탄 나무 조각, 뼛조각을 갖고 떠났다." 뼈는 25센트, 심장과 간 조각은 10센트에 팔렸고, 샘 호스의 손가락은 애틀랜타 상품 가게에 전시되었다.

샘 호스와 주인과의 갈등이 무엇이었는지 그리고 성폭행을 당했다는 주인 아내의 진술이 사실인지는 관심 밖이었다. 샘 호스는 주인이 총을 가지러 가는 것을 막기 위해 자기 방어를 한 것이었으며, 주인의 아내를 공격하지도 않았다고 했다. 나중에 크랜포드 부인도 같은 진술을 했다.[34] 하지만 어떤 조사도 이루어지지 않았으며, 누구에게도 린치에 대한 책임을 묻지 않았다. 린치에 온 사람들은 자신의 신분을 감추려하지 않았으며, 지역의 명망 있는 시민들도 여기에 동참했다. 신문들은 "유색인이 산 채로 구워졌다!(Colored Man Roasted Alive!)"라는 선정적인 헤드라인 아래 판매고를 올렸고, 이후 흑인의 공개 화형은 "니그로 바비큐" 혹은 "흑인 요리(Coon Cooking)"로 불렸다.[35]

『시카고트리뷴』 같은 북부 신문들은 샘 호스 린치를 "계몽의 시대에 상상할 수도 없는" 야만 행위라고 비난했고, 『서배너모닝뉴스』 같은 남부 신문도 "희생자의 신체를 절단하고 그 조각과 뼈를 기념품으로 판다는 것은 가장 미개한 행동이다. 그들이 불

에 구워진 몸을 먹었다면 야만의 장면을 완벽하게 만들었을 것
이다"라고 조롱했다.

이에 『애틀랜타컨스티튜션』은 "이성적으로 생각하자. 두 인
종이 함께 살고 있는 나라는 항상 위험으로 가득 차 있다. 우월
한 인종이 무지한 인종을 다스릴 권리를 없앨 수는 없다"라며
대응했다. 1900년에 뉴올리언스 시장은 남부 야만성(Southern
barbarism)이라는 북부 비판에 대해 오히려 "니그로 야만성"을 막
는 린치를 옹호하며, "니그로에게 교훈을 가르치는 유일한 방법
은 그들을 린치하는 것이다"라고 연설했다. 같은 해 조지아주 하
원의원인 제임스 그릭스(James Griggs)는 샘 호스 린치를 필리핀에
서의 전쟁과 연결지었다.[36]

> 조지아주 사람들이 남부 가정의 신성함을 지키려고 한 것은
> 바로 미국이 필리핀에서 하는 행위와 다르지 않다. 앵글로
> 색슨 인종의 우수함을 보이기 위해 필리핀에서 문명의 이름
> 으로 갈색 피부색의 사람들을 총격하고 있다. 또한 남아프
> 리카에서 문명의 이름으로 보어족을 쏘고 있다. 조지아주
> 사람들 그리고 모든 남부인은 인종의 고결함을 보존하고 어
> 떤 위협에 처하더라도 그 지배권을 보존할 것이다.[37]

20세기 들어서도 흑인에 대한 스펙터클 린치는 계속되었다. 1903년 2월 조지아주 라이츠빌(Wrightsville)에서 폭도들은 린치 장소에 무대를 만들고 입장료를 받았으며, 린치 대상인 리 홀(Lee Hall)에게 총 1발을 쏘는데 5센트씩 받았다.[38] 1904년 3월에 미시시피주 도스빌(Doddsville)에서는 백인 고용주를 살해한 혐의로 루터 홀버트(Luther Holbert)와 그의 아내가 천여 명의 사람들이 지켜보는 가운데 고문, 신체 절단, 화형의 린치를 당했다. 다음은 홀버트 부부 린치에 대한 민주당 신문『빅스버그이브닝포스트』의 기사다.

두 사람의 손을 내밀게 해 자른 손가락들은 기념품으로 나누어졌으며 귀도 잘랐다. 남편은 심하게 맞아 두개골이 부서지고 눈알이 튀어나왔다. 폭도 일부는 나선 모양의 코르크마개 뽑개를 사용해 두 사람의 팔, 다리, 몸의 살점을 뜯어냈다. 이러한 고문에도 두 사람은 자비를 빌지 않았고 비명도 지르지 않았다.[39]

같은 해 아칸소 주지사로 재선된 제프 데이비스(Jeff Davis)는 "니그로 범죄자는 재판이 필요 없고 방아쇠를 당겨 열등한 인종에게 참다운 남자다움을 보여주어야 한다"라고 했고, 그의 지사 취임은 곧 린치를 증폭하는 기화점이 되었다.[40]

제시 워싱턴 린치(1916)

린치가 처벌받지 않는 것은 가해자들에게 중요한 시그널이었다. 샘 호스 사건 이후 남부 도시들은 린치를 선전, 광고해서 도시를 홍보했다. 1915년에는 스펙터클 린치 장면이 등장하는 영화 「국가의 탄생」이 큰 인기를 끌었는데, 같은 해 테네시주의 파예트(Fayette) 카운티에서 일어난 토머스 브룩스(Thomas Brooks) 린치 때 카운티 학교들은 학생들이 린치를 보고 올 수 있도록 수업 일정까지 연기하기도 했다. 자동차와 마차를 타고 수 마일을 온 구경꾼들은 수백 개의 코닥 카메라를 찰칵거리며 카니발 같은 분위기에서 린치를 구경했다.[41]

1916년 5월 주민 4만 명의 도시 텍사스주 웨이코(Waco)에서 샘 호스 린치를 모방해 제시 워싱턴(Jesse Washington)에 대한 스펙터클 린치가 일어났다. 웨이코에서 7마일 떨어진 곳에서 농장주 부인이 살해되었고 그 농장 노동자였던 워싱턴이 살인과 강간 혐의로 붙잡혔다. 워싱턴은 정신 지체가 있는 17세 흑인 소년으로, 결백을 호소했으나 웨이코 시청 광장에서 산 채로 불태워졌다.

신문들이 선정적인 내용의 기사를 싣고 전화가 엄청난 속도로 린치 소식을 전하면서 1만5천 명의 군중이 몰려들었다. 그들 대부분은 중절모를 쓴 남자들이었으며 여성과 아이들도 있었다. 군중은 전봇대에 올라가고 차 위에 올라서고 창문에 매달리고 아이들은 부모 어깨에 올라갔다. 사람들이 "그를 불태워라!(Burn Him!)"라고 소리치는 광장에서 폭도들은 워싱턴을 거세하기 전에 귀를 잘랐고 손가락, 발가락을 잘랐다. 화형이 끝난 후 군중은 손수건에 싼 기념품을 자랑했고 워싱턴 린치 사진들이 전국으로 퍼져나갔다. 이 사건은 전국적으로 심한 비난을 불러일으켰고, 『웨이코모닝뉴스』도 문명의 질서가 무너지고 도시의 명성이 추락했다면서 린치의 희생자는 바로 웨이코 백인들이라고 했다.[42]

1934년 클로드 닐에 대한 스펙터클 린치

제시 워싱턴 린치 이후 전국적인 반(反)린치 운동이 전미유색인지위향상협회(NAACP)의 지도하에 증가했다. 하지만 1919년에는 4월과 10월 사이에 25개가 넘는 미국 도시에서 심각한 인종 폭동이 발발했고, 스펙터클 린치는 멈추지 않았다.[43] 다음은 1921년 아칸소주 노더나(Nodena)에서 고용주와 그의 딸을 살해한 혐의로 붙잡힌 흑인 농장 노동자 헨리 로리(Henry Lowry)의 린치에 대한 『멤피스프레스』의 기사다.

> 여성들을 포함한 5백 명이 넘는 사람들이 니그로가 천천히 불태워지는 것을 지켜보았다. 기둥에 묶인 니그로의 발밑에 나뭇잎을 쌓고 기름을 부어 화형이 시작되자 다리의 살점이 떨어져 나갔다. 하지만 그는 비명을 지르거나 자비를 구하지도 않았다. 한두 차례 입에 뜨거운 재를 집어넣어 죽음을 당기려 했다. 그때마다 폭도가 그의 손에서 재를 쳐냈다. 화염이 복부까지 차오르자 그의 몸에 휘발유를 부어 몇 분 만에 니그로는 재가 되었다. 폭도들은 그의 아내와 아이

들을 끌고 와 화형을 보게 했다.[44]

무엇보다 린치 사진 기록들은 스펙터클 린치의 야만성과 잔인성만이 아니라 그에 가담하고 동조한 군중의 표정과 태도를 적나라하게 보여줌으로써 다른 인종 폭력과 비교할 수 없는 광기의 역사를 증언했다. 가장 유명한 린치 사진 가운데 하나는 1930년 8월 인디애나주 매리언(Marion)에서 일어난 토머스 쉽(Thomas Shipp)과 에이브럼 스미스(Abram Smith)에 대한 린치 장면이다. 제임스 캐머런을 포함한 10대 흑인 세 명은 18세 백인 소녀를 강간하고 그녀의 남자 친구를 살해한 혐의로 붙잡혔다. 강도 높은 취조에 그들은 혐의를 인정했고 4천 명의 군중이 모인 광장에 끌려갔는데, 쉽은 칼과 곤봉으로 폭행당해 사망했고 스미스와 캐머런의 목에 밧줄이 걸렸다. 그런데 백인 소녀의 삼촌으로 알려진 남자가 캐머런은 결백하다고 주장해서 그는 다시 감방으로 보내졌다.

이 린치 사진은 50센트에 수천 장이 팔렸는데, 사진 중앙에 히틀러 콧수염을 기른 남자가 손가락으로 린치당한 흑인을 가리키고 있고, 사진기의 렌즈를 쳐다보는 남녀는 두려움이나 부끄러움이 없이 미소 짓는 표정이다. 사진 속의 두 여성은 희생자의 옷 조각과 밧줄 조각을 들고 있다. 스미스의 벗겨진 하체는 클랜의 가운으로 가려졌고, 기념품 수집가들은 스미스의 피 묻은 바지를 나눠가졌으며 그의 머리카락을 액자에 넣어 전시했다.[45]

1934년에 플로리다주 매리아나(Marianna)에서 일어난 클로드

토머스 쉽과 에이브럼 스미스 린치(1930)

닐(Claude Neal)에 대한 스펙터클 린치는 소름 끼치는 남부 관행에 사실상 종식을 알렸다. 백인 여성 롤라 캐니디(Lola Cannidy)는 닐과 지속해온 성적 관계를 끝내고 백인과 결혼하기 위해 닐이 자신을 성폭행했다고 주장했다. 그녀의 신체에는 폭행 상처는 있지만 강간 흔적은 없었는데, 폭도들은 개의치 않고 감방에서 클로드 닐을 끌어냈다. 그들은 닐을 차 뒤에 묶은 채 고속도로를 지나 3천~7천 명의 군중이 기다리는 광장에서 나무에 목을 매달고 10시간 넘게 고문을 가했다.

플로리다 신문을 비롯해 AP통신 등은 "모든 백인이 린치 파티

(lynching party)에 초대받았다”라고 알렸다. 전미유색인지위향상협회는 이 사건을 자세히 취재해「클로드 닐에 대한 린치(Lynching of Claude Neal)」라는 제목의 보고서를 출판했고, 린치의 잔인한 전말에 대해 알렸다. 1만5천 부가 넘게 팔린 이 보고서에는 발가벗겨져 절단된 신체의 사진 등 신문에 실리지 않은 장면들이 담겨 있었다. “그들은 닐의 성기를 잘라 그에게 먹게 했고 고환을 잘라 역시 먹게 한 후에 좋았다고 말하게 했다. 이날은 테러와 광기의 날이었고 결코 누구도 잊을 수 없는 날이었다.” 훼손된 신체 사진을 담은 엽서가 50센트씩 대량으로 팔렸고, 닐의 절단된 신체는 지역 여러 곳에 흩어졌으며, 손가락은 유리병에 알코올로 보존되어 전시되었다. 전미유색인지위향상협회는 이 보고서를 널리 배포해 반(反)린치 법안에 대한 후원을 받는 데 활용했다. 당시 사무총장이었던 월터 화이트(Walter White)는 “10세 소녀들이 ‘니거들을 불태웠던’ 일을 마치 서커스에 대한 기억처럼 즐겁게 말하던” 플로리다에서의 일화를 소개하기도 했다.[46]

지역 언론과 백인 공동체의 묵인과 지지

린치의 유산은 흑인 공동체에 한정된 것이 아니었다. 린치의 야만성과 잔인성은 백인 공동체 전체의 묵인과 지지를 기반으로 했다. 직접적인 린치 가해자가 아니더라도 흑인 죄수를 폭도에게 넘긴 보안관, 린치를 광고하거나 홍보한 신문기자, 린치 폭도들

을 기소하지 않은 치안판사, 린치를 구경하며 환호한 관중, 모두
가 린치에 동조한 것이다.

1934년 클로드 닐 린치에 대한 전미유색인지위향상협회의
팸플릿은 "미국 전체가 린치를 미리 알았다"라는 제목을 달아 미
디어가 전국의 관중을 만들어냈고, 국민 모두에게 린치의 책임
이 있다는 것을 부각했다. 전미유색인지위향상협회는 1935년
7월에 일어난 플로리다주 포트 로더데일(Fort Lauderdale)의 루빈
스테이시(Rubin Stacy) 린치 사진에 "니그로를 보지 말라(Do Not
Look at the Negro)"라는 제목을 달아 반(反)린치 유인물로 만들었
다. "대신 이 끔찍한 스펙터클을 보고 있는 백인 아이들을 보라.
단정하게 차려입은 소녀의 표정은 공포인가 미소인가?"라고 물
었다.[47]

불에 탄 니그로 시신 옆에서 혹은 밧줄에 목이 매달린 흑인 아
래서 포즈를 취하면서 웃고 있는 백인 다수는 광신자들이 아니
라 지극히 평범한 사람들이었고, 그중에는 지도층 인사들도 있
었다. 사우스캐롤라이나 지사 벤 틸만(Ben Tillman)은 1907년에
"흑인 강간범은 법의 대상이 아니며 미개한 방법으로 다룰 수밖
에 없다"라고 했고, 미시시피 출신 연방 상원의원이었던 윌리엄
V. A. 설리번(William V. A. Sullivan)은 1908년에 "린치 폭도를 이
끈 것이 자랑스럽다"라고 했다. 1911년에 사우스캐롤라이나에
서 윌리스 잭슨(Willis Jackson)의 몸을 끔찍하게 난자했던 린치의
지도자는 주 하원의원 조슈아 W. 애슐리(Joshua W. Ashleigh)였다.
1929년에 사우스캐롤라이나주 상원의원 후보인 콜 블리스(Cole

Blease)는 "백인 여성을 범한 니그로에 대한 린치는 정당한 처벌"이라고 했다.[48]

또한 충격적인 공개 고문과 처형의 기저에는 그것을 구경하고 즐긴 수천 명의 군중과 더불어 린치를 공동체 정의 실현으로 옹호한 언론이 있었다. "넥타이 파티(Neck Tie Party)", "산 채로 굽기(Roasting Alive)"와 같은 선정적인 제목과 고문 과정에 대한 상세한 보도를 통해 지역 신문들은 독자의 흥미를 자극하고 린치를 볼거리로 만들어 수많은 군중을 동원했다. 린치 폭도들은 희생자의 죽음에만 만족하지 않고 거세와 신체 절단의 고문 후에 가장 고통스러운 화형을 자행했는데, 수천 명의 군중이 그것을 범죄가 아닌 일종의 카니발처럼 즐기는 모습을 기사화하며 공유했다.

남부에서 제기된 스펙터클 린치에 대한 비판은 희생자들을 위해서가 아니라 백인 문명에 가해지는 손상을 막기 위한 것이었다. 1897년 조지아주 지사인 W. Y. 앳킨슨(W. Y. Atkinson)은 린치가 법과 정부에 대한 공격이자 반역이라면서, "무법 상태를 만드는 린치는 세계 사람들 앞에서 우리 국민의 품성을 훼손시키는 것"이라고 했다.[49] 남부 주 정부들도 린치가 지역의 품위를 위협하고 지역 경제를 해치는 것을 경계하면서 법과 질서에 공적으로 호소하기 시작했다. 1918년 우드로 윌슨 대통령이 「미국 국민에게 고함(Statement to the American People)」에서 남부 주 정부들의 린치 통제를 요청한 것도 미국을 독일의 무법 행위에 맞서는 법치 국가의 챔피언으로 선전하고자 함이었다.

미국의 많은 지역에서 일어나고 있는 린치는 우리나라의 명예와 고결함에 영향을 미친다. 그것은 질서 있는 법과 정의에 대한 도전이다. 우리는 민주주의의 챔피언이다. 폭도의 행동에 가담하거나 그것을 묵인하는 사람은 이 위대한 민주주의의 참다운 후손이 아니다. 우리가 약자를 보호하지 않고 우리 자신을 불명예스럽게 한다면, 어떻게 다른 국민에게 민주주의를 수용하라고 할 수 있겠는가? 모든 주 지사들과 사법 관리들 그리고 주민들은 미국의 명예를 지키기 위해 이 부끄러운 악행의 종식에 협조할 것을 호소한다.[50]

윌슨은 린치를 막기 위한 어떤 연방 자원도 제공하지 않았고, 연방의회에 반(反)린치 법안 제정을 요구하지도 않았다. 린치의 감소는 반(反)린치 조직의 활동과 린치 반대 여론이 증가하면서 가능했고, 흑인 중범죄인에 대한 무거운 형사 사법 체계, 즉 사법적 린치(legal lynching)라고 불린 사형제 확산과 함께 진행되었다. 1910년대 중반부터는 남부에서 흑인 사형 집행 건수가 린치 횟수를 넘어섰다.[51]

흑인 공동체의 대응과 반격

흑인 지도자들과 단체는 린치를 강력히 비난하는 한편, 백인 신문의 왜곡된 보도가 흑인 범죄를 과장하고 백인 폭력을 감추며 린치를 정당화하고 있다면서 린치의 실상을 알리는 데 주력했다.『멤피스프리스피치』신문 주간이었던 아이다 B. 웰스(Ida B. Wells)는『애틀랜타컨스티튜션』같은 신문이 주민을 부추기는 선정적인 보도를 함으로써 샘 호스의 운명을 결정지었다고 보고, 백인 언론의 보도를 바꾸는 것이 급선무라고 주장했다. 샘 호스 린치는 백주대낮에 문명의 중심지에서 명망 있는 시민과 언론의 지지를 받으며 벌어진 무법 행위인데도, 백인 언론이 대중 정의로 보도하고 있다는 것이었다.

『리치먼드플래닛』,『클리블랜드가제트』,『인디애나폴리스프리맨』등의 신문도 린치의 추악한 진실을 드러내는 대항 도상(iconography)으로 정치 풍자만화를 활용했다.「목을 매는 파티가 열렸다(A Neck Tie Party Was Held)」라는 린치 광고에 대응해 엉클 샘을 희화화하고 흑인들의 상실과 분노, 슬픔과 저항을 표현하는 삽화를 게재했다. 교수형 당한 흑인을 과일에 비유하고 삽화 제목을 "조지아의 나무들은 악한 과일을 매달고 있다"라고 붙이기도 했다.[52]

흑인에 대한 스펙터클 린치에서 특히나 놀라운 건 흑인의 몸이 기념품(souvenir)이 되었다는 사실이다. 린치 기념품은 스펙터클 퍼포먼스의 잔해다. 화형 전에 절단한 손가락, 발가락, 혀, 귀, 성기, 머리카락 그리고 불에 탄 후에 남겨진 심장, 간, 이빨, 뼛조각을 소지하려는 광기는 린치 현장을 소비 공간으로 만들었다. 볼거리의 소비에 이어 린치 희생자의 신체 일부를 포함한 유골을 사냥하려는 사람들과 린치 사진을 찍기 위한 사진사들이 린치 현장에 몰려들었다.

1901년 2월 인디애나에서 조지 워드(George Ward)의 화형 중에 누군가 "불에 타지 않은 발가락 한 개에 1달러를 제시하자 한 소년이 바로 칼을 꺼내 니그로의 발가락을 잘랐다. 이후 다른 사람들의 가격 제안이 이어졌고, 젊은이들이 발가락을 들고 흥정하는 끔찍한 거래가 계속되었다." 1911년 펜실베이니아주 코츠빌(Coatesville)에서는 자카리아 워커(Zachariah Walker)의 린치 이후 "150여 명이 기념품을 가지려고 밤을 지새웠고, 죽은 자의 이빨과 뼈를 꺼내고 수갑, 나무 조각, 옷 조각 등 기념품처럼 보이는 것은 모두 가져가서 판매했다." 신체의 대상화, 상품화는 기념품을 행운을 가져다주거나 건강을 회복시켜주는 일종의 부적으로 믿는 미신의 대상으로 만들었다.[53]

이러한 린치는 미국 흑인들에게 회복하기 힘든 고통과 트라우마를 남겼다. 흑인 공동체는 민병대를 조직하고 유니언연맹을 만들어 린치에 대항했으며, 미시시피 하부와 아칸소 델타의 흑인 자경단은 백인들에게 보복하는 린치에 나섰다. 흑인 여성과 아이들을 강간하거나 살해한 백인 혐의자에게 린치를 가했고, 경찰에게 붙잡혀 있는 무고한 흑인 용의자를 탈출시켰다. 수백 명의 무장한 흑인들이 범죄 혐의로 체포된 흑인들을 보호하기 위해 나서면서 1890년 7월 조지아주 그리핀(Griffin)에서, 1891년 10월 버지니아주 클리프톤 포지(Clifton Forge)에서, 1892년 7월 플로리다주의 잭슨빌(Jacksonville)에서는 흑인과 백인 간 대결이 폭동으로 번지고, 주 경비대가 배치되기도 했다.[54]

백인 폭도들은 린치에 대한 흑인들의 보복을 피하려고 신망이 높고 이웃이나 친구들과 유대가 강한 흑인이 아니라 지역 공동체에 뿌리가 약한 사회 주변적 인물을 주로 린치 대상으로 삼았다.[55] 1892년에 프레드릭 더글러스는 "백인의 린치는 니그로가 저항하고 싸우고 있다는 증거"라면서 이는 흑인의 권리, 독립, 성공에 대한 백인들의 가중된 두려움과 공포의 반증이라고 했다. 그는 백인들이 린치를 멈추지 않으면 "니그로들이 폭탄과 다이너마이트 만드는 것을 배울 것"이라며 폭력적 보복을 경고하기도 했다.[56]

흑인 공동체는 린치 가담자들이 흑인 짐승 강간범(black beast rapist)이라는 이미지를 만들어 린치를 정당화하는 것에도 맞섰다. 남부 린치 희생자인 흑인들의 주요 혐의는 백인 여성에 대한 성폭행이었다. 1890년대 블랙 벨트의 정치인과 언론인, 목사를 포함해 남부 백인 남성들은 자신들을 문명의 보호자이자 가부장적 사회의 수장 그리고 백인 여성의 보호자로 자처했다. 사우스캐롤라이나 상원의원 벤 틸먼(Ben Tillman)은 1907년 연방의회 연설에서 "남부 백인 여성은 순수성과 정절을 지키기 어려운 포위 상태에 있다"라며 린치를 정당화했다. 린치는 노예제에서 풀려난 흑인들의 야만적인 본성이 백인 여성을 위협한 것에 대한 징벌이라는 것이다.[57]

이러한 서사에 남부 백인 여성도 호응했다. 그들은 흑인의 폭행을 증언하고 고문을 요구하며 폭도를 선동했다. 군중 속 여성들은 "니거를 불에 구워라!(Roast the nigger!)"라고 외치면서 제시

전미유색인지위향상협회의 반(反)린치 깃발(1936, ©Library of Congress)

워싱턴을 천천히 불태우는 것에 환호했다. 조지아의 백인 여성 저널리스트였던 레베카 펠턴(Rebecca Felton)은 1897년에 "백인 여성을 인간 짐승으로부터 보호하는 데 린치가 필요하다면 나는 일주일에 천 번의 린치도 개의치 않겠다"라고 연설하기도 했다. 대중 의식으로 행해진 린치는 백인 여성을 지키고 보호하려는 백인 남성의 노력으로 포장되면서 백인들의 단결을 확인했다.[58]

전미유색인지위향상협회와 인종 간 협력위원회(CIC, Commission on Interracial Cooperation) 등의 조직은 흑인들을 린치로부터 보호하지 않는 남부 법정과 사법 체계를 불의와 억압의 도구라고 비난하는 한편, 흑인에게 씌워진 강간범 혐의를 벗기는 데 힘을 모았다. 전미유색인지위향상협회의 제임스 W. 존슨(James W. Johnson)이 1889년부터 1921년까지 흑인에 대한 3,434건의 린치를 조사한 결과, 570건 즉 16.6퍼센트만이 강간 혐의의 린치로 밝혀졌다. 기간을 달리 설정한 다른 단체들의 수치에서도 성적 폭력으로 유발된 흑인 린치는 전체 린치의 20퍼센트가 되지 않았고, 강간죄로 고발된 흑인 일부는 무고한 경우였다. 흑인들은 살인, 강도, 방화, 절도 등의 혐의도 받았지만, 백인의 고용 제의를 거부하거나 백인에게 불리한 증언을 하거나 부와 재산을 과시하거나 임금과 빚을 둘러싸고 백인에 맞선 이유로 린치를 당한 경우가 더 많았다.[59]

이에 유색인여성협회(National Association of Colored Women) 회장이었던 메리 C. 터렐은 "흑인을 목매달고 총으로 쏘고 불에 태우는 것이 만연하게 된 원인"은 인종적 증오와 남부의 무법성 때문이고, 강간은 구실일 뿐이라고 비판했다. 린치가 백인 여성의 명예와 안전을 지킨다는 것은 명분일 뿐이며, 실상은 흑인의 정치적·경제적 권리 회복과 그 도전에 백인 남성들이 느낀 위기감의 발로라고 주장했다. 백인의 인종적 순수성을 상실할 것에 대한 백인 남성의 두려움이 여성의 순결과 순수성을 지킨다는 방패막을 만들었다는 것이다.

아이다 B. 웰스는 인종의 경계를 넘어 백인 여성과 흑인 남성 사이의 합의된 관계를 보도한 백인 언론들을 인용하면서 린치 가해자들이 강간 혐의를 씌웠다고 주장했다. 반(反)린치 남부 여성협회(ASWPL, Association of Southern Women for the Prevention of Lynching)도 백인 여성이 린치에 말 없는 공모를 한 것을 인정하고, 린치가 남부 여성을 보호하기 위함이라는 주장은 연약한 여

성의 이미지를 만드는 백인 남성들의 전략이라고 강조했다.[60]

영화「국가의 탄생」

20세기 초 미국의 인종 문제를 극명하게 보여준 것은「국가의 탄생」이라는 영화와 그에 대한 반응이었다. 토머스 딕슨(Thomas F. Dixon Jr.)의 소설「클랜즈맨(The Clansman)」을 원작으로 삼아 제작된 3시간짜리 이 무성영화는 남북전쟁 기간과 이후의 재건 시대를 배경으로 흑인을 부정적으로 묘사하고 쿠클럭스클랜을 미화해 전미유색인지위향상협회의 즉각적인 비판을 받았다. 그러나 5천만 명 이상의 관객을 모아 엄청난 흥행에 성공했다.

영화의 서사는 북부와 남부를 상징하듯 펜실베이니아와 사우스캐롤라이나의 두 집안을 둘러싸고 전개된다. 전쟁 이전의 남부는 화목한 백인 농장주 가정의 모습으로, 그리고 온정주의적인 주인에게 진심으로 복종하는 흑인 노예들의 모습으로 그려진다. 전쟁 이후에는 사우스캐롤라이나주 의회 의원으로 당선된 흑인들이 의회에서 신발을 벗고 맨발로 책상에 발을 올려놓거나 술을 마시는 장면들이 나온다. 그리고 흑인에게 청혼 받은 백인 여성이 절벽에서 떨어져 사망하자 백인들이 복수를 위해 클랜을 조직하고 북부 뜨내기들과 흑인들을 징벌한다. 남부의 순결한 백인 처녀가 구출됨으로써 백인 남성이 지배하는 에덴동산이 회복되는 것으로 영화는 끝난다.

영화 「국가의 탄생」의 스틸커트(1915, ©The New York Public Library)

이 영화는 1915년 윌슨 대통령과 내각 장관들을 대상으로 백악관에서 상영되었고, 뉴욕과 보스턴 등 북부 도시들에서는 영화에 대한 호평이 이어졌다. 『뉴욕타임스』는 "복수심에 불타는 십자군처럼 쿠클럭스클랜이 말을 타고 야간 질주를 하는 장면"을 명장면으로 꼽았다.

그러나 흑인 신문들은 이 영화가 인종적 편견을 불러일으키고 흑인종을 비하하고 있다고 비판했다. 전미유색인지위향상협회는 흑인에 대한 모욕적 장면을 포함해 후반부 삭제를 검열심사

위원회에 요청했다. 결국 거세 장면 등 일부가 삭제되었고, 일리노이주 전체에서는 영화 상영이 금지되었다.

하지만 영화를 둘러싼 논란과 대립은 오히려 대중의 흥미를 불러일으켰다. 남부 켄터키 출신의 그리피스 감독은 백인 여성과 흑인 남성의 통혼을 국가의 수치라고 보았으며, 백인 지배 질서의 상실과 회복의 드라마를 이 영화에 담았다. 백인 우월주의와 흑인에 대한 인종차별주의로 일관하고 있는 이 영화는 백인 여성을 강간하려는 흑인 남성을 스테레오타입으로 그리면서 흑인에 대한 백인의 린치를 정당화한 영화였다. 나아가 백인 지상주의의 원형을 만들고, 그것이 미국 국가 정체성의 요체임을 선언함으로써 백인 국가의 탄생을 알린 것이었다. 흑인들이 이 영화에 맞서 제작한 영화의 제목은 「인종의 탄생(The Birth of a Race)」(1918)이었다.[61]

쿠클럭스클랜의 재조직과 해체

1866년에 최초로 조직된 쿠클럭스클랜은 1871년에 해체된 후 1915년에 조지아 애틀랜타에서 윌리엄 시몬스(William Simmons)를 지도자로 재조직되었다. 같은 해 발표된 영화 「국가의 탄생」에 클랜을 찬양하는 내용이 담기면서 남부 백인은 클랜 가담에 고무되었다. 쿠클럭스클랜은 1920년까지 앨라배마와 조지아를 중심으로 4백여 개의 지부를 두고 4백만 명 이상의 회원으로 성

워싱턴D.C. 펜실베이니아 에비뉴를 따라 행진하는 클랜 회원들
(1926, ©Library of Congress)

장했다. 클랜이 이렇게 놀라운 규모로 빠른 시간에 성장할 수 있었던 동력은 1890년대 이후 면화 불황 등 경제 악화에 따른 남부 백인들의 좌절과 절망, 불안감과 위기감에 있었다.

클랜은 1910년대와 1920년대의 미국화(Americanization) 운동을 배경으로 1924년 이민법 제정에 영향을 미쳤고, 1924년 미국 상원의원 16명(공화당 9명, 민주당 7명), 주지사 11명(공화당 6명, 민주당 5명)의 당선을 도왔다. 그중 상원의원 5명, 조지아 등 주지사 4명과 애틀랜타 시장이 클랜 회원이었다. 1926년 클랜 회원 4만 명은 흰 두건과 가운을 입고 미국 의사당 앞에서 워싱턴 행진을 벌여 세를 과시했다.

클랜은 1929년 대공황 이후 회원 수가 급감했고, 1944년 소득세 탈세 문제로 해체되었다가 1964년 민권법에 맞서 다시 조직되었다. 클랜은 1970년대 말에도 산발적으로 살아났지만, 신나치와 우파 극단주의자들과 연합하거나 분파로 나뉘어 쇠퇴의 길을 걸었다.[62]

흑인 린치에 앞장서는 클랜 등의 활동을 막으려는 연방정부의 노력도 있었다. 법무부 장관 윌리엄 H. 무디(William H. Moody)는 연방의회가 린치에 처한 시민을 보호할 권한이 있다고 주장했다. 후임자인 찰스 J. 보나파르트(Charles J. Bonaparte)도 주 관리들이 린치에 속수무책이라고 보았다. 그는 연방정부가 대처하지 않으면 폭도들의 린치가 모든 지역에 퍼지고 "하루도 폭도의 손에 흑인이 죽지 않는 날이 없을 것"이라고 했다.

하지만 연방대법원은 연방정부가 주의 권한에 개입해 린치 가해자를 처벌하는 것을 제어했다. 이에 보나파르트는 연방 치안권(National Policing)을 확대하기 위해 1908년 연방조사국(Bureau of Investigation, 후에 FBI)을 창설했다. 이는 주가 치안 유지에 독점적 권한을 갖는다는 오랜 원칙에 대한 도전이었다. 1935년에 FBI의 수장이 된 존 에드거 후버는 카운티 보안관과 경찰에게 린치 통제 권한을 부여했던 관행에 맞서 클랜과 전쟁을 벌였고, 1939년 법무부 장관 프랭크 머피(Frank Murphy)는 전미유색인지위향상협회와 협조해 반(反)린치 법을 입안하기도 했다.[63]

백인성의 구축

미국의 인종 문제는 흑인의 문제가 아니라 백인이 흑인에 대해 가해자로서 만들어낸 문제다. 무엇보다 스펙터클 린치의 중요한 유산은 린치 현장을 백인종의 우위를 자랑하는 극장으로 만들고, 남부를 백인의 영토라 주장하는 백인성을 강화시켰다는 데 있다. 대중 처형 의식이 조장되고 사법 정의가 실현되지 않은 수십 년간 남부 백인들은 흑인에 대한 낙인과 배제를 통해 인종적 연대를 만들어갔고, 피부색의 경계를 구축하며 백인의 우월적 지위를 강화했다. 남부는 1890년에서 1940년 사이에 사실상 인종 분리를 뒷받침할 법과 질서를 수립하고 제도화했는데, 린치는 그러한 짐 크로우 지배 체제와 함께 인종의 위계를 구축하는 과정의 일환이었다.[64]

특히 백인 노동 계급의 백인성은 노동 계급의 인종적 연대를 어렵게 만든 결정적 요인이었다. 백인 노동자들은 계급 관계에서 느낀 소외와 착취를 흑인보다 덜 억압받는다는 우월감으로 보상받았고, 흑인에 대한 비하와 백인의 특권 의식을 수용하면서 백인성을 획득해갔다. 아일랜드인, 이탈리아인, 동유럽 이민자들은 그들 나라에서는 전혀 중요하지 않았던 피부색 때문에 미국에 도착해서 백인이 '되었고', 부족한 백인(lesser white races)들로 여겨졌다.

백인 이민자들은 '백인성의 임금', 즉 백인이기에 흑인보다 덜 억압받는다는 사실에 만족했다. 유럽 이민자들은 배에서 내리자마자 '니거'라는 단어를 배웠으며, 흑인에 대한 경멸을 공유함으로써 미국인이 되었다. 또한 미국에서 백인성은 단순히 흑인에 대한 억압과 차별을 정당화하는 기제일 뿐만 아니라 심리적·사회적 자본으로서 재산의 가치를 지니는 것이었다. 따라서 자본 계급은 사회 통제를 위한 도구로 백인성을 활용했다.

인종은 자본주의가 아래로부터의 계급투쟁에 대응하는 분열과 해체의 도구였다. 자본은 계급적 특권에 대한 분노를 정치화하지 못하도록 인종을 활용해 계속 좌절시켰다. 백인 노동 계급은 흑인 그리고 히스패닉과 같은 이민자들이 자신들의 피, 땀, 눈물에 얹혀사는 기생자들이라고 보고 자신들과 구별했다. 백인성의 본질은 경제적·사회적·정치적 기회에 대한 우월적 접근권을 갖는 것으로 남부만이 아니라 미국의 주류 가치로 자리 잡았다.[65]

제9장

20세기 흑인의 민권 투쟁

*

20세기 들어 미국 흑인들은 재건기 이후 제정된 짐 크로우 법을 폐기하는 노력을 전개하는 한편, 전미유색인지위향상협회(NAACP)를 설립해 흑인의 민권 회복에 박차를 가했다. 연방대법원이 1896년에 플레시 재판에서 "분리하되 동등한" 공공시설은 합헌이라고 함으로써 인종 분리법을 인정하자, 두 보이스(W. E. B. Du Bois)는 인종 분리와 차별에 맞서 정치·사회적 평등을 구현할 것을 주장했다. 자메이카 태생의 마커스 가비(Marcus Garvey)는 흑인과 백인의 통합 가능성을 거부하고, 흑인들이 독립적인 아프리카 국가를 세울 것을 주창하며 '신(新)흑인(New Negro)' 운동을 전개했다.

남부 흑인들이 북부 도시로 대거 이주하면서 심해진 흑백 갈등은 1919년 시카고를 비롯한 미국 전역의 25개 도시에서 발발한 인종 폭동으로 이어졌다. 연방정부는 범죄 증가 추세에 대응해 법 집행을 확대하고 연방 교도소 체계를 강화했는데, 교도 기관의 폭발적 증가와 수감률 폭증은 인종적으로 편향된 경찰 수사망이 만연하면서 인종적 처벌 격차로 이어졌다. 대공황 시기에는 대량 실업에 처한 흑인들도 프랭클린 루스벨트 대통령의 뉴딜 프로그램으로 정부 지원을 받았으며, 이는 흑인들이 공화당에서 민주당 지지로 투표 행태를 바꾸는 중요한 계기가 되었다. 제2차 세계대전 발발은 미국 흑인들의 대거 참전을 이끌었고, 노동력 수요 증가와 군수 산업 호황으로 남부 농촌 흑인들의 북부 산업 도시로의 이주를 촉발했다.

1954년 브라운 판결은 미국식 아파르트헤이트로 불리는 인종 분리에 대한 저항의 도화선이 되었다. 전미유색인지위향상협회가 추진한 사법 투쟁이 성과를 거둔 브라운 재판은 인종 분리 공교육을 위헌으로 선언했다. 이후 고용, 주택, 공공시설의 인종 차별을 막는 법안들이 제정되었으며, 존 F. 케네디 대통령의 인권 법안과 차별 금지 법안의 통과에 큰 영향을 미친 인물은 침례교 목사 마틴 루서 킹이었다. 그는 1955년 앨라배마주 몽고메리에서 일어난 버스 보이콧 운동을 비폭력 평화 시위로 이끌면서 흑인의 권익을 대변하는 인물로 알려지기 시작했다. 킹 목사가 1965년 앨라배마주의 셀마(Selma)에서 시작한 흑인 투표권 요구 시위는 존슨 대통령의 민권법이 가결되어 흑인 투표권이 회복되는 데 도움을 주었다.

1968년 마틴 루서 킹이 암살된 후 민권 운동은 블랙파워 운동으로 발전했다. 비폭력학생연합(Student Nonviolent Coordinating Committee, SNCC)의 의장이었던 스토클리 카마이클(Stokely Carmichael)은 킹 목사의 비폭력 저항에 대한 믿음을 잃고, '당장 자유를(Freedom Now)'이라는 슬로건 대신 '블랙파워(Black Power)'를 주창했다. 비폭력주의와 점진적인 방법을 강조해왔던 흑인 조직들은 때로 폭력을 수반하는 흑인들의 대항 방식에 직면했다. 맬컴 엑스(Malcolm X)는 흑인 민족주의 종교단체인 네이션오브이슬람(Nation of Islam)에 가입하고, 흑인 우월주의와 흑인 분리주의를 내세웠으며, 자기 방어를 위한 폭력행사를 정당한 것으로 강변했다. 그의 급진론은 1966년에 창립된 블랙팬서당과 같은 흑인 무장 투쟁 단체에 영향을 주었다.

한편 흑인 지도자들은 고용 차별에 대한 투쟁을 벌여 연방정부의 차별 시정 정책을 이끌었다. '소수 집단에 대한 적극적 우대 정책(Affirmative Action)'은 차별과 불이익에 처해 있었던 흑인들을 포함해 개인에게 주어지는 기회의 평등이 아니라 집단이 얻는 결과의 평등을 보장했다. 이는 개인별 성과주의와 능력주의로부터 방향을 튼 새로운 방식의 평등 정책이었다. 이 지침은 1970년대에 대학을 포함해 연방정부로부터 자금을 받는 기관에까지 확대되었고, 소수 집단은 교육과 취업 등에서 더 많은 기회를 확보할 수 있었다.

1990년대 이후에는 노예제에 대한 보상적 정의(restorative justice)나 배상과 같은 쟁점이 흑인 민권 운동의 주요 의제가 되었다. 흑인들은 노예제를 흑인 홀로코스트(black holocaust)로 명명하고, 노예제 아래서 생명과 재산을 잃은 노예 후손에게 보상하라고 요구하고 있다. 노예 해방 이후에도 백 년간 다른 소수 집단과 달리 교육, 고용, 복지에서 제도적인 차별을 당하고, 린치로 목숨을 잃은 흑인들에게 경제적 보상이 필요하다고 주장한다.

이제 전 세계의 흑인 공동체는 블랙 디아스포라 내의 차이와 이질성을 넘어 초국적 소통과 연대를 추구한다. 글로벌 블랙니스는 인종적 억압과 저항 경험의 공유에 초점을 맞추어 인종차별을 극복하려는 아프리카인 후손들의 연대 움직임을 대변한다. 그것은 인종적 국경, 문화적 국경을 만들어 인간의 이주와 이동을 규제하고 금지하는 민족주의, 국가주의의 장애를 넘어서는 것이다. 국가의 경계를 넘는 블랙 트랜스내셔널리즘은 디아스포라의 과정에서 이산민으로 정착해 구축한 개별 블랙 공동체들의 독특성을 존중하며, 인종 정의 실현의 초국적 유대를 만들 것을 기대한다.

플레시 판결: "분리하되 동등한" 공공시설

1881년에 테네시주는 남부에서 처음으로 인종 분리를 공식적으로 규정한 법을 제정했다. 1890년 루이지애나주 의회도 기차 회사가 두 개 이상의 승객 객차를 제공하거나 칸막이로 객차를 구분해 "백인과 흑인에게 분리되었으나 동등한(separate but equal) 시설을 제공해야" 한다는 승객 편의 증진법(Act to promote the comfort of passengers)을 통과시켰다.

호머 플레시(Homer Plessy)는 흰 피부에 가까운 혼혈이었는데, 뉴올리언스에서 출발한 기차에서 흑인 전용 객차로 옮길 것을 요구받자 이를 거절했고, 법 위반으로 기소되어 1892년 루이지애나주의 지방 법원에서 유죄 판결을 받았다. 이에 연방대법원에 항소했고 1896년 플레시 대 퍼거슨(Plessy vs Ferguson) 재판은 7대 1로 인종 분리법의 합헌성을 인정했다. 즉, "수정조항 제14조가 법 앞에서 평등을 정했지만, 피부색에 근거한 구별을 폐지한다거나 사회적 평등을 규정한 것은 아니"라는 것이었다. 정치적 평등과 사회적 평등은 엄격히 다르며, 인종 간의 사회적 차이는 자연스럽고 당연하다는 취지였다.[1]

연방대법원 판결에서 단독으로 반대 의견을 낸 존 마셜 할란(John Marshall Harlan) 판사는 루이지애나의 인종 분리법이 위헌이라고 보았다. "백인은 이 나라에서 지배 인종이다. 지위, 업적, 교육, 부와 권력에서 그러하다. 그러나 법의 관점에서 이 나라에 우월한 시민계급은 없다. 이 나라에 카스트 제도란 없다. 우리 헌법은 색맹이며 시민권이라는 관점에서 모든 시민은 법 앞에 평등하다." 따라서 피부색이나 인종을 근거로 시민권을 규제하는 것은 잘못이라고 보았다. 더구나 인종 분리의 강제는 유색 인종에게 열등성이라는 배지를 다는 것이며, 그것은 인종 간 불신을 넘어 "인종적 증오의 씨앗"을 심을 것이라고 예상했다.[2]

이 판결에 앞서 앨라배마에 터스키기 학교를 건립하고 남부 흑인의 교육과 계몽에 앞장선 흑인 지도자 부커 T. 워싱턴(Booker T. Washington)은 "분리하되 동등하면 된다"는 흑백 분리를 수용했다. 그는 1895년 애틀랜타 국제박람회 연설에서 "다섯 손가락처럼 나뉘어 있지만 하나의 손"이라는 말로 남부 흑인과 백인의 관계를 표현했다. 하지만 그는 인종 간 협력의 유익성, 백인과 흑인의 상호 협력의 필수 불가결을 강조했으나 사회적 평등에 대해서는 언급하지 않았다.

1895년에서 1915년 사이는 '부커 T. 워싱턴의 시대'로 불릴 만큼 그의 명성과 영향력은 컸다. 워싱턴은 기술 교육을 통한 경제 자립이 급선무라고 주장했다. 노예로 태어나 농업학교에서 기술 교육을 받은 그는 남부 흑인들이 기술을 익혀 자립하는 것이 최선의 방안이라고 보았다. 워싱턴은 이후 카네기의 60만 달러 기부를 비롯해 백인 기업가와 박애주의자들의 지원을 받았고, 1900년에 흑인사업가연맹(National Negro Business League)을 창설했으며, 시어도어 루스벨트 대통령의 정치 자문관으로도 활동했다.[3]

범아프리카주의: 두 보이스와 마커스 가비

20세기 초 대표적인 흑인 지도자는 부커 T. 워싱턴과 두 보이스(W. E. B. Du Bois)였다. 두 보이스는 워싱턴의 흑백 연대 입장을 비판하고, 1909년에 결성된 전미유색인지위향상협회 발기인으로 참여했다. 하버드대학에서 미국 흑인 최초로 박사학위를 취득한 사회학자인 그는 미국 흑인 문제의 핵심은 인종 분리와 백인의 인종주의라고 진단했다. 그는 흑인에게는 그들만의 독특한 정신과 영혼이 있으며, 흑인들은 백인 문화에 동화할 것이 아니라 흑인의 고유한 정신과 문화를 발전시켜야 한다고 주장했다. 나아가

W. E. B. 두 보이스

미국 흑인은 흑인임과 동시에 미국인이라는 이중 정체성을 지니고 있으며, 교육과 계몽을 통해 정치·사회적 평등을 구현하고 인종차별에 맞서야 한다고 주장했다. 그는 1910년대에 미국공산당에서 활동했고, 이후 마르크스주의를 수용했는데, 1919년부터 다섯 차례의 범아프리카 총회를 이끌면서 세계 흑인의 단결을 호소하는 범아프리카주의의 아버지로 명성을 얻었다.[4]

1900년에 런던에서 처음 열린 범아프리카 회의는 아프리카인들과 아프리카 후손의 세계를 블랙니스(Blackness) 혹은 니그로니스(Negroness)로 정의하고, 아프리카 후예의 인종적 연대와 자각, 인종차별에 대한 반대, 백인 우월주의와 지배로부터의 해방 등을 표방했다.

미국에서는 백 투 아프리카(Back to Africa) 운동이 전개되는 가운데 알프레드 샘(Chief Alfred Charles Sam)이라는 가나 출신의 무역상이 미국 흑인들의 아프리카 정착을 독려하고 이끌었다. 1890년부터 오클라호마의 인디언 영토에 이주해 있던 흑인들을 대상으로 샘은 '남부 황금 해안(South Gold Coast)'이라고 불리는 텐트 모임을 이끌면서 흑인 농민과 숙련공들의 아프리카 정착을 설득했다. 그는 1914년에 약 5백 명을 이끌고 아프리카 감비아에 도착했지만, 현지 지도자들이 토지 소유를 불허하자 일부는 오클라호마로 돌아올 수밖에 없었다. 이후 미국 흑인들을 아프리카로 보내는 운동은 마커스 가비(Marcus Garvey)에 의해 이어졌다.[5]

자메이카 태생의 가비는 전 세계 흑인들의 분리 독립과 아프

마커스 가비

리카 연방국가(United States of Africa)를 주창했다. 그는 흑인들이 독립적이고 강인한 아프리카 국가를 세울 때만 번영할 수 있다고 보았다. 아프리카를 백인 지배로부터 회복해야만 흑인종의 완전한 회복이 가능하다는 것이다. 그는 1914년 뉴욕에 세계흑인지위향상협회(Universal Negro Improvement Association, UNIA)를 만들고, 주요 슬럼가에 지부를 세우면서 가난한 흑인들을 돕는 프로그램과 사업을 시작했다. "검은 것이 아름답다", "국내와 해외의 아프리카인들을 위한 아프리카(Africa for the Africans, at Home and Abroad)"를 슬로건으로 내세우며 「니그로 세계(Negro World)」라는 신문도 창간했다.

그는 메시아적인 언어와 스타일로 '신(新) 흑인(New Negro)'이라는 제목의 연설을 하면서 흑인 모세로 떠올랐다. 1919년에는 백 투 아프리카 운동의 통로가 될 블랙스타(Black Star) 증기선 해운회사를 세우고 미국 흑인들을 고향으로 보내는 운동을 시작했다. 그러나 1922년에 FBI가 우편 사기죄로 가비를 구속하면서 그의 범아프리카주의와 흑인 민족주의는 급속히 영향력을 잃었으며, 수감 중 1927년에 캘빈 쿨리지 대통령의 사면을 받고 가비는 자메이카로 추방되었다.[6]

주거 지역의 인종 분리

20세기 초에 노골적인 인종차별은 대부분의 직업에서 흑인을 배제했고, 주거 지역에서도 인종 분리가 증가했다. 뉴딜 정책의 연금 보장법은 임금 노동자로 대상이 한정되어서 가내 노동자나 농업 노동자가 다수였던 흑인들은 혜택을 보지 못했다.

1934년에 창립된 미연방 주택청(FHA, Federal Housing Administration)의 주택 정책에서도 흑인들은 벗어나 있었다. 주택청의 첫 40년간 150조가 넘는 주택담보대출의 주 수혜자는 교외 주택을 가진 백인들이었다. 이는 인종차별적인 대출 자격 심사 방식 때문이었다. 그 결과 인종적으로 분리된 주택 시장이 형성되고, 그렇게 인종 분리된 현장에서 공교육이 시행되었다. 연방 주택청은 민영주택사업, 공공주택, 슬럼 정리, 도시 재생 등을 지원하면서 기존의 인종 분리 형태를 강화하고 영구화하는 역할을 했다. 즉, 법률상의 인종 분리(de jure segregation)를 사실상 구축한 것이다. 제2차 세계대전 이전에 흑인이 거주하던 공공주택의 3분의 2는 완전히 인종 분리된 지역에 있었고, 전후에도 주거 인종 분리를 가속화할 공공주택 정책은 계속되었다.[7]

연방정부의 보증제도는 특정 지역의 주민들에게 대출을 거부하는 것이었다. 레드라이닝(redlining)은 주로 흑인이 사는 빈곤층 거주 지역에 대한 금융 서비스를 배제하는 것을 말한다. 지도상 특정 지역을 붉은색으로 표시한 것에서 유래했다. 이것은 흑인의 대출을 막고 백인의 교외 이주를 촉진했다. 1940년에서

1960년 사이 흑인 3백만 명 이상이 남부에서 북부 도시로 이동하면서, 시카고, 디트로이트, 클리블랜드, 뉴욕 등 동부 및 중서부 산업 도시에서 흑인 인구가 대대적으로 팽창하자 백인 가족의 교외 이주도 증가했다. 즉, 도시 흑인 인구가 급증하던 시기에 백인들은 학교의 흑백 통합과 도시의 소음 및 위험을 피해 안전한 교외 지역으로 이주했다. 도시 내부의 주거 지역은 가난한 사람이 모여 사는 공간, 즉 게토(ghetto)가 되었다.

1960년에는 미국 인구의 3분의 1이 교외에 살고 있었다. 하지만 주거 공간의 인종 분리와 불평등 문제 해결은 제자리걸음이었다. 이에 1968년 민권법의 8조인 공정한 주거법(Fair Housing Act)이 제정되었고, 부동산의 매매, 임대, 대출에서 인종, 피부색, 종교, 성별 등에 따른 차별을 불법으로 만들었다. 이는 도시와 메트로폴리탄 교외의 인구 분포에 변화를 만들었지만, 인종에 따른 거주 분리는 1970년대 이후 다른 형태로 지속되었다. 1990년대에도 교외 거주 흑인은 34퍼센트에서 39퍼센트로 증가했을 뿐이고, 이주 자체도 도시에서 가까운 교외에 머물러 있었다. 20세기 말에 흑인들은 여전히 주민 다수가 흑인인 동네에 거주했다. 주거 지역의 인종 분리는 개인의 선호나 집주인의 인종주의의 영향일 뿐 아니라 이렇게 정부 정책과 그 조치의 결과이기도 했다.[8]

제1차 세계대전이 끝난 1919년에 미국 전역의 25개 도시에서 인종 폭동이 일어났다. 남북전쟁 직후 흑인의 90퍼센트가 남부에 살았으나 1940년에는 75퍼센트로 줄었고, 1910년부터 1970년까지 60년간의 대이주(Great Migration) 기간에 650만 명의 흑인이 남부를 떠났다. 남부 흑인이 북부 도시로 대거 이동하면서 필라델피아, 내슈빌, 찰스턴 등 여러 대도시에서 인종 충돌이 빚어졌다.

그중 1919년 7월의 시카고 폭동은 30개 이상의 인종 폭동이 일어난 '1919년의 적색 여름(red summer)'에 발생한 인종 간 폭력 사태 가운데 최악이었다. 폭동은 미시간호수에서 수영하던 흑인 소년이 백인 전용 해변으로 밀려갔을 때, 해변에 있던 백인들이 소년을 폭행해 익사시킨 사건에서 시작되었다. 이에 분노한 흑인 군중이 백인 지역으로 몰려갔고, 13일 동안 시카고는 거의 전쟁 상태에 빠졌다. 결국 15명의 백인과 23명의 흑인이 사망하고 부상자 537명이 발생했다.

시카고는 풍부한 일자리 덕에 흑인 대이동의 가장 중요한 통로였다. 북부 도시에 도착한 흑인들은 스스로를 신(新)흑인(New Negro)이라고 부르는 자부심이 있었고, 이들 가운데는 제1차 세계대전에 참전했다 돌아온 흑인도 다수였다. 1910년경 시카고 흑인 인구의 78퍼센트가 남쪽 지구의 한 거리에 집중되어 있었는데, 백인들은 이를 "검은 벨트"라고 부르고 습격 목표로 삼았다.

시카고 폭동의 배경에는 노동 운동이 고조되던 상황에서 파업 저지와 분쇄를 위해 고용된 흑인 노동자들에 대한 백인 노동자들의 분노도 깔려 있었다. 즉, 동유럽과 북유럽 출신이 대부분인 이민 노동자들과 흑인 노동자들 간의 갈등 원인이 흑인의 비(非) 노조화에도 있었던 것이다. 흑인들은 백인 위주의 노조에 심한 편견과 차별을 겪었으며, 시카고의 흑인 언론과 교회도 백인 노조를 불신했다. 흑인 노동자들은 작업장에서도 끊임없는 따돌림을 당했고, 백인 노조에서 배제된 상황에서 불안정한 지위를 보장받기 위해 사측에 전략적으로 협조하거나 파업 파괴 일원으로 활동했다.

시카고 폭동 이후에도 인종 폭동은 계속되었다. 1921년에는 오클라호마 털사(Tulsa)에서 백인 여성에 대한 흑인 남성의 공격을 이유로 폭동이 일어나 9명의 백인과 21명의 흑인이 사망하고 도시 상당 부분이 불에 타거나 파괴되었다. 이후에도 1965년 로스앤젤레스 와츠(Watts) 폭동으로 1주일간 34명이 사망하고 4백만 불의 재산 손실이 발생했다. 이는 연방 방위군(National Guard)이 투입되어서야 진압되었다. 1966년에는 시카고와 클리블랜드에서 소요가 발생했고, 1967년 디트로이트에서도 인종 간 충돌로 33명의 흑인과 10명의 백인이 죽고 2천 명이 부상했다. 1964년에서 1972년 사이에 일어난 인종 폭동으로 250명 이상이 사망하고 1만 명 이상이 다쳤으며 6만 명이 체포되었다.

흑인 수감률의 폭증과 스코츠보로 사건

20세기 초의 범죄와 처벌 추세는 교도 기관의 폭발적 증가, 수감률의 폭증, 인종적 처벌 격차를 보여주었다. 범죄 통제가 인종 통제에 이용되었고, 흑인 용의자의 유죄 비율이 백인보다 압도적으로 높았다. 1920년대 초 범죄 증가 추세와 함께 연방정부는 법 집행을 확대하고 연방 교도소 체계를 강화했다. FBI는 범죄와 싸우고 감시하는 주요 기관이 되었다. 주와 카운티에서도 검찰의 권한이 확대되고 피고들의 유죄 비율이 늘었으며, 동시에 인종적으로 편향된 경찰 수사망이 만연했다.

1930년대에는 범죄율이 떨어졌는데도 교도소 인구는 늘었고, 흑인 재소자의 비율도 폭증했다. 사형 집행률도 절정이었는데, 특히 흑인이 주 대상이었다. 이후 비대해진 형사 사법 체계가 지속되었다. 연방 교도소는 1990년에서 2002년 사이에 153퍼센트 증가했다. 주로 약물 위반자들의 강제 복역의 결과였다. 교도소 인구의 증가로 미국은 러시아를 제치고 세계에서 수감률이 가장 높은 나라가 되었다. 미국의 수감률은 서유럽과 캐나다의 5~8배에 달한다. 놀랍게도 흑인은 미국 전체 인구의 13퍼센트에 불과하지만, 재소자는 49퍼센트를 차지한다.[10]

일례로 1931년 앨라배마 스코츠보로(Scottsboro)에서 십대 흑인 9명이 백인 여성 2명을 강간한 혐의로 유죄 판결을 받은 사건은 당시 미국 사법 체계의 인종적 편향성을 보여주는 대표적인 사례다. 일은 마을을 지나던 화물 열차 안에서 터졌다. 일자리를

스코츠보로 사건 피고인 소년들과 이들을 변호했던 변호사 리보위츠(Samuel Leibowitz)

찾아 떠나는 흑인과 백인이 절반씩 약 20명이 있었는데, 백인들이 흑인 소년 한 명을 열차 밖으로 쫓아내려 했고, 흑인 소년들이 합세해 이를 막아냈다. 이에 굴욕감을 느낀 백인 소년들이 흑인들에게 공격당했다고 거짓 신고를 했고, 같은 열차에 타고 있던 백인 여성들도 흑인들에게 강간당했다고 허위 신고를 했다. 강간 시도에 대한 어떤 증거도 없었지만, 흑인 소년들은 체포된 지 불과 2주 만에 13살의 미성년자를 제외하고 전원 사형 선고를 받았다. 흑인 소년들은 재판을 받기도 전에 언론의 편파 보도로 범죄자라는 낙인이 새겨졌고, 성난 군중들은 흑인들이 수감된 감옥 주변을 에워쌌다. 재판 역시 백인으로만 구성된 배심원들에 의해 편파적으로 진행되었다.

미국공산당과 전미유색인지위향상협회의 도움으로 항소가 이루어졌지만, 7명의 흑인 소년에게 똑같이 사형 선고가 내려졌다. 이 사건이 여론의 주목을 받으면서 연방대법원은 9명의 흑인 소년들에게 재판 기회를 한 번 더 주었고, 흑인이 포함된 배심원단이 구성되었다. 이 재판 과정에서 피해자라고 알려진 백인 소년들이 허위 진술을 자백했고, 흑인 소년들이 백인 여성의 털끝 하나도 건드리지 않았다는 사실도 밝혀졌다. 마침내 4명의 소년은 무죄 판결을 받았으나 5명에게는 수십 년의 형이 선고되었으며, 한 명은 사형 선고를 받았다. 이 사건은 백인 중심의 사법 체계와 법 집행의 불평등함을 적나라하게 보여준 사건이었다.

대공황과 제2차 세계대전 시기의 흑인

대공황은 흑인의 대량 실업을 초래했다. 공황이 시작되었을 때 미국 흑인의 절반 이상이 여전히 남부에서 살고 있었고, 이들 대부분은 농민이었다. 제1차 세계대전으로 시작된 남부 흑인의 대이주는 1930년대와 1940년대에 가속화되었고, 남부에 있던 흑인 가운데 약 40만 명이 북부 도시로 떠나갔다. 하지만 흑인 실업률은 뉴욕에서 50퍼센트에 이르렀고, 다른 도시에서는 더 높았다. 많은 흑인이 구호에 의존했다.

프랭클린 루스벨트 대통령은 행정부 내 중요 지위에 다수의 흑인을 임명해 흑인 내각(Black Cabinet)이라고 알려진 비공식적인 관료 네트워크를 구성했고, 뉴딜 구호 프로그램에서 흑인이 배제되지 않도록 노력했다. 사업추진청(PWA, Public Works Administration)은 흑인에게 차별적 임금을 허용했으나 1935년까지 미국 흑인의 약 30퍼센트가 정부의 지원을 받을 수 있게 되었다. 이후 흑인은 공화당에 투표하던 행태를 바꿔 1936년에는 90퍼센트가 넘는 흑인이 민주당에 투표했다.[11]

제2차 세계대전이 발발하자 군수 공장에 노동력 수요가 늘면서 흑인들은 남부 농촌 지역에서 산업 도시로 많이 이주했다. 흑인 노동운동 지도자였던 A. 필립 랜돌프(A. Philip Randolph)는 전시 산업에서 흑인 고용을 촉진하는 데 앞장섰다. 1941년에는 공정고용위원회(FEPC, Fair Employment Practice Commission)가 창설되어 국방·군수·방위 산업에서 흑인 고용 차별이 금지되었다.

1940년에 제정된 선발 징병법(Selective Service Act)은 흑인들로 구성된 부대에 흑인이 지원하도록 했지만, 흑인을 위한 분리 시설이 부족하다는 이유로 흑인의 입대는 지연되고 있었다. 이후 전쟁 장기화로 훈련 군인의 숫자가 부족해지자 1944년부터는 후방 지원이나 병참이 아니라 실제 전투에 흑인 부대가 배치되기 시작했다. 터스키기(Tuskegee) 항공단은 최초의 흑인 항공 부대로서 북아프리카와 이탈리아 전선에서 능력을 발휘해 인정받았다. 흑백 군인이 한 작전에 투입되어 처음 함께 싸운 건 1944년 12월 히틀러의 마지막 방어선인 벌지(Bulge) 전투에서였다.

제2차 세계대전이 끝나던 때 국내와 해외에서 복무 중이던 미국 흑인 군인은 약 12만5천 명이었다. 인종 평등 문제에 미온적이었던 해리 S. 트루먼 대통령은 전후 민권 문제가 미국의 대외 정책 추진에 방해가 된다는 보고를 받고서 흑인의 권리를 진작시킬 방법을 모색하게 했으며, 1948년에는 군대에서 인종 분리를 금지하는 대통령령을 발령했다. 이는 흑인 표심을 잡기 위한 노력이었다. 아울러 트루먼은 군대 내의 인종 통합 정책을 적극적으로 홍보했다. 1949년에 린치를 연방 범죄화했으며, 흑인 투표권을 연방 차원에서 보호하고 고용 차별 금지를 포함한 민권법을 제안했다. 하지만 남부 출신 민주당 의원들의 반대로 법안이 통과되지는 못했다.[12]

인종 간 결혼 금지법과 인종에 기반한 이민 정책

1967년 연방대법원이 인종 간 결혼 금지법을 위헌으로 선언하기까지 50개 주 가운데 40개가 넘는 주에서 백인이 흑인이나 비백인과 결혼하는 것을 불법으로 하는 혼종 결혼 금지법(Anti-miscegenation laws)이 유지되었다. 인종 간 결혼 금지법은 버지니아가 1691년에 물라토, 아프리카인, 인디언과 결혼한 백인을 영구 추방하는 법을 만든 것으로 거슬러 올라간다. 매사추세츠는 1783년에 노예제를 폐지했지만, 1786년 백인과 흑인 혹은 인디언 사이의 결혼을 금지하는 법을 도입했고 1830년대까지 유지했다.

인종 간 결혼 금지법은 서부에도 있었으나 그 적용이 남부보다는 느슨했다. 백인과 비백인 사이 결혼이 인정되는 주에서 혼인한 사람들에게는 법적 결혼으로 인정해준 것이었다. 그러나 남부는 이 관례를 거부했다. 노예에게는 결혼과 가족에 대한 권리가 없었기 때문에, 흑백 관계는 불법적인 성관계에 불과하다는 취지였다. 노예 해방 이후 1866년과 1875년 사이에 남부의 8개 주와 서부의 2개 주는 인종 간 결혼 규제를 법제화했고, 연방대법원도 1883년 앨라배마주 페이스 사건(Pace v. Alabama)에서 인종 간 결혼 금지법의 편을 들어주었다.[13]

미국 귀화에 대한 인종적 자격 요건은 1790년 최초의 귀화법이 자유 백인(free white person)을 미국 시민으로 정의한 이후 백인들에게만 허용되었다. 합법화된 사회적 정체성으로서 백인성의 시계가 시작되고 백인 공화국(White Republic)이 모습을 드러낸 것이었다. 이후 1952년 인종적 자격 조건이 폐지될 때까지 이 법은 160년간 지속되었다. 아일랜드 이민자들을 비롯한 유럽 이주민들은 1790년 귀화법에 따라 비백인들에게 주어지지 않는 기회를 누렸다. 하지만 1840년대 아일랜드인들의 대량 이민으로 개방적 이민 정책이 수정되었고, 이후 19세기 말에 남동부 유럽 이민자들과 아시아인 이민이 증가하면서 이민 제한 정책이 시행되었다.

1875년에 헤이스(Rutherford B. Hayes) 대통령은 중국인의 '침입'이 해롭다면서 "더 약한 인종인 니그로와 인디언을 겪어본 경험으로써 중국인이 들어오는 것을 막는 방안을 마련하겠다"라고 공언했다. 연방 이민법은 1882년 중국인 배척법부터 인종이

흑인과 중국인 배척

이 삽화는 1879년 9월 13일자 『하퍼스위클리(Harper's Weekly)』에 실린 것으로,
하단에 "니거도 쫓아내고 중국인도 쫓아내야 한다.
이 가련한 야만인들은 문명화된 공화국 정부를 이해할 수 없다"라고 설명하고 있다.

라는 기반 위에서 미국으로의 이민에 제한을 가했다. 그리고 이민자들에 관한 업무가 이민국이 창설된 1891년부터 주 정부에서 연방정부의 손으로 넘어갔다. 1917년에는 문맹 테스트 이민법(Literacy Test Act), 1924년에는 국적 쿼터제(National Origins and Quarter System)가 시행되었다.

미국 역사상 외국 태생 인구 비율이 가장 높았던 1910년에 이민 인구는 전체의 14.7퍼센트였다. 당시 뉴욕 인구의 41퍼센트, 시카고의 36퍼센트, 샌프란시스코의 34퍼센트가 외국 태생이었다. 귀화와 이민에서 인종차별 및 인종적 자격 조건이 완전히 제거된 것은 1965년이었다. 이후 아시아계와 라틴계 이민이 증가하면서 1980년에 다시 제한적 이민 정책이 실시되었다.[14]

인종 분리를 위헌으로 선언한 브라운 판결

'분리하면 불평등'이라는 법 원칙을 확정한 1954년 브라운(Brown vs Board of Education) 재판은 연방대법원의 만장일치 판결이었다. 브라운 판결은 '법적 분리(de jure segregation)'를 위헌으로 선언했지만, '사실상 분리(de facto segregation)'와 차별을 백안시했다는 점에서는 형식적 평등이었다. 얼 워런(Earl Warren) 대법원장은 즉각적인 흑백 통합보다는 "매우 신중한 속도로" 학교의 인종 통합을 진행할 것을 권고했다. 그는 연방지방법원에 인종적으로 차별 없는 학교 제도로의 전환을 지휘하고 감독할 것을 명했다.

브라운 소송은 전미유색인지위향상협회가 1917년 주거의 인종 분리를 규정한 켄터키주 루이스빌의 시 조례를 위헌으로 이끈 뒤 추진한 체계적이고 포괄적인 소송 기획의 연장선에서 제기된 것이었다. 법정 투쟁을 흑인의 권리 회복에 가장 유효한 전략으로 본 것이다. 그러나 이 판결에 대해 전미유색인지위향상협회가 '분리' 부분에만 지나치게 집중해 인종 통합된 학교에서 차별을 막는 제도적 보완에 관심을 기울이지 못했다는 비판을 받았다.[15]

브라운 판결은 공립학교에서의 인종 분리가 명백히 헌법에 어긋난다고 선언했지만, 이듬해 백 명이 넘는 남부 출신 하원의원들이 브라운 판결을 비난하면서 유권자들에게 판결에 저항하라고 촉구했다. 1957년까지 인종 통합을 시작한 학교는 남부에 있는 3천 개의 학군(school districts) 중에서 684개뿐이었다. 1957년 9월 연방법원은 아칸소주 리틀록(Little Rock)에 있는 센트럴고등학교에 인종 통합을 실행하라고 명령했는데, 백인들이 학교 입구를 막아 명령 집행을 방해했고 주지사도 추가 조치를 거부했다. 이에 아이젠하워 대통령은 연방군을 보내 법원 명령이 집행되도록 했다. 브라운 판결 이후 남부에서는 백인 중산층의 교외화 현상이 심해지면서 인종 분리는 더욱 첨예한 사회 문제가 되었다.

브라운 판결은 학교뿐만 아니라 대중교통과 상업 시설 등에서의 인종 분리에 대한 저항이 증가하는 도화선이 되었다. 1955년 12월 흑인 민권 지도자인 로자 팍스(Rosa Parks)는 앨라배마주 몽

아칸소 주 리틀록의 센트럴고등학교 인종 통합 반대 시위(1957)

고메리에서 백인 승객용 버스 좌석에서 일어나기를 거부한 죄로 체포되었다. 흑인 사회는 즉각 버스 회사에 좌석 분리의 종식을 요구하며 조직적으로 승차 거부를 했다. 이 운동에 침례교 목사인 마틴 루서 킹 2세가 앞장서 비폭력 원칙을 내세우며 인종 투쟁을 전개했다. 결국 1956년 대중교통에서 인종 분리가 불법이라는 대법원판결이 나왔고, 몽고메리 버스는 차별적 좌석 정책을 포기했다. 1960년 노스캐롤라이나의 그린스보로(Greensboro)에서는 흑인 대학생들이 흑백 분리된 식사 판매대 앞에서 연좌 농성을 했고, 이 시위는 남부 전체로 퍼져나가 많은 상업 시설의 통합을 이끌었다.

마틴 루서 킹의 흑인 민권 운동과 카마이클의 블랙파워 운동

1960년대는 마틴 루서 킹이 이끌었던 전반의 민권 운동 시대와 스토클리 카마이클(Stokely Carmichael)이 영향을 미친 후반의 블랙파워 운동 시대로 양분해볼 수 있다. 애틀랜타에서 태어나 앨라배마 몽고메리에서 침례교 목사로 활동했던 킹은 1955년 로자 팍스의 흑인 좌석 거부 사건 이후 버스 보이콧 운동을 비폭력 평화 시위로 이끌며 흑인의 권익을 대변하는 인물로 알려지기 시작했다. 1963년에는 앨라배마주 버밍엄에서 열린 흑인 민권 시위에 참여했고, 같은 해 8월에 20만이 넘는 시민이 모인 워싱턴D.C.의 링컨기념관 앞에서 "나는 꿈이 있습니다(I have a dream)"라는 유명한 연설을 했다. 이 연설은 존 F. 케네디 대통령의 인권 법안과 차별 금지 법안이 통과되는 데 영향을 미쳤다.

이후 그의 민권 운동은 그 초점을 투표권으로 옮겼다. 활동가들은 남부 곳곳에서 '자유를 위한 여름(Freedom Summer)'으로 알려진 운동을 전개하며 투표권 운동을 벌였고, 킹 목사는 1965년 앨라배마주 셀마(Selma)에서 흑인의 투표 등록권을 요구하는 시위를 조직했다. 이 평화 시위에 대한 경찰의 잔인한 진압이 전국적인 분노를 일으키면서 존슨 대통령의 민권법 가결에 도움을 주었다. 투표권 법으로 알려진 이 법안으로 투표권을 행사하려는 흑인은 연방정부의 보호를 받게 되었다.[16]

1968년 마틴 루서 킹이 암살된 후 흑인 민권 운동은 급진적인 블랙파워 운동으로 발전했고 1975년까지 전성기를 맞았다.

워싱턴D.C.에서 우연히 만난 마틴 루서 킹과 맬컴 엑스(1964)

블랙파워 운동의 창시자가 마커스 가비였다면 그 대중화에 가
장 큰 영향을 미친 사람은 스토클리 카마이클이었다. 1960년 그
린스보로 연좌 농성에 참여했던 학생 중 일부는 비폭력학생연합
(Student Nonviolent Coordinating Committee, SNCC)을 만들었는데, 킹
목사가 결성한 남부기독교지도자 회의의 학생 지부였다. 카마이
클은 1965년에 비폭력학생연합의 의장이 된 후 '블랙파워'를 슬
로건으로 내세웠다.

그는 쿠바, 베트남, 알제리, 중국 등을 방문하고 돌아온
1967년에 블랙팬서당에 입당했고 블랙팬서당을 비폭력학생연
합과 합병하려 했으나 성사되지 못했다. 이후 카마이클은 두 조
직과 결별하고 1969년 아프리카로 영구 이주했다. 그는 기니에
서 만난 범아프리카주의 영웅 콰메 은크루마의 이름에서 따온
콰메 투레(Kwame Ture)로 개명했고, 흑인 민족주의 성격이 강한
블랙파워가 아닌 민족주의와 마르크스주의를 결합한 혁명적 범
아프리카주의(Revolutionary Pan-Africanism) 주창자가 되었다. 그것
은 은크루마의 이념을 따른 것으로, 아프리카를 사회주의 정부
아래 하나의 국가로 통일시켜 유럽 제국주의의 잔재로부터 완전
한 해방을 이루는 것이 최종 목표였다.[17]

맬컴 엑스의 급진적 블랙 내셔널리즘과 블랙팬서당

비폭력주의와 점진적인 방법으로 백인과의 협력을 강조해왔던 흑인 단체들은 더 급진적이고 때로는 폭력을 수반하는 흑인 조직들의 대항 방식에 직면했다. 그중 흑인 민족주의 종교단체인 '네이션오브이슬람(Nation of Islam)'은 미국 흑인들에게 이슬람 신앙을 받아들일 것과 완전한 인종 분리를 촉구했다. 그 대표적인 흑인 이슬람교도가 맬컴 엑스(Malcolm X)였다.

맬컴 엑스는 전 세계 흑인의 인종 연대와 흑인 자립을 목표로 범아프리카주의를 주창한 가비즘(Garveyism)의 추종자였다. 그는 절도 혐의로 교도소에서 복역하는 중에 독학으로 공부했고, 이슬람에 귀의해 네이션오브이슬람의 일원이 되었다. 1952년에 가석방으로 출소한 후 리틀(Little)이라는 성을 버리고 진짜 조상의 성을 알 수 없다는 뜻의 엑스(X)를 자신의 성으로 사용했다. 이후 디트로이트를 비롯해 보스턴, 필라델피아, 뉴욕 등지에 이슬람 사원을 만들면서 성직자로 활동하기 시작했는데, 도시 흑인 빈민들의 주택과 교육 문제에 관심을 가졌으며, 회원 수를 수만 명으로 늘리면서 네이션오브이슬람을 대중 단체로 만드는 데 공을 세웠다. 권투 선수 무하마드 알리(Muhammad Ali)도 맬컴 엑스의 권유로 이 단체에 가입했다.

맬컴 엑스는 백인은 악마라고 비난하면서 백인 우월주의에 맞서 흑인 우월주의, 흑인 분리주의를 주장했다. 미국의 영토 일부를 할양받아 흑인의 나라를 세울 수 없다면 아프리카로 돌아

네이션 오브 이슬람(1974)
이 단체는 도시 흑인들을 절제, 기도, 자립의 삶으로 이끌었다.

가자고도 주장했다. 그러나 1964년 지도자 일라이저 무하마드 (Elijah Muhammad)와의 갈등과 교조주의를 들어 네이션오브이슬람을 탈퇴하고 수니파 이슬람으로 귀의했다. 이후 아프로-아메리칸 연대 조직(OAU, Organization of Afro-American Unity)을 만들고 메카 순례에 나섰으며, 영국, 프랑스, 쿠바 등 여러 나라를 방문하면서 흑인의 동포애를 역설했다. 그는 "검은 것이 아름답다 (Black is Beautiful)"를 비롯해 "투표권이 아니면 총알을!", "흑인들이 압제자에 맞서 분연히 궐기하지 않는다는 것 자체가 기적이다!" 등과 같은 어록을 남겼다. 1965년에 암살된 후 자기 방어를 위한 흑인들의 폭력을 정당하다고 한 그의 급진론은 블랙팬서당과 같은 흑인 무장 투쟁 단체에 영향을 주었다.

블랙팬서당은 1966년 캘리포니아주 오클랜드에서 휴이 뉴턴(Huey Newton)과 바비 실(Bobby Seale)이 블랙팬서를 로고로 창립한 흑인 정당으로, 1982년까지 68운동을 이끈 전위 세력이었다. 인종주의와 자본주의를 모두 분쇄해야 할 대상으로 보고 흑인 민족주의에 마르크스-레닌주의를 수용했으며, 뉴욕, 시카고, 디트로이트, 시애틀 등 미국 전역의 도시에 지부를 설립하면서 전위당의 조직 체계를 갖추어갔다.

블랙팬서당의 10대 강령은 흑인의 자기 결정권, 흑인의 완전 고용, 흑인 거주지 확보, 흑인 교육권, 흑인 무상 의료, 백인 경찰 폭력에 대한 자기 방어권, 의식주 권리 등이었다. 게토의 빈민층인 흑인 룸펜을 혁명의 주체로 보았으며, 모든 혁명적 투쟁의 전제인 생존을 돕기 위한 프로그램을 실행했다. 아동을 위한 무료 급식과 교육 지원, 거주지 알선, 무료 의료 서비스, 직업 소개와 법률 자문, 그리고 흑인과 빈민에게 무료 식료품을 보급하는 활동을 전개했다.

블랙팬서당은 1968년에 비폭력학생연합(SNCC)과 합병했으며, 같은 해 인종차별에 반대하며 설립된 화이트팬서당(White Panthers) 그리고 백인 급진 세력의 전위로 알려진 민주사회학생연합(Students for a Democratic Society, SDS)과 함께 흑인 해방을 실천하고자 했다. 과격한 분리주의, 준군사적 폭력 사용, 성차별주의라는 비판을 받았는데, 1969년부터 회원의 절반 이상을 차지했

블랙팬서 행진(1968, 뉴욕)
총을 들고 베레모를 쓴 블랙팬서 회원들은 경찰의 잔혹함에 맞서 스스로 무장해야 한다고 주장했다.

던 여성들이 본격적으로 페미니스트 사상과 이론으로 무장하고 양성 평등의 조직 운영을 추구했다.[18]

무엇보다 중요한 블랙팬서당의 활동은 총기를 공개적으로 소유하고 있어도 된다는 캘리포니아 법을 이용해 방어적 폭력을 실행한 것이다. 당원들은 경찰들의 지역 순찰을 반대했으며, 경찰의 난폭 행위를 기록하기 위해 경찰들을 따라다니며 권리를 침해하는 경찰들에게는 법정에 세울 것이라고 위협했다. 공개적으로 무기를 들고 다니며 경찰들에게 위협을 가했던 행위는 블랙팬서당이 폭력 집단이라는 명성을 얻게 했다. 동시에 '경찰을 감시하자'라는 블랙팬서당의 슬로건은 백인으로 구성된 경찰의 폭력성에 이목을 집중시켰다.

1968년 오클랜드 의회는 장전된 무기를 공공장소에서 소지하는 것을 금지하는 입법을 시도했는데, 이 법안에 항의하기 위해 26명의 무장한 당원들이 의회에 침입했고, 결국 무장 부대의 수장인 엘드리지 클리버(Eldridge Cleaver)가 체포되었다. 당 설립자인 뉴턴은 경찰관 사살 혐의로 유죄 선고를 받았고, 3년 후에 석방되었다. 시카고와 로스앤젤레스 등지에서도 당원과 경찰 사이에 총격이 벌어졌으며, 1967년부터 1970년 사이에 9명의 경찰관이 사망하고 10명의 당원이 사망했다. 이후 뉴턴은 즉각적인 무장 투쟁을 강조하는 클리버의 선동적인 수사를 거부하고, 경찰과의 대립 대신, 아이들을 위한 무료 급식 같은 지역 사회 봉사 및 선거 정치 참여를 강조했다.

흑인 민권 운동의 반공산주의

1917년 러시아혁명의 영향으로 미국 내 좌파 운동 세력은 분열되고 일부는 공산주의를 수용했다. 1919년에 사회당 내 좌파 집단은 공산주의노동당(Communist Labor Party)과 아메리카공산당(Communist Party of America)을 창당했다. 1922년 코민테른의 지령에 따라 두 정당이 결합해 아메리카노동자당(Workers Party of

America)을 결성했고 1929년에 미국공산당(Communist Party, USA)으로 개명했다. 미국공산당은 1930년대 중반 3만 명의 당원 수로 전성기를 구가했고, 뉴딜 정권에 협조적이었다. 제2차 세계대전 시기에는 검열과 처벌의 대상이었고, 냉전 시기에 미 의회가 공산주의에 대한 처벌을 강화하면서 당의 입지는 더욱 고립되었다. 소련은 미국의 인종차별을 공산주의 선전 도구로 이용했으며, 흑인 문제는 소련의 선전 주제 가운데 가장 중요한 것이었다. 1956년 스탈린주의에 환멸을 느낀 당원들이 대거 탈퇴하면서 미국공산당은 사회적 영향력을 상실했다.

창립 초기부터 미국공산당은 유럽과 달리 인종과 소수 민족의 역할에 주목했다. 지도부 주류는 백인이었지만, 1928년 코민테른은 소수자 집단 특히 아프리카계 미국인을 혁명의 주요 성원으로 모집하라는 강령을 결정했다. 공산당 본부가 있던 뉴욕과 창당식이 열렸던 시카고는 새로운 흑인(New Negro) 운동이라 불리는 흑인 민족주의 운동의 탄생지였다. 흑인 민족주의 단체들은 자본주의를 수용하고 공산주의를 적대시하는 경향이 있었는데, 미국공산당 시카고 지부는 1930년대 초 흑인들의 적극적 호응을 받았고, 도시 인구의 6.9퍼센트였던 흑인들은 1932년 시카고 공산당 당원의 24.3퍼센트를 차지했다. 흑인 당원 일부는 코민테른에 남부 농촌 지역 흑인의 조직화를 위한 블랙벨트 테제를 제안하고 이를 실행에 옮겼다. 미국공산당은 당 내부의 백인 우월주의 척결을 위해 인종주의적인 백인 당원을 공개재판에 회부하고 당적을 박탈했으며, 공산주의가 인종주의를 철폐하는

새로운 흑인 운동 퍼레이드(1920, 할렘)

"The New Negro Has No Fear" 피켓이 인상적이다.

효과적인 대안이라고 주장했다.[19]

한편 민권 투쟁을 공산주의 음모로 깎아내리려는 남부 인종주의자들에 맞서 전미유색인지위향상협회는 자유주의적 반공산주의(liberal anticommunism) 전략을 택하고 공산주의로 의심받는 개인이나 단체를 멀리했다. 연방정부의 정책에 협력하는 동시에 내부 공산주의자를 축출하고, 조직의 생존과 민권의 진전을 추구했다. 이는 기회주의적이라는 비판을 받았으나 민권 운동이 공산주의와 함께 불신당하는 것을 막는 데 도움이 되었다. 하지만 그 대가로 흑인 민권 운동은 더 급진적인 인종 투쟁을 늦추고, 정치 개혁을 통한 인종 통합과 투표권이라는 목표에 집중함으로써 보수화에 일조했다는 비판을 받았다. 사회주의자들은 전미유색인지위향상협회의 초점을 민권에서 흑인의 경제적 난관을 혁파하는 것으로 바꾸려 했고, 인종 문제가 아니라 계급 문제가 더 중요하다고 주장했다.[20]

차별 시정 정책

미국 흑인의 불평등은 높은 실업률과 수감률 그리고 낮은 교육 지표에서 드러난다. 일자리가 없는 흑인 남성의 비율은 1940년 10퍼센트에서 2000년에 33퍼센트로 증가한다. 반면 백인 남성은 10퍼센트에서 15퍼센트로 늘었다. 20대 흑인의 고등학교 이수율은 1940년 약 10퍼센트에서 2000년에 85~90퍼센트에 이르렀고, 백인은 약 40퍼센트에서 90퍼센트 이상으로 늘어났다. 반면 대학 졸업률은 1940년에 흑인은 거의 0퍼센트에서 2000년에는 여성 18퍼센트, 남성 11퍼센트였다. 반면 백인은 약 10퍼센트였다가 2000년에는 30~35퍼센트로 늘었다. 흑인 지도자들은 고용 차별에 대한 투쟁을 벌이면서, 고용주가 흑인을 차별하지 않는다는 것을 증명하는 유일한 방식은 소수 집단을 고용하고 있음을 제시하는 것이라고 주장했고, 이는 이후 연방정부의 차별 시정 정책(Affirmative Action)으로 이어질 수 있었다.[21]

소수 집단 차별 시정 정책 혹은 '소수 집단에 대한 적극적 우대 정책'은 차별과 불이익에 처해 있었던 흑인들을 포함해 개인에게 주어지는 기회의 평등이 아니라 집단이 얻는 결과의 평등을 보장한 새로운 방식의 평등 정책이었다. 이 정책은 1961년에 케네디 대통령이 서명한 행정 명령으로 시작되어 1965년 린든 B. 존슨 대통령에 의해 인종차별 문제를 해소하는 방편으로 제시되었다. "인종, 신념, 피부색, 출신 국가"에 따라 정부 관련 기관이 고용 차별을 하지 못하도록 적극적인 조치를 하게 했으며, 특히 교육과 취업에 초점을 맞추어 승진, 승급, 고등교육기관 입학과 장학금 혜택 그리고 경제적 지원에 있어 흑인과 다른 소수 인종이 백인들과 같은 권리를 누리도록 보장하기 위한 것이었다.

이 명령은 1967년에 "성별"을 추가함으로써 여성에게도 동등한 고용 기회가 적용되었다. 존슨 대통령은 "단지 기회의 문을 여는 것으로는 충분하지 않다. 우리는 권리로서의 평등이 아니라 결과로서의 평등을 추구해야 한다"라며 그 의의를 밝혔다. 이후 1970년대 동안 소수 집단 우대 정책 지침은 점차 대학을 포함해 연방정부로부터 자금을 받는 거의 모든 기관으로 확대되었고, 소수 집단은 교육과 취업 등 여러 측면에서 더 많은 기회를 확보할 수 있었다.[22]

그런데 이후 이 정책은 수많은 법정 소송의 대상이 되었으며, 권리로서의 평등이 아니라 결과의 평등을 추구하는 것의 합헌성을 둘러싸고 논란이 지속되었다. 1978년 백키 재판(University of California v. Bakke)에서 연방대법원은 차별 시정 정책은 합헌이지만, 인종에 따른 입학 쿼터제의 사용을 위헌으로 선고했다. 이는 차별 시정 정책을 쿼터제 방식으로 시행하던 기업과 학교 등에 수정을 요구한 것이었고, 특히 채용에 있어서 인종에 기반을 둔 쿼터제 고용이 아니라 인구 비율에 맞는 대표성을 따르도록 했다.

1991년 민권법은 연방의 규제를 받는 고용주들의 경우 지원자를 인종별로 분류해 점수를 평가하는 방식, 즉 쿼터제를 통한 차별 시정 정책을 사용하지 못하게 했다. 1996년에 캘리포니아, 미시간, 워싱턴주는 공립학교를 비롯해 공공 기관이 소수 집단 우대 정책을 해당 주에서 시행하는 것을 금지하는 주 헌법 개정을 통과시켰다. 차별 시정 정책을 비난하는 백인들은 대학 입학에서 이루어지는 동문 우대와 고액 기부자 우대 정책에 대해서는 전통으로 용인한다. 2003년에 연방대법원은 고등교육기관에서 인종을 고려해 입학 사정을 하는 것을 합헌으로 허용했으나 여전히 주에 따라서 다르게 적용되고 있다.[23]

노예제 보상 운동 [24]

보상은 국가가 국민에게 가한 재산상의 손실을 갚아주는 것을 뜻한다. 흑인이 주도한 노예제 보상 운동은 1897년 세탁부로 일하던 흑인 여성 칼리 D. 하우스(Callie D. House)와 목사 이샤 디커슨(Ishiah H. Dickerson)이 '전미 과거 노예 상호부조, 장려금 및 연금협회(National Ex-Slave Mutual Relief, Bounty and Pension Association of the United States)'를 창립하며 시작되었다. 협회의 부사무총장이었던 하우스는 약 30만 명의 회원을 대변해 미국 정부에 연금 형식으로 노예노동에 대한 보상 이행을 촉구했다. 프레드릭 더글러스도 "2백 년 이상 노예노동에 대한 보상을 강탈"한 국가의 보상 의무를 주장했다.

1901년에서 1915년 사이에 칼리 하우스와 협회는 지역 지부들을 조직하고 청원서를 모으며 연방정부에 대한 소송을 준비했다. 그러나 1916년 우정국은 우편 서비스로 금전을 모금한 칼리 하우스를 사기 혐의로 기소하고 1년 형을 선고받게 했고, 이후 협회도 심각한 재정난에 빠졌다. 하우스가 1928년에 사망한 후에도 흑인들은 예속과 강제 노동에 대한 연금 보상을 요구하는 청원서를 연방정부에 계속 보냈다.[25]

20세기 중반부터는 노예제를 흑인 제노사이드로 정의해 노예 후손에게 지연된 보상을 촉구하는 움직임이 전개되었다. 미국공산당 지도자였던 윌리엄 L. 패터슨(William L. Patterson)이 조직한 민권회의(Civil Rights Congress)는 1948년에 유엔 제노사이드 방지와 처벌 협약을 미국 정부가 위반했음을 밝히고 「우리는 제노사이드를 고발한다(We Charge Genocide)」라는 제목의 청원서를 유엔에 제출했다.

민권회의는 경찰과 갱단 및 쿠클럭스클랜에 의해 자행된 흑인 살해도 유엔 제노사이드의 정의에 부합한다고 보고 1945년~1952년 사이에 일어난 152건의 살해와 344건의 범죄에 관한 상세 기록을 첨부했다. 또한 짐 크로우 법으로 인한 주거, 의료, 교육, 직업에서 받은 차별로 흑인들은 경제적 제노사이드에 시달린다고 했다. 1950년대 말에는 오드리 무어(Audley Moore)가 범아프리카주의 단체인 세계이디오피아여성연합(Universal

Association of Ethiopian Women)을 창립하고, 노예제 보상의 주장과 근거를 구체화하기 시작했다. 그녀는 1962년에 미국 노예 후손을 위한 보상위원회(Reparations Committee for the Descendants of American Slaves)를 만들어 본격적으로 노예제 보상 캠페인을 조직했고 캘리포니아주 법원에 소송을 접수했다.

1960년대 말 블랙팬서당과 신(新)아프리카공화국(Republic of New Africa) 같은 흑인 민족주의 단체는 노예제 보상 요구를 의제로 삼아 아프리카계 미국인 1인당 1만 달러의 현금 지불을 요구했다. 1980년대 말에 레이건 행정부가 제2차 세계대전 중 이루어진 일본계 미국인 강제 수용에 대해 사과하고 금전적 피해 보상을 하자, 노예제에 대한 재정적 보상을 지지하는 전국흑인연합(National Coalition of Blacks for Reparations in America, NCOBRA)이 1987년에 창립되었다. 1990년대부터는 일부 주 정부가 노예제와 짐 크로우 법 희생자에 대한 보상 운동에 호응하기 시작했고, 1994년 플로리다주 의회는 1923년 로즈우드 흑인 공동체 말살을 방치한 데 대해 보상하기로 했다.

노예제에 대한 보상적 정의(restorative justice)나 배상과 같은 쟁점이 미국 흑인 민권 운동의 주요 의제가 된 것은 1990년대 이후였다. 흑인 지도자들은 노예노동뿐만 아니라 해방 이후 백 년간 권리를 침해받고 린치 희생을 당한 것에 대해서도 경제적 보상을 받아야 한다고 주장한다. 다른 소수 집단과 달리 흑인들은 교육, 고용, 복지에서 제도적인 인종차별의 피해를 계속 입어왔으며, 흑백 불평등 특히 소득 격차는 노예제 보상이 지연된 결과라는 것이었다.

전미유색인지위향상협회는 2백 년간의 노예노동 비용 1조 달러를 노예 후손에게 줄 것을 미국 정부에 요구했지만, 연방정부를 상대로 한 노예제 보상 소송 가운데 성공 사례는 아직 없다. 노예제 보상의 난관은 피해자에 대한 직접 보상이 아니라 후손에 대한 소급 보상이라는 점, 보상의 대상과 주체가 뚜렷하지 않다는 점, 현재 이민자 후손이 다수인 미국인에게 노예제의 책임을 묻는다는 점 등이다. 그리고 무엇보다 노예제 보상이 어려운 것은 그 피해 규모를 수치로 환산하기 불가능하다는 점이다.

흑인 정치 활동가인 랜달 로빈슨(Randall M. Robinson)은 2001년에 노예제를 흑인 홀로코스트(black holocaust)라고 부르며, 흑인의 생명과 재산뿐 아니라 문화와 기억, 정체성까지 말살한 인권 유린 범죄라고 정의했다. 따라서 물질적 보상뿐 아니라 정신적·심리적 보상도 필요하다고 강조했다. 그러나 2009년 미 상원은 노예제와 짐 크로우 인종 분리법에 대해 흑인들에게 공식으로 사과하면서도 보상 요구를 승인하는 것은 아니라는 단서를 달았다.

바이든 정부도 1865년 6월 19일 텍사스에서 마지막으로 노예가 해방된 날을 기념하는 노예해방기념일(Juneteenth)을 연방 공휴일로 지정하고, 노예제를 "미국의 원죄"로 지칭했으나 노예제 보상 문제에는 침묵했다. 이에 2021년부터 "흑인의 생명은 소중하다(Black Lives Matter)" 운동본부는 1921년 오클라호마 털사(Tulsa) 흑인 학살 백주년을 맞아 그 희생자뿐 아니라 노예제와 짐 크로우 체제로 물질적·정신적 피해를 당한 모든 흑인에 대한 보상을 미국 정부에 요구하는 청원을 전개하고 있다.

글로벌 블랙니스와 블랙 트랜스내셔널리즘

블랙니스는 폴 던바(Paul Laurence Dunbar)가 창안한 개념으로, 새로운 유형의 니그로 즉 흑인의 일체성 혹은 총체성(wholeness of blacks)을 뜻한다. 이 용어는 1970년대 '검은 것이 아름답다(Black is Beautiful)' 운동에 개념적 아이디어를 제공했고, 글로벌 블랙니스의 개념으로 발전하면서 전 세계 아프리카인 후손들의 연대를 통해 인종차별을 극복하려는 움직임을 대변한다.

블랙이라고 해서 사하라 이남 아프리카인과 그들의 후손만을 지칭하지 않는다. 카리브해와 남미 태생의 선조를 둔 크리올, 아프리카인과 아메리카 원주민의 혼혈 후손을 비롯해 여러 고향을 가진 다양한 언어, 문화, 역사의 블랙 공동체를 뜻한다. 고향을 떠나 타지에 이식된 흑인 공동체들은 이주 지역에서 전개된 역사적 경험에 따른 혼종적 속성을 보인다. 따라서 글로벌 블랙니스는 아프리카계 후손의 기원이 아니라 인종적 억압과 저항 경험의 공유에 초점을 맞춘다.[26]

아프리카는 블랙 정체성이라는 독특성의 상징이다. 그 토대는 노예화를 통한 아프리카인의 이산이며, 아프리카인의 이주가 아메리카와 서인도제도에 이어 유럽으로 이어지면서 인종 정의 실현을 위한 후손들의 정치적 유대가 모색되었다.

그런데 국경의 경계를 넘은 흑인성의 보루를 구축하는 데 가장 큰 장벽은 무엇보다 국민국가 체제다. 민족국가의 흥기 이후 국가들은 배제의 권력을 강화하고, 국경을 넘는 인구 이동을 통제했다. 국가는 공통된 가치를 공유하는 공동체로서 그 경계를 유지하고 강화하는 것이 목적이다. 국가의 경계는 자연스럽게 인간 이동의 범위를 정하고 이동하는 인간들 사이의 구별을 강화한다. 국경은 시민권처럼 인간의 출입을 정하는 기준이 되어 인종적 국경, 문화적 국경으로서 인간의 이동을 규제한다. 미국은 이민 및 거주 자격을 강화하면서 히스패닉뿐만 아니라 아프리카와 서인도제도 출신 흑인들의 이주가 어려워지고 있다. 글로벌 블랙니스는 이처럼 민족주의, 국가주의에 따라 인간의 이주와 이동에 가해지는 국가 권력의 지배를 극복하고 전 세계 흑인들의 권리와 유대를 확보하고자 한다.[27]

블랙 트랜스내셔널리즘은 다양한 블랙 디아스포라 내의 차이와 이질성에서 비롯된 긴장과 갈등을 넘어 초국적 소통과 연대를 추구하는 흐름을 말한다. 아프리카 후손들 간의 만남은 노예제와 같은 핍박의 역사 경험이나 아프리카 고대 유산에 대한 자부심을 강조하는 것만으로는 일체감을 만들지 않는다. 미국의 흑인 공동체는 카리브해 고국에 강한 소속감을 지닌 서인도제도 이주 흑인의 증가로 아프리칸 아메리칸의 정의를 다변화할 필요에 직면해 있다.

따라서 블랙 트랜스내셔널리즘은 이산민으로 정착해 구축한

개별 블랙 공동체의 개별성과 독특성을 존중하며 아프리카 전통
의 순수성과 그 계승을 강조하는 순혈주의를 경계한다. 오히려
요루바(Yoruba) 문화처럼 여러 아프리카 종족의 언어와 문화가 뒤
섞여 유럽 식민주의에 저항하며 생존한 속성에 주목한다. 또한
20세기 이후 글로벌 자본의 세계시장 잠식에 따른 부와 소득의
양극화를 배경으로 자본주의 경제에 내재된 백인성을 드러내고,
계급의 위계를 감추는 패러다임으로 인종을 이용하는 체제 비판
에도 나선다.[28]

제10장

블랙 아메리카와
인종의 유산

*

미국의 사회적 불안과 위기의 근원에는 인종적 유산이 자리 잡고 있다. 그것은 노예제를 승인한 건국의 유산이며, '국가들의 국가'를 만든 연방헌법이 노예제를 주의 권한으로 보증한 결과이다. 한 국가 안에 다른 법체계를 가진 주들이 존재하는 미국의 사법 질서 하에서 남부는 해방된 흑인의 투표권을 제한하고 인종 분리와 인종차별의 법을 제정할 수 있었다. 연방정부는 흑인들에게 가해지는 인종 테러와 스펙터클 린치를 제어하지 못함으로써 미국판 홀로코스트를 방기했다.

인종의 위계는 종종 계급적 질서와 연계되어 전개된다. 유럽을 비롯한 대부분 국가에서는 피부색보다 계급에 따른 구분이 훨씬 강하고, 멕시코, 브라질, 쿠바에는 인종적 계층화가 있지만 피부색과 계급이 반드시 일치하지 않으며 계급이 훨씬 중요한 잣대다. 이슬람 사회는 인종 간 차이를 공식적으로 인정하지 않는다. 중요한 것은 신앙이다. 이슬람 유목민은 여러 인종의 사람들과의 교류에 익숙했고 피부색에 따른 차별을 하지 않았다. 노예가 곧 아프리카인을 지칭하는 것도 아니었다. 니그로라는 개념이 노예라는 낙인을 갖게 된 곳은 미국뿐이었다.

계급 불평등에 인종차별이라는 이중 문제에도 불구하고 미국 사회를 작동시키는 토대는 아메리칸 드림에 대한 믿음이다.[1] 미국 성인의 73퍼센트는 "미국에서는 가난에서 출발해서 부자가 될 수 있다"라고 믿는다.[2] 즉, 누구에게나 동등한 기회가 주어지고 개인의 노력으로 성공을 이룰 수 있다고 믿는다. 이러한 능력주의에 대한 믿음은 프랑스, 독일, 영국과 비교했을 때 미국에서 가장 높으며, 특히 이민자 자녀들의 아메리칸 드림에 대한 믿음이 강하다. 시모어 립셋(Seymour Martin Lipset)은『미국 예외주의』에서 미국적 신념(American Creed)의 핵심을 자유와 기회의 평등 그리고 개인주의와 자유 경쟁주의(laissez-faire)라고 보았다. 즉, 미국 사회는 개인 각자에게 주어진 기회를 활용해 자유 경쟁을 통해 능력을 발휘할 수 있는 곳이라는 것이다. 개인주의는 인종이나 계급, 젠더처럼 개인이 속한 집단이 아니라 개별적인 개인의 성취에 초점을 맞추는 이데올로기다.[3]

미국인들이 진정한 아메리카의 속성이라고 믿는 개인주의와 능력주의에 대한 견고한 합의는 도덕주의를 토대로 한다. 아메리칸 드림은 근면, 성실, 정직, 준법이라는 미덕으로 성취되는 것이기 때문이다. 따라서 빈곤은 나태와 불성실의 결과라는 도덕적 낙인을 받는다. '왜 흑인만 제외하고 다른 소수 집단은 번영하며 앞서가는가?'라는 질문은 흑인의 빈곤을 자립과 성취 동기의 부족으로 치부해버린다.[4]

디네시 드수자(Dinesh D'Souza) 같은 우파 논객은『인종주의의 종말』에서 인종은 더 이상 사회적 실체가 아니며, 인종주의는 미국에서 더 이상 중요한 요인이 아니라고 단언한다. 그는 미국의 모든 제도가 인종주의로 오염되어 있다고 보는 행태를 비난하면서, 다인종 사회에서 모든 집단이 동등한 결과를 성취할 수는 없다고 말한다. 그리고 아시아인과 히스패닉의 성취를 예로 들면서, 흑인들은 정부 지원에 과도하게 의존하고 교육적 성취를 경시하며 범죄와 불법이 규범화한 문화를 개선해야 한다고 했다.[5]

인종 집단 간의 경쟁 사회에서 계급이 아니라 인종을 기준으로 '분열시켜 지배하라(Divide and Rule)'라는 모토는 지배 집단의 오래된 전략적 수사다. 이는 백인 노동 계급의 분노를 백인 지배층이 아니라 이민자와 밀입국 노동자와 같은 유색인 집단에 향하게 함으로써 계급 불평등을 재생산하는 것과 비슷한 원리다.[6] 흑인 문화를 '빈곤의 문화'로 정의하고 흑인의 장애물은 백인 인종주의가 아니라 흑인들의 가치관이라는 주장에 대해 사회학자 로빈 디앤젤로(Robin DiAngelo)는 『백인의 취약성: 왜 백인은 인종주의에 대해 이야기하기를 그토록 어려워하는가』에서 백인들의 인종적 몰이해를 미국 인종 불평등의 핵심으로 지적했다. 인종차별은 집단적 편견이 법적 권위와 제도적 통제의 힘으로 뒷받침될 때 생기는 구조적 문제인데, 사회화를 통해 백인 우월에 익숙해진 백인은 인종적 편향을 내면화하고 인종적 지위에 대한 도전을 불편하게 여기고 방어적 반응을 보이게 된다는 것이다. 더구나 주거 지역이 분리된 백인 공간에서 성장한 백인들은 노골적으로 드러나지 않는 교묘한 일상의 인종차별을 의식하지 못

할 뿐 아니라 흑인의 빈곤과 범죄를 사회 문제가 아닌 개인의 도덕적 실패로 치부하게 된다는 것이다.[7]

미국 인종 문제의 근원으로 흑인 문화를 지목하는 인식은 1995년을 전후로 전개된 소위 문화 전쟁의 일면이었다. 미국 정체성으로 서구 문명의 뿌리를 강조하는 역사가들은 미국 사회의 불평등과 인종차별에 과도하게 집착하는 강박관념을 비판하면서 역사는 결코 도덕적 가책의 도구가 아니라고 비판했다.[8] 미국 흑인이 다른 이민 집단과 달리 2백 년 이상의 노예제와 이후 계속된 인종 테러의 대상이었고, 미국 사회에서 실패하더라도 돌아갈 고국이 있는 다른 이민 공동체와 달랐다는 점은 도외시되었다. 흑인들이 검은 피부로 인해 겪는 정신적 외상과 피부색이 상징하는 정체성에 대한 불안도 외면했다. 프란츠 파농은 인종차별 문화 속에서 자라온 흑인은 검은 피부에 대한 경멸과 함께 백인이 되려는 욕망을 갖게 되며, 백인에 대한 선망은 세대에 걸쳐 누적된 역사적 외상에서 비롯된 것이라고 지적했다. 문제는 그러한 외상이 흑인성에 대한 혐오를 초래하고, 자신을 타자화하는 정체성으로 이어진다는 점이다.[9]

현재 미국 사회는 능력주의, 개인주의, 도덕주의의 신화가 모두 효력을 잃고 있다. 신자유주의 이념이 지배하면서 경제 불평등이 심화하고, 그에 따라 아메리칸 드림의 실현은 갈수록 어려워지고 있다.[10] 물질적 성공, 경쟁과 자립이라는 가치를 강조하는 신자유주의 정책은 1980년대 레이건 행정부와 함께 확대되었고, 점차 중간 계층의 비중이 감소하면서 계층 상승의 유동성이 저하되었다. 2017년을 기준으로 미국은 상위 가구 1퍼센트가 전체 재화의 40퍼센트를, 그리고 상위 가구 20퍼센트가 90퍼센트를 소유하고, 나머지 인구는 10퍼센트의 재화를 놓고 배분하는 극심한 경제 양극화의 상황에 처해 있다. 이는 1962년 이후 가장 높은 수치다. 특히 트럼프 행정부 하에서 증대된 소득 양극화와 불평등은 하층 계급의 불안감과 좌절을 증대시키고, 백인 노동 계급의 분노와 적의를 우익 포퓰리즘으로 이끄는 정치적 양극화까지 초래했다.

개인주의를 중시하는 미국은 공공복지에 대한 태도에서도 유럽 사회와 차이를 보인다. 유럽은 국가가 하층 계급에 복지, 고용, 주택, 의료 혜택을 제공하는 것에 수용적이지만, 미국은 교육 투자를 늘림으로써 개인의 유동성과 개인적 성취에 대한 기회를 늘리는 것을 강조한다. 유럽은 노동 계급의 주거 조건을 개선하는 데 상당한 공적 자금을 투여하는 등 공공 주택, 가구당 생계비, 국가 의료보험 등을 지원하는 정책을 중시한다. 반면 미국은 복지와 고용에 대한 정부 지원이 미약하고, 복지 혜택 수여자의 수, 조세 부담률, 공공재 비율, 복지 예산 등이 낮으며, 유일하게 국가가 지원하는 포괄적 의료보험제도(comprehensive health care)를 제공하지 않는다.

유럽 다수 국가의 헌법은 복지국가 의제를 담아 사회복지에 대한 정부의 적극적인 의무(affirmative duties)를 규정하는데 반해, 미국 헌법은 권리장전의 수호를 강조한다. 미국인들은 계급 평등보다는 개인 자유를 선호하며, 평등보다 자유를 선호한다는 답변이 유럽 국가들에 비해 높다. 부자 감세 정책에 대한 지지는 높지만, 가난한 사람들에게 직접 혜택을 주는 정책에 대해서는 거부감이 높다.

미국 정부는 1960년대 이후 여러 가지 복지 정책들을 도입하고, 교육, 고용, 주택 시장에서 차별을 없애려고 했지만, 제대로 시행하지 못했다. 특히 '소수 집단에 대한 적극적 우대 정책(Affirmative Action)'이라는 평등 원리의 적용이 큰 논란을 불러일으킨 것은 계급적 소속감보다 인종 집단에 대한 연대감과 감수성이 더 큰 미국적 현상이기도 하다. 미국에서는 하층 계급이나 노동자층이 권리를 주장하며 정치적으로 집결하는 운동이 유럽 사회에 비해 미약했다.

미국 사회에서는 이렇게 계급적 특권에 대한 분노를 유발하는 것은 매우 어렵지만, 인종적 우대 정책은 너무나 쉽게 비난의 대상이 되고 우파들에게 정치적으로 유효하게 활용된다. 미국 백인 노동 계급 남성들은 인종차별에 대한 흑인의 반발을 희생양 프레임으로 치부하고, 미혼모, 실업자, 장애인을 비롯해 히스패닉 같은 이민자들이 자신들의 피와 땀에 얹혀사는 기생자들이라고 본다. 그들이 사회에 공헌한 것에 비해 교육 및 건강 복지 혜택을 많이 받고 있다는 것이다. 1990년대 이후 미국의 자유주의자들이 내세운 다문화주의라는 용어도 인종과 피부색을 구별하지 않는 다원주의 가치를 주장하면서 사회적 계급 이슈를 보이지 않게 하는 기능을 했다.[11]

프로테스탄티즘에 뿌리를 둔 강한 도덕 이념은 미국의 민주주의에 양날의 칼로 작용하고 있다. 도덕주의는 소득 불평등, 높은 범죄율, 인종차별을 개인의 도덕 문제로 치부하고, 사회적으로 극복해야 할 과제로 보지 않는다. 미덕의 수칙을 강조하는 문화는 대내적으로 경찰권에 막대한 권한을 부여하고 법 집행에 엄격한 태도로 나타나는 한편, 전쟁 같은 대외 관계를 선과 악의 구도로 판단하는 정치적 수사를 초래한다. 레이건 대통령은 1983년에 소련을 악의 제국(Evil Empire)이라고 불렀고, 조지 부시 대통령은 2002년에 이란, 이라크, 북한을 악의 축(axis of evil)이라고 명명했다. 이러한 수사는 세계 분쟁 지역에 미군을 파견해 참전하는 것을 '테러에 대한 전쟁'이라고 정의하는 세계 경찰 국가의 사명을 대변한다.

2016년 트럼프 행정부 이후에는 인종 갈등의 심화와 이념의 극단적 대립이 미국 민주주의의 위기로 이어지고 있다. 2018년에 정치학자 레비츠키와 지블랫(Steven Levitsky and Daniel Ziblatt)은 『어떻게 민주주의는 무너지는가』에서 트럼프 행정부가 초래할 위험을 예고했다.

이들은 선거로 뽑힌 지도자들이 민주주의 과정을 어떻게 전복시키는지를 다루면서, 반대 정파의 정치적 합법성을 존중하지 않고 반대 진영이 선거에서 이겼을 때 공정한 선거의 결과로 수용하지 않을 것이라고 경고했다. 베네수엘라와 러시아 등의 독재 흥기와 유럽에서의 극우 세력 확산을 언급하면서 트럼프 시대에 미국의 민주주의에 가해진 위협은 무력에 의해서가 아니라 선출된 지도자들에 의한 것이라는 사실이 가장 큰 문제라고 지적했다. 트럼프 대통령이 독재적인 지도자가 되어가는 중이므로, 공화당은 민주주의를 "구하기" 위해 백인 국가주의, 포퓰리즘, 토착주의, 대중 선동에 호소하지 않고 선거에서 이길 방법을 찾아야 한다고 했다. 또한 민주당은 미국 사회의 위기를 초래한 경제적 양극화를 줄이는 역할을 해야 하며, 더욱 포괄적인 노동 시장 정책을 고안하고 불평등 의제를 해결하는 것이 시급하다고 했다.[12]

제2기 트럼프 행정부의 등장으로 미국 사회는 정치 대립과 사회 분열이라는 전례 없는 도전에 직면해 있다. 지난 30년간 세계 시장 비중을 33퍼센트에서 42퍼센트로 끌어올리며 여전히 세계 경제의 최강자를 자임하는 미국이지만, 소득 불평등이 심해지고 블루컬러와 비숙련 노동자의 직업 시장이 대폭 줄어드는 변화 속에서 인종은 핸디캡이나 혜택이 아님을 국가가 보장해야 할 의무는 더욱 커지고 있다.

미국 사회에서 인종적 정의와 평등을 실현하는 것은 인종적 타자에 대한 무관심이나 증오를 극복하는 일이며, 교육 기회를 확대해 소외된 집단에게 안정적인 고용 기회를 확충하는 일이고, 연방 차원에서 제도적인 인종차별의 병폐들을 대대적으로 손질하는 정책 전환을 이뤄내는 일이다. 생계 임금 보장 및 보편적 복지 혜택 확대와 더불어 다원성의 가치를 증진하는 문화적 포용의 확대도 필요하다. 바이든 대통령이 "미국의 원죄"라고 지칭한 노예제와 체계적 인종주의라는 오랜 유산을 외면하지 말고, 직시해야 할 때다.

2013년에 미국 경찰의 인종적 폭력에 맞서 시작된 '흑인의 생명은 소중하다(Black Lives Matter, BLM)' 운동은 흑인들에게 가해지는 경찰의 난폭한 폭력과 사법 시스템의 불공정함에 맞서 대항한 시민운동이다. 이 운동은 2020년 미니애폴리스 경찰이 범죄를 저지른 것으로 의심되는 흑인 조지 플로이드(George Floyd)를 살해하자 미국 전역에서 광범한 시위를 이끌면서 국제적인 주목을 받았다.

2019년에는 『뉴욕타임스매거진』이 '1619프로젝트'를 시작해 미국 역사에 대한 전복적 인식과 인종적 각성을 도모하고 있다. 버지니아 제임스타운에 흑인 노예 20여 명이 처음 도착한 사건의 4백주년을 기념해 만든 이 프로젝트는 아프리카인의 노예화를 미국 역사의 중심에 놓는다. 프로젝트 제안자인 니콜 헤나-존스(Nikole Hannah-Jones)는 1619년이 1776년만큼이나 중요하며 진정한 미국의 역사는 1619년에 시작되었다고 본다. 즉, 노예제의 유산이 미국 역사의 핵심이며, 건국의 아버지들은 연방헌법 전문에 나오는 "우리 인민(We the People)"에서 흑인을 배제함으로써 민주주의가 아닌 노예주의(slavocracy)의 나라를 건국했다는 것이다. 이 프로젝트는 흑인들이야말로 역사적 투쟁을 통해 미국적 이상을 실천한 가장 미국적인 존재들이라고 강변하고 있다.[13]

BLACK
LIVES
MATTER
JUSTICE
OR...CE
DEFUND
THE POLICE
REFUND
THE LEAS...
JUSTICE
PEACE
Black Lives Matter

아프리카계 미국인의 역사 연대기

1441년	·포르투갈인들이 대서양 모리타니(Mauritania) 해변에서 아프리카인들을 포획
1494년	·아프리카인들이 최초로 콜럼버스와 함께 히스파니올라(Hispaniola)에 도착
1502년	·히스파니올라에 아프리카인 노예제 시작
1542년	·스페인이 인디언 노예제와 엔코미엔다 제도를 폐지
1550년	·브라질에 최초로 아프리카 노예 도착
1565년	·아프리카인들은 스페인령 플로리다에 세인트오거스틴(St. Augustine) 건립을 도움
1619년	·최초로 아프리카인 20여 명이 버지니아 식민지 제임스타운에 도착
1641년	·매사추세츠만(Massachusetts Bay) 회사가 노예제를 합법적으로 인정
1662년	·버지니아 의회는 노예의 지위는 모계를 따른다고 정함
1663년	·잉글랜드는 아프리카 노예무역을 위한 왕립탐험회사(Company of Royal Adventurers)를 설립, 1672년에 왕립아프리카회사(Royal Africa Company)로 대체됨
1664년	·메릴랜드는 백인 여성과 흑인 남성의 결혼을 불법화하는 법을 최초로 제정
1688년	·펜실베이니아 메노파(Mennonites) 교도들이 노예제를 비판함

1691년	· 버지니아는 자유 흑인층의 성장을 막기 위해 노예 해방을 금지함
1700년	· 펜실베이니아와 로드아일랜드에서 노예제 합법화
1708년	· 사우스캐롤라이나는 아프리카인 수가 유럽인의 수를 능가한 유일한 영국 식민지가 됨
1712년	· 뉴욕의 노예 반란으로 21명의 노예가 처형됨
1723년	· 버지니아는 아프리카계 아메리칸의 투표권을 거부함
1733년	· 스페인 왕은 플로리다 세인트오거스틴으로 도피한 영국령 노예들에게 자유를 보장
1739년	· 사우스캐롤라이나 노예들이 스토노 반란을 일으켰으나 플로리다에 도달하지 못함
1770년	· 흑인 선원 크리스퍼스 애턱스(Crispus Attucks)가 영국군에 대한 공격을 이끌고 보스턴 학살에서 살해당함
1772년	· 영국 서머싯(Somerset) 판결(맨스필드 경이 잉글랜드에서 노예제를 인정하지 않음)
1773년	· 아프리카 태생의 필리스 휘틀리가 시집 출간
1775년	· 독립전쟁 발발, 미국 최초의 반(反)노예제 조직인 펜실베이니아 반(反)노예제협회가 창설됨
	· 버지니아 총독 던모어(Dunmore) 경이 영국 군대에 합류하는 노예들에게 해방을 약속
1776년	· 미국 「독립선언문」 발표
1777년	· 매사추세츠와 뉴햄프셔의 흑인들이 「독립선언문」의 이념에 따라 자유를 청원
1780년	· 펜실베이니아, 최초로 점진적 노예 해방법 제정
1783년	· 파리 평화조약 조인(미국의 독립 승인)
	· 매사추세츠가 노예제를 불법으로 선언
1784년	· 최초의 아프리카계 아메리칸 프리메이슨 지부가 보스턴에 세워짐

1786년　· 지하철도가 시작됨

　　　　· 흑인빈민위원회(Black Poor Committee)가 런던에 만들어짐

1787년　· 영국 노예무역폐지협회(Society for the Abolition of the Slave Trade) 창립

　　　　· 아프리카에 시에라리온 식민지 건립

　　　　· 북서부 준주들의 노예제를 금지하는 북서부 토지 조례(Northwest Land Ordinance) 제정

1789년　· 미합중국 수립, 워싱턴이 초대 대통령으로 취임

1791년　· 아이티혁명 발발

1793년　· 엘리 휘트니의 조면기 발명

　　　　· 도망노예송환법(Federal Fugitive Slave Act) 제정

1794년　· 아이티의 노예제 폐지

1798년　· 투생 루베르튀르가 아이티의 최고 지도자로 등극

1799년　· 뉴욕주는 7월 4일 이후 태어난 노예 자식들을 해방하는 노예제 폐지법 제정

1800년　· 버지니아 가브리엘 프로서의 노예 반란 계획 실패

1802년　· 나폴레옹이 프랑스제국에 노예제를 다시 실시

1803년　· 제퍼슨 대통령이 루이지애나를 프랑스로부터 구입

1804년　· 뉴저지는 북부에서 노예제를 마지막으로 폐지함

　　　　· 아이티 독립

1808년　· 해외 노예 수입 금지

1811년　· 루이지애나 샤를 드롱(Charles Deslondes)의 노예 반란

1812년　· 영미전쟁 발발

1816년　· 미국식민협회(American Colonization Society) 창설

　　　　· 흑인감리교성공회교회(African Methodist Episcopal Church) 창설

1819년　· 플로리다를 스페인으로부터 구매

1820년　· 미주리 타협(미주리주는 노예주, 메인주는 자유주), 북위 36도 북쪽의 노예제 금지

1821년	· 흑인감리교성공회 자이언교회(African Methodist Episcopal Zion Church) 설립
1822년	· 자유민 덴마크 베시의 찰스턴에서 노예 반란 모의 실패
	· 미국식민협회가 서아프리카에 토지를 구매
1827년	· 최초의 아프리칸 아메리칸 신문 『자유민저널(Freedman's Journal)』 발간
1829년	· 데이비드 워커의 「호소문(Appeal)」 발표
	· 신시내티 백인 폭도의 폭력에 도시 흑인 인구 절반이 피신
1830년	· 필라델피아에서 최초의 아프리칸 아메리칸 대표자회의 개최
1831년	· 버지니아의 냇 터너 노예 반란
	· 윌리엄 로이드 개리슨의 『해방자(The Liberator)』 창간
1832년	· 뉴잉글랜드 반노예제협회 창설
1833년	· 미국 반노예제협회 설립
1834년	· 영국 식민지의 노예제 폐지
1837년	· 존 칼훈은 노예제가 '절대 선'이라고 주장
1839년	· 스페인 선박 아미스타드호로 수송되던 노예들이 반란을 일으켜 배를 장악
1840년	· 자유당 창당
1843년	· 서저너 트루스(Sojourner Truth) 반노예제 강연 시작
1845년	· 프레드릭 더글러스 자서전 출간
1847년	· 프레드릭 더글러스가 뉴욕주 로체스터에서 신문 『북극성(North Star)』 창간
1848년	· 프랑스 식민지의 노예제 폐지
1849년	· 면화 생산 호황
1850년	· 도망노예송환법 제정
	· 1850년 타협(캘리포니아는 비(非)노예주로 연방 가입, 유타 준주와 뉴멕시코 준주는 주민 투표로 노예제 결정)
1852년	· 마틴 딜러니가 국외로 미국 흑인 이주를 권고
	· 『엉클 톰의 오두막』 출간

1853년	·뉴욕주 로체스터에서 전국유색인협회(National Council of Colored People) 창립
1854년	·캔자스-네브래스카 법 제정(두 준주의 노예제를 주 의회가 결정하게 함, 미주리 타협안 철회)
	·공화당 창당(서부 준주들에서의 노예제 금지 정강화)
1857년	·드레드 스콧(Scott v. Sandford) 판결(흑인 시민권 부정)
1859년	·존 브라운이 버지니아 하퍼스 페리(Harpers Ferry) 연방 무기고 급습
1860년	·링컨 대통령 당선
	·사우스캐롤라이나의 연방 탈퇴
1861년	·남북전쟁 발발, 사우스캐롤라이나 등 5개 남부 주 연방 탈퇴
	·제1차 압류법(남부 연합의 재산 압류, 도망 노예의 재노예화 방지)
1862년	·제2차 압류법(도망 노예들은 주인에게 송환되지 않고 자유인으로 방면될 것을 선언)
	·워싱턴D.C.의 노예제 폐지
	·연방의회는 흑인 징집 허용
1863년	·노예해방령(반란을 일으킨 주 노예들의 해방 선포)
	·뉴욕시의 징집령 반발 폭동
1864년	·링컨 대통령 재선
1865년	·남북전쟁 종료, 링컨 암살, 앤드루 존슨이 대통령직 승계
	·해방흑인국(Bureau of Refugees, Freedmen, and Abandoned Lands) 창설
	·헌법 수정조항 제13조 비준(노예제 폐지)
1866년	·민권법 제정(인종에 상관없이 미국 태생의 시민권)
	·쿠클럭스클랜(Ku Klux Klan) 결성
1867년	·의회의 남부 재건 실시
1868년	·그랜트 대통령 당선
	·헌법 수정조항 제14조 비준(흑인 시민권 부여)
1870년	·헌법 수정조항 제15조 비준(흑인 투표권 부여)

1871년   ·연방의회 KKK법 제정

1872년   ·그랜트 대통령 재선에 성공

          ·남부 백인에게 참정권 부여

1873년   ·미시시피 콜팩스(Colfax) 학살

1875년   ·민권법 제정(극장, 호텔, 교통수단에서 인종차별 금지)

1876년   ·크루이생크(Cruikshank) 판결

1877년   ·'1877년 타협'으로 재건 종료, 남부에서 연방군 철수

1881년   ·부커 T. 워싱턴이 앨라배마주에 터스키기 학교(Tuskegee
          Institute)를 설립

1881년   ·테네시주가 인종 분리를 공식적으로 규정한 법을 남부에
          서 처음으로 제정

1883년   ·연방대법원이 1875년 민권법을 파기

1888년   ·전국 유색인 농민연맹 및 협동조합(Colored Farmers' National
          Alliance and Cooperative Union) 창설

1889년   ·오클라호마 준주에 흑인 7천여 명 정착 시작

1890년   ·전미유색인지위향상협회(NAACP)의 전신인 전국흑인연맹
          (National Afro-American League) 창설

1895년   ·부커 T. 워싱턴의 '애틀랜타 타협(Atlanta Compromise)' 연설

1896년   ·플레시 대 퍼거슨 판결, '분리하지만 동등한' 인종 분리를
          합법으로 인정

          ·전국유색인여성협회(National Association of Colored Women) 창립

1905년   ·나이아가라 운동 시작(흑인의 완전한 시민권과 인종차별 폐지를 요구)

1906년   ·조지아주 애틀랜타 인종 폭동

1909년   ·전국유색인지위향상협회(NAACP) 창립

1914년   ·제1차 세계대전 발발

          ·마커스 가비가 세계흑인지위향상협회(Universal Negro
          Improvement Association) 창립

1915년   ·영화「국가의 탄생」 상영

1917년　·미국이 제1차 세계대전에 참전

1920년　·헌법 수정조항 제20조 제정(여성참정권 부여)

　　　　·적색 공포(Red Scare, 공산주의 배척 열풍)

1924년　·KKK 가입 인원 최고조

1925년　·침대차 승무원연대(Brotherhood of Sleeping Car Porters and Maids) 창립

1929년　·주식시장 붕괴, 대공황 시작

1931년　·스코츠보로(Scottsboro) 사건

1936년　·전국니그로회의(National Negro Congress) 창립(6백 개 흑인 조직 참여)

　　　　·마가렛 미첼의 「바람과 함께 사라지다」 영화 상영

1939년　·제2차 세계대전 발발

1943년　·뉴욕시 할렘과 디트로이트에서 인종 폭동

1945년　·제2차 세계대전 종료

1948년　·트루먼 대통령이 군대 인종 분리를 종식하는 행정 명령에 서명

1954년　·브라운 판결, 공립학교의 인종 분리를 위헌으로 판결

1955년　·앨라배마주 몽고메리에서 로자 팍스(Rosa Parks)의 인종 분리 버스 승차 거부

1957년　·아칸소주 리틀록(Little Rock)에 공립 학교의 인종 통합을 집행하기 위한 연방군 파견

1960년　·비폭력학생연합(Student Nonviolent Coordinating Committee, SNCC) 설립

1961년　·존 F. 케네디 정부가 차별 시정 정책(Affirmative Action) 시행

1963년　·마틴 루서 킹이 인종차별에 반대하는 25만 명의 워싱턴 대행진에서 연설

　　　　·존 F. 케네디 대통령 암살

1964년　·린든 존슨 대통령이 민권법(인종차별 철폐)에 서명

　　　　·마틴 루서 킹이 노벨평화상을 받음

1965년   · 맬컴 엑스가 뉴욕시에서 암살당함

· 앨라배마주 셀마(Selma)에서 몽고메리까지 연방 군대 보호
하에 민권 시위행진

· 로스앤젤레스 와츠 지역에서 인종 폭동으로 34명이 사망

1966년   · 미시시피 민권 행진에서 스토클리 카마이클이 블랙파워
운동 시작

1967년   · 블랙파워 전국대회 개최

1968년   · 마틴 루서 킹 암살

1970년   · 필라델피아, 뉴올리언스 등 여러 도시에서 인종 폭동 발발

· 블랙팬서당은 필라델피아에서 혁명인민의 제헌회의
(Revolutionary People's Constitutional Convention)를 개최

1971년   · 차별 시정 정책(Affirmative Action) 대상에 여성 포함

1975년   · 전미유색인지위향상협회(NAACP)는 보스턴 학교의 인종
통합 소송에서 승리

1977년   · 텔레비전 미니시리즈 「뿌리(Roots)」를 1억3천만 명이 시청

1978년   · 흑인 실업률 사상 최대(백인의 2.5배)

· 앨런 백키(Allan Bakke)의 역차별 소송으로 차별 시정 정책
을 약화시킴

1982년   · 앨리스 워커(Alice Walker)의 『칼라 퍼플(The Color Purple)』 출
간, 퓰리처상 수상

1984년   · 제시 잭슨(Jesse Jackson)이 민주당 대통령 후보 지명전에 출마

1989년   · 더글러스 윌더(Douglas L. Wilder)가 버지니아에서 미국 최
초의 흑인 주지사로 선출됨

1992년   · 로드니 킹(Rodney King) 폭행 혐의 경찰의 무죄 방면으로
로스앤젤레스 폭동

1993년   · 소설가 토니 모리슨(Toni Morrison)이 노벨문학상 수상

2001년   · 세계무역센터 테러 공격, 미국 '테러와의 전쟁' 시작

2008년   · 버락 오바마, 미국 최초 흑인 대통령 당선

2013년   · 흑인의 삶은 소중하다(Black Lives Matter) 운동 시작

제1장 블랙 아메리카의 기원

1   크리스티앙 들라캉파뉴 지음, 하정희 옮김,『현대판 노예노동을 끝내기 위한 노예의 역사』(예지, 2015), 212-213.

2   1651년에 버지니아 일부 니그로는 자유를 보장하는 서류를 받았고, 토지와 농기구를 구매했다. 1660년대에 세바스천 케인(Sebastian Cain) 등 노예들은 집을 짓고 소와 돼지를 사육하고 담배를 경작했으며, 노섬턴 카운티 등에는 자유 흑인들이 있었다. Loren Schweninger, "A Vanishing Breed: Black Farm Owners in the South, 1651-1982," *Agricultural History* 63(3), Summer 1989, 42-43; Melinde Lutz Sanborn, "Angola and Elizabeth: An African Family in the Massachusetts Bay Colony," *New England Quarterly* 72(1), March 1999, 121-129.

3   Warren M. Billings, "The Law of Servants and Slaves in Seventeenth-century Virginia," *Virginia Magazine of History and Biography* 99(1), January 1991, 58; Carl H. Nightingale, "Before Race Mattered: Geographies of the Color Line in Early Colonial Madras and New York," *American Historical Review* 113(1), Feb. 2008, 62-63.

4   9세기 아바스 왕조 시기에는 그리스인, 슬라브인, 베르베르인 그리고 흑해 북쪽의 튀르크인으로 구성된 백인 노예들로 개인 근위대가 만들어지면서 노예-군인, 즉 맘루크(아랍어로 '피소유주'를 뜻함)가 등장했다. 들라캉파뉴 지음, 『현대판 노예노동을 끝내기 위한 노예의 역사』, 147-150;

얀 뤼카선 지음, 전소영 옮김, 『인간은 어떻게 노동자가 되었나: 처음 쓰는 일의 역사』(서울: 모티브 북, 2021), 297.

5　David Brion Davis, *Challenging the Boundaries of Slavery* (Cambridge: Harvard Univ. Press, 2003), 17-18; 들라캉파뉴 지음, 『현대판 노예노동을 끝내기 위한 노예의 역사』, 140-144.

6　Davis, *Challenging the Boundaries of Slavery*, 20; Davis, "Looking at Slavery from Broader Perspectives," *American Historical Review*, April 2000, 460-461.

7　하워드 W. 프렌치 지음, 최재인 옮김, 『본 인 블랙니스: 아프리카, 아프리카인, 근대 세계의 형성, 1471년부터 제2차 세계대전까지』(서울: 책과함께, 2023), 71, 117, 137-142.

8　Herbert S. Klein, *The Atlantic Slave Trade* (Cambridge, UK: Cambridge University Press, 1999), 9-14. 1562년 포르투갈인이 유언으로 노예 10명을 해방했는데, 중국인 1명, 아메리카 원주민 3명, 무어인 2명, 동유럽 출신 1명, 흑인 1명, 혼혈인 2명이었다. 1565년 스페인 세비야 주민 8만5천 명 가운데 6천 명이 노예였는데 대부분 흑인이었고, 안달루시아의 광산 노동자들도 흑인 노예였다. 들라캉파뉴 지음, 『현대판 노예노동을 끝내기 위한 노예의 역사』, 159-164.

9　Barbara L. Solow, ed., *Slavery and the Rise of the Atlantic System* (Cambridge: Cambridge University Press, 1991), 49, 54; 프렌치 지음, 『본 인 블랙니스』, 159, 161.

10　들라캉파뉴 지음, 『현대판 노예노동을 끝내기 위한 노예의 역사』, 166-168, 184.

11　Robin D. G. Kelley and Earl Lewis, eds. *To Make Our World Anew: A History of African Americans* (New York: Oxford University Press, Inc., 2000), 51.

12　1806년에 서인도제도 식민지들은 설탕 무역의 55퍼센트를 차지했다. Klein, *Atlantic Slave Trade*, 32-33; Robert W. Fogel, *Without Consent of Contract: The Rise and Fall of American Slavery* (New York: Norton, 1989), 18-20.

13 아프리카 노예무역은 16세기 37만 명, 17세기 180만 명, 18세기 610만 명으로 늘었고, 또 다른 약 600만 명의 아프리카인은 북아프리카, 홍해, 인도양을 거쳐 아프리카 땅을 떠났을 것으로 추정한다. 브라질로 400만 명, 생 도맹그 93만 명, 자메이카와 쿠바 80만 명, 미국 66만 명, 바베이도스 34만 명, 멕시코 20만 명 등으로 추산한다. Fogel, *Without Consent of Contract*, 19; Hugh Thomas, *The Slave Trade: The History of the Atlantic Slave Trade, 1440-1870* (New York, 1997), 804; Klein, *Atlantic Slave Trade*, 45-46, 139; 마커스 레디커 지음, 박지순 옮김,『노예선』(갈무리, 2018, 2007), 22; 장메이메 지음,『흑인노예와 노예상인』(시공사, 1998), 57-71; 프렌치 지음,『본 인 블랙니스』, 416.

14 영국은 1609년 버뮤다, 1627년 바베이도스, 1632년 안티구아에 자리를 잡았는데, 사탕수수 농장의 형태와 기능은 포르투갈인들의 대서양 섬들에서 이식되었다. 1624년에 맨해튼섬에 세워진 네덜란드의 뉴암스테르담은 1674년에 영국령 뉴욕이 되었다. 조지아는 사우스캐롤라이나를 스페인령 플로리다로부터 보호할 군사적 완충지대의 필요성으로 1733년에 특허장 식민지로 건설되었고, 스페인의 위협이 점차 사라지면서 1751년에 왕령식민지가 되었다. Eric Williams, *Capitalism and Slavery* (New York: Russell & Russell, 1944, 1961), 32-33.

15 John Donohue, "'Out of the Land of Bondage': The English Revolution and the Atlantic Origins of Abolition," *American Historical Review* 115(4), Oct. 2010, 960-961.

16 John C. Coombs, "The Phases of Conversion: A New Chronology for the Rise of Slavery in Early Virginia," *William and Mary Quarterly* 68(3), July 2011, 351-360.

17 Anthony S. Parent Jr., *Foul Means: The Formation of a Slave Society in Virginia, 1660-1740* (University of North Carolina Press, 2003), 115, 117, 124; Billings, "The Law of Servants and Slaves," 54, 57-62; Edmund S. Morgan, *American Slavery American Freedom: The Ordeal of Colonial Virginia* (New York: W. W. Norton & Company, 1975), 337.

18 영국은 1609년에서 1614년 사이에 무슬림 해적들에게 466척의 배를 잃었고, 수천 명이 노예가 되었다. 해적선은 1645년에 영국 본토를 공격해

코니쉬(Cornish) 해안에서 240명을 노예로 포획했다. Donohue, "'Out of the Land of Bondage'," 952.

19　870년에 카이로에 툴룬 왕조를 세운 이븐 툴룬은 맘루크였고, 1206~1256년에는 세 명의 맘루크가 인도 델리의 술탄이 되었다. 1250년경 십자군을 격퇴하고 맘루크가 세운 카이로 왕조는 250년 동안 인도양의 향신료 무역을 독점하며 권력을 잡았다. James H. Sweet, "The Iberian Roots of American Racist Thought," *William and Mary Quarterly* 54(1), January 1997, 145.

20　Williams, *Capitalism and Slavery*, 7, 19. 프랑스에서 검둥이를 뜻하는 '네그르'는 1516년에, 흑백 혼혈을 뜻하는 '뮐라트르'는 1604년에 나타난다. Sweet, "The Iberian Roots of American Racist Thought," 144, 155-166; 배영수, 「백인 우월주의의 기원에 대한 재검토」, 『미국학』 26, 2003, 219-220.

21　Lewis Hanke, *All Mankind is One: A Study of the Disputation Between Bartolomé de Las Casas and Juan Ginés de Sepúlveda in 1550 on the Intellectual and Religious Capacity of the American Indian* (Northern Illinois University Press, 1994), 11-20; 들라캉파뉴 지음, 『현대판 노예노동을 끝내기 위한 노예의 역사』, 235-237.

제2장 블랙 디아스포라

1　횡대서양 디아스포라는 노예무역이나 피부색에 따른 인종적 차별과 거리가 멀었던 인도양 디아스포라와 대조되었다. Paul Tiyambe Zeleza, "Rewriting the African Diaspora: Beyond the Black Atlantic," *African Affairs* 104(414), Jan., 2005, 40, 45-47; Zeleza, "African Diasporas: Toward a Global History," *African Studies Review* 53(1), April 2010, 1-19.

2　Edmund T. Gordon and Mark Anderson, "The African Diaspora: Toward an Ethnography of Diasporic Identification," *Journal of American Folklore* 112(445), Summer 1999, 288;James Clifford, "Diasporas," *Cultural Anthropology* 9(3), August 1994, 318-321; Marsha Pearce, "Transnational/ Transcultural Identities: The Black Atlantic and

Pythagoras's Theorem," *Callaloo* 30(2), Spring 2007, 547-549; Jonathan Elmer, "The Black Atlantic Archive," *American Literary History* 17(1), Spring 2005, 160-166; Zeleza, "Rewriting the African Diaspora," 36-40.

3   Paul Gilroy, *The Black Atlantic: Modernity and Double Consciousness* (Cambridge, Massachusetts: Harvard University Press, 1993), 4~5.

4   1778년에 자메이카에서 런던으로 이주한 노예 출신 선원 로버트 웨더번(Robert Wedderburn)의 경우, 왕립해군에서 복무하고 사략선 선원으로 일했는데 무정부주의자이자 자코뱅 급진파였다. 그는 카리브 노예는 주인을 살해할 권리를 지닌다는 글을 발표해 선동죄로 재판에 회부되기도 했다. Gilroy, *Black Atlantic*, 13; Peter Linebaugh and Marcus Rediker, *The Many-headed Hydra: Sailors, Slaves, Commoners, and the Hidden History of the Revolutionary Atlantic* (Beacon Press, 2001), 28-29; W. Jeffrey Bolster, *Black Jacks: African American Seamen in the Age of Sail* (Harvard University Press, 1998), 4-5; Matthew D. Brown, "Olaudah Equiano and the Sailor's Telegraph: 'The Interesting Narrative' and the Source of Black Abolitionism," *Callaloo* 36(1), Winter 2013, 192; Marcus Rediker, *Between the Devil and the Deep Blue Sea: Merchant Seamen, Pirates and the Anglo-American Maritime World, 1700-1750* (Cambridge: Cambridge UP, 1987), 154-155; 권윤경, 「부르주아-민주주의 혁명과 식민지: 프랑스혁명, 아이티혁명, 다시 생각하는 '혁명의 시대'」, 『서양사론』 113, 2012.6, 274.

5   Bolster, *Black Jacks*, 31-37, 154; Gretchen Holbrook Gerzina, "Mobility in Chains: Freedom of Movement in the Early Black Atlantic," *South Atlantic Quarterly* 100(1), Winter 2001, 42-43; 피터 라인보우, 마커스 레디커 지음, 정남영, 손지태 옮김, 『히드라』 (서울: 도서출판 갈무리, 2008), 251, 257-263.

6   Bolster, *Black Jacks*, 79, 85, 93-96.

7   프레드릭 더글러스는 선원보호증을 흑인 선원에게 빌려 1838년 도망에 성공했다. 남북전쟁 이후에는 선박 사업의 쇠퇴로 흑인 고용이 위축되었으며, 해상에서 인종 분리가 증가하면서 흑인들은 선원에서 밀려나기 시작했다. 1830년대에 프로비던스 선원의 20~30퍼센트였던 흑인은 1850

년대에는 9퍼센트로 줄었고, 1835년에 뉴욕 선원의 14퍼센트를 차지했던 흑인 비중은 1866년엔 4.6퍼센트에 불과했다. Bolster, *Black Jacks*, 102-103, 114-115, 218-225, 230.

8　영국 정부는 미국 시민임을 증명한 선원 약 20퍼센트를 풀어주었는데, 이때 선원들이 고향의 가족, 친구, 후원자들에게 보낸 수백 통의 편지가 국립문서고에 보관되어 있으며, 그중 약 14개가 흑인들의 편지다. Bolster, "Letters by African American Sailors, 1799-1814," *William and Mary Quarterly* 64(1), Jan. 2007, 168-170.

9　Bolster, *Black Jacks*, 198-199; Michael A. Schoeppner, "Status across Borders: Roger Taney, Black British Subjects, and a Diplomatic Antecedent to the Dred Scott Decision," *Journal of American History*, 100(1), June 2013, 47-67.

10　Alejandra Dubcovsky, "The Testimony of Thomás de la Torre, a Spanish Slave," *William and Mary Quarterly* 70(3), July 2013, 565-567; Ira Berlin, *Generations of Captivity: A History of African-American Slaves* (Belknap Press, 2003), 45-49; Gary B. Nash, *Red, White, and Black: The Peoples of Early America* (Englewood Cliffs, NJ.: Prentice-Hall, Inc., 1982, 1974), 160-162.

11　당시 북미 영국 식민지 인구 2백만 명의 약 20퍼센트인 40만 명의 흑인들은 거의 노예였다.

12　David George's autobiography, "An account of the life of Mr. David George, from Sierra Leone in Africa," *Baptist annual reg.* (London), 1 (1790-93); Boston King, "Memoirs of the life of Boston King, a Black preacher," *Methodist Magazine* (London), 21 (March-June, 1798).

13　1796년에 자메이카에서 6백여 명의 마룬(maroons)이 노바스코샤로 추방되었는데, 그들은 시에라리온에 가서 총독의 반란 진압을 도왔다. '마룬'이라는 단어는 산과 숲으로 도망해 숨은 노예들을 지칭하며, 1666년 바베이도스에서 처음 기록에 적혔다. Jeffrey L. McNairn, "British Travellers, Nova Scotia's Black Communities and the Problem of Freedom to 1860," *Journal of the Canadian Historical Association* 19(1), 2008, 27-56; James Sidbury, *Becoming African in America: Race and Nation in the Early*

Black Atlantic (New York: Oxford University Press, 2007). 127-129. 1817~1820년에 영국 해군은 대서양의 불법 노예 무역선에서 나포한 흑인들을 시에라리온에 보냈고, 1865년까지 5만 명이 넘는 아프리카인들이 노예수송선에서 구조되어 시에라리온에 정착했다. Monday B. Abasiattai, "The Search for Independence: New World Blacks in Sierra Leone and Liberia, 1787-1848," *Journal of Black Studies* 23(1), September 1992, 107-111.

14 클락슨은 노예들이 화물칸에 다닥다닥 실려 있는 노예선 그림을 그렸는데 이는 노예무역 폐지 운동의 가장 효과적인 선전물이 되었다. Thomas Clarkson, *The History of the Rise, Progress, and Accomplishment of the Abolition of the Slave Trade* (London, 1808).

15 해먼은 "니그로 하인", 그로니오소는 "아프리카 왕자", 휘틀리는 "니그로 하녀", 산초는 "아프리칸", 매런트는 "흑인", 쿠고아노는 "아프리카 출신", 에퀴아노는 "아프리칸"이었다.

16 영어로 번역된 자서전에서 욥은 무슬림이라는 확고한 자의식과 아프리카의 전통 및 관습에 대한 풍부한 지식을 보여주었으며, 삼위일체와 같은 기독교 교리의 부조리함을 지적했다. Thomas Bluett, *Some Memories of the Life of Job, the Son of the Solomon High Priest of Boonda in Africa* (London, 1734).

17 James A. U. Gronniosaw, *A Narrative of the Most Remarkable Particulars in the Life of James Albert Ukawsaw Gronniosaw, an African Prince* (1770); Phillis Wheatley, *Poems on Various Subjects, Religious and Moral* (London, 1773); Ignatius Sancho, *Letters of the Late Ignatius Sancho* (London, 1782); John Marrant, *A Narrative of the Lord's Wonderful Dealings with John Marrant* (London, 1785); Ottobah Cugoano, *Thoughts and Sentiments on the Evil and Wicked Traffic of the Slavery and Commerce of the Human Species* (London, 1787); Olaudah Equiano, *The Interesting narrative of the Life of Olaudah Equiano, or Gustavus Vassa* (London, 1789); Venture Smith, *A Narrative of the Life and Adventures of Venture* (New London, Conn., 1798).

18 Adam Potkay and Sandra Burr, ed., *Black Atlantic Writers of the Eighteenth Century: Living the New Exodus in England and the Americas* (Macmillan,

1995), 1-2; Charles T. Davis and Henry Louis Gates Jr.(eds.), *The Slave's Narrative* (New York: Oxford UP, 1985), xi-xii.

19   Robert E. Desrochers Jr., "'Not Faden Away': The Narrative of Venture Smith, an African American in the Early Republic," *Journal of American History* 84(1), June 1997, 40-47; Philip Gould, "Free Carpenter, Venture Capitalist: Reading the Lives of the Early Black Atlantic", *American Literary History* 12(4), Winter 2000, 659~684.

20   휘틀리의 시집은 조지 횟필드의 죽음을 애도하는 그녀의 송덕문을 읽은 헌팅턴 백작부인(Selina Hastings)의 도움으로 출판되었다. John C. Shields, ed., *The Collected Works of Phillis Wheatley* (New York: Oxford University Press, 1988).

21   Will Harris, "Phillis Wheatley, Diaspora Subjectivity, and the African American Canon," *MELUS* 33(3), Fall, 2008, 27, 35-41. 휘틀리는 횡대서양 네트워크를 통해 런던에서 출간된 그로니오소의 자서전을 읽었고, 런던에 정착한 해방 노예 산초는 휘틀리의 시를 매우 높이 평가했다. Frances Smith Foster, "A Narrative of the Interesting Origins and (Somewhat) Surprising Developments of African American Print Culture," *American Literary History* 17(4), Winter 2005, 716-720.

22   매런트의 가족은 플로리다 세인트오거스틴의 흑인 정착지인 포트 모스(Fort Mose)로 이주했다.

23   Peter P. Hinks, "John Marrant and the Meaning of Early Black Freemasonry", *William and Mary Quarterly* LXIV(1), January 2007, 105~116.

24   예컨대 이들 단체들은 아프리칸 연합회(African Union Society, 1780), 아프리칸 프리메이슨(African Freemason Lodge, 1784), 자유민 아프리칸 협회(Free African Society, 1787), 아프리칸 성공회교회(African Episcopal Church of St. Thomas, 1792), 성모 베델 흑인감리교성공회교회(AME, Mother Bethel African Methodist Episcopal Church, 1794) 등이다.

25　산초가 노예무역과 노예제를 비판하며 영국 저술가들과 주고받은 서간문은 그의 사후 1782년에 출간되었다.

26　쿠고아노는 『사악하고 부도덕한 노예제와 인간 매매에 대한 생각과 감정(1787)』, 『노예제도의 사악함에 대한 생각과 정서(1790)』를 발표했는데 토머스 클락슨의 1786년 책 제목과 유사했다. Potkay & Burr, ed., *Black Atlantic Writers*, 129~148.

27　에퀴아노의 자서전은 미국과 유럽을 통틀어 총 19쇄가 발행되었고, 프랑스어, 네덜란드어, 독일어, 러시아어로 번역되었다. 1996년에는 BBC가 <아프리카의 아들(A Son of Africa: The Slave Narrative of Olaudah Equiano)>이라는 제목의 28분짜리 다큐멘터리를 제작해 그의 자서전을 영상으로 만들었다. 카레타(Vincent Carretta)는 1759년 12세 때의 세례 기록과 1773년 북극해 항해 선원 명부를 근거로 에퀴아노가 아프리카가 아니라 사우스캐롤라이나 태생이라고 주장했다. 카레타는 에퀴아노가 아프리카 태생으로 중간 항로를 경험했다는 기술이 반노예제 목적을 위해 만들어진 창안일 것이라고 추측했다. Dennis D. Moore, Vincent Carretta, et al., "Colloquy with the Author: Vincent Caretta and 'Equiano, the African,'" *Studies in Eighteenth-Century Culture* 38(2009), 1-14; Alexander X. Byrd, "Eboe, Country, Nation, and Gustavus Vassa's Interestins Narrative," *William and Mary Quarterly* 63(1), January 2006, 123~148; Vincent Carretta, *Equiano the African: Biography of a Self-Made Man* (Athens, Ga., 2005).

28　에퀴아노 지도 출전: Miles Ogborn, "Global Historical Geographies, 1500-1800," in B.J. Graham and C. Nash (eds.), *Modern Historical Geographies* (Harlow: Longman, 2000).

29　Elizabeth Jane Wall Hinds, "The Spirit of Trade: Olaudah Equiano's Conversion, Legalism, and the Merchant's Life", *African American Review* 32(4), Winter 1998, 635~647; Carretta, ed., *The Interesting Narrative and Other Writings* (New York: Penguin Books, 1995).

30　에퀴아노는 버지니아 농장에서 일했으며, 뉴욕, 필라델피아, 조지아 등을 방문했지만, 미국에서 그가 생활한 기간은 도합 2년이 안 되었다. Carretta, ed., *Interesting Narrative*, 68, 72, 158-161.

31 Carretta, ed., *Interesting Narrative*, 220, 225, 231.

32 당시 'abolition'은 노예무역 폐지를 의미했지 노예제 폐지를 의미하는 말이 아니었다. 영국의 노예무역 폐지론자인 조셉 코리(Joseph Corry)는 아프리카 내부를 식민화해 아프리카인을 교육하고 문명을 전파할 것과 아프리카 자원을 영국 산업 확장에 이용할 것을 제안했다.

33 130명의 아프리카인 노예가 바다에 수장된 종(Zong) 학살을 그랜빌 샤프에게 알린 사람도 에퀴아노였다. Carretta, ed., *Interesting Narrative*, 45, 61, 336.

34 에퀴아노는 앤서니 베네제(Anthony Benezet)의 『기니 이야기(Account of Guinea)』를 참고해 아프리카 내용을 기술했다. Anthony Benezet, *Some Historical Account of Guinea* (London, 1771); Louise Rolingher, "A Metaphor for Freedom: Olaudah Equiano and Slavery in Africa," *Journal of African Studies* 38(1), 2004, 88-122; Eileen Razzari Elrod, "Moses and the Egyptian: Religious Authority in Olaudah Equiano's Interesting Narrative", *African American Review* 35(3), Autumn 2002, 409-425.

35 에퀴아노는 서인도제도 원주민들에게 욕과 거짓말을 하고 술 취한 백인보다 더 도덕적인 백인으로 인정받았다. Íde Corley, "The Subject of Abolitionist Rhetoric: Freedom and Trauma in 'The Life of Olaudah Equiano," *Modern Language Studies* 32(2), Autumn 2002, 143-147; Carretta, ed., *The Interesting Narrative*, 69, 77~78, 203-208; Susan M. Marren, "Between Slavery and Freedom: The Transgressive Self in Olaudah Equiano's Autobiography", *PMLA* 108(1), January 1993, 103-104.

36 Samantha M. Earley, "Writing from the Center or the Margins? Olaudah Equiano's Writing Life Reassessed", *African Studies Review* 46(3), Dec. 2003, 9-11; Geraldine Murphy, "Olaudah Equiano, Accidental Tourist," *Eighteenth-Century Studies* 27(4), Summer 1994, 565-567.

제3장 노예제와 미국의 건국

1 Sidney Kaplan, "The 'Domestic Insurrections' of the Declaration of Independence," in Allan D. Austin, ed., *American Studies in Black and White: Selected Essays 1949-1989* (Amherst: The University of Massachusetts Press, 1991), 18, 27.

2 박은진, 「독립혁명기 미국 기독교의 시민종교화」, 『미국사연구』 24 (2006.11), 118-131.

3 James Otis, *Rights of the British Colonies* (Boston, 1764); Dagobert D. Runes, ed., *The Selected Writings of Benjamin Rush* (New York, 1947), 17; Samuel Hopkins, *A Dialogue concerning the Slavery of the Africans* (Norwich, 1776).

4 애비게일 애덤스도 대륙회의에 참석하는 남편 존 애덤스에게 보낸 편지에서 "노예제는 매우 사악한 제도이며 식민지에 단 한 명의 노예도 없기를 진심으로 바란다"라고 썼다. Peter A. Dorsey, "To 'Corroborate Our Own Claims': Public Positioning and the Slavery Metaphor in Revolutionary America," *American Quarterly* 55(3), Sep. 2003, 364; Patricia Bradley, *Slavery, Propaganda, and the American Revolution* (Jackson, Louisians: University Press of Mississippi, 1998), xiii.

5 1760년대 이후 노예 수입이 계속 증가했던 사우스캐롤라이나와 달리, 1762년에 2천여 명에 달하던 버지니아의 노예 수입은 1769년에 3백여 명으로 줄었고, 이후 계속 감소했다. *Virginia Petition Against Importation of Slaves from Africa*, 1772.

6 버나드 베일린 지음, 배영수 옮김, 『미국혁명의 이데올로기적 기원』 (서울: 새물결, 1999), 271, 273, 279; John Allen, *The Watchman's Alarm*… (Salem, 1774).

7 Foner, "The Meaning of Freedom in the Age of Emancipation," *Journal of American History* 81(2), Sep. 1994, 440-441; Patricia Bradley, *Slavery, Propaganda, and the American Revolution* (Jackson, Louisiana: University Press of Mississippi, 1998), 4; Francçois Furstenberg, "Beyond Freedom and Slavery: Autonomy, Virtue, and Resistance in Early

American Political Discourse." *Journal of American History* 89(4), March 2003, 1300-1302; W. W. Abbot and Dorothy Twohig, ed., *The Papers of George Washington: Revolutionary War Series*, vol. V (Charlottesville, 1993), 180.

8   Samuel Johnson, *Taxation No Tyranny: An Answer to the Resolutions and Address of the American Congress* (London: Cadell, 1775); John Wesley, *Thoughts upon Slavery* (1774); Dorsey, "To 'Corroborate Our Own Claims'," 362-363.

9   Furstenberg, "Beyond Freedom and Slavery," 1302-1303; Bradley, *Slavery, Propaganda, and American Revolution*, 13-20. 후에 칼훈(John C. Calhoun)도 자신의 친(親)노예제 논리에 애국파의 자유 이념을 활용했다. "모든 사람이 동등한 자유와 평등의 권리를 갖고 있는 것이 아니다. 자유는 정신적·도덕적 발전을 이룬 사람들에게 부여된 고귀한 최고의 보상이며 획득되어야 할 대상이다." John C. Calhoun, "Speech on the Oregon Bill," June 27, 1848, in *The Papers of John C. Calhoun*, ed. Clyde N. Wilson and Shirley Bright Cook (27 vols., Columbia, S.C., 1999–2003), XXV, 531-532.

10   던모어 경은 "계약 하인, 니그로 그리고 자유인 중에 무기를 가질 수 있는 자는 속히 왕의 군대에 합류할 것"을 촉구하면서 군대에 합류한 모든 노예를 해방하겠다고 선언했다. 혁명 당시 식민지에는 약 40만 명의 노예가 있었는데, 전쟁 중 버지니아와 사우스캐롤라이나 등지에서 수만 명의 노예가 농장을 떠난 것으로 추정된다. Bradley, *Slavery, Propaganda, and American Revolution*, xxi, 132-134; Kenneth Morgan, "George Washington and the Problem of Slavery," *Journal of American Studies* 34(2), August 2000, 290-291.

11   Betty Wood, *Slavery in Colonial America 1619-1776* (New York: Rowman & Littlefield Publishers, Inc., 2005), 202-203; Dorsey, "To 'Corroborate Our Own Claims'," 370-371.

12   이 결의문의 저자 맥킨토시는 자신의 노예를 해방하지 않았고 조지아주 제헌회의 대표에게 노예제에 반대되는 어떤 조항에도 동의하지 못하게 했다.

13　　Frank Moore, *Materials for History Printed From Original Manuscripts*, the Correspondence of Henry Laurens of South Carolina to John Laurens on August 14, 1776 (New York: Zenger Club, 1861), 20.

14　　Dorsey, "To 'Corroborate Our Own Claims'," 371.

15　　Christopher L. Brown, "Empire without Slaves: British Concepts of Emancipation in the Age of the American Revolution," *William and Mary Quarterly* 56(2), Apr. 1999, 273-280, 285, 295-297. 모건은 행정 고문이자 정무차관으로 제국 정책 수립에 적극 참여했다, 그는 플로리다 펜서콜라(Pensacola)의 해방 노예 정착지가 성공하면 북미 식민지들이 노예제를 포기할 것으로 예상했다. 에드먼드 버크도 1775년에 영국 하원에 북미 식민지 노예 해방안을 제출했다. 그가 1780년에 제안한 '니그로법(Negro Code)'은 노예들의 토지 소유권, 재산상속권, 자유구매권을 인정했다.

16　　Bradley, *Slavery, Propaganda, and American Revolution*, 141-142, 150.

17　　앨런 브링클리 지음, 황혜성 외 옮김, 『있는 그대로의 미국사 1』(서울: 휴머니스트, 2005, 2011), 250-251.

18　　Michael A. McDonnell, "Class War? Class Struggles during the American Revolution in Virginia," *William and Mary Quarterly* 63(2), April 2006, 305-316, 321-336; 허현.「미국혁명의 배신: 흑인 軍복무와 인종주의적 시민권 개념의 법제화」,『서양사론』142, 2019.9, 130-134, 137.

19　　1774, 32, 77, 80, 87-88; 1776, 136, 139, 140, 146; 1777, 401-402; 1779, 385, 387-388; 1780, 1133-1134. Library of Congress, *Journals of the Continental Congress 1774-1789*.

20　　Foner, "Meaning of Freedom," 442; 베일린 지음, 『미국혁명의 이데올로기적 기원』, 276; Thomas Jefferson, *A Summary View of the Rights of British America*… (Williamsburg, 1774), 16-17.

21　　제퍼슨이 수정하기 이전의 조정안은 다음과 같다. "All men are (born) by nature equally free and independent and have certain inherent (natural) rights of which, when they enter a state of society, they cannot, by any compact, deprive or divest their posterity."

Alfred W. Blumrosen, Ruth G. Blumrosen & Steven Blumrosen. *Slave Nation: How Slavery United the Colonies & Sparked the American Revolution* (Naperville, Illinois: Sourcebooks, 2005), 128-129, 133.

22 *The Declarations of Jefferson and of the Congress* (Jefferson's Notes of Proceedings-Papers, 1:315-19에서 발췌); Thomas Jefferson and Julian P. Boyd, *The Papers of Thomas Jefferson, Volume 1: 1760-1776* (Princeton University Press, 1950), 423-428.

23 Dorsey, "To 'Corroborate Our Own Claims'," 375-377.

24 Dorsey, "To 'Corroborate Our Own Claims'," 373; Blumrosen, et. al., *Slave Nation*, 133-137.

25 *Bill to Prevent the Importation of Slaves, & C.* (June 1777). 1779년에도 제퍼슨은 노예들을 교육해 점진적으로 재정착시키는 안을 버지니아 의회에 제안했다. 존 애덤스의 경우엔, 전쟁이 일어나기 전에는 노예제가 폐지되어야 한다며 매사추세츠 노예들의 소송에서 그들을 대변하기도 했지만, 정작 대륙회의에서는 노예제를 남부의 판단에 맡겨야 한다고 했으며, 1777년 매사추세츠 주 노예 해방 법안에도 반대했다.

26 Blumrosen, et. al., *Slave Nation*, 161-163.

27 "하원의원의 수와 직접세는 연방에 가입한 각 주의 인구수에 비례해 각 주에 배정한다. 각 주의 인구수는 자유인의 총수에… 그 밖의 인구 총수의 5분의 3을 가산해 결정한다(1조 2절 3항)… 연방의회는 노예 입국을 1808년 이전에는 금지하지 못한다(1조 9절 1항)… 도망 노예는 사역 또는 노역을 요구할 권리를 지닌 당사자의 청구에 따라 인도되어야 한다(4조 2절 3항)." Joseph J. Ellis, *Founding Brothers: The Revolutionary* Generation (New York: Vintage Books, 2000), 81-84; Lacy Ford, "Reconfiguring the Old South: 'Solving' the Problem of Slavery, 1787-1838," *Journal of American History* 95(1), June 2008, 96-98; Blumrosen, et. al., *Slave Nation*, 173, 179.

28 콩도르세도 「흑인 노예제에 대한 단상(Reflections on Black Slavery)」(1781)에서 "만약 인간(노예)이 권리를 행사할 능력이 없을 때 권리를 부여하면, 그를 남용할 위험이 있다. 식민지 노예들도 교육을 받

지 못해 자유인으로 기능할 수 없다면, (적어도 노예제가 상실케 한 것을 그들이 다시 회복할 때까지) 자격을 갖추지 못한 사람으로 그들을 처우할 수 있다"라고 했다. Bruce Levine, *Half Slave and Half Free: The Roots of Civil War* (New York: Hill and Wang, 1992, 2005). 5; François Furstenberg, "Atlantic Slavery, Atlantic Freedom: George Washington, Slavery, and Transatlantic Abolitionist Networks," *William and Mary Quarterly* 68(2), April 2011, 263, 276-280; Morgan, "George Washington and Problem of Slavery," 292-295; Ellis, *Founding Brothers*, 115, 118.

29 워싱턴이 소장했던 「노예제 글모음(Tracks on Slavery)」은 대부분 토머스 클락슨, 그랜빌 샤프 등 반노예제 운동가들의 소책자들을 제본한 것이었다. Morgan, "George Washington and the Problem of Slavery," 296-299; Furstenberg, "Atlantic Slavery, Atlantic Freedom," 275. 1790년 첫 인구 조사에서 전체 인구 392만 명 중에 흑인은 약 20퍼센트인 70만 명이었고, 그 절반이 버지니아에 있었다. 대농장주 로버트 카터는 1790년에 4백여 명의 노예들을 모두 해방했고, 1780년대에는 1만 명, 1790년대에는 2만 명의 버지니아 노예들이 해방되었다. 그러나 제퍼슨은 5명만 해방했고 2백 명은 경매에 보냈으며, 제임스 매디슨은 유언으로 어떤 노예도 해방하지 않았다.

30 Jack P. Greene, "Colonial History and National History: Reflections on a Continuing Problem," *William and Mary Quarterly* 64(2), April 2007, 244-249; 김성엽, 「북미 대륙사와 정착민 식민주의에 비추어 재해석한 미국 연방제의 기원」, 『서양사론』 146 (2020.8), 19-22.

31 권력 집중에 강하게 반대하는 정착민이 다수인 조지아 주가 연방헌법을 비준한 결정적인 이유는 인근의 강력한 크리크 원주민들과의 전면전이 목전인 상황에서 연방정부의 군사적 지원이 절대적으로 필요했기 때문이다. 김성엽, 「미국 연방제의 기원」, 41-42.

32 이보형, 「링컨, 연방, 노예제도」, 『미국사연구』 30 (2009. 11), 178-180.

33 Furstenberg, "Atlantic Slavery, Atlantic Freedom," 264, 271.

34 Fritz Hirshfeld, *George Washington and Slavery: A Documentary Portrayal* (Columbia, MO: University of Missouri Press, 1997), 121; Joseph

Gales Sr., ed. *Debates in the Several State Conventions on the Adoption of the Federal Constitution*, Jonathan Elliot, ed. (Washington, D.C.: 1836), Vol. III, 452-454, George Mason, June 15, 1788; David Waldstreicher & Matthew Mason, *John Quincy Adams and the Politics of Slavery: Selections from the Diary* (New York: Oxford University Press, 2017), 13; Gates Sr., ed. *Debates and Proceedings in the Congress of the United States, 1789-1824, 42 vols.* (Washington: Gales and Seaton, 1834), vol. 1, 1239-1240, Memorial from the Pennsylvania Abolition Society from Feb. 3, 1790 presented to Congress on Feb. 12, 1790.

35 Don E. Fehrenbacher, *The Slaveholding Republic: An Account of the United States Government's Relations to Slavery*, ed. by Ward M. McAfee (Oxford University Press, 2002), 36; David Waldstreicher, *Slavery's Constitution: From Revolution to Ratification* (New York: Hill and Wang, 2009), 17, 114; Kenneth Morgan, "A Slaveowners' Constitution," *Reviews in American History* 39(2), June 2011, 254.

36 미국혁명이 노예제를 강화하는 계기가 되었고, 건국의 아버지들이 노예제를 수호하려 했던 보수적 반(反)혁명가들이라고 주장하는 학자들에게 미국혁명은 미완의 혁명, 현재 진행형인 혁명으로 정의된다. 허현, 「미국의 독립운동사 서술 경향과 특징: '장기적' 미국혁명과 '소외된' 건국세력을 찾아서」, 『역사교육』 156 (2020.12), 115-148. 그린도 미국혁명이 가져온 변화는 미미하며 식민지 시기에 정착된 주 중심의 체제를 강화했을 뿐, 이후 백 년 남짓 백인 인종우월주의가 지속되었다고 말한다. Jack P. Greene, "The American Revolution," *American Historical Review* 105(1), Feb. 2000, 93-102; Greene, "Colonial History and National History," 261.

37 Staughton Lynd and David Waldstreicher, "Free Trade, Sovereignty, and Slavery: Toward an Economic Interpretation of American Independence," *William and Mary Quarterly* 68(4), Oct. 2011, 600, 607-620, 629-630.

38 Greene, "American Revolution," 99-102.

39   허현, 「미국혁명의 배신」, 121-122; Winthrop Jordan, *White over Black: American Attitudes Toward the Negro, 1550-1812* (New York: Norton, 1977), 343, 552.

40   허현, 「서평: Stephen Kantrowitz, *More than Freedom: Fighting for Black Citizenship in a White Republic, 1829-1889* (New York: The Penguin Press, 2012)」, 『서양사론』 119 (2013.12), 358-360.

41   홀튼은 아메리카 원주민과 노예들을 미국의 '강요받은 건국자들(Forced Founders)'이라고 불렀다. Woody Holton, *Forced Founders: Indians, Debtors, Slaves, and the Making of the American Revolution in Virginia* (Chapel Hill, N.C.: University of North Carolina Press, 1999); Richard S. Newman and Roy E. Finkenbine, "Black Founders in the New Republic: Introduction", *William and Mary Quarterly* 64(1), 2007, 83~94.

42   John Saillant, "Lemuel Haynes and the Revolutionary Origins of Black Theology, 1776-1801," *Religion and American Culture: A Journal of Interpretation* 2(1), Winter 1992, 79~88; Richard S. Newman, "'A Chosen Generation': Black Founders and Early America," in Timothy Patrick McCarthy and John Stauffer, ed., *Prophets of Protest: Reconsidering the History of Ameriprcan Abolitionism* (New York, 2006), 72-75; Julie Winch, "The Making and Meaning of James Forten's Letters from a Man of Colour," *William and Mary Quarterly* 64(1), 2007, 129~137.

43   Peter P. Hinks, "John Marrant and the Meaning of Early Black Freemasonry", *William and Mary Quarterly* 64(1), January 2007, 105~116. 오선은 「아프리카 국가의 기원에 관한 탐구」에서 아프리카인의 역사를 기술했다. Stephen G. Hall, "A Search for Truth: Jacob Oson and the Beginnings of African American Historiography," *William and Mary Quarterly* 64(1), January 2007, 139~148.

44   Kirsten Sword, "Remembering Dinah Nevil: Strategic Deceptions in Eighteenth-Century Antislavery," *Journal of American History* 97(2), Sep. 2010, 315-343.

45   Manisha Sinha, "To 'Cast Just Obliquy' on Oppressors: Black Radicalism in the Age of Revolution," *William and Mary Quarterly* 64:1

(January, 2007), 151-153; Nash, *The Forgotten Fifth: African Americans in the Age of Revolution* (Cambridge, Mass., 2006), 67. 벌린다는 주인이 1775년에 두고 간 20여 명의 노예 중 한 명이었고, 주 정부가 1778년에 그의 집과 토지 등 부동산을 몰수하자 자신의 노예노동에 대한 보상을 청구했다. Roy E. Finkenbine, "Belinda's Petition: Reparations for Slavery in Revolutionary Massachusetts", *William and Mary Quarterly* 64(1), Jan. 2007, 95~104.

46 Nicholas P. Wood, "A 'class of Citizens': The Earliest Black Petitioners to Congress and Their Quaker Allies," *William and Mary Quarterly* 74(1), Jan. 2017, 111-120.

47 프리메이슨의 상징인 '모든 것을 보는 눈(All-Seeing Eye)'은 전지전능한 유일신을 뜻했다. 회원들은 자신들을 최고 존재(Supreme Being, 절대자)를 믿는 자유인(Free and Accepted Masons)이라 칭했다. David G. Hackett, "The Prince Hall Masons and the African American Church: The Labors of Grand Master and Bishop James Walker Hood, 1831-1918," *Church History* 69(4), Dec. 2000, 777, 789-792.

48 흑인 프리메이슨 중에는 성토마스프로테스탄트성공회교회(St. Thomas Protestant Episcopal African Church)를 세운 압살롬 존스(Absalom Jones)와 베델 흑인감리교성공회교회(Bethel African Methodist Episcopal Church)를 세운 앨런, 급진적인 인종 투쟁을 주장했던 데이비드 워커(David Walker)를 비롯해, 루이스 해이든(Lewis Hayden)과 마틴 R. 딜러니(Martin R. Delany) 등이 있었다. 프리메이슨의 교리는 개신교 신학과 매우 유사했다. 흑인감리교성공회 시온교회(AMEZ) 주교이자 노스캐롤라이나 프리메이슨 지부 그랜드마스터로 활약한 제임스 후드의 경우, 서로 다른 교파를 따르는 흑인들을 단결시키는 수단으로 프리메이슨을 생각했다. Hackett, "The Prince Hall Masons," 773-776, 793-798.

49 로버트 영(Robert Alexander Young)의 「에티오피아 선언(Ethiopian Manifesto, 1827)」도 아프리카 후예 의식을 보여준다. John Marrant, *A Sermon Preached on the 24th Day of June 1789* (1789); Prince Hall, *Charge Delivered to the Brethren of the African Lodge, June 25, 1792 in Charlestown* (1792); Hall, *Charge Delivered to the African Lodge, June 24, 1797 at Menotomy* (1797);

Sidbury, *Becoming African in America*, 87-90, 120-121; Hinks, "John Marrant and the Meaning of Early Black Freemasonry", 105-116; Joanna Brooks, "Prince Hall, Freemasonry, and Genealogy," *African American Review* 34(2), October 2001, 211-212.

50　Brooks, "Prince Hall, Freemasonry, and Genealogy," 207-209.

51　1870년대 흑인 프리메이슨 회원 수는 3만 명이 넘었다. Brooks, "The Early American Public Sphere and the Emergence of a Black Print Counterpublic," *William and Mary Quarterly* 62, Jan. 2005, 74-81; Hackett, "The Prince Hall Masons and the African American Church," 781-782, 801; Corey D. B. Walker, *A Noble Fight: African American Freemasonry and the Struggle for Democracy in America* (Urbana, 2008), 19-20.

52　Lewis Hayden, *Grand Lodge Jurisdictional Claims; or, War of Races: An Address before the Prince Hall Grand Lodge of Free and Accepted Masons, June 24, 1868* (Boston, 1868), 73-74; Stephen Kantrowitz, "'Intended for the Better Government of Man': The Political History of African American Freemasonry in the Era of Emancipation," *Journal of American History* 96(4), March 2010, 1015, 1022-24; Kantrowitz, *More than Freedom: Fighting for Black Citizenship in a White Republic, 1829-1889* (New York: The Penguin Press, 2012), 98, 330, 345.

53　Frederick Douglass, "What Are the Colored People Doing for Themselves?," *North Star* (Rochester), July 14, 1848, in Howard Brontz, ed., *African-American Social and Political Thought 1850-1920* (1966; New Brunswick, N.J.: Transaction, 1995), 204-205; Kantrowitz, *More Than Freedom*, 144-145; Walker, *Noble Fight*, 109-110. 흑인 우애 단체들로는 Independent Order of Good Samaritans and Daughters of Samaria(1847) 등이 있었고, 1846년에는 노예제를 폭력으로 전복하려는 타보르의 12기사(Twelve Knights of Tabor) 혹은 12인회(Order of Twelve)가 조직되었다. 이 집단은 자유의 기사단(Knights of liberty)과 힘을 합쳐 무기와 탄약을 마련하고 정기적인 훈련을 했다. Tunde Adeleke, "Violence as an Option for Free Blacks in Nineteenth-Century America," *Canadian Review of American Studies* 35(1), 2005, 87-88; Theda Skocpol and Jennifer Lynn Oser, "Organization Despite

Adversity: The Origins and Development of African American Fraternal Associations," *Social Science History* 28, fall 2004, 386-392.

제4장 남부 노예제와 노예 반란

1　David Eltis, "Free and Coerced Transatlantic Migrations: Some Comparisons," *American Historical Review* 88(2), April 1983, 261, 278; Klein, *The Atlantic Slave Trade*, 45-46; Fogel, *Without Consent of Contract*, 32-39. 1860년 노예 인구 비율은 사우스캐롤라이나 57.2퍼센트, 미시시피 55.2, 루이지애나 46.9, 앨라배마 45.1, 플로리다 44.0, 조지아 43.7, 텍사스 30.2였다. Peter Kolchin, *A Spinx on the American Land: The Nineteenth-Century South in Comparative Perspective* (Baton Rouge: Louisiana State Univ. Press, 2003), 16, 75; Morris, "The Articulation of Two Worlds," 988.

2　Frederick Law Olmsted, *The Cotton Kingdom: A Traveler's Observations on Cotton and Slavery in the American Slave States, 1853-1861* (New York: Da Capo Press, 1953, 1996), li; Robert W. Fogel, *Without Consent of Contract*, 29-32, 87-88, 412, 416; John B. Boles, *Black Southerners 1619-1869* (Lexington, Kentucky: The University Press of Kentucky, 1984), 75-77, 105.

3　미국 남부는 1832년 2백 명 이상 노예를 소유한 자가 노예주인 전체의 2.4퍼센트에 불과했고 자메이카에서는 35.9퍼센트를 차지했다. 1860년 당시 흑인 인구는 루이지애나 전체 인구의 47퍼센트, 앨라배마의 45퍼센트, 조지아의 44퍼센드, 버지니아의 31퍼센트였다. 김형인, 「미구의 노예반란: 18세기 초에서 19세기 초까지」, 『사총』 43, 241-242; Engene D. Genovese, *From Rebellion to Revolution: Afro-American Slave Revolts in the Making of the Modern World* (Baton Rouge, LA: LSU Press, 1979, 1992), 4-15.

4　Sarah E. Cornell, "Citizens of Nowhere: Fugitive Slaves and Free African Americans in Mexido, 1833-1857," *Journal of American History* Sep. 2013, 353-361; Genovese, *From Rebellion to Revolution*, 72-75.

5　라인보우, 레디커 지음, 『히드라』, 278-299, 319-320.

6　브링클리 지음,『있는 그대로의 미국사 1』, 519, 532; Morris, "The Articulation of Two Worlds," 994-1006.

7　Morris, "The Articulation of Two Worlds," 982-988.

8　브링클리 지음,『있는 그대로의 미국사 1』, 545-546.

9　프레더릭 더글러스 지음, 손세호 옮김,『미국노예, 프레더릭 더글러스의 삶에 관한 이야기』(지식을만드는지식, 2014), 43-47, 51-53.

10　노예 매매 광고 출전: Barbara E. Lacey, "Visual Images of Blacks in Early American Imprints," *William and Mary Quarterly* 53(1), January 1996, 141.

11　아이라 벌린(Ira Berlin)은 "미국혁명이 자유 흑인 계급(free Negro caste)을 만들었다"고 했다. Berlin, *Slaves Without Masters: The Free Negro in the Antebellum South* (New York: New Press, 1974, 1992), xvi.

12　Berlin, *Generations of Captivity*, 119. 사우스캐롤라이나에서는 전쟁 중에 노예 인구의 거의 30퍼센트가 도망쳤다고 한다. 영국군에 합류한 노예들은 흑인 선구자(Black Pioneers) 부대에 이름을 올렸다. Roger Wilkins, *Jefferson's Pillow: The Founding Fathers and the Dilemma of Black Patriotism* (Boston: Beacon Press, 2001), 51, 106~107; Peter H. Wood, *Strange New Land: Africans in Colonial America* (New York: Oxford University Press, 1996, 2003). 92-94. 버지니아주 로어노크(Roanoke)의 존 랜돌프가 소유했던 4백명이 넘는 노예는 그의 유언에 따라 1833년에 해방되었다. Loren Schweninger, "Prosperous Blacks in the South, 1790-1880," *American Historical Review* 95(1), Feb. 1990, 41-46, 49-54. 1860년 당시 흑인 토지 소유자의 수는 메릴랜드 2천1백 명, 버지니아 1천3백 명, 노스캐롤라이나 840명, 루이지애나 560명, 델라웨어 520명, 켄터키 460명, 사우스캐롤라이나 3백 명 등으로 상부 남부(Upper-South)에 집중되어 있었다. Schweninger, "A Vanishing Breed," 58.

13　Ronald H. Bayor, ed., *Race and Ethnicity in America: A Concise History* (New York: Columbia University Press, 2백3), 43-50; Berlin, *Generations of Captivity*, 161, 213; Boles, *Black Southerners*, 63-65; Ford, "Reconfiguring the Old South," 103-121; Allan Kulikoff, "Uprooted Peoples: Black

Migrants in the Age of the American Revolution, 1790-1820," in Ira Berlin and Ronald, eds., *Slavery and Freedom in the Age of the American Revolution* (Charlottesville, Va.: University Press of Virginia, 1983), 160-167. 1850년대 북부 노동자들(목수, 보일러공, 대장장이, 이발사, 벽돌공 등)의 주급이 직종에 따라 8~20불에 달했던 자료를 참고하면, 노예의 가격이 매우 높았음을 알 수 있다. Olmsted, *Cotton Kingdom*, 398, 487, 593-595.

14　그림 출전: Josiah Priest, *Bible Defence of Slavery* (1853).

15　노예 자서전은 약 백여 편이 출간되었다. William L. Andrews, *To Tell a Free Story: The First Century of Afro-American Autobiography, 1760-1865* (Urbana: Univ. of Illinois Press, 1986), 1-8; Raymond Hedin, "The American Slave Narrative: The Justification of the Picaro," *American Literature* 53(4), Jan. 1982, 632-645; Ephraim Peabody, "Narratives of Fugitive Slaves," *Christian Examiner*, XLVII (July, 1849), 61-62; James Olney, "'I Was Born': Slave Narratives, Their Status as Autobiography and as Literature," in Charles T. Davis and Henry Louis Gates Jr., eds., *The Slave's Narrative* (Oxford University Press, 1991), 148-174. 노예제 반대 활동가 웰드(Theodore D. Weld)는 남부 신문들에서 노예 주인들이 행한 형벌 기록들을 발췌해 『미국 노예제의 실상(American Slavery As It Is: Testimony of a Thousand Witnesses)』(American Anti-Slavery Society, 1839)을 발간했고, 팔다리가 절단된 노예, 산 채로 화형당한 노예, 채찍을 맞고 죽은 노예, 고문으로 사산한 노예 등의 사례를 실었다.

16　조지 화이트는 흑인 설교자의 허가증을 얻기 위한 여정과 복음 설파의 경험을 기록했고, 솔로몬 베일리도 노방을 정신적 모험에 비유하며 신앙이 시험대에 오르는 고난으로 여기고 신의 자비를 구하는 구원 서사를 전개했다. George White, *Account of Life, Experience, Travels, and Gospel Labours of George White, an African* (New York, 1810); Solomon Bayley, *Narrative of Some Remarkable Incidents in the Life of Solomon Bayley* (London, 1825).

17　William Grimes, *Life of William Grimes, the Runaway Slave* (New York, 1825), iii-6, 9, 13, 16. 그라임스 자서전은 1855년에 재간되었다.

18　그라임스는 텃밭에서 작물을 경작해 시장에 팔았고, 주인이 집을 비울 때 임대 노동으로 돈을 모았다. Grimes, *Life of William Grimes*, 9-22, 26-27, 36-38.

19　Grimes, *Life of William Grimes*, 28-33, 58, 67-68.

20　미시시피 농장주 에드먼드 코빙턴(Edmund Covington)은 1830년에 노예 번식을 위해 15세~40세 여자 노예의 노동을 줄여 출산율을 12퍼센트로 올렸다고 한다. Moses Roper, *A Narrative of Adventures and Escape of Moses Roper from American Slavery* (London, 1837), 3-26, 53-55, 68-73, 86-89; Alexandra Finley, "'Cash to Corinna': Domestic Labor and Sexual Economy in the 'Fancy Trade'," *Journal of American History*, 104(2), Sep. 2017, 412-418.

21　Betty Wood, *Slavery in Colonial America*, 63, 69; Peter Wood, *Black Majority: Negroes in Colonial South Carolina from 1670 through the Stono Rebellion* (New York: W. W. Norton & Company, 1974). 303-324.

22　김형인, 「미국의 노예 반란」, 223-227.

23　김형인, 「미국의 노예 반란」, 229. 마이클 존슨은 베시 반란 모의의 실체에 의문을 제기했다. 찰스턴 흑인들의 반동적인 움직임에 대한 소문은 여러 해 동안 지속되었는데, 백인 관리들이 그 소문을 확대하고 과장하여 베시를 주모자로 지목했다는 것이다. 처형되거나 추방된 흑인들은 무죄를 주장하거나 침묵했고, 베시도 자신의 반란 모의를 부인했다. 존슨은 베시와 동료 흑인들이 백인 법정과 그에 협조한 증인들의 합작으로 만들어진 반란 음모의 희생자들이라고 주장한다. Michael P. Johnson, "Denmark Vesey and His Co-Conspirators," *William and Mary Quarterly* 58(4), Oct. 2001, 915-976

24　David Walker, *Walker's Appeal in Four Articles, Together with a Preamble to the Colored Citizens of the World, but in Particular, and Very Expressly, to Those of the United States of America* (Boston, 1829), 14-15, 33-35, 85-86.

25　*Walker's Appeal*, 3, 45-47, 83.

26　*Walker's Appeal*, 77; Sidbury, *Becoming African in America*, 201-204. 1831년에 시작된 흑인전국대회는 'National Negro Convention'으로 불렸으나

이후 더글러스 등 흑인 지도자들은 흑인을 유색인으로 명명했다. 남북전쟁에 참여한 흑인부대는 미국유색인부대(United States Colored Troops)로 불렸다.

27 헨리 가넷은 1843년 뉴욕주 버펄로에서 열린 전국대회에서 "저항하라! 저항하라! 저항하라!"를 모토로 "저항 없이는 자유를 얻지 못한다"라고 열변했다. 미국 흑인의 정치의식 앙양에 가장 크게 영향을 미친 연설로는, 가넷의 '미국 노예들에게 고함(*Address to the Slaves of the United States of America*, 1843)', 더글러스의 '미국 흑인에게 7월 4일의 의미(*What to the Slave is the Fourth of July?*, 1852)', 그리고 마틴 딜러니(Martin Delany)의 '흑인의 정치적 운명(*The Political Destiny of the Colored Race*, 1854)' 등을 들 수 있다.

28 Genovese, *From Rebellion to Revolution*, 44-50.

29 Nash, *Red, White, and Black*, 153-160; Betty Wood, *Slavery in Colonial America*, 69; 김형인, 「미국의 노예 반란」, 241-244.

30 신세계 최초의 노예 반란은 1521년 지금의 도미니카공화국인 히스파니올라에서 일어났고, 1527년 푸에르토리코와 멕시코, 1548년 콜롬비아, 1550년 페루에서 일어났다. 자메이카는 1665년 영국 점령 때부터 1740년까지 지속적인 노예 저항에 휩싸였다. 브라질 노예들은 생산물을 팔아 재산을 소유할 수 있게 되면서 노동에 대한 보상을 임금으로 받는 데 익숙해졌고, 노예들의 임대 고용도 널리 활용되었다. Wim Klooster, "Slave Revolts, Royal Justice, and a Uniquitous Rumor in the Age of Revolution," *William and Mary Quarterly* 71(3), July 2014, 401, 421-424; David Geggus, "Slave rebellion during the Age of Revolution," in Wim Klooster and Gert Oostindie, eds., *Curaçao in the Age of Revolutions, 1795-1800* (Brill, 2011), 23-35; Kees Gispen, ed., *What Made the South different?* (Jackson and London: University Press of Mississippi, 1990). 155.

31 라인보우, 레디커 지음, 『히드라』, 307, 321; 프렌치 지음, 『본 인 블랙니스』, 183, 439.

32 김인선, 「흑인 노예의 주인 살해와 대항 폭력: 1855년 노예 실리아 사건을 중심으로」, 『미국사연구』 45 (2017.5), 195-206.

33 마가렛은 이후 아칸소 농장에서 뉴올리언스로, 그리고 미시시피 목화 농장으로 팔려갔다가 1858년 사망했다. 김인선, 「흑인 노예의 자식 살해와 모성: 1856년 마가렛 가너 사건을 중심으로」, 『미국사연구』 39 (2014.5), 4-9, 15.

34 윤영휘, 「대서양 커뮤니케이션 통로 안에서의 노예제 논쟁: 복음주의 집단 안의 '노예' 기억들의 생성, 1737-1786」, 『서양사 연구』 54 (2016. 6), 154-157; 윤영휘, 「19세기 영국과 미국의 대서양 노예무역 억제 정책과 도덕 자본(Moral Capital)의 국제정치」, 『영국 연구』 42 (2019), 117-150. 1811~1870년 사이 아프리카 노예 2백만 명 중 60%는 브라질로, 32%는 쿠바와 푸에르토리코로, 5%는 프랑스령 앤틸리스제도로, 3%는 미국 남부로 보내졌다. 들라캉파뉴 지음, 『현대판 노예노동을 끝내기 위한 노예의 역사』, 269.

35 Padraic X. Scanlan, "The Colonial Rebirth of British Anti-Slavery: The Liberated African Villages of Sierra Leone, 1815-1824," *American Historical Review* 121(4), October 2016, 1091~1092. 1833년에는 맨체스터 노동자들을 포함해 1백만 명이 넘는 서명자들이 노예제 폐지 청원에 참여했다. 프랑스는 1848년에 노예제 폐지를 결정했다. Russell R. Menard, "Reckoning with Williams: 'Capitalism and Slavery' and the Reconstruction of Early American History, *Callaloo* 20(4), Autumn 1997, 793-797; David Brion Davis, "Capitalism, Abolitionism, and Hegemony," in Barbara L. Solow & Stanley L. Engerman eds., *British Capitalism and Caribbean Slavery: The Legacy of Eric Williams* (New York: Cambridge University Press, 1987), 210-221; Seymour Drescher, "History's Engines: British Mobilization in the Age of Revolution," *William and Mary Quarterly* 66(4), Oct. 2009, 738-742, 747, 754; Manisha Sinha, "*The Problem of Slavery in the Age of Revolution, 1770-1823*, by David Brion Davis," *American Historical Review*, February 124(1), Feb. 2019, 151-160.

36 들라캉파뉴 지음, 『현대판 노예노동을 끝내기 위한 노예의 역사』, 257; 윤영휘. 「19세기 영국과 미국의 대서양 노예무역 억제 정책」, 117-150. 대각성운동의 선구자였던 조나단 에드워즈의 경우 인간을 매매하는 노예무역은 죄악이지만, 노예제는 노예들에 대한 인간적 대우가 가능하다

고 보고 노예제를 인정했다. 윤영휘, 「조나단 에드워즈의 노예제에 대한 시각 고찰, 1730-1780」, 『미국사연구』 38 (2013.11), 19-20.

37　손세호, 「주요 노예제폐지론자의 헌법해석: 개리슨, 필립스, 더글러스」, 『미국사연구』 35 (2012.5), 36-43; 허현, 「노예제폐지운동세력의 독자적 정치세력화 논쟁 재고: 개리슨주의 대 정치적 노예제폐지론」, 『미국사연구』 44 (2016.11), 30-36.

38　이창신, 「미국의 시대정신과 해리엇 터브먼의 상징적 리더십에 대한 일고찰: 인종과 젠더 정치의 회복을 중심으로」, 『서양사론』 156 (2023.3), 189-200.

39　1790년 인구조사에서 뉴잉글랜드 16,882명의 흑인 중 3,763명이 노예였다. Shane White, "'We Dwell in Safety and Pursue Our Honest Callings': Free Blacks in New York City, 1783-1810," *Journal of American History* 75(2), Sep. 1988, 446-451, 467-469; Berlin, *Generations of Captivity*, 104.

40　Anne Farrow, Joel Lang, and Jennifer Frank, *Complicity: How the North Promoted, Prolonged, and Profited from Slavery* (New York: Ballantine books, 2005), xv-xxix, 139, 215; Gayle T. Tate, "Free Black Resistance in the Antebellum Era, 1830-1860," *Journal of Black Studies* 28(6), July 1998, 769; Carl N. Degler, *Place Over Time: The Continuity of Southern Distinctiveness* (Athens & London: University of Georgia Press, 1977, 1997), 91; Bayor, *Race and Ethnicity*, 81.

41　Eric Foner, *Free Soil, Free Labor, Free Men: The Ideology of the Republican Party before the Civil War* (New York: Oxford University Press, 1995), 261-270; Degler, *Place Over Time*, 41.

제5장 카리브해의 블랙 코즈모폴리터니즘

1　Ada Ferrer, "Haiti, Free Soil, and Antislavery in the Revolutionary Atlantic," *American Historical Review* 117(1), Feb. 2012, 41-43, 64-65; Robin Blackburn, "Haiti, Slavery, and the Age of the

Democratic Revolution," *William and Mary Quarterly* 63(4), Oct. 2006, 643-658.

2　영국에 도착했을 때 43세이던 메리 프린스는 수산나 스트릭랜드(Susanna Strickland)에게 구술했고, 이를 영국 반(反)노예제협회의 토머스 프링글(Thomas Pringle)이 출간했다. Mary Prince, *The History of Mary Prince, a West Indian Slave* (London, 1831); Nancy Gardner Prince, *The Narrative of the Life and Travels of Mrs. Nancy Prince* (Boston, 1850, 1853, 1856); Mary Jane Grant Seacole, *Wonderful Adventures of Mrs. Seacole in Many Lands* (London, 1857).

3　Ifeoma Kiddoe Nwankwo, *Black Cosmopolitanism: Racial Consciousness and Transnational Identity in the Nineteenth-Century Americas* (Philadelphia: University of Pennsylvania Press, 2005), 7. 은완코의 블랙 코즈모폴리터니즘은 정체성의 희석이 아니라 19세기 아프리칸 아메리칸과 아프로 캐러비안의 의식에서 보이는 초국적 자각과 연결을 말한다.

4　크리올은 포르투갈어 'crioulo'에서 왔고 그 뜻은 "신세계에서 태어난 아프리카인의 후손"이었다. Klein, *Atlantic Slave Trade*, 33.

5　권윤경, 「노예제의 폭력, 노예혁명의 폭력: 아이티혁명기 폭력의 성격에 대한 고찰, 1791-1804」, 『서양사론』 122 (2014.8), 38-42.

6　권윤경, 「부르주아-민주주의 혁명과 식민지」, 279-282; 권윤경, 「아래로부터 대서양사 쓰기: 노예제와 아이티혁명의 시각에서 본 대서양사의 과제」, 『미국사연구』 50 (2019.11), 57-98.

7　권윤경, 「노예제의 폭력, 노예 혁명의 폭력」, 45-52.

8　권윤경, 「노예제의 폭력, 노예 혁명의 폭력」, 53-54; 권윤경, 「부르주아-민주주의 혁명과 식민지」, 291.

9　1946년 마르티니크와 과들루프는 독립이 아니라 본국에 완전히 통합되어 프랑스의 해외 영토가 되었다. 권윤경, 「아프리카 디아스포라에서 프랑스로: 시릴 비세트(Cyrille Bissette)의 반노예제 투쟁에서 나타난 횡대서양 해방의 기획, 1823-1849」, 『서양사론』 118 (2013.9), 78-83; 권윤경, 「해방 노예의 보통 선거권: 프랑스 제2공화국 시기 서인도제도 식민지의 선거, 1848-1851」, 『서양사론』 141 (2019.5), 18-39.

10   Thomas N. Ingersoll, "Free Blacks in a Slave Society: New Orleans, 1718-1812," *William and Mary Quarterly* 48(2), April 1991, 174-183.

11   Pierre Force, "The House on Bayou Road: Atlantic Creole Networks in the Eighteenth and Nineteenth Centuries," *Journal of American History*, 100(1), June 2013, 21-30, 41-45.

12   Schweninger, "Prosperous Blacks," 31, 36-40; Earl Lewis, "To Turn as on a Pivot: Writing African Americans into a History of Overlapping Diasporas," *American Historical Review*, 100(3), June 1995, 777.

13   보이스-데이비스는 "흑인 여성의 서사는 억눌리고 갇힌 공간에서 벗어나려는 재생, 성찰, 자기주장의 일환"이라고 했다. Carole Boyce-Davies, *Black Women, Writing and Identity: Migrations of the Subject* (New York: Routeledge, 1994), 108-109; Pouchet Paquet, *Caribbean Autobiography: Cultural Identity and Self-Representation* (Madison, WI: University of Wisconsin Press, 2002), 6.

14   낸시 프린스의 러시아 이민은 미국 흑인 여성의 디아스포라 유동성을 보여주는 대표적인 사례다. Sandra Gunning, "Nancy Prince and the Politics of Mobility, Home and Diasporic (Mis)Identification," *American Quarterly* 53(1), Mar. 2001, 35-37; Gunning, "Traveling with Her Mother's Tastes: The Negotiation of Gender, Race, and Location in 'Wonderful Adventures of Mrs. Seacole in Many Lands'," *Signs* 26(4), Summer 2001, 952-953; Nereida Segura-Rico, "Transnational Identities and the Crisis of Modernity: The Slave Narratives of Juan Francisco Manzano and Mary Prince," *South Atlantic Review* 82(4), Winter 2017, 162, 175; Paquet, "The Heartbeat of a West Indian Slave: The History of Mary Prince," *African American Review* 26(1), Spring, 1992, 131-146; Carla L. Peterson, *Doers of the Word: African-American Women Speakers and Writers in the North(1830-1880)* (New York: Oxford University Press, 1995), 89; Cheryl Fish, "Voices of Restless (Dis)continuity: The Significance of Travel for Free Black Women in the Antebellum Americas," *Women's Studies* 26 (June 1997), 485.

15 메리 프린스에게는 7명의 남자 형제와 3명의 여자 형제가 있었고 모두 다른 주인에게 팔려갔다. Prince, *History of Mary Prince*, 1-10; Jocelyn Moody, "Unsentimental Journeys: Christian Landscapes of Women's Slavery," in Jamie S. Scott & Paul Simpson-Housley, eds., *Mapping the Sacred: Religion, Geography and Postcolonial Literatures* (Amsterdam-Atlanta, GA, 2001), 161-162; Lindon Barrett, "African-American Slave Narratives: Literacy, the Body, Authority," *American Literary History* 7(3), October 1995, 431, 437.

16 Prince, *History of Mary Prince*, 9, 18-19.

17 Jenny Sharpe, "'Something Akin to Freedom': The Case of Mary Prince," *Differences: Journal of Feminist Cultural Studies* 8(1), 1996, 40, 52-53; Moira Ferguson, *Subject to Others: British Women Writers and Colonial Slavery, 1670-1834* (New York: Routledge, 1992, 2015), 39, 281-98; Segura-Rico, "Transnational Identities and the Crisis of Modernity," 174-75.

18 Prince, *History of Mary Prince*, 5-7, 11-12. 메리 프린스는 자신에게 친절했던 헤티가 임신 중에 채찍질을 당해 사망하자 슬픔을 감추지 못했으며, 다니엘(Daniel), 사라(Sarah), 벤(Ben) 등 다른 노예들의 이름을 언급하며 그들이 당한 고통과 죽음을 전한다. Paquet, *Caribbean Autobiography*, 38, 48. 1827년에 트리니다드에서 주인을 따라 영국에 온 폴리(Polly)라는 하녀도 "영국에서는 자유인이지만 아는 사람이 없어서 서인도제도에 돌아가고 싶다."고 말한다. Sharpe, "'Something Akin to Freedom'," 36-37.

19 Nancy Prince, *Narrative of Mrs. Nancy Prince*, 20. 낸시 프린스는 1819년에 복음주의 침례교회(First African Baptist Church)의 토머스 폴(Thomas Paul) 목사에게 세례를 받았는데, 프리메이슨이었던 폴 목사가 남편을 소개해주었을 것으로 짐작된다. 한편 앨리슨 블래클리는 네로 프린스가 러시아 태생의 유색인 유태인이었다고 추정한다. Fish, *Black and White Women's Travel Narratives: Antebellum Explorations* (Gainesville: University Press of Florida, 2004), 41; Allison Blakely, *Russia and the Negro: Blacks in Russian History and Thought* (Washington, D.C.: Howard University Press, 1986), 16.

20   Nancy Prince, *Narrative of Mrs. Nancy Prince*, 8-19, 21-23. 낸시 프린스의 할아버지는 아프리카에서 잡혀 와 독립전쟁 때 벙커 힐 전투에 참여했던 자유 흑인이었으며, 계부도 노예로 잡혀 왔지만 도망해 자유를 얻고 1812년 전쟁 때 영국 해군에 복무했다.

21   Nancy Prince, *Narrative of Mrs. Nancy Prince*, 24-35; Peterson, *Doers of the Word*, 96-97; Blakely, *Russia and the Negro*, 18-19.

22   낸시는 러시아 성경협회(Russian Bible Society)에서 활동했는데, 성경 배부는 러시아 정교회 대주교의 제지로 중단되었다. Nancy Prince, *Narrative of Mrs. Nancy Prince*, 23, 38-39; Moody, "Unsentimental Journeys," 166; Amber Foster, "Nancy Prince's Utopias: Reimagining the African American Utopian Tradition," *Utopian Studies* 24(2), October 2013, 338; Blakely, *Russia and the Negro*, 15, 29. 비슷한 시기에 러시아를 방문했던 여행 작가인 존 스티븐스(John Lloyd Stephens)는 『해방자』에서 "러시아 빈민은 미국 니그로보다 더 안락한 삶을 살고 있지 않다."고 평했다. Fish, *Black and White Women's Travel Narratives*, 44-47.

23   러시아에서 귀국한 후 자메이카로 건너가기 전 7년간의 미국 생활에 대한 기술은 어머니와 언니의 죽음 그리고 반(反)노예제 진영의 분열을 언급하는 등의 짤막한 내용이며, 분량이 채 2페이지도 되지 않는다.

24   1840년에 볼티모어 자유 흑인들은 영국령 기아나(Guiana)와 트리니다드(Trinidad) 이주를 추천받았다. 서인도제도 농장주들도 이주노동자 수입에 적극적이었고, 자메이카 이민 판무관이 "경비와 식량 제공 및 지속적인 고용"을 약속하는 광고를 『해방자(*Liberator*)』에 싣기도 했다. 이 시기 미국 흑인들은 아이티로 1만3천 명, 캐나다로는 6만여 명이 이주한 것으로 추산한다. Elizabeth Rauh Bethel, *The Roots of African-American Identity: Memory and History in Free Antebellum Communities* (New York: St. Martin's Press, 1997), ix, 95, 147-156.

25   Nancy Prince, *Narrative of Mrs. Nancy Prince*, 43-45; Gunning, "Nancy Prince and Politics of Mobility," 50-51.

26   Nancy Prince, *Narrative of Mrs. Nancy Prince*, 46-54. 맥(mack)은 자메이카에서 통용되던 작은 동전 이름이다. Moody, "Unsentimental

Journeys," 171-175; Fish, *Black and White Women's Travel Narratives*, 52-54; Peterson, *"Doers of the Word,"* 91.

27 서인도제도 여러 섬의 지형, 기후, 동식물, 풍습, 종교 등을 기술하고 자메이카의 역사와 지리를 담고 있는 이 팸플릿의 내용은 후에 자서전의 일부로 포함되었다. Nancy Prince, *Narrative of Mrs. Nancy Prince*, 57-62; Nancy Prince, *The West Indies: Being a Description of the Islands, Progress of Christianity, Education and Liberty Among the Colored Population Generally* (Boston: Dow & Jackson, 1841); Peterson, *Doers of the Word*, 92-93.

28 자메이카의 미국 영사도 "자메이카로 이주했던 미국 흑인들이 매일 찾아와 고국으로 보내달라고 애원한다. 더 나은 삶을 찾아서 자메이카로 오는 미국인들은 어리석다"라고 말한다. Gunning, "Nancy Prince and Politics of Mobility," 57-60, 68. 자메이카에서 귀국한 후 낸시 프린스는 1843년 『해방자』 신문에 "드레스와 망토 제작, 스타킹 제작, 소년 옷 재단"이라는 광고를 내기도 했다. 과부를 지원하는 인도적 단체들의 도움을 사양한 채 자서전을 『해방자』에 광고하며 도움을 호소하고서, 1854년 필라델피아에서 열린 전국여성권리대회(National Woman's Rights Convention)에 참석한 뒤 대중의 시야에서 사라진다. Peterson, *Doers of the Word*, 98.

29 Sara Salih, ed., *Wonderful Adventures of Mrs Seacole in Many Lands* (Penguin Classics, 2005). 씨콜은 자메이칸 크리올의 정체성을 벗으려 했다. 자서전의 기술 분량도 자메이카 1개 장(10페이지), 2년간 지낸 파나마 6개 장(50페이지), 그리고 1년간의 크림반도 12개 장(140페이지)으로 구성된다. 씨콜은 크림반도에서 영국으로 돌아온 후 빅토리아 여왕이 수여한 메달을 받았고, 1881년 런던에서 사망할 때까지 자메이카와 영국을 왕래하며 여생을 보냈다. Paquet, *Caribbean Autobiography*, 52-56; Paquet, "The Enigma of Arrival: The Wonderful Adventures of Mrs. Seacole in Many Lands," *African American Review* 26(4), Winter, 1992, 657-662; Simon Gikandi, *Maps of Englishness. Writing Identity in the Culture of Colonialism* (New York: Columbia University Press, 1997), 127, 131; Arnold Scio, "Marginality and Free Colored Identity in Caribbean Slave Society," In *Caribbean Slave Society and Economy: A Student Reader*, ed. Hilary Beckles and

Verene Shepherd (Kingston: Randle, 1987, 1991), 150-159; Fish, "Voices of Restless (Dis)continuity," 477.

30　Salih, ed., *Wonderful Adventures of Mrs. Seacole*, 20-21, 44-58; Fish, *Black and White Women's Travel Narratives*, 72-82; Paquet, *Caribbean Autobiography*, 56-57.

31　모라비아 교회나 침례교를 통해 세례를 받은 메리 프린스와 낸시 프린스와 달리 씨콜은 자신의 종교나 신앙을 언급하지 않는데, 중미인들의 가톨릭 신앙 의례에 대한 폄하를 엿볼 수 있다. Salih, ed., *Wonderful Adventures of Mrs. Seacole*, 59-72; Jessica Howell, "Mrs Seacole Prescribes Hybridity: Constitutional and Maternal Rhetoric in *Wonderful Adventures of Mrs. Seacole in Many Lands*," *Victorian Literature and Culture* 38(1), 2010, 118-119; Gunning, "Traveling with Her Mother's Tastes," 966-967.

32　Salih, ed., *Wonderful Adventures of Mrs. Seacole*, 73-91; Amy Robinson, "Authority and the Public Display of Identity: *Wonderful Adventures of Mrs. Seacole in Many Lands*," *Feminist Studies* 20(3), Fall 1994, 541-545; Paquet, "Enigma of Arrival," 653; Ruth S. Wenske, "'I Am a Creole and Have Good Scotch Blood': Constructing Commonality in Mary Seacole's *Wonderful Adventures of Mrs. Seacole in Many Lands*," *Journal of Literature and the History of Ideas* 19(2), June 2021, 292-293.

33　Salih, ed., *Wonderful Adventures of Mrs. Seacole*, 145-153, 167. 러셀의 기사는 『런던타임즈』 1857년 4월 11일자에 실렸다. Fish, "Voices of Restless (Dis)continuity," 493; Gunning, "Traveling with Her Mother's Tastes," 955-956, 973-977; Paquet, *Caribbean Autobiography*, 60-62; Fish, *Black and White Women's Travel Narratives*, 83-92.

34　Salih, ed., *Wonderful Adventures of Mrs. Seacole*, 188-196; Lorraine Mercer, "I Shall Make No Excuse: The Narrative Odyssey of Mary Seacole," *Journal of Narrative Theory* 35(1), Winter 2005, 10-11; Samantha Pinto, *Infamous Bodies: Early Black Women's Celebrity and the Afterlives of Rights* (Duke University Press, 2020), 141-143, 149; Tan-Feng Chang, "Creolizing the White Woman's Burden: Mary Seacole Playing 'Mother' At the

Colonial Crossroads Between Panama and Crimea," *College Literature* 44(4), October 2017, 532-533, 540, 546.

제6장 미국 흑인의 식민화와 횡대서양 이주

1　제퍼슨은 자신의 노예들을 해방하지 않았고, 소유한 노예 숫자도 1774년 187명, 1783년 204명, 1822년에는 267명으로 늘었다. 벤저민 프랭클린도 신중한 노예제 폐지를 제안했으며, 자유를 얻은 흑인들이 백인들에게 복수함으로써 미국 사회의 안전을 위협할 것을 우려했다. Jefferson, "Notes on the State of Virginia", Merrill D. Peterson, ed., *Thomas Jefferson: Writings* (New York: Library Congress of America, 1984), 137~143, 162~163; Ari Helo and Peter Onuf, "Jefferson, Morality, and the Problem of Slavery," *William and Mary Quarterly* 60(3), July 2003, 585, 614; John Saillant, "The American Enlightenment in Africa: Jefferson's Colonizationism and Black Virginians' Migration to Liberia, 1776-1840," *Eighteenth-Century Studies* 31(3), Spring 1998, 263-270.

2　Nicholas Guyatt, "'The Outskirts of Our Happiness': Race and the Lure of Colonization in the Early Republic," *Journal of American History* 95(4), March 2009, 991-998; Samuel Hopkins, *A Discourse upon the Slave Trade and the Slavery of the Africans* (New York: Robert Hodge, 1793), 18-19; Gaillard Hunt, "William Thornton and Negro Colonization," *Proceedings of the American Antiquarian Society* 30, 1920, 30-61; Ferdinando Fairfax, "Plan for Liberating the Negroes within the United States," *American Museum, or Universal Magazine* 3, 1790, 285-287; Ford, "Reconfiguring the Old South," 99-101.

3　*January 4, 1787 Petition to the Massachusetts General Court*. Sidney Kaplan and Emma N. Kaplan, *The Black Presence in the Era of the American Revolution* (Amherst: University Press of Massachusetts, 1989), 207에서 재인용; "Negro Petitions for Freedom," *Collections of the Massachusetts Historical Society*, 5th Series, III(1877), 436-37. 필라델피아 서명자 중 11명은 1787년에 세워진 자유아프리카협회(Free African Society) 회원이었고, 성토머스

아프리카성공회 교회(Saint Thomas's African Episcopal Church) 그리고 성모 베델 흑인감리교성공회교회(Mother Bethel African Methodist Episcopal Church) 회원들로 밝혀졌다. Richard S. Newman, Roy E. Finkenbine, and Douglass Mooney, "Philadelphia Emigrationist Petition, circa 1792: An Introduction", *William and Mary Quarterly* 64(1), Jan. 2007, 161~166.

4　커피는 뉴잉글랜드를 비롯해 버지니아와 사우스캐롤라이나의 흑인 지도자들과 접촉하고 런던 아프리카협회(African Institution) 및 퀘이커 반(反)노예제 인사들과의 네트워크를 활용했다. 커피 지지자였던 대니얼 코커(Daniel Coker)는 시에라리온 남쪽 해안의 셔브로섬(Sherbro Island)에 교역 중심지를 세우려 했지만, 계획을 실현하지는 못했다. Delaware Society for the abolition of Slavery, "Memoirs of the Life of Paul Cuffee, the Interesting Negro Navigator," *Belfast Monthly Magazine* 7(39), Oct. 31, 1811, 289-292.

5　허현, 「아프리카 식민운동의 이데올로기적 기원과 1830년대 정치적 노예제폐지반대론(Political Anti-Abolitionism)의 수용」, 『미국학논집』 48(3), 2016, 209-224.

6　Susan M. Ryan, "Errand into Africa: Colonization and Nation Building in Sarah J. Hale's Liberia," *New England Quarterly* 68(4), Dec. 1995, 565-566, 575-578; Ellen Eslinger, "The Brief Career of Rufus W. Bailey, American Colonization Society Agent in Virginia," *Journal of Southern History* 71(1), Feb. 2005, 45-47.

7　Ford, "Reconfiguring the Old South," 100-101, 116, 121; Guyatt, "'The Outskirts of Our Happiness'," 986-994.

8　Rhondda R. Thomas, "Exodus and Colonization: Charting the Journey in the Journals of Daniel Coker, a Descendant of Africa," *African American Review* 41(3), Fall 2007, 511; Ella Forbes, "African-American Resistance to Colonization," *Journal of Black Studies* 21(2), Dec. 1990, 214-219; Betty J. Gardner, "'Opposition to Emigration, A Selected Letter of William Watkins,'" *Journal of Negro History* 67(2), Summer 1982, 155-158; Louis R. Mehlinger, "The Attitude of the

Free Negro Toward African Colonization," *Journal of Negro History* 1(3), June 1916, 284-293.

9   1820년대에 약 2천 명의 미국 흑인들이 아이티로 이주했고, 이 가운데 약 3분의 1은 다시 미국으로 돌아왔다. Jacqueline Bacon, "The History of Freedom's Journal: A Study in Empowerment and Community," *Journal of African American History* 88(1), Winter 2003, 11-15; Frankie Hutton, *The Early Black Press in America, 1827-1860* (Praeger, 1992), 5-6.

10   Mehlinger, "The Attitude of the Free Negro Toward African Colonization," 301; William E. Allen, "Rethinking the History of Settler Agriculture in Nineteenth-Century Liberia," *International Journal of African Historical Studies* 37(3), 2004, 440-441; Forbes, "African-American Resistance to Colonization," 219.

11   Jeffrey B. Allen, "'All of Us Are Highly Pleased with the Country': Black and White Kentuckians on Liberian Colonization," *Phylon* 43(2), 1982, 100-109; Jordan Alexander Stein, "'A Christian Nation Calls for Its Wandering Children': Life, Liberty, Liberia," *American Literary History* 19(4), Winter 2007, 857-858; Carl Patrick Burrowes, "Black Christian Republicanism: A Southern Ideology in Early Liberia, 1822 to 1847," *Journal of Negro History* 86(1), Winter 2001, 35-38; Carter G. Woodson, *The Mind of the Negro As Reflected in Letters During the Crisis 1800-1860* (Martino Fine Books, 2010), 63-70; Saillant, "The American Enlightenment in Africa," 272-273.

12   미국 개신교회들은 1810년에 해외선교협회를 설립하고 선교사들을 파견하기 시작했으며, 1822년에 침례교를 시작으로 1832년에 감리교와 장로교, 그리고 1836년에는 성공회가 선교사들을 라이베리아로 파견했다. 박은진, 「아프리카 식민운동과 미국 개신교회의 협력관계 형성, 1817-1830」, 『미국사연구』 11 (2000), 1-21; Joseph Yannielli, "George Thompson among the Africans: Empathy, Authority, and Insanity in the Age of Abolition," *Journal of American History* 96(4), March 2010, 988-994; Thomas, "Exodus and Colonization," 507-516; Cecil Blake, "An African Nationalist Ideology Framed in Diaspora and the

Development Quagmire: Any Hope for a Renaissance?," *Journal of Black Studies* 35(5), May 2005, 575-582. 뉴욕에 만들어진 라이베리아이주협회(Liberian Agriculture and Emigration Society)는 이주민들을 돕기 위한 기금 모금에 나섰다.

13　Abasiattai, "The Search for Independence," 112-115;　M. B. Akpan, "Black Imperialism: Americo-Liberian Rule over the African Peoples of Liberia, 1841-1964," *Canadian Journal of African Studies* 7(2), 1973, 219-228.

14　Robert Alexander Young, *The Ethiopian Manifesto, Issued in the Defence of Black Man's Rights in the Scale of Universal Freedom* (1829).

15　딜러니와 더글러스도 흑인을 '유색인'으로 명명했고, 남북전쟁에 참여한 흑인 부대는 미국유색인부대(United States Colored Troops)로 이름 붙여졌다. Sidbury, *Becoming African in America*, 201-204.

16　Roger W. Hite, "Voice of a Fugitive: Henry Bibb and Ante-Bellum Black Separatism," *Journal of Black Studies* 4(3), Mar. 1974, 270-274.

17　보스턴 프리메이슨 간사였던 프린스 손더스(Prince Saunders)도 흑인들을 아이티로 이주시키려는 계획을 추진했다. Mehlinger, "The Attitude of the Free Negro," 299-301; Forbes, "African-American Resistance to Colonization," 215, 222.

18　M. R. Delany, *The Condition, Elevation, Emigration, and Destiny of the Colored People of the United States Politically Considered* (1852), 1-12, 45-47; Robert S. Levine, *Martin R. Delany, A Documentary Reader* (Chapel Hill, NC: University of North Carolina Press, 2003), 7-8, 12-14; Stein, "'A Christian Nation,'" 860-862.

19　딜러니는 「고대 프리메이슨의 기원과 목적」(1853)에서 프리메이슨의 기원을 이집트와 에티오피아에서 찾았고, "높은 지성과 지혜"를 지닌 아프리카인의 혈통을 계승한 미국 흑인의 자부심을 독려했다. 아프리카의 엄청난 석공 기술, 놀라운 건축물, 인공 운하 등은 아프리카 인종의 탁월함을 보여주는 증거라고 했다. Delany, *Origin and Objects of Ancient Freemasonry:*

Its Introduction into the United States and Legitimacy Among Colored Men (1853), 12-18, 37, 40; Walker, *Noble Fight*, 106-107; Sidbury, *Becoming African in America*, 204-208; Dexter B. Gordon, *Black Identity; Rhetoric, Ideology, and Nineteenth-Century Black Nationalism* (Southern Illinois University Press, 2003), 131-133, 142-143.

20　Levine, *Martin Delany, Frederick Douglass, and the Politics of Representative Identity* (Chapel Hill, NC: The University of North Carolina Press, 1997), 2-15, 227-228; Stein, "'A Christian Nation'," 863-864; Gordon, *Black Identity*, 149-160; Guyatt, "'The Outskirts of Our Happiness,'" 1011; Julius E. Thompson, James L. Conyers Jr., Nancy J. Dawson, eds., *The Frederick Douglass Encyclopedia* (Greenwood, 2009), 6-8.

21　조선소 숙련공이었던 더글러스는 자유 흑인임을 증명하는 선원증을 구해 필라델피아를 거쳐 뉴욕으로 도망쳤다. 1866년에는 다른 흑인 지도 자들과 존슨 대통령을 만나 남부 백인에게 지나치게 관대한 존슨의 재건 정책에 변화를 촉구했다. 1877년에 워싱턴 D.C.의 연방 보안관직을 맡으면서 공직 생활을 시작했고, 1889년에는 아이티공화국의 총영사와 도미니카공화국의 대리 공사로 임명되어 2년간 외교관 생활을 하기도 했다. 프레더릭 더글러스 지음, 손세호 옮김, 『미국 노예, 프레더릭 더글러스의 삶에 관한 이야기』(서울: 지식을만드는지식, 2011), 7-30.

22　브라운보다 1년 전에 프랑크푸르트 국제평화회의에 대표로 참석했던 조지 코프웨이(George Copway)는 아메리카 인디언이 쓴 최초의 여행서인 『잉글랜드, 프랑스, 독일, 벨기에, 스코틀랜드의 사람들과 장소들에 대한 스케치』(1851)를 발표했다. 그는 "완벽한 신사의 매너와 우아한 위엄을 갖추고 있는 지적인 사람"이자 "북아메리카 인디언의 지성을 보여주는 존재"라고 리버풀 신문에 소개되었다. George Copway, *Running scketches of men and places in England, France, Germany, Belgium and Scotland* (1851, Book on Demand Ltd., 2015); William Wells Brown, *Three Years in Europe, or Places I Have Seen and People I have Met* (London, 1852; Cambridge, UK: Cambridge University Press, 2014); Brown, *American Fugitive in Europe: Sketches of Places and People Abroad* (Boston, 1855). 브라운의 여행기에 대해 당시 *London Morning Advertise*를 비롯한 영국 신문들은 "마치 화가가 풍경을 묘사하듯이 다양한 장소, 사람에 대한 충실한 내용을 담고 있으며, 계몽과 형제애를

통한 인류의 진보를 희망하는 글은 독학으로 이룬 니그로의 지성적 성취를 보여준다"라고 평가했다. 스코틀랜드 신문도 브라운을 "니그로의 열등성에 대한 충분한 반증이 될 놀라운 인물"이라고 평했다. *Scotch Independent*, June 20, 1852; Josephine Brown, *Biography of an American Bondman, by His Daughter* (Boston, 1856), 83, 95; Charles Baraw, "William Wells Brown, 'Three Years in Europe', and Fugitive Tourism," *African American Review* 44(3), Fall 2011, 455.

23　1847년에는 자서전을 출간해 노예 생존기를 전하고 노예제를 고발했다. Brown, *Narrative of William Wells Brown, a Fugitive Slave* (Boston, 1847), 13-108; Stephen Lucasi, "William Wells Brown's Narrative & Traveling Subjectivity," *African American Review* 41(3), Fall 2007, 528-532; M. Clay Hooper, "'It is Good to Be Shifty': William Wells Brown's Trickster Critique of Black Autobiography," *Modern Language Studies* 38(2), Winter 2009, 30-32.

24　브라운은 여행 중에도 열심히 독서했고, 특히 단테에서 괴테에 이르는 시인들을 존경했으며, 토머스 모어를 비롯해 정치적·종교적·시민적 자유의 이념에 헌신한 인물들과 노예제 비판에 앞장선 이론가들의 저술을 자주 인용했다. 브라운이 다양한 분야에 대한 해박한 지식을 밝히면서 독서력을 부각한 것은 흑인의 지적 열등성에 대한 유럽 독자들의 편견을 부수려는 의도였을 것이다. 브라운은 런던의 식당에서 마주친 루이 블랑(Louis Blanc)에 대해 1848년 혁명에서 중요한 일을 한 인물이라고 적는다. Brown, *Three Years in Europe*, 29-30, 107-108, 118-119, 136-137, 204; Baraw, "Fugitive Tourism," 456-458.

25　Brown, *Three Years in Europe*, 122-124, 158-159, 227; Christine Buzinde and Iyunolu Osagie, "William Wells Brown: Fugitive Subjectivity, Travel Writing, and the Gaze," *Cultural Studies* 25(3), May 2011, 418-419.

26　Brown, *Three Years in Europe*, 2-4, 87. 이러한 고국애는 브라운보다 한 해 전에 프랑크푸르트 세계평화회의에 참석하기 위해 유럽을 방문했던 아메리카 인디언인 조지 코프웨이의 여행기에도 똑같이 등장한다. "육지 모습이 시야에서 멀어져서 완전히 보이지 않을 때까지 내 나라(my native land)에 대한 가슴 가득한 애정으로 그곳을 바라보았다. 아메리카, 아메리

카! 하늘의 축복이 있기를! 우리가 살아 있는 한 이 나라를 사랑하고 수호
할 것이다."

27 Brown, *Three Years in Europe*, 2.

28 Brown, *Three Years in Europe*, 6-9, 17.

29 Brown, *Three Years in Europe*, 129-130, 138, 209-215; Elisa Tamarkin, "Black Anglophilia; or, The Sociability of Antislavery," *American Literary History* 14(3), Fall 2002, 444-478.

30 Brown, *Three Years in Europe*, 34-35, 211.

31 브라운은 딸들을 프랑스 여학교에 보내는 이유가 미국 학교는 "하얀 피부색을 우월하다고 믿는 사람들의 멸시 때문"이라고 말한다. Brown, *Three Years in Europe*, 181, 229-233, 310; Brown, "Visit of a Fugitive Slave,", 70-71; John Ernest, "The Reconstruction of Whiteness: William Wells Brown's The Escape; Or, A Leap for Freedom," *PMLA* 113(5), Oct. 1998, 1108-1109.

32 Brown, *Three Years in Europe*, 12, 91, 139-141, 196.

33 Brown, *Three Years in Europe*, 45-49, 220-224. 브라운의 유럽 여행은 아프리카 후손들에게 가해진 불의와 폭력에 대한 초국적 연대의 가능성을 확인한 계기였다. Sam Knowles, "Macrocosmopolitanism? Gilroy, Appah, and Bhabha: The Unsettling Generality of Cosmopolitan Ideas," *Postcolonial Text* 3(4), 2007, 2; Susanne Gehrmann, "Cosmopolitanism with African Roots. Afropolitanism's ambivalent mobilities," *Journal of African Cultural Studies* 28(1), March 2016, 63-69.

34 Brown, *Three Years in Europe*, 110-116; Baraw, "Fugitive Tourism," 462-463.

35 Brown, *St. Domingo: Its Revolution and Its Patriots* (Boston, 1855). 더글러스의 소설 『영웅적 노예』(1853)와 딜러니의 소설 『블레이크』(1859)는 소위 초국적 흑인성을 보여준 작품으로 평가받는데, 흑인 주인공들은 캐나다와 서인도제도 등을 이주 공간을 모색하고 바하마 섬과 아프리카를 최종 정착지로 선택한다. Ivy G. Wilson, "On Native Ground:

Transnationalism, Frederick Douglass, and 'The Heroic Slave'," *PMLA* 121(2), Mar., 2006, 453; Nwankwo, *Black Cosmopolitanism*, 50-53; Lucasi, "William Wells Brown's Narrative & Traveling Subjectivity," 522-523; Buzinde and Osagie, "William Wells Brown," 413-415; Sirpa Salenius, "Troubling the White Supremacy-Black Inferiority Paradigm: Frederick Douglass and William Wells Brown in Europe," *Journal of Transatlantic Studies* 14(2), 2016, 152-160; Brown, *Three Years in Europe*, 246-250.

제7장 재건기 남부 흑인의 기회와 성취

1   Leon F. Litwack, *Been in the Storm So Long: The Aftermath of Slavery* (New York: Vintage Books, 1979), 449에서 재인용.

2   W. E. B. Du Bois, "Reconstruction, Seventy-Five Years After," *Phylon* 4(3), 1943, 207-211; John Hope Franklin, "Mirror for Americans: A Century of Reconstruction History," *American Historical Review* 85(1), Feb. 1980, 4-5; Foner, *Reconstruction: America's Unfinished Revolution, 1863-1877* (New York: Harper and Row, 1988), xxvi; Armstead L. Robinson, "Beyond the Realm of Social Consensus: New Meanings of Reconstruction for American History," *Journal of American History* 68(2), Sep. 1981, 294-296.

3   영국령 기아나는 20만 명, 트리니다드는 15만 명의 쿨리를 수입했다. 네덜란드 식민지들에서는 1863년에 법적 노예제가 막을 내렸고, 푸에르토리코에서는 1873년에, 쿠바에서는 1886년에, 브라질에서는 1888년에 노예제가 막을 내렸다. Foner, *Nothing But Freedom: Emancipation and Its Legacy* (Baton Rouge: Louisiana State University Press, 1983), 3, 12-27.

4   허현, 「링컨과 노예제, 그리고 노예제 폐지론: 링컨과 노예제 폐지론자들과 관계를 중심으로」, 『서양사론』 161 (2024.6), 181-184, 191, 200; 이보형, 「링컨, 연방, 노예제도」, 182-189.

5   김남균, 「신화와 현실: 링컨과 1860년 대통령 선거」, 『미국사연구』 30 (2009.11), 6-28.

6　James D. Lockett, "Abraham Lincoln and Colonization: An Episode That Ends in Tragedy at L'lle a Vache, Haiti, 1863-1864," *Journal of Black Studies* 21(4), June 1991, 430-442; Stein, "'A Christian Nation,'" 866-867.

7　북부에서 남부로 온 교사의 수는 1867년에 972명에서 1869년에 9천5백 명 정도로 증가했다. 뉴올리언스의 경우 1870년부터 도시 공립학교의 약 3분의 1에 해당하는 21개 학교에서 인종 통합이 시행되었다. 재건 말기에는 남부 흑인 아동의 약 40퍼센트인 60만 명이 학교에 다닐 수 있었다. WPA Slave Narrative Project, *South Carolina Narratives* Volume 14, Part 1, 122-126; Kay Ann Taylor, "Mary S. Peake and Charlotte L. Forten: Black Teachers During the Civil War and Reconstruction," *Journal of Negro Education* 74(2), Spring 2005, 124-137.

8　헌법 수정조항 제13조, 14조, 15조는 칼 슈츠 공화당 의원에 의해 "제2의 건국"이자 "헌법적 혁명"으로 평가되었다. 하지만 13조는 "범죄에 대한 처벌"을 제외함으로써 흑인 범죄자의 죄수 노동의 길을 열어주었고, 남부 주 정부들은 죄수 고용제를 통해 죄수들을 값싼 노동력으로 임대하면서 수익을 올렸다. 수정조항 제14조는 동등한 법적 보호를 받을 시민권을 개인이 위반했을 경우를 포함하지 않았으며, 15조는 주의 투표권 제한이 "인종에 근거한" 것인지 판단할 근거를 제시하지 않아서 흑인 투표권을 막는 여러 방식에 문을 열어주었다. Foner, *The Second Founding: How the Civil War and Reconstruction Remade the Constitution* (New York: W. W. Norton & Company, 2019), xx-xxix.

9　Paul A. Cimbala, "The Freedmens's Bureau, the Freedmen, and Sherman's Grant in Reconstruction Georgia, 1865-1867," *Journal of Southern History* 55(4), Nov. 1989, 597-632.

10　Boles, *Black Southerners 1619-1869*, 203; Harold D. Woodman, "Class, Race, Politics, and the Modernization of the Postbellum South," *Journal of Southern History* 63(1), Feb. 1997, 17-21; Martin Ruef and Ben Fletcher, "Legacies of American Slavery: Status Attainment among Southern Blacks after Emancipation," *Social Forces* 82(2), Dec. 2003, 446-448; Foner, "Rights and the Constitution in Black Life during the Civil War and Reconstruction," *Journal of American History* 74(3), Dec. 1987, 877-882.

11　Steven Mintz, ed., *African American Voices: The Life Cycle of Slavery* (St. James, N.Y., 1993), 160.

12　1866년과 1867년에 조지아와 사우스캐롤라이나 흑인 1천2백 명이 미국 식민협회의 후원 아래 라이베리아로 향하기도 했다. 1915년에서 1930년 사이 약 150만 명의 남부 흑인이 주로 북부 도시로 이주했다. Steven Hahn, *A Nation Under Our Feet: Black Political Struggle in the Rural South from Slavery to the Great Migration* (Harvard University Press, 2003), 321-361, 454-461; Kelley and Lewis, eds., *To Make Our World Anew*, 283-285, 345; Foner, *Reconstruction*, 289, 599-600.

13　과거 노예 찰스 그레이엄(Charles Graham)은 해방 당시 노예들이 손뼉을 치며 이렇게 소리쳤다고 증언했다. WPA Slave Narrative Project, *Arkansas Narratives* Vol. II, Part 3, 67-69. 1936년부터 2년간 사업 추진청(WPA, Works Progress Administration)이 수행한 과거 노예들과의 면담 기록인 『노예로 태어나서: 연방 작가 프로젝트의 노예 서사, 1936-1938 (*Born in Slavery: Slave Narratives from the Federal Writers' Project, 1936-1938*)』는 17개 주의 2천3백 명이 넘는 해방 노예들의 진술을 담고 있으며, 20세기 미국에서 행해진 최대 규모의 구술자료 모음집이다.

14　Litwack, *Been in the Storm So Long*, xiii, 227~243; Foner, *Reconstruction*, 81-82.

15　전후 남부 백인의 토지 소유 비중은 80퍼센트에서 67퍼센트로 감소했고, 흑인 토지 소유 비중은 20퍼센트로 증가했다. Ralph Schlomowitz, "'Bound' or 'Free'? Black Labor in Cotton and Sugarcane Farming, 1865-1880," *Journal of Southern History* 50(4), Nov. 1984, 569-596; Robert Somers, *The Southern States Since the War, 1870~1871* (New York, 1871), 114.

16　Mariah Heywood, Margaret Hughes, Hester Hunter의 증언. WPA Slave Narrative Project, *South Carolina Narratives* Vol.14, Part 2, 282-288, 327-330, 341-346.

17　Jerry Hill, Henry Ryan, Henry Banner, Ella Daniels, Leonard Franklin의 증언. WPA Slave Narrative Project, *South Carolina Narratives* Vol.14, Part 2, 289-290, Part 4, 74-75; *Arkansas Narratives* Vol.2, Part 1, 104-108, Part 2, 91-94, 336-339.

18　Mingo White, Amsy O. Alexander, Charles Graham의 증언. WPA Slave Narrative Project, *Alabama Narratives* Vol.1, 413-422; *Arkansas Narratives* Vol. 2, Part 1, 24-27; *Arkansas Narratives* Vol. 2, Part 3, 67-69.

19　그림 출전: Kelley and Lewis, eds., *To make our world anew*, viii.

20　Dylan C. Penningroth, "Slavery, Freedom, and Social Claims to Property among Africans Americans in Liberty County, Georgia, 1850-1880," *Journal of American History* 84(2), Sep. 1997, 407-409, 424-433.

21　멀로리는 1834년부터 1877년까지 일기를 기록했다. 그는 모빌 (Mobile)에서 5일간 열린 유색인대표자회의에서 각 지역에 학교를 건립할 계획을 세웠다고 적었다. Margaret L. Montgomery, "Alabama Freedmen: Some Reconstruction Documents," *Phylon* 13(3), 1952, 245-251에서 재인용.

22　Mary Jo Festle, "Reading Reconstruction with Students," *Journal of American History* 83(4), Mar. 1997, 1353-1356.

23　Alice Dabney to "My Dear Old Master," Feb. 10, 1867, Susan Dabney Smedes, *Memorials of a Southern Planter* (Forgotten Books, 2012), 234-235.

24　앤더슨은 1865년 8월 6일 오하이오주 데이튼(Dayton)에서 테네시주 빅스프링(Big Spring)의 옛 주인에게 답장을 보냈다. "Letter from a Freedman to His Old Master: Written just as he dictated it," Lydia Maria Child, ed., *The Freedmen's Book* (Boston, 1865; New York, 2014), 265-267.

25　과거 노예였으며 사우스캐롤라이나 제헌의원이었던 비벌리 내쉬 (Beverly Nash)가 투표권을 받은 흑인들의 책임과 의무를 강조하며 한 말

이다. Du Bois, *Black Reconstruction in America, 1860-1880* (Free Press, 1935, 1997), 390-391.

26 전쟁 후에 남부에 들어온 흑인감리교성공회교회(African Methodist Episcopal Church) 신도는 1856년에 2만 명에서 1866년에 7만5천 명으로, 1876년에 20만 명으로 늘었다. 흑인침례교회는 1850년에 15만 명에서 1870년에는 50만 명으로 늘었다. Alwyn Barr, "Black Urban Churches on the Southern Frontier, 1865-1900," *Journal of Negro History* 82(4), Autumn 1997, 377-380. 토머스 카르도조(Thomas W. Cardozo), 조나단 깁스(Jonathan C. Gibbs), 제임스 후드(James Walker Hood) 등 교사 출신 정치인들이 남부 공화당에서 활약했다. Adam Fairclough, "'Being in the Field of Education and Also Being a Negro… Seems… Tragic': Black Teachers in the Jim Crow South," *Journal of American History* 87(1), June 2000, 65-74.

27 이는 1865년 11월 앨라배마 모빌(Mobile)에서 채택된 흑인대표자 회의의 결의 사항이다. Montgomery, "Alabama Freedmen," 247-248.

28 Montgomery, "Alabama Freedmen." 249.

29 Michael W. Fitzgerald, "'To Give Our Votes to the Party': Black Political Agitation and Agricultural Change in Alabama, 1865-1870," *Journal of American History* 76(2), Sep. 1989, 491-501.

30 1865~1875년 사이에 찰스턴 신문에 이름을 올린 5백여 명의 흑인 지도자 가운데 활발하게 정치 활동을 한 234명의 출신을 분석한 결과, 절반이 자유민 출신이었고 혼혈이 30퍼센트 정도였으며 노예 출신은 15퍼센트로 거의 농촌 선거구에서 활동했다. Foner, "Rights and the Constitution in Black Life during the Civil War and Reconstruction," 867-879; Jeff R. Kerr-Ritchie, "Black Republicans in the Virginia Tobacco Fields, 1867-70," *Journal of Negro History* 86(1), Winter 2001, 14-25; Stephen D. Engle, "Mountaineer Reconstruction: Blacks in the Political Reconstruction of West Virginia," *Journal of Negro History* 78(3), Summer 1993, 137-165; Dorothy Granberry, "Black Community Leadership in a Rural Tennessee County, 1865~1903," *Journal of Negro History* 83(4), Autumn 1998, 249-254; Jeffrey J. Crow, "Thomas Settle

Jr., Reconstruction, and the Memory of the Civil War," *Journal of Southern History* 62(4), Nov. 1996, 721. 1867년 루이지애나는 94,711명의 백인과 92,502명의 흑인 인구 가운데 45,218명의 백인(약 47%)과 84,436명의 흑인(약 90%)이 선거인으로 등록했다. Charles Vincent, *Black Legislators in Louisiana during Reconstruction* (Southern Illinois University Press, 2011), 166-169.

31　Foner, "Rights and the Constitution in Black Life," 863-866; 이보형, 「서평: William B. Gould, IV, ed., Diary of a Contraband: The Civil War Passage of a Black Sailor (Stanford: Stanford University Press, 2002)」,『미국사연구』18 (2003.11), 278-281.

32　Willard B. Gatewood Jr., "Aristocrats of Color: South and North The Black Elite, 1880-1920," *Journal of Southern History* 54(1), Feb. 1988, 3-8; Robinson, "Beyond the Realm of Social Consensus," 276-297.

33　Woodward, *The Strange Career of Jim Crow* (New York: Oxford Press, 1974), 70; Wilbert H. Ahern, "Laissez Faire vs. Equal Rights: Liberal Republicans and Limits to Reconstruction," *Phylon* 40(1), 1979, 52-65.

34　이 글은 개리슨이 1864년에 「해방자(Liberator)」에 쓴 글이다.

35　John Hosmer and Joseph Fineman, "Black Congressmen in Reconstruction Historiography," *Phylon* 39(2), 1978, 97-107; Booker T. Washington, *The Story of the Negro; The Rise of the Race from Slavery* (New York, 1940), II, 28; John R. Lynch, *The Facts of Reconstruction* (Oxford, Miss.: University Press of Mississippi, 2008; 1915), 20-21, 48-49, 92-94.

36　Cal M. Logue, "Racist Reporting During Reconstruction," *Journal of Black Studies* 9(3), Mar. 1979, 336, 348. 찰스턴 신문은 『데일리쿠리어(Daily Courier)』,『머큐리(Mercury)』등이다. 이 사설들이 실린 롤리(Raleigh)의 신문은 『노스캐롤라인(North Carolinian)』과 『보초병(Sentinel)』이다. 1870년에 노스캐롤라이나주 의회를 장악한 민주당은 통합 학교를 인정하지 않았으며, 1875년에는 인종분리학교법을 제정했다. Karin L. Zipf, "'The Whites Shall Rule the Land or Die': Gender, Race, and Class in North Carolina Reconstruction Politics," *Journal of Southern History* 65(3), Aug. 1999, 499, 510, 517.

37   하아랑, 「찰스 섬너와 노예제 문제: 인종평등 정책에 나타나는 공화주의 담론을 중심으로, 1861-1874」, 『서양사론』 117 (2013.5), 198-230.

38   Litwack, *Been in the Storm So Long*, 259-269.

39   쿠클럭스클랜의 '쿠클럭스'는 장총을 꺾었다가 다시 접는 소리이며, 총으로 문제를 해결한다는 결의를 표현하는 것이다. Fitzgerald, "'To Give Our Votes to the Party,'" 502-505; Litwack, *Been in the Storm So Long*, 278-284.

40   Du Bois, "Reconstruction and its Benefits," *American Historical Review* 15(4), July 1910, 784-785.

41   쿠클럭스클랜은 창립 2년 만인 1868년에 남부 전역으로 퍼져 갔고, 6인의 창립 회원 중 한 명이었던 레스터(J. C. Lester)도 이러한 확산을 '열광적인 흥분의 물결'이라며 놀라워했다. Elaine Frantz Parsons, "Midnight Rangers: Costume and Performance in the Reconstruction-Era Ku Klux Klan," *Journal of American History* 92(3), Dec. 2005, 811-836.

42   테네시, 아칸소, 텍사스주는 1869년에서 1870년 사이에 계엄령을 공포하고, 주 민병대를 파견해 클랜을 효과적으로 제압했다. Richard Zuczek, *State of Rebellion: Reconstruction in South Carolina* (Columbia: University of South Carolina Press, 1996), 5, 61; Foner, *Reconstruction*, 425~440, 455-459.

43   Oliver Bell, Waters Brooks, Gabe의 증언. WPA Slave Narrative Project, *Alabama Narratives* Vol. 1, 27-32, 178-180; *Arkansas Narratives* Vol. 2, Part 1, 255-266.

44   Alwyn Barr, "The Black Militia of the New South: Texas as a Case Study," *Journal of Negro History* 63(3), July 1978, 209-216.

45   WPA Slave Narrative Project, *Arkmsas Narratives* Volume 2, Part 1, 202-209; Foner, "Rights and the Constitution in Black Life," 881; Fitzgerald, "To Give Our Votes to the Party," 492-493, 503.

46   Litwack, *Been in the Storm So Long*, 289-291; Wayne K. Durrill, "Political Legitimacy and Local Courts: 'Politics at Such a Rage' in a Southern Community during Reconstruction," *Journal of Southern History* 70(3), Aug. 2004, 577-602. 1882년에서 1889년 사이에 흑인 폭도의 폭력은 전체 린치의 10퍼센트였다. 1884년에 160명의 백인과 51명의 흑인이 린치의 희생자였는데, 1892년에는 69명의 백인과 160명이 넘는 흑인이 린치에 희생되었다. 남부 린치에서 흑인 희생자와 백인 린치 희생자의 비율은 1882년에서 1889년에는 4대 1이었으나, 1890년에서 1900년에는 6대 1로 증가했고, 1900년 이후에는 17대 1로 치솟았다. Equal Justice Initiative, *Lynching in America: Confronting the Legacy of Racial Terror* (Montgomery, Alabama, 2017), 27; Karlos K. Hill, "Black Vigilantism: The Rise and Decline of African American Lynch Mob Activity in the Mississippi and Arkansas Deltas, 1883-1923," *Journal of African American History* 95(1), Winter 2010, 27.

47   Gilles Vandal, "Black Violence in Post-Civil War Louisiana," *Journal of Interdisciplinary History* 25(1), Summer 1994, 47-63.

48   Patrick G. Williams, "Suffrage Restriction in Post-Reconstruction Texas: Urban Politics and the Specter of the Commune," *Journal of Southern History* 68(1), Feb. 2002, 31-64; Bayor, ed., *Race and Ethnicity in America*, 104-105.

제8장 스펙터클 린치와 백인성의 구축

1   Jennie Lightweis-Goff, *Blood at the Root: Lynching as American Cultural Nucleus* (Albany: State U of New York P, 2011), xi; James W. Clarke, "Without Fear or Shame: Lynching, Capital Punishment and the Subculture of Violence in the American South," *British Journal of Political Science* 28(2), April 1998, 269-271; Christopher Waldrep, ed., *Lynching in America: A History in Documents* (New York: New York UP, 2006), 2. 노예제에서 노예를 화형에 처하는 것은 거의 드물었으며, 그 목적도 다른 노예들에게 경각심을 주기 위한 것이었다.

2　James Allen, et. al., *Without Sanctuary: Lynching Photography in America* (Twin Palms Publishers, 2000).

3　Grace Elizabeth Hale, *Making Whiteness: The Culture of Segregation in the South, 1890-1940* (New York: Vintage Books, 1998), xi, 201; Theodore W. Allen, *The Invention of the White Race, Volume I: Racial Oppression and Social Control* (New York: Verso, 1994, 2012), x.

4　Jonathan Markovitz, *Legacies of Lynching: Racial Violence and Memory* (Minneapolis, MN: University of Minnesota Press, 2004), 9.

5　Hale, *Making Whiteness*, 290-291.

6　Mattias Smångs, "Doing Violence, Making Race: Southern Lynching and White Racial Group Formation," *American Journal of Sociology* 121(5), March 2016, 1366-1368. 소송을 준비 중인 사람들은 오클라호마주 털사(Tulsa), 플로리다주 로즈우드(Rosewood), 미네소타주 덜루스(Duluth), 조지아주 무어스포드(Moore's Ford), 앨라배마주 스콧츠보로(Scottsboro)에서 일어난 인종 폭동 생존자들이다. Jacqueline Goldsby, *A Spectacular Secret: Lynching in American Life and Literature* (Chicago: University of Chicago Press, 2006), 10.

7　'에밋 틸 반(反)린치 법안'은 형사 처벌 권한이 없는 개인이나 단체가 특정인에게 임의로 가하는 사적 형벌, 즉 린치를 인종차별 또는 편견에 근거한 증오 범죄로 규정하고, 가해자를 최대 징역 30년형에 처할 수 있게 하는 내용이다. 스펙터클 린치는 1942년 미주리주, 1946년 조지아주, 1947년 노스캐롤라이나주 그리고 1955년과 1959년에 미시시피주에서도 일어났다. 마지막 린치는 앨라배마의 모빌(Mobile)에서 1981년에 일어났으며, 쿠클럭스클랜이 10대 흑인 마이클 도널드(Michael Donald)를 납치해 공공장소에서 칼로 찌르고 목을 매달았다. Allen, et. al., *Without Sanctuary*, 32.

8　Michael J. Pfeifer, *The Roots of Rough Justice: Origins of American Lynching* (Urbana: U of Illinois P, 2011), 46, 53-57. 인종 폭력은 내전 중에 북부에서도 발생했다. 1861년 위스콘신주 밀워키에서 아일랜드인 50명~75명이 감옥에 있던 흑인을 끌어내 집단 살해했다. 그들은 공개적으로 린치를 예고하고, 수천 명이 구경하는 가운데 흑인을 교수형에 처했다. 군

중 일부는 밧줄을 잘라서 기념품으로 가져갔다. 린치에 가담한 죄로 형을 받은 아일랜드인은 없었다. 1863년 뉴욕주 뉴버그(Newburgh)에서는 아일랜드인 여성을 강간한 죄로 체포된 흑인을 50명의 아일랜드인 폭도가 수백 명이 지켜보는 가운데 나무에 매달아 교수형에 처했다. Pfeifer, "The Northern United States and the Genesis of Racial Lynching: The Lynching of African Americans in the Civil War Era ," *Journal of American History* 97(3), Dec. 2010, 621-627, 631-632.

9   1867년에 존슨 대통령은 연례 연설에서 흑인은 "어떤 다른 인종보다도 정치적 역량이 부족"하고 "만약 그들에게 투표권을 준다면 폭정을 초래할 것"이라고 말했다. EJI, *Lynching in America*, 9. 루이지애나의 경우 1865년에서 1876년 사이에 402건의 집단 살인이 있었고, 그중 85퍼센트가 백인에 의한 것이었으며, 흑인 살해가 68퍼센트를 차지했다. Pfeifer, *Roots of Rough Justice*, 83-85.

10   콜팩스 학살 가해자들은 어떤 처벌도 받지 않았다. 클리블랜드 대통령은 연방정부가 흑인을 폭도 폭력에서 보호할 권한이 없다고 했다. EJI, *Lynching in America*, 12.

11   EJI, *Lynching in America*, 27; Michael Ayers Trotti, "What Counts: Trends in Racial Violence in the Postbellum South ," *Journal of American History* 100(2), Sep. 2013, 377-391; Mark Twain, "The United States of Lyncherdom," in *Collected Tales, Sketches, Speeches, and Essays, 1891-1910* (New York, 1991); Dennis B. Downey, "'Better Than Ben Hur': Lynching and the Ghost of Sam Hose," *Reviews in American History* 38(3), Sep. 2010, 469.

12   National Association for the Advancement of Colored People (NAACP), *Thirty Years of Lynching in the United States, 1889-1918* (New York: Arno Press, 1969); Christopher Waldrep, "The Controversy over the Definition of Lynching, 1899-1940," *Journal of Southern History* 66(1), Feb. 2000, 74-100; EJI, *Lynching in America*, 4; Clarke, "Without Fear or Shame," 271, 282; Markovitz, *Legacies of Lynching*, xxiv.

13   David Squires, "Outlawry: Ida B. Wells and Lynch Law," *American Quarterly* 67(1), March 2015, 148-49. 마크 트웨인은 여행기 『거칠게 살

기(*Roughing It*』(1872)에서 악명 높은 몬태나 린치를 옹호했으나 이후 인종 린치를 비판했다. Christopher Waldrep, "National Policing, Lynching, and Constitutional Change," *Journal of Southern History* 74(3), Aug. 2008, 596.

14 린치에 대한 초기 저술로는 Arthur F. Raper의 *The Tragedy of Lynching* (Chapel Hill: U of North Carolina P, 1933)과 James H. Chadbourn 의 *Lynching and the Law* (Chapel Hill: U of North Carolina P, 1933)가 있 다. 린치 연구는 W. Fitzhugh Brundage의 *Lynching in the New South: Georgia and Virginia, 1880-1930* (Urbana: U of Illinois P, 1993) 그리고 Stewart Tolnay and E. M. Beck의 *A Festival of Violence: An Analysis of Southern Lynchings, 1882-1930* (Urbana: U of Illinois P, 1995)를 비롯해 Philip Dray의 *At the Hands of Persons Unknown: The Lynching of Black America* (New York: Modern Library, 2002)에 이르기까지 1990년대부터 쏟아져 나왔다. W. Fitzhugh Brundage, "Conclusion: Reflections on Lynching Scholarship," *American Nineteenth Century History* 6(3), September 2005, 403; Waldrep, ed., *Lynching in America*, xv; Joel Williamson, "Wounds Not Scars: Lynching, the National Conscience, and the American Historian " *Journal of American History* 83(4), March 1997, 1246.

15 Williamson, "Wounds Not Scars," 1232. 앨런은 1880년부터 1940 년까지의 린치 사진을 모은 사진집을 발표하고, 뉴욕, 애틀랜타 등에서 사 진 전시회를 열어 린치에 대한 여론을 환기했다. Litwack, "Hellhounds," in Allen et. al., *Without Sanctuary*, 7-8.

16 Waldrep, ed., *Lynching in America*, 1; James Elbert Cutler, *Lynch-Law: An Investigation into the History of Lynchings in the United States* (New York: Longmans, Green, 1905), 267-70; Michael J. Pfeifer, *Rough Justice: Lynching and American Society, 1874-1947* (Urbana: U of Illinois P, 2004), 1-2.

17 인종주의를 미국 민주주의 달성의 마지막 장애라고 보았던 뮈르달 은 "흑인을 폭행하고 재산을 빼앗고 심지어 목숨을 취하면서 어떤 백인도 사법적 보복에 대한 두려움이 없다"라고 했다. Gunnar Myrdal, *American Dilemma: The Negro Problem and Modern Democracy* (New York: Harper, 1944), 561-564.

18   W. J. Cash, *The Mind of the South* (New York: Knopf, 1941), 29-43.

19   Edward L. Ayers, *The Promise of the New South: Life after Reconstruction* (New York: Oxford UP, 1992), 156-157.

20   E. M. Beck and Stewart E. Tolnay, "The Killing Fields of the Deep South: The Market for Cotton and the Lynching of Blacks, 1882-1930," *American Sociological Review* 55(4), Aug. 1990, 526-527; Ryan Hagen, Kinga Makovi and Peter Bearman, "The Influence of Political Dynamics on Southern Lynch Mob Formation and Lethality," *Social Forces* 92(2), Nov. 2013, 758-761.

21   Pfeifer, *Roots of Rough Justice*, 1-5; Dennis Downey, "'A Benediction to the Skies': New Works on American Lynching," *Reviews in American History* 41(1), March 2013, 88-89. 1940년 이전의 린치 가해자 중에 유죄판결을 받은 경우는 1퍼센트밖에 되지 않았다. Clarke, "Without Fear or Shame," 281.

22   김성엽, 「보편적 기본권을 향한 긴 여정: 19세기 흑인들의 권리투쟁과 재건기 개헌 그리고 미국의 국가적 시민권 수립」, 『서양사론』 151 (2021.12), 38-40; Foner, *Second Founding*, 7-9.

23   1840년에서 1870년대까지 일리노이, 위스콘신 등 중서부에서도 린치가 많았고, 희생자는 대부분 백인이었다. 1857년에 동부 아이오와를 휩쓴 대규모 자경단 운동은 살인, 절도 등 혐의로 15명의 백인을 교수했는데, 이들의 논리는 검사와 보안관 등이 무능하며 배심원의 판결도 믿을 수 없다는 것이었다. 1868년에 다코다 준주의 샤이엔(Cheyenne)에서는 약 5백 명의 자경단이 8월부터 11월까지 26명을 사망케 했다. Jacquelyn Procter Gray, "Captain Slick's Company," *Huntsville Historical Review* 31(2), 2006, 27-28; Pfeifer, *Roots of Rough Justice*, 14-18, 21-31.

24   김성엽, 「보편적 기본권을 향한 긴 여정」, 41-56.

25   KKK법안은 "2명 이상이 타인의 법의 보호를 침해해 신체적·물리적 피해를 주거나 투표권을 방해하면 5백 불에서 5천 불까지의 벌금이나 6개월에서 6년까지 수감된다"라는 내용이었다. Waldrep, ed., *Lynching in America*, 104; Foner, *Second Founding*, 41-56.

26　흑인들이 연방대법원에 상고해서 승소해도 백인 폭도들은 연방법원의 권위를 인정하지 않았다. 1906년 1월 테네시주 해밀턴 카운티에서 백인 여성 강간 혐의를 받은 흑인 에드 존슨(Ed Johnson)이 사형 선고를 받았지만, 공정한 재판이 부여되지 않았다고 연방대법원에 항소해 9월에 처형 중지가 내려졌다. 그러자 백인 폭도들이 감방을 부수고 존슨을 끌어내 테네시강의 다리에 목매달았다. Waldrep, ed., *Lynching in America*, 153; EJI, *Lynching in America*, 18.

27　미시시피가 1890년에 인두세 납부를 요구하는 새 헌법을 채택하고, 주 헌법 조항을 읽을 수 없거나 이해할 수 없는 사람의 투표권을 박탈하자 윌리엄스는 헌법 수정조항 제15조 위반이라고 소를 제기했다. Foner, *Second Founding*, 162-166; F. James Davis, *Who Is Black? One Nation's Definition* (University Park, PA: Pennsylvania State UP, 2001, 1991), 52.

28　팸플릿은 *The Facts in the Case of the Horrible Murder of Little Myrtle Vance, and Its Fearful Expiation, at Paris, Texas, February 1, 1893*이다. 이 팸플릿은 저자가 목격자이자 동시에 참여자로서 린치를 기술하는 새로운 장르의 시작이었다. Hale, *Making Whiteness*, 206-207. 헨리 스미스 이전에도 공개 린치들이 있었다. 1892년 멤피스 근처에서 흑인 리 워커(Lee Walker)는 카운티 감방에서 끌려 나와 칼질을 당한 후 기둥에 매달려 화형 당했고 유골 사냥꾼들이 달려들어 밧줄 조각과 불탄 시체의 유골을 차지했다. 1893년 플로리다의 포트 화이트(Fort White)에서 일어난 린치에서는 폭도들이 흑인의 목을 톱으로 자르고, 귀를 잘라냈으며, 눈알 하나를 뽑아내고, 수차례 칼로 난도질을 한 후 총을 난사해 죽였다. Allen et al., *Without Sanctuary*, 15-16.

29　Amanda K. Frisken, "'A Song Without Words': Anti-Lynching Imagery in the African American Press, 1889-1898," *Journal of African American History* 97(3), Summer 2012, 252.

30　Jacqueline Goldsby, *A Spectacular Secret: Lynching in American Life and Literature* (Chicago: U of Chicago P, 2006), 12-15.

31　Hale, *Making Whiteness*, 209-214. 두보이스(W. E. B. Du Bois)는 샘 호스 린치와 그의 손가락 전시가 자신의 삶을 바꾸는 전환점이었고 자신을 인종 불의에 맞서 평생 싸우게 한 계기였다고 말한다. Edwin T. Arnold,

'What Virtue There Is in Fire': Cultural Memory and the Lynching of Sam Hose (Athens, GA: U of Georgia P, 2009), 186.

32   Downey, "'Better Than Ben Hur'," 469.

33   Hale, *Making Whiteness*, 213에서 재인용; Allen et. al., *Without Sanctuary*, 9.

34   샘 호스는 흑인 목사 리지 스트릭랜드(Lige Strickland)의 사주를 받았다고 말하기도 했는데, 스트릭랜드는 1899년에 샘 호스와 공모한 혐의로 폭도들의 린치를 당해 귀와 손가락이 잘린 채 교수형 당했다. 호스 린치를 조사한 시카고 형사는 농장주의 아내를 성폭행하는 것은 물리적으로 불가능했고 날조된 것이라고 발표했다. 1902년 사우스캐롤라이나 헨더슨빌(Hendersonville)에서 백인 농민의 아내를 살해한 혐의로 흑인 세 명이 린치를 당했는데 2년 후에 그 농민은 자신이 아내를 죽였음을 실토했다. Downey, "'Better Than Ben Hur'," 470–471; Arnold, *'What Virtue There Is in Fire,'* 1–2, 8, 128; Mary Church Terrell, "Lynching from a Negro's Point of View," *North American Review* 178(571), June 1904, 859.

35   '쿤'은 흑인을 경멸해 쓴 말이다. Allen et. al., *Without Sanctuary*, 10, 172.

36   Arnold, *'What Virtue There Is in Fire,'* 131.

37   Arnold, *'What Virtue There Is in Fire,'* 168에서 재인용.

38   그 외에도 1904년 8월 오클라호마주 듀런트(Durant)에서 백인 여성 상해 혐의를 받은 흑인 존 리(John Lee)는 1천5백 명의 주민 앞에서 화형 린치를 당했다. 1911년 10월 사우스캐롤라이나의 앤더슨 카운티(Anderson County)에서는 2천 명의 폭도가 백인 소녀 폭행 혐의로 흑인 소년 윌리스 잭슨(Willis Jackson)의 신체를 절단하고 총살로 린치했다. Allen et al., *Without Sanctuary*, 198; E. M. Beck, Stewart E. Tolnay, and Amy Kate Bailey, "Contested Terrain: The State versus Threatened Lynch Mob Violence," *American Journal of Sociology* 121(6), May 2016, 1880.

39   Terrell, "Lynching from a Negro's point of view," 854에서 재인용.

40 Vincent Vinikas, "Specters in the Past: The Saint Charles, Arkansas, Lynching of 1904 and the Limits of Historical Inquiry," *Journal of Southern History* 65(3), Aug. 1999, 548-549.

41 Allen et. al., *Without Sanctuary*, 11.

42 Hale, *Making Whiteness*, 215-220.

43 1918년 조지아주 발도스타(Valdosta)에서는 남편의 린치 가해자들을 비난한 임신 8개월의 흑인 메리 터너(Mary Turner)를 폭도들이 거꾸로 나무에 매달고 배를 갈라 떨어진 태아 머리를 발로 뭉갠 후 총격과 화형을 가했다. Allen et al., *Without Sanctuary*, 14, 201.

44 Clarke, "Without Fear or Shame," 270에서 재인용.

45 Allen et al., *Without Sanctuary*, 176; Apel, *Imagery of Lynching*, 20-22. 같은 해 조지아주 어윈(Irwin) 카운티에서 16세 백인 소녀의 강간, 살해 혐의를 받은 흑인 제임스 어빙(James Irving)도 1천 명이 넘는 군중 앞에서 손가락, 발가락 등을 절단당하고 산 채로 화형을 당했으며, 절단된 신체 부위는 기념품으로 보존되었다. Katherine Stovel, "Local Sequential Patterns: The Structure of Lynching in the Deep South, 1882-1930," *Social Forces* 79(3), March 2001, 844.

46 Hale, *Making Whiteness*, 222-226; Markovitz, *Legacies of Lynching*, xxv-xxvi; Harvey Young, "The Black Body as Souvenir in American Lynching," *Theatre Journal* 57(4), Dec. 2005, 644.

47 Markovitz, *Legacies of Lynching*, 25-27; Dora Apel, *Imagery of Lynching: Black Men, White Women, and the Mob* (New Brunswick, NJ: Rutgers UP, 2004), 9-15.

48 Manfred Berg, *Popular Justice: A History of Lynching in America* (Chicago: Ivan R. Dee, 2011), xii; Allen et al., *Without Sanctuary*, 20-21.

49 Beck, Tolnay, and Bailey, "Contested Terrain," 1858.

50 Waldrep, ed., *Lynching in America*, 222-223에서 재인용.

51　1910년부터 1950년 사이 남부에서 사형 집행된 사람의 75퍼센트가 흑인이었다. Clarke, "Without Fear or Shame," 284-286.

52　웰스는 1892년 멤피스 흑인 잡화점 주인들에 가해진 린치를 폭로하면서 독자들에게 백인 업체를 보이콧할 것을 촉구했고, 흑인의 생명권을 지키기 위해 모든 흑인 가정에 소총을 갖출 것을 권고했다. 『클리블랜드가제트』를 창간한 해리 C. 스미스는 오하이오주 의원으로 반(反)린치 법안에 앞장섰다. Squires, "Outlawry: Ida B. Wells and Lynch Law," 142, 156. 1939년에 린치를 비난하기 위해 작사, 작곡된 「쓴 과일」("Bitter Fruit")이라는 곡을 빌리 헐리데이(Billy Holiday)가 "이상한 과일"(Strange Fruit)이라는 제목으로 노래했다. Frisken, "'A Song Without Words'," 240-244, 262-264.

53　Trudier Harris, *Exorcising Blackness: Historical and Literary Lynching and Burning Rituals* (Bloomington: Indiana UP, 1984); Young, "The Black Body as Souvenir," 639-640, 646-650.

54　흑인들의 백인 린치 절정기는 1880년대였다. 1887년 사우스캐롤라이나의 피큰스(Pickens)에서는 흑인 소녀를 강간, 살해한 백인 맨스 월드럽(Manse Waldrop)을 린치했다. Bruce Baker, "Lynch Law Reversed: The Rape of Lula Sherman, the Lynching of Manse Waldrop, and the Debate over Lynching in the 1880s," *American Nineteenth Century History* 6(3), Sep. 2005, 273-293; Hill, "Black Vigilantism," 28-37; Kidada E. Williams, "Resolving the Paradox of Our Lynching Fixation: Reconsidering Racialized Violence in the American South after Slavery," *American Nineteenth Century History* 6(3), Sep. 2005, 332-338.

55　흑인 엘리트층이 린치에서 면제된 것은 아니다. 1900년 테네시 로더데일(Lauderdale) 카운티 의사이자 농장주였던 루이스 라이스(Louis Rice)는 백인 살해로 기소된 흑인을 위해 증언했다는 이유로 폭도의 린치를 당했고, 1916년 사우스캐롤라이나 애버빌(Abbeville)의 성공한 지주였던 앤서니 크로포드(Anthony Crawford)는 백인 사업가와의 언쟁 이후 린치로 사망했다. 그의 재산은 2만 불에 달했다. Amy Kate Bailey, Stewart E. Tolnay, E. M. Beck and Jennifer D. Laird, "Targeting Lynch Victims: Social Marginality or Status Transgressions?," *American Sociological Review* 76(3), June 2011, 412-417, 424-430.

56　반면 부커 T. 워싱턴은 1895년 애틀랜타에서 인종 관계의 화해를 촉구하면서 린치를 언급하지 않았다. Allen et al., *Without Sanctuary*, 29; Frisken, "'A Song Without Words'," 247.

57　Robyn Wiegman, "The Anatomy of a Lynching," *Journal of the History of Sexuality* 3(3), Jan. 1993, 456-462.

58　Hale, *Making Whiteness*, 234.

59　NAACP는 1908년 일리노이주 스프링필드 인종 폭동에 대한 대응으로 만들어졌다. '인종 간 협력위원회'는 애틀랜타 흑백 목회자들이 모여 린치 해결책을 논의하기 위해 1919년에 조직되었다. Markovitz, *Legacies of Lynching*, 2, 6, 22-23; Allen et al., *Without Sanctuary*, 24-25. 1903년에 조지아의 워런 캔들러(Warren A. Candler) 주교는 1901년에 사망한 128명의 니그로 중에 16명이 강간으로 고발되었다고 했다. Terrell, "Lynching from a Negro's Point of View," 855-858.

60　Hale, *Making Whiteness*, 232-235; Hill, "Black Vigilantism," 39; Markovitz, *Legacies of Lynching*, 16-18. 웰스는 1893년 앨라배마주 셀마(Selma)에서 흑인 다니엘 에드워즈(Daniel Edwards)와의 합의된 관계로 출산했다고 밝힌 백인 여성의 증언에도 불구하고 에드워즈가 린치를 당한 사례를 알렸다. Lightweis-Goff, *Blood at the Root*, 16-19; Squires, "Outlawry: Ida B. Wells and Lynch Law," 155.

61　제작비 10만 달러를 투입했던 이 영화는 1946년까지 전 세계에서 2억 명 이상이 관람함으로써 6천만 달러의 수입을 올렸다. 손세호, 「할리우드 영화와 흑인 인종 문제: 그리피스(D. W. Griffith)의 <국가의 탄생>을 중심으로」, 『미국사연구』 50 (2019.11), 103-127; 주은우, 「미국 무성영화와 백인국가의 탄생: 국가의 탄생과 초기 미국영화 속의 인종정치」, 『미국사연구』 24 (2006.11), 97-108. 민스트릴쇼도 흑인에 대한 스테레오타입을 만드는 데 일조했다. 노래, 춤, 촌극이 섞인 쇼로 19세기 동안 널리 유행했고, 1920년대까지 아마추어 쇼로 계속되었다. 백인 배우들이 검은 칠을 하고 노예제 시기 흑인 생활을 묘사했으며, 제미나 아줌마(Aunt Jemina) 등의 이미지를 만들었다. Thomas C. Holt, "Marking: Race, Race-making, and the Writing of History," *American Historical Review* 100(1), Feb. 1995, 15-17.

62 클랜은 흑인, 유대인, 유색 이민을 배척하고 백 퍼센트 아메리카니즘과 백인종의 우수성을 내세웠다. 미국 내 혐오집단은 2000년에 602개에서 2013년에 939개로 증가했으며, 여전히 이민과 흑인을 증오하는 단체와 조직이 활동한다. 황혜성, 「1920년대 KKK: 하얀 두건, 검은 속셈」, 『서양사론』 122 (2014.9), 82-90, 92-109; 안윤모, 「1920년대 쿠클럭스클랜과 도덕개혁」, 『미국사연구』 17 (2003.5), 77-84; Elaine Frantz Parsons, "Midnight Rangers: Costume and Performance in the Reconstruction-Era Ku Klux Klan," *Journal of American History* 92(3), Dec. 2005, 820-833.

63 Waldrep, "National Policing, Lynching, and Constitutional Change," 598-601.

64 Pfeifer, *Roots of Rough Justice*, 68-80; Hale, *Making Whiteness*, 237; Kyung-Sook Boo, "'I am Not *That*': The Logic of Lynching and the Performativity of Americanizable Alienness in American Identity Constructions," *Journal of American Studies* 47(3), 2005, 149-150. 가너는 1690년대에 흑인 투표권과 재산 소유를 제한하고, 인종 혼합을 막는 법안이 시행된 시기에 백인성이 시작되었다고 본다. Steve Garner, "The Uses of Whiteness: What Sociologists Working on Europe Can Draw from US Research on Whiteness," *Sociology* 40(2), 2006 , 260-267.

65 미국노동총연맹은 제1차 세계대전으로 북부에 몰려든 수십만의 흑인 노동자들을 조합에서 배제했으며, 흑인들은 청소부와 접시닦이 등 하인이나 서비스 직종으로 밀려났다. 침대차짐꾼조합(Brotherhood of Sleeping Car Porters)은 흑인이 통솔하던 몇 안 되는 조합 가운데 하나였다. 배영수, 「인종과 민족과 계급의 삼각관계: 백인성에 관한 최근 연구의 함의와 맥락」, 『미국학』 25 (2002), 29-40; 권은혜, 「비판적 백인성 연구의 시작: 데이비드 로디거, 『백인성의 임금: 인종과 미국노동계급의 형성』」, 『서양사론』 145 (2020.9), 289-296;David R. Roediger, *The Wages of Whiteness: Race and the Making of the American Working Class* (London & New York: Verso, 1991). 25-35.

제9장 20세기 흑인의 민권 투쟁

1   조지형, 「평등의 언어와 인종차별의 정치: 브라운 사건을 중심으로」, 『미국사연구』 17 (2003.5), 152-157.

2   조지형, 「평등의 언어와 인종차별의 정치」, 160-162.

3   황혜성, 「다시 보는 부커 워싱턴과 윌리엄 두 보이스: 흑인 신보수주의의 등장에 비추어 본 워싱턴 인종 정책」, 『미국사연구』 44 (2016.11), 67, 75-80.

4   두 보이스는 93세인 1961년에 자신의 여권을 압수한 미국 정부에 환멸을 느끼고 공산당에 재입당한 후 아프리카 가나로 영구 망명했고, 그곳에서 사망했다. 그는 아프리카의 찬란했던 문화를 파멸시킨 노예무역과 식민주의를 비판하고 아프리카 문명화의 주체를 아프리카인으로 천명했으며, 아프리카 중심의 반자본주의와 반제국주의 저항을 역설했다.

5   Kendra T. Field, "'No Such Thing as Stand Still': Migration and Geopolitics in African American History," *Journal of American History* 102(3), Dec. 2015, 694-718.

6   Hahn, *A Nation Under Our Feet*, 469-473.

7   Bayor, ed., *Race and Ethnicity*, 186.

8   Albert M. Camarillo, "Navigating Segregated Life in America's Racial Borderhoods, 1910s-1950s," *Journal of American History* 100(3), Dec. 2013, 662; Michael B. Katz, Mark J. Stern, and Jamie J. Fader, "The New African American Inequality," *Journal of American History* 92(1), June 2005, 78-79.

9   박진빈, 「1919년 시카고의 인종폭동과 도시문제」, 『미국사연구』 26 (2007.11), 97-98, 102-109; Bayor, *Race and Ethnicity*, 143, 196-197.

10   Jeffrey S. Adler, "Less Crime, More Punishment: Violence, Race, and Criminal Justice in Early Twentieth-Century America," *Journal of American History* 102(1), June 2015, 43-46; Katz, Stern, and Fader, "The New African American Inequality," 83.

11   앨런 브링클리 지음, 『있는 그대로의 미국사 3』, 188-189.

12   공정고용위원회는 전쟁이 끝난 후 1946년에 폐지되었다. 박진빈, 「미국 흑인과 제2차 세계대전의 유산」, 『서양사론』 125 (2015.6), 19-36.

13   권은혜, 「인종 간 결혼에 대한 법적 규제와 사회적 금기를 넘어서: 1880년에서 1945년까지 미국 서부에서 아시아계 남성과 결혼한 백인 여성의 경험을 중심으로」, 『미국사연구』 34 (2011.11), 85, 95; 권은혜, 「미국 내전 이후 인종 간 결혼 규제에 대한 법적 인식의 변화: 재건기 남부의 법정 사례를 중심으로」, 『미국사연구』 43 (2016.5), 120, 124-126.

14   오영인, 「미국 내 백인성(Whiteness)에 대한 재고: 1917년 문맹 테스트 이민법을 중심으로」, 『미국사연구』 30 (2009), 61-68; 김연진, 「이민과 귀화, 그리고 미국의 국가 정체성: 아시아계 이민자의 귀화 청원 관련 인종적 딜레마를 중심으로」, 『미국사연구』 29 (2009.5), 64-71; Bayor, ed., *Race and Ethnicity*, xiii.

15   조지형, 「평등의 언어와 인종차별의 정치」, 174-181.

16   마틴 루서 킹은 미국의 인종차별을 막기 위한 비폭력 저항운동으로 1964년 노벨평화상을 받았고, 그 후 베트남전쟁 반대 운동에도 앞장섰다.

17   이춘입, 「검은 대서양의 폭넓은 블랙파워 운동: 1960년대 후반 스토클리 카마이클의 횡대서양 활동을 중심으로」, 『미국학논집』 51(3), 2019, 141-145, 149-168. 카마이클은 영국령 트리니다드 토바고에서 태어나 1952년 뉴욕주 브롱크스로 이주해 귀화 시민이 되었다. 그는 1960년에 하워드대학에 진학한 후, 이듬해 SNCC에 가입했고, 1965년 마틴 루서 킹과 함께 셀마 행진을 했다. Peniel E. Joseph, "The Black Power Movement: A State of the Field," *Journal of American History* 96(3), Dec. 2009, 772-776.

18   이춘입, 「'포스트 68' 시대 블랙파워 운동을 통해 본 정체성 정치의 교차성: 블랙팬서당의 남성성과 여성성에 대한 담론을 중심으로」, 『서양사론』 145 (2020.6), 160-176; 이춘입, 「블랙파워시대 급진적 흑인들의 맑스-레닌주의 변주: 블랙팬서당을 중심으로」, 『미국학논집』 50(2), 2018, 144-164.

19　권은혜, 「공산주의의 미국적 실천: 미국공산당 내 민족소수자 및 인종소수자 당원의 사례를 중심으로, 1919-1938」, 『서양사론』 140 (2019.3), 12-16, 35-45.

20　홍석영, 「냉전 초기 민권 운동의 진보적 반공주의 전략: 전미유색인지위향상협회(NAACP)를 중심으로」, 『미국사연구』 49 (2019.5), 176, 193-195; Manfred Berg, "Black Civil Rights and Liberal Anticommunism: The NAACP in the Early Cold War," *Journal of American History* 94(1), June 2007, 75-78, 93-96.

21　Michael B. Katz, Mark J. Stern, and Jamie J. Fader, "The New African American Inequality," *Journal of American History* 92(1), June 2005, 75-83, 93-96.

22　김연진, 「차별의 시정인가, 우대인가: 소수세력차별 시정정책(Affirmative Action)과 그에 대한 논쟁」, 『미국사연구』 18 (2003.11), 159-163.

23　김연진, 「차별의 시정인가, 우대인가」, 165-173.

24　권은혜, 「희생자의 정의를 추구하는 사회운동: 1865년부터 현재까지 아프리카계 미국인 주도 노예제와 짐 크로우우 보상 운동」, 『서양사론』 152 (2022.3), 145-162.

25　Mary Frances Berry, *My Face Is Black Is True: Callie House and the Struggle for Ex-Slave Reparations* (New York: Viatage Books, 2005), 142-147, 230-239.

26　Paul Laurence Dunbar, *The Life and Works of Paul Laurence Dunbar* (Andesite Press, 2017); Gordon & Anderson, "African Diaspora," 282-289.

27　H. Adlai Murdoch, "Re-Viewing Black Studies: Articulating Identity from Diaspora: A Response to Alexander-Weheliye," *American Literary History* 20(1/2), Spring-Summer, 2008, 339-344.

28   Michael George Hanchard, "Black Transnationalism, Africana Studies, and the 21st Century," *Journal of Black Studies* 35(2), Nov. 2004, 141-152; Bayor, ed., *Race and Ethnicity*, 224-225.

제10장 블랙 아메리카와 인종의 유산

1   아메리칸 드림이라는 용어는 J. T. 애덤스(J. T. Adams)가『아메리카 서사(*The Epic of America*, 1931)』에서 사용한 것으로, 그는 당시 미국 사회가 아메리칸 드림의 도덕적 가치를 외면한 채 물질적 성공만을 추구하는 위기에 놓여 있다고 진단했다.

2   CBS News Poll, 2016.

3   Michèle Lamont, "From 'having' to 'being': self-worth and the current crisis of American society," *British Journal of Sociology* 70(3), June 2019, 668-670; Seymour Martin Lipset, *American Exceptionalism: A Double-Edged Sword* (New York, 1996).

4   이찬행, 「칼라 블라인드: 1960년대 중반 이후 미국의 자유주의적 인종주의에 관한 연구」,『서양사론』120 (2014.3), 151, 164-169.

5   Dinesh D'Scouza, *The End of Racism: Principles for a Multiracial Society* (Free Press, 1995).

6   이 전략의 위력은 1992년 LA폭동 때 한국인 이민자들이 흑인의 공격 대상이 된 사례에서 드러난 바 있다. 로드니 킹 사건 판결에 분노한 흑인들이 백인 경찰관이나 재판정이 아니라 한국 이민 집단을 희생양으로 삼아 인종적 적의를 표출한 것에 대해 지역 언론들은 인종차별적 경찰과 빈부 격차 등 미국 사회의 근본 문제보다는 한흑(韓黑) 갈등에 초점을 맞춤으로써 위기의 본질을 회피했다. 4월 29일 시작해 5월 3일에 진정 국면으로 들어간 LA폭동은 사망자 53명, 부상자 4천 명이라는 인명 피해와 함께 7억5천만 달러에 달하는 재산 피해(약 40퍼센트는 한인 업소들이 입은 피해)를 남겼다.

7   로빈 디앤젤로 지음, 이재만 옮김,『백인의 취약성: 왜 백인은 인종주의에 대해 이야기하기를 그토록 어려워하는가』(서울: 책과함께, 2020).

8   1995년의 문화전쟁은 전형적인 역사의 정치화와 역사 전쟁을 보여
준 표본이었다. 허현, 「미국의 독립운동사 서술 경향과 특징: '장기적' 미
국혁명과 '소외된' 건국 세력을 찾아서」, 『역사교육』 156 (2020.12), 116-
119.

9   현대 자본주의 사회에서 검은 피부로 상징되는 흑인성이 하나의 상
품이자 유행으로 재생산되고 있지만, 검은 피부가 긍정적 이미지로 매력적
으로 변한 것은 인종성을 상품화해 자본의 도구로 활용한 결과다. 밝은 피
부를 강조하고 패싱을 통해 '하얀 가면'을 쓰고자 했던 이전 세대와 다른 방
식으로 흑인성을 이용하는 것이다. 김혜진, 「토니 모리슨의 <그 아이에게
신의 가호가 있기를>에 나타난 흑인 여성의 정체성 박탈과 회복의 과정」,
『미국학논집』 49(3), 2017, 129-134.

10   Lamont, "From 'having' to 'being'," 664-665.

11   아사드 하이더 지음, 권순욱 옮김. 『오인된 정체성: 계급, 인종, 대중
운동, 정체성 정치 비판』 (서울: 두번째테제, 2021), 57, 140, 147; 배영수,
「인종과 민족과 계급의 삼각관계」, 36-40.

12   스티븐 레비츠키, 대니얼 지블랫 지음, 박세연 옮김, 『어떻게 민주주
의는 무너지는가』 (서울: 어크로스, 2018).

13   차태서, 「분열된 영혼? 포스트-트럼프 시대 미국 정체성 서사 경쟁」,
『미국학논집』 54(1), 2022, 68.

참고문헌

1차 사료

- Allen, John. *The Watchman's Alarm…* (Salem, 1774).

- Bayley, Solomon. *Narrative of Some Remarkable Incidents in the Life of Solomon Bayley, Written by Himself* (London: Richard Hunard, 1825).

- Benezet, Anthony. *Some Historical Account of Guinea* (London, 1771).

- Bluett, Thomas. *Some Memories of the Life of Job, the Son of the Solomon High Priest of Boonda in Africa; Who was a Slave about two Years in Maryland; and afterwards being brought to England, was set free, and sent to his native Land in the Year 1734* (London, 1734).

- Brown, William Wells. *Narrative of William Wells Brown, a Fugitive Slave* (Boston, 1847).

- Brown, William Wells. *Three Years in Europe, or Places I Have Seen and People I have Met* (London: Charles Gilpin, 1852; Cambridge, UK: Cambridge University Press, 2014).

- Brown, William Wells. *American Fugitive in Europe: Sketches of Places and People Abroad* (Boston: John P. Jewett and Company, 1855).

- Brown, William Wells. *St. Domingo: Its Revolution and Its Patriots. A Lecture* (Boston: Bela Marsh, 1855).

- Brown, Josephine. *Biography of an American Bondman, by His Daughter* (Boston, 1856).

- Calhoun, John C. "Speech on the Oregon Bill," June 27, 1848, in *The Papers of John C. Calhoun*, ed. Clyde N. Wilson and Shirley Bright Cook (27 vols., Columbia, S.C., 1999–2003), XXV, 531–532.

- Clarkson, Thomas. *The History of the Rise, Progress, and Accomplishment of the Abolition of the Slave Trade by the British Parliament*, 2vols (London, 1808).

- Cuffee, Paul. *Narrative of the Life and Adventures of Paul cuffe: A Pequot Indian: During Thirty Years Spent at Sea, and in Travelling in Foreign Lands* (1796; Nabu Press, 2011).

- Cugoano, Ottobah. *Thoughts and Sentiments on the Evil and Wicked Traffic of the Slavery and Commerce of the Human Species* (1787; Paul Edwards, ed., London: Dawsons, 1969).

- Delany, Martin R. *The Condition, Elevation, Emigration, and Destiny of the Colored People of the United States* (1852).

- Delany, Martin R. *Origin and Objects of Ancient Freemasonry: Its Introduction into the United States and Legitimacy Among Colored Men* (1853).

- Delaware Society for the abolition of Slavery. "Memoirs of the Life of Paul Cuffee, the Interesting Negro Navigator," *Belfast Monthly Magazine* 7(39), Oct. 31, 1811, 284–292.

- Elliot, Jonathan, ed. *Debates in the Several State Conventions on the Adoption of the Federal Constitution* (Washington, D.C.: 1836), Vol. III.

- Equiano, Olaudah. *The Interesting narrative of the Life of Olaudah Equiano, or Gustavus Vassa, the African. Written by Himself* (London: the Author, 1789).

- Fairfax, Ferdinando. "Plan for Liberating the Negroes within the United States," *American Museum, or Universal Magazine* 3 (1790), 285–287.

- Franklin, Benjamin. *The Works of Benjamin Franklin*, John Bigelow, ed. (New York: G. P. Putnam's Sons, 1904).

• Gales, Sr., Joseph, *ed. Debates and Proceedings in the Congress of the United States, 1789-1824, 42 vols.* (Washington: Gales and Seaton, 1834), vol. 1.

• Grimes, William. *Life of William Grimes, the Runaway Slave* (New York, 1825).

• Gronniosaw, James A. U. *A Narrative of the Most Remarkable Particulars in the Life of James Albert Ukawsaw Gronniosaw, an African Prince* (W. Shirley, ed., Bath: S. Hazzard, 1770).

• Hall, Prince. *Charge Delivered to the Brethren of the African Lodge, June 25, 1792 in Charlestown* (1792).

• Hall, Prince. *Charge Delivered to the African Lodge, June 24, 1797 at Menotomy* (1797).

• Hopkins, Samuel. *A Dialogue concerning the Slavery of the Africans* (Norwich, 1776).

• Hopkins, Samuel. *A Discourse upon the Slave Trade and the Slavery of the Africans* (New York: Robert Hodge, 1793).

• Hunt, Gaillard. "William Thornton and Negro Colonization," *Proceedings of the American Antiquarian Society* 30 (1920), 30-61.

• Jefferson, Thomas. *A Summary View of the Rights of British America···* (Williamsburg, 1774).

• Jefferson, Thomas. *Notes on the State of Virginia* (London: John Stockdale, 1787; reprint. New York: Harper & Row, 1964).

• Johnson, Samuel. *Taxation No Tyranny: An Answer to the Resolutions and Address of the American Congress* (London: Cadell, 1775).

• Library of Congress. *Journals of the Continental Congress 1774-1789*.

• Lynch, John R. *The Facts of Reconstruction* (Oxford, Miss.: University Press of Mississippi, 2008; 1915).

- Marrant, John. *A Narrative of the Lord's Wonderful Dealings with John Marrant, a Black* (London: J. Taylor & Company, 1785).

- Marrant, John. *A Sermon Preached on the 24th Day of June 1789* (1789).

- Moore, Frank. *Materials for History Printed From Original Manuscripts*, the Correspondence of Henry Laurens of South Carolina to John Laurens on August 14, 1776 (New York: Zenger Club, 1861).

- Olmsted, Frederick Law. *The Cotton Kingdom: A Traveler's Observations on Cotton and Slavery in the American Slave States, 1853-1861* (New York: Da Capo Press, 1953, 1996).

- Otis, James. *Rights of the British Colonies* (Boston, 1764).

- Peabody, Ephraim. "Narratives of Fugitive Slaves," *Christian Examiner* XLVII (July, 1849).

- Roper, Moses. *A Narrative of Adventures and Escape of Moses Roper from American Slavery* (London, 1837).

- Runes, Dagobert D. ed. *The Selected Writings of Benjamin Rush* (New York, 1947).

- Salih, Sara, ed. *Wonderful Adventures of Mrs. Seacole in Many Lands* (London: Penguin Classics, 1857, 2005).

- Sancho, Ignatius. *Letters of the Late Ignatius Sancho* (London, 1782).

- Shields, John C. ed. *The Collected Works of Phillis Wheatley* (New York: Oxford University Press, 1988).

- Somers, Robert. *The Southern States Since the War, 1870~1871* (New York, 1871).

- Smith, Venture. *A Narrative of the Life and Adventures of Venture, a Native of Africa* (New London, Conn., 1798 ; Dorothy Porter, ed., Boston: Beacon Press, 1971).

• Walker, David. *Walker's Appeal in Four Articles, Together with a Preamble to the Colored Citizens of the World, but in Particular, and Very Expressly, to Those of the United States of America* (Boston, 1829).

• Walker, David. "What are the Colored People Doing for Themselves?," *North Star* (Rochester), July 14, 1848.

• Wesley, John. *Thoughts upon Slavery* (1774).

• Wheatley, Phillis. *Poems on Various Subjects, Religious and Moral* (London, 1773).

• White, George. *Account of Life, Experience, Travels, and Gospel Labors of George White, an African* (New York: J. C. Tottle, 1810).

• WPA Slave Narrative Project. *Arkansas Narratives Vol.2, Part 1, 2, 3.*

• WPA Slave Narrative Project. *South Carolina Narratives Vol.14, Part 1, 2.*

2차 자료

• Abasiattai, Monday B. "The Search for Independence: New World Blacks in Sierra Leone and Liberia, 1787-1848," *Journal of Black Studies* 23(1), September 1992, 107-16.

• Adeleke, Tunde. "Violence as an Option for Free Blacks in Nineteenth-Century America," *Canadian Review of American Studies* 35(1), 2005, 87-101.

• Adeleke, Tunde. *Without Regard to Race: The Other Martin Robinson Delany* (University Press of Mississippi, 2009).

• Adler, Jeffrey S. "Less Crime, More Punishment: Violence, Race, and Criminal Justice in Early Twentieth-Century America," *Journal of American History* 102(1), June 2015, 34-46.

• Allen, James, et. al. *Without Sanctuary: Lynching Photography in America* (Twin Palms Publishers, 2000).

• Allen, Jeffrey B. "'All of Us Are Highly Pleased with the Country': Black and White Kentuckians on Liberian Colonization," *Phylon* 43(2), 1982, 97–109.

• Allen, Theodore W. *The Invention of the White Race, Volume I: Racial Oppression and Social Control* (New York: Verso, 1994, 2012).

• Allen, William E. "Rethinking the History of Settler Agriculture in Nineteenth-Century Liberia," *International Journal of African Historical Studies* 37(3), 2004, 440–57.

• Andrews, William L. *To Tell a Free Story: The First Century of Afro-American Autobiography, 1760-1865* (Urbana: Univ. of Illinois Press, 1986).

• Apel, Dora. *Imagery of Lynching: Black Men, White Women, and the Mob* (New Brunswick, NJ: Rutgers UP, 2004).

• Arnold, Edwin T. *'What Virtue There Is in Fire': Cultural Memory and the Lynching of Sam Hose* (Athens, GA: U of Georgia P, 2009).

• Ayers, Edward L. *The Promise of the New South: Life after Reconstruction* (New York: Oxford UP, 1992).

• Bacon, Jacqueline. "The History of Freedom's Journal: A Study in Empowerment and Community," *Journal of African American History* 88(1), Winter 2003, 1–20.

• Bailey, Amy Kate, Stewart E. Tolnay, E. M. Beck and Jennifer D. Laird. "Targeting Lynch Victims: Social Marginality or Status Transgressions?," *American Sociological Review* 76(3), June 2011, 412–36.

• Bailyn, Bernard. *To Begin the World Anew: The Genius and Ambiguities of the American Founders* (New York: Vintage Books, 2003).

• Baker, Bruce. "Lynch Law Reversed: The Rape of Lula Sherman, the Lynching of Manse Waldrop, and the Debate over Lynching in the 1880s," *American Nineteenth Century History* 6(3), September 2005, 273–93.

• Baraw, Charles. "William Wells Brown, 'Three Years in Europe', and Fugitive Tourism," *African American Review* 44(3), Fall 2011, 453-70.

• Barr, Alwyn. "The Black Militia of the New South: Texas as a Case Study," *Journal of Negro History* 63(3), July 1978, 209-216

• Barr, Alwyn. "Black Urban Churches on the Southern Frontier, 1865-1900," *Journal of Negro History* 82(4), Autumn 1997, 368-83.

• Barrett, Lindon. "African-American Slave Narratives: Literacy, the Body, Authority," *American Literary History* 7(3), October 1995, 415-42.

• Bayor, Ronald H., ed. *Race and Ethnicity in America: A Concise History* (New York: Columbia University Press, 2003).

• Beck, E. M. and Stewart E. Tolnay. "The Killing Fields of the Deep South: The Market for Cotton and the Lynching of Blacks, 1882-1930," *American Sociological Review* 55(4), August 1990, 526-39.

• Beck, E. M., Stewart E. Tolnay, and Amy Kate Bailey. "Contested Terrain: The State versus Threatened Lynch Mob Violence," *American Journal of Sociology* 121(6), May 2016, 1856-84.

• Bell, Karen B. "Rice, Resistance, and Forced Transatlantic Communities: (Re)Envisioning the African Diaspora in Low Country Georgia, 1750-1800," *Journal of African American History* 95(2), Spring 2010, 157-74.

• Berg, Manfred. "Black Civil Rights and Liberal Anticommunism: The NAACP in the Early Cold War," *Journal of American History* 94(1), June 2007, 75-96.

• Berg, Manfred. *Popular Justice: A History of Lynching in America* (Chicago: Ivan R. Dee, 2011).

• Berlin, Ira. *Slaves Without Masters: The Free Negro in the Antebellum South* (New York: New Press, 1992).

• Berlin, Ira. *Generations of Captivity: A History of African-American Slaves* (Belknap Press, 2003).

• Berry, Mary Frances. *My Face Is Black Is True: Callie House and the Struggle for Ex-Slave Reparations* (New York: Viatage Books, 2005).

• Billings, Warren M. "The Law of Servants and Slaves in Seventeenth-century Virginia," *Virginia Magazine of History and Biography* 99(1), January 1991, 45-62.

• Blackburn, Robin. "Haiti, Slavery, and the Age of the Democratic Revolution," *William and Mary Quarterly* 63(4), Oct. 2006, 643-74.

• Blackett, Richard. "Martin R. Delany and Robert Campbell: Black Americans in Search of an African Colony," *Journal of Negro History* 62(1), Jan 1977, 1-18.

• Blake, Cecil. "An African Nationalist Ideology Framed in Diaspora and the Development Quagmire: Any Hope for a Renaissance?," *Journal of Black Studies* 35(5), May 2005, 575-82.

• Blakely, Allison. *Russia and the Negro: Blacks in Russian History and Thought* (Washington, D.C.: Howard University Press, 1986).

• Blumrosen, Alfred W., Ruth G. Blumrosen & Steven Blumrosen. *Slave Nation: How Slavery United the Colonies & Sparked the American Revolution* (Naperville, Illinois: Sourcebooks, 2005).

• Bogin, Ruth. "'Liberty Further Extended': A 1776 Antislavery Manuscript by Lemuel Haynes," *William and Mary Quarterly* 40(1), Jan. 1983, 85-105.

• Boles, John B. *Black Southerners 1619-1869* (Lexington, Kentucky: The University Press of Kentucky, 1984).

• Bolster, W. Jeffrey. *Black Jacks: African American Seamen in the Age of Sail* (Harvard University Press, 1998).

• Bolster, W. Jeffrey. "Letters by African American Sailors, 1799-1814," *William and Mary Quarterly* 64(1) Jan., 2007, 167-82.

• Boo, Kyung-Sook. "'I am Not That': The Logic of Lynching and the Performativity of Americanizable Alienness in American Identity Constructions," *Journal of American Studies* 47(3), 2015. 12, 147-74.

• Boyce-Davies, Carole. *Black Women, Writing and Identity: Migrations of the Subject* (New York: Routeledge, 1994).

• Bradley, Patricia. *Slavery, Propaganda, and the American Revolution* (Jackson, Louisians: University Press of Mississippi, 1998).

• Brawley, Lisa. "Frederick Douglass's 'My Bondage and My Freedom' and the Fugitive Tourist Industry," *Novel: A Forum on Fiction* 30(1), Autumn 1996, 98-128.

• Brooks, Joanna. "'Prince Hall, Freemasonry, and Genealogy," *African American Review* 34(2), October 2001, 197-216.

• Brooks, Joanna. "The Early American Public Sphere and the Emergence of a Black Print Counterpublic," *William and Mary Quarterly* 62(1), Jan 2005, 67-92.

• Brown, Christopher L. "Empire without Slaves: British Concepts of Emancipation in the Age of the American Revolution," *William and Mary Quarterly* 56(2), April 1999, 273-306.

• Brown, Matthew D. "Olaudah Equiano and the Sailor's Telegraph: 'The Interesting Narrative' and the Source of Black Abolitionism," *Callaloo* 36(1), Winter 2013, 191-201.

• Brundage, W. Fitzhugh. *Lynching in the New South: Georgia and Virginia, 1880-1930* (Urbana: U of Illinois P, 1993).

• Brundage, W. Fitzhugh. "Conclusion: Reflections on Lynching Scholarship," *American Nineteenth Century History* 6(3), September 2005, 401-14.

• Burrowes, Carl Patrick. "Black Christian Republicanism: A Southern Ideology in Early Liberia, 1822 to 1847," *Journal of Negro History* 86(1), Winter 2001, 30-44.

• Buzinde, Christine and Osagie, Iyunolu. "William Wells Brown: Fugitive Subjectivity, Travel Writing, and the Gaze," *Cultural Studies* 25(3), May 2011, 405-425.

• Byrd, Alexander X. "Eboe, Country, Nation, and Gustavus Vassa's Interestins Narrative," *William and Mary Quarterly* 63(1), January 2006, 123-48.

• Camarillo, Albert M. "Navigating Segregated Life in America's Racial Borderhoods, 1910s-1950s," *Journal of American History* 100(3), Dec. 2013, 645-62.

• Carretta, Vincent, ed. *The Interesting Narrative and Other Writings* (New York: Penguin Books, 1995).

• Carretta, Vincent. *Equiano the African: Biography of a Self-Made Man* (Athens, Ga., 2005).

• Cash, W. J. *The Mind of the South* (New York: Knopf, 1941).

• Chang, Tan-Feng. "Creolizing the White Woman's Burden: Mary Seacole Playing 'Mother' At the Colonial Crossroads Between Panama and Crimea," *College Literature* 44(4), October 2017, 527-57.

• Child, Lydia Maria, ed. *The Freedmen's Book* (Boston, 1865; New York, 2014).

• Cimbala, Paul A. "The Freedmens's Bureau, the Freedmen, and Sherman's Grant in Reconstruction Georgia, 1865-1867," *Journal of Southern History* 55(4), Nov. 1989, 597-632.

• Clarke, James W. "Without Fear or Shame: Lynching, Capital Punishment and the Subculture of Violence in the American South," *British Journal of Political Science* 28(2), April 1998, 269-89.

• Clifford, James. "Diasporas," *Cultural Anthropology* 9(3), August 1994, 318-21.

• Conniff, Michael L. and Thomas J. Davis. *Africans in the Americas: A History of the Black Diaspora* (The Blackburn Press, 2002).

• Coombs, John C. "The Phases of Conversion: A New Chronology for the Rise of Slavery in Early Virginia," *William and Mary Quarterly* 68(3), July 2011, 332-360.

• Corley, Íde. "The Subject of Abolitionist Rhetoric: Freedom and Trauma in 'The Life of Olaudah Equiano," *Modern Language Studies* 32(2), Autumn 2002, 139-56.

• Cornell, Sarah E. "Citizens of Nowhere: Fugitive Slaves and Free African Americans in Mexido, 1833-1857," *Journal of American History* 100(2), Sep. 2013, 351-74.

• Crow, Jeffrey J. "Thomas Settle Jr., Reconstruction, and the Memory of the Civil War," *Journal of Southern History* 62(4), Nov. 1996, 689-726.

• Cuffee, Paul. *Memoirs of Captain Paul Cuffee* (Create Space Independent Publishing Platform, 2014).

• Cutler, James Elbert. *Lynch-Law: An Investigation into the History of Lynchings in the United States* (New York: Longmans, Green, 1905).

• Davis, Charles T. and Henry Louis Gates Jr., eds. *The Slave's Narrative* (New York: Oxford UP, 1985).

• Davis, David Brion. "Capitalism, Abolitionism, and Hegemony," in Barbara L. Solow & Stanley L. Engerman eds., *British Capitalism and Caribbean Slavery: The Legacy of Eric Williams* (New York: Cambridge University Press, 1987), 209-27.

• Davis, David Brion. "Looking at Slavery from Broader Perspectives," *American Historical Review* 105(2), April 2000, 452-66.

• Davis, David Brion. *Challenging the Boundaries of Slavery* (Cambridge: Harvard Univ. Press, 2003).

• Davis, F. James. *Who Is Black? One Nation's Definition* (University Park, PA: Pennsylvania State UP, 2001, 1991).

• Degler, Carl N. *Place Over Time: The Continuity of Southern Distinctiveness* (Athens & London: University of Georgia Press, 1977, 1997).

• Desrochers Jr., Robert E. "'Not Fade Away': The Narrative of Venture Smith, an African American in the Early Republic," *Journal of American History* 84(1), June 1997, 40-66.

• Don E. Fehrenbacher. *The Slaveholding Republic: An Account of the United States Government's Relations to Slavery* (New York: Oxford University Press, 2002).

• Donohue, John. "'Out of the Land of Bondage': The English Revolution and the Atlantic Origins of Abolition," *American Historical Review* 115(4), Oct. 2010, 943-974.

• Dorsey, Peter A. "To 'Corroborate Our Own Claims': Public Positioning and the Slavery Metaphor in Revolutionary America," *American Quarterly* 55(3), Sep. 2003, 353-386.

• Downey, Dennis B. "'Better Than Ben Hur': Lynching and the Ghost of Sam Hose," *Reviews in American History* 38(3), September 2010, 468-73.

• Downey, Dennis B. "'A Benediction to the Skies': New Works on American Lynching," *B. Reviews in American History* 41(1), March 2013, 87-93.

• Dray, Philip. *At the Hands of Persons Unknown: The Lynching of Black America* (New York: Modern Library, 2002).

• Drescher, Seymour. "History's Engines: British Mobilization in the Age of Revolution," *William and Mary Quarterly* 66(4), Oct 2009, 737-56.

• Du Bois, W. E. B. "Reconstruction and its Benefits," *American Historical Review* 15(4), July 1910, 781-99.

• Du Bois, W. E. B. *Black Reconstruction in America, 1860-1880* (Free Press, 1935, 1997).

• Du Bois, W. E. B. "Reconstruction, Seventy-Five Years After," *Phylon* 4(3), 1943, 205-12.

• Dubcovsky, Alejandra. "The Testimony of Thomás de la Torre, a Spanish Slave," *William and Mary Quarterly* 70(3), July 2013, 559-80.

• Dunbar, Paul Laurence. *The Life and Works of Paul Laurence Dunbar* (Andesite Press, 2017).

• Durrill, Wayne K. "Political Legitimacy and Local Courts: 'Politics at Such a Rage' in a Southern Community during Reconstruction," *Journal of Southern History* 70(3), Aug. 2004, 577-602.

• Earley, Samantha Manchester. "Writing from the Center or the Margins? Olaudah Equiano's Writing Life Reassessed," *African Studies Review* 46(3), Dec. 2003, 1-16.

• Edwards, Brent Hayes. *The Practice of Diaspora: Literature, Translation, and the Rise of Black Internationalism* (Harvard University Press, 2003).

• Edwards, Justin D. *Exploring the Erotics of U. S. Travel Literature, 1840-1930* (Durham: University of New Hampshire Press, 2001).

• Edwards, Paul ed. *Letters of the Late Ignatius Sancho* (London: Dawsons of Pall Mall, 1968).

• Ellis, Joseph J. *Founding Brothers: The Revolutionary Generation* (New York: Vintage Books, 2000).

• Ellis, Nadia. *Territories of the Soul: Queered Belonging in the Black Diaspora* (Duke University Press Books, 2015).

• Elmer, Jonathan. "The Black Atlantic Archive," *American Literary History* 17(1), Spring 2005, 160-66.

• Elrod, Eileen Razzari. "Moses and the Egyptian: Religious Authority in Olaudah Equiano's Interesting Narrative," *African American Review* 35(3), Autumn 2002, 409-25.

• Eltis, David. "Free and Coerced Transatlantic Migrations: Some Comparisons," *American Historical Review* 88(2), April 1983, 251-80.

• Engle, Stephen D. "Mountaineer Reconstruction: Blacks in the Political Reconstruction of West Virginia," *Journal of Negro History* 78(3), Summer 1993, 137-65.

• Equal Justice Initiative. *Lynching in America: Confronting the Legacy of Racial Terror* (Montgomery, Alabama, 2017).

• Ernest, John. "The Reconstruction of Whiteness: William Wells Brown's The Escape; Or, A Leap for Freedom," *PMLA* 113(5), Oct. 1998, 1108-21.

• Escott, Paul D. *Many Excellent People: Power and Privilege in North Carolina, 1850-1900* (Chapel Hill: University of North Carolina Press, 1985).

• Eslinger, Ellen. "The Brief Career of Rufus W. Bailey, American Colonization Society Agent in Virginia," *Journal of Southern History* 71(1), Feb. 2005, 39-74.

• Fairclough, Adam. "'Being in the Field of Education and Also Being a Negro …… Seems …… Tragic': Black Teachers in the Jim Crow South," *Journal of American History* 87(1), June 2000, 65-91.

• Farrow, Anne, Joel Lang, and Jennifer Frank. *Complicity: How the North Promoted, Prolonged, and Profited from Slavery* (New York: Ballantine books, 2005).

• Ferguson, Moira. *Subject to Others: British Women Writers and Colonial Slavery, 1670-1834* (New York: Routledge, 1992, 2015).

• Ferrer, Ada. "Haiti, Free Soil, and Antislavery in the Revolutionary Atlantic," *American Historical Review* 117(1), Feb. 2012, 40-66.

• Festle, Mary Jo. "Reading Reconstruction with Students," *Journal of American History* 83(4), Mar. 1997, 1353–56.

• Field, Kendra T. "'No Such Thing as Stand Still': Migration and Geopolitics in African American History," *Journal of American History* 102(3), Dec. 2015, 693–718.

• Finkenbine, Roy E. "Belinda's Petition: Reparations for Slavery in Revolutionary Massachusetts," *William and Mary Quarterly* 64(1), Jan. 2007, 95–104.

• Finley, Alexandra. "'Cash to Corinna': Domestic Labor and Sexual Economy in the 'Fancy Trade'," *Journal of American History* 104(2), Sep. 2017, 410-30.

• Fish, Cheryl. "Voices of Restless (Dis)continuity: The Significance of Travel for Free Black Women in the Antebellum Americas," *Women's Studies* 26, June 1997, 475-95.

• Fish, Cheryl. *Black and White Women's Travel Narratives: Antebellum Explorations* (Gainesville: University Press of Florida, 2004).

• Fitzgerald, Michael W. "'To Give Our votes to the Party': Black Political Agitation and Agricultural Change in Alabama, 1865-1870," *Journal of American History* 76(2), Sep. 1989, 489–505.

• Fogel, Robert W. *Without Consent of Contract: The Rise and Fall of American Slavery* (New York: Norton, 1989).

• Foner, Eric. *Nothing But Freedom: Emancipation and Its Legacy* (Baton Rouge: Louisiana State University Press, 1983).

• Foner, Eric. "Rights and the Constitution in Black Life during the Civil War and Reconstruction," *Journal of American History* 74(3), Dec. 1987, 863–883.

• Foner, Eric. *Reconstruction: America's Unfinished Revolution, 1863-1877* (New York: Harper and Row, 1988).

- Foner, Eric. *Free Soil, Free Labor, Free Men: The Ideology of the Republican Party before the Civil War* (New York: Oxford University Press, 1995),

- Foner, Eric. *The Second Founding: How the Civil War and Reconstruction Remade the Constitution* (New York: W. W. Norton & Company, 2019).

- Forbes, Ella. "African-American Resistance to Colonization," *Journal of Black Studies* 21(2), Dec. 1990, 210-23.

- Force, Pierre. "The House on Bayou Road: Atlantic Creole Networks in the Eighteenth and Nineteenth Centuries," *Journal of American History* 100(1), June 2013, 21-45.

- Ford, Lacy. "Reconfiguring the Old South: 'Solving' the Problem of Slavery, 1787-1838," *Journal of American History* 95(1), June 2008, 95-122.

- Foster, Amber. "Nancy Prince's Utopias: Reimagining the African American Utopian Tradition," *Utopian Studies* 24(2), October 2013, 329-48.

- Foster, Frances Smith. "A Narrative of the Interesting Origins and (Somewhat) Surprising Developments of African American Print Culture," *American Literary History* 17(4), Winter 2005, 716-25.

- Franklin, John Hope. "Mirror for Americans: A Century of Reconstruction History," *American Historical Review* 85(1), Feb. 1980, 1-14.

- Franklin, V. P. "'Location, Location, Location': The Cultural Geography of African Americans: Introduction to a Journey," *Journal of African American History* 87(1), Winter 2002, 1-11.

- Fredrickson, George M. "From Exceptionalism to Variability: Recent Developments in Cross-National Comparative History," *Journal of American History* 82(2), Sep. 1995, 587-604.

• Frey, Sylvia R. "Between Slavery and Freedom: Virginia Blacks in the American Revolution," *Journal of Southern History* 64(3), August 1983, 375-98.

• Frisken, Amanda K. "'A Song Without Words': Anti-Lynching Imagery in the African American Press, 1889-1898," *Journal of African American History* 97(3), Summer 2012, 240-69.

• Furstenberg, Franccçois. "Beyond Freedom and Slavery: Autonomy, Virtue, and Resistance in Early American Political Discourse," *Journal of American History* 89(4), March 2003, 1295-330.

• Furstenberg, François. "Atlantic Slavery, Atlantic Freedom: George Washington, Slavery, and Transatlantic Abolitionist Networks," *William and Mary Quarterly* 68(2), April 2011, 247-86.

• Garner, Steve. "The Uses of Whiteness: What Sociologists Working on Europe Can Draw from US Research on Whiteness," *Sociology* 40(2), April 2006, 257-75.

• Gatewood Jr., Willard B. "Aristocrats of Color: South and North The Black Elite, 1880-1920," *Journal of Southern History* 54(1), Feb. 1988, 3-20.

• Geggus, David. "Slave rebellion during the Age of Revolution," in Wim Klooster and Gert Oostindie, eds., *Curaçao in the Age of Revolutions, 1795-1800* (Brill, 2011), 23-56.

• Genovese, Eugene D. *From Rebellion to Revolution: Afro-American Slave Revolts in the Making of the Modern World* (Louisiana State University Press, 1992).

• Gerzina, Gretchen Holbrook. "Mobility in Chains: Freedom of Movement in the Early Black Atlantic," *South Atlantic Quarterly* 100(1), Winter 2001, 41-59.

• Gikandi, Simon. *Maps of Englishness. Writing Identity in the Culture of Colonialism* (New York: Columbia University Press, 1997).

• Gilroy, Paul. *The Black Atlantic: Modernity and Double Consciousness* (Cambridge, Massachusetts: Harvard University Press, 1993).

• Gispen, Kees. ed. *What Made the South different?* (Jackson and London: University Press of Mississippi, 1990).

• Glover, Jeffery. "Witnessing African War: Slavery, the Laws of War, and Anglo-American Abolitionism," *William and Mary Quarterly* 74(3), July 2017, 503-08.

• Goldsby, Jacqueline. *A Spectacular Secret: Lynching in American Life and Literature* (Chicago: University of Chicago Press, 2006).

• Gordon, Dexter B. *Black Identity; Rhetoric, Ideology, and Nineteenth-Century Black Nationalism* (Southern Illinois University Press, 2003).

• Gordon, Edmund T. and Mark Anderson. "The African Diaspora: Toward an Ethnography of Diasporic Identification," *Journal of American Folklore* 112(445), Summer 1999, 282-96.

• Gould, Philip. "Free Carpenter, Venture Capitalist: Reading the Lives of the Early Black Atlantic," *American Literary History* 12(4), Winter 2000, 659-84.

• Granberry, Dorothy. "Black Community Leadership in a Rural Tennessee County, 1865~1903," *Journal of Negro History* 83(4), Autumn 1998, 249-57.

• Gray, Jacquelyn Procter. "Captain Slick's Company," *Huntsville Historical Review* 31(2), 2006, 27-28.

• Greene, Jack P. "The American Revolution," *American Historical Review* 105(1), Feb. 2000, 93-102.

• Greene, Jack P. "Colonial History and National History: Reflections on a Continuing Problem," *William and Mary Quarterly* 64(2), April 2007, 235-50.

• Gunning, Sandra. "Traveling with Her Mother's Tastes: The Negotiation of Gender, Race, and Location in '*Wonderful Adventures of Mrs. Seacole in Many Lands*'," *Signs* 26(4), Summer 2001, 949–81.

• Gunning, Sandra. "Nancy Prince and the Politics of Mobility, Home and Diasporic (Mis)Identification," *American Quarterly* 53(1), March 2001, 32–69.

• Guyatt, Nicholas. "'The Outskirts of Our Happiness': Race and the Lure of Colonization in the Early Republic," *Journal of American History* 95(4), March 2009, 986–2011.

• Hackett, David G., "The Prince Hall Masons and the African American Church: The Labors of Grand Master and Bishop James Walker Hood, 1831-1918," *Church History* 69(4), Dec. 2000, 770–802.

• Hagen, Ryan, Kinga Makovi, and Peter Bearman. "The Influence of Political Dynamics on Southern Lynch Mob Formation and Lethality," *Social Forces* 92(2), November 2013, 757–87.

• Hahn, Steven. *A Nation Under Our Feet: Black Political Struggle in the Rural South from Slavery to the Great Migration* (Harvard University Press, 2003).

• Hale, Grace Elizabeth. *Making Whiteness: The Culture of Segregation in the South, 1890-1940* (New York: Vintage Books, 1998).

• Hall, Stephen G. "A Search for Truth: Jacob Oson and the Beginnings of African American Historiography," *William and Mary Quarterly* 64(1), January 2007, 139–48.

• Hanchard, Michael George. "Black Transnationalism, Africana Studies, and the 21st Century," *Journal of Black Studies* 35(2), Nov. 2004, 139–53.

• Hanke, Lewis. *All Mankind is One: A Study of the Disputation Between Bartolomé de Las Casas and Juan Ginés de Sepúlveda in 1550 on the Intellectual and Religious Capacity of the American Indian* (Northern Illinois University Press, 1994).

- Harris, Trudier. *Exorcising Blackness: Historical and Literary Lynching and Burning Rituals* (Bloomington: Indiana UP, 1984).

- Harris, Will. "Phillis Wheatley, Diaspora Subjectivity, and the African American Canon," *MELUS* 33(3), Fall 2008, 27-43.

- Hedin, Raymond. "The American Slave Narrative: The Justification of the Picaro," *American Literature* 53(4), Jan. 1982, 632-45.

- Helo, Ari and Peter Onuf. "Jefferson, Morality, and the Problem of Slavery," *William and Mary Quarterly* 60(3), July 2003, 583-614.

- Hill, Karlos K. "Black Vigilantism: The Rise and Decline of African American Lynch Mob Activity in the Mississippi and Arkansas Deltas, 1883-1923," *Journal of African American History* 95(1), Winter 2010, 26-43.

- Hinds, Elizabeth J. W. "The Spirit of Trade: Olaudah Equiano's Conversion, Legalism, and the Merchant's Life," *African American Review* 32(4), Winter 1998, 635-47.

- Hine, Darlene Clark and Jacqueline McLeod, ed. *Crossing Boundaries: Comparative History of Black People in Diaspora* (Bloomington: Indiana University Press, 1999).

- Hine, Darlene Clark. "Black Professionals and Race Consciousness: Origins of the Civil Rights Movement, 1890-1950," *Journal of American History* 89(4), March 2003, 1279-94.

- Hinks, Peter, P. *To Awaken My Afflicted Brethren: David Walker and the Problem of Antebellum Slave Resistance* (University Park, 1997).

- Hinks, Peter P. "John Marrant and the Meaning of Early Black Freemasonry", *William and Mary Quarterly* 64(1), January 2007, 105-16.

- Hirshfeld, Fritz. *George Washington and Slavery: A Documentary Portrayal* (Columbia, MO: University of Missouri Press, 1997).

• Holt, Thomas C. *Black over White: Negro Political Leadership in South Carolina During Reconstruction* (University of Illinois Press, 1979).

• Holt, Thomas C. "Marking: Race, Race-making, and the Writing of History," *American Historical Review* 100(1), Feb. 1995, 1-20.

• Holton, Woody. *Forced Founders: Indians, Debtors, Slaves, and the Making of the American Revolution in Virginia* (Chapel Hill, N.C.: University of North Carolina Press, 1999).

• Hooper, M. Clay. "'It is Good to Be Shifty': William Wells Brown's Trickster Critique of Black Autobiography," *Modern Language Studies* 38(2) Winter, 2009, 28-45.

• Horton, James Oliver and Lois E. Horton. *In Hope of Liberty: Culture, Community, and Protest among Northern Free Blacks, 1700-1860* (New York, 1997).

• Hosmer, John and Joseph Fineman. "Black Congressmen in Reconstruction Historiography," *Phylon* 39(2), 1978, 97-107.

• Howell, Jessica. "Mrs Seacole Prescribes Hybridity: Constitutional and Maternal Rhetoric in Wonderful Adventures of Mrs. Seacole in Many Lands," *Victorian Literature and Culture* 38(1), 2010, 107-25.

• Hutton, Frankie. *The Early Black Press in America, 1827-1860* (Praeger, 1992).

• Ingersoll, Thomas N. "Free Blacks in a Slave Society: New Orleans, 1718-1812," *William and Mary Quarterly* 48(2), April 1991, 173-200.

• Jacob, Margarret C. *The Radical Enlightenment: Pantheists, Freemasons and Republicans* (Lafayette, Louisiana: Cornerstone Book Publishers, 2006).

• Jordan, Winthrop D. *White over Black: American Attitudes Toward the Negro, 1550-1812* (New York: Norton, 1977).

• Joseph, Peniel E. "The Black Power Movement: A State of the Field," *Journal of American History* 96(3), Dec. 2009, 751-76.

• Kantrowitz, Stephen. "'Intended for the Better Government of Man': The Political History of African American Freemasonry in the Era of Emancipation," *Journal of American History* 96(4), March 2010, 1001-25.

• Kantrowitz, Stephen. *More than Freedom: Fighting for Black Citizenship in a White Republic, 1829-1889* (New York: The Penguin Press, 2012).

• Kaplan, Sidney and Emma N. Kaplan. *The Black Presence in the Era of the American Revolution* (Amherst: University Press of Massachusetts, 1989).

• Kaplan, Sidney. "The 'Domestic Insurrections' of the Declaration of Independence," in Allan D. Austin, ed., *American Studies in Black and White: Selected Essays 1949-1989* (Amherst: The University of Massachusetts Press, 1991), 18-32.

• Katz, Michael B., Mark J. Stern, and Jamie J. Fader. "The New African American Inequality," *Journal of American History* 92(1), June 2005, 75-108.

• Kelley, Robin D. G. and Earl Lewis, eds. *To Make Our World Anew: A History of African Americans* (New York: Oxford University Press, Inc., 2000).

• Kelley, Robin D. G. *Freedom Dreams: The Black Radical Imagination* (Boston, 2002).

• Kerr-Ritchie, Jeff R. "Black Republicans in the Virginia Tobacco Fields, 1867-70," *Journal of Negro History* 86(1), Winter 2001, 12-29.

• Klein, Herbert S. *The Atlantic Slave Trade* (Cambridge, UK: Cambridge University Press, 1999).

- Klooster, Wim. "Slave Revolts, Royal Justice, and a Uniquitous Rumor in the Age of Revolution," *William and Mary Quarterly* 71(3), July 2014, 401-424.

- Kolchin, Peter. *A Spinx on the American Land: The Nineteenth-Century South in Comparative Perspective* (Baton Rouge: Louisiana State Univ. Press, 2003).

- Kulikoff, Allan. "Uprooted Peoples: Black Migrants in the Age of the American Revolution, 1790-1820," in Ira Berlin and Ronald, eds., *Slavery and Freedom in the Age of the American Revolution* (Charlottesville, Va.: University Press of Virginia, 1983), 143-67.

- Lamont, Michèle. "From 'having' to 'being': self-worth and the current crisis of American society," *British Journal of Sociology* 70(3), June 2019, 660-700.

- Levine, Bruce. *Half Slave and Half Free: The Roots of Civil War* (New York: Hill and Wang, 1992, 2005).

- Levine, Robert S. *Martin Delany, Frederick Douglass, and the Politics of Representative Identity* (The University of North Carolina Press, 1997).

- Levine, Robert S. *Martin R. Delany, A Documentary Reader* (Chapel Hill, NC: University of North Carolina Press, 2003).

- Lewis, Earl. "To Turn as on a Pivot: Writing African Americans into a History of Overlapping Diasporas," *American Historical Review* 100(3), June 1995, 765-87.

- Lightweis-Goff, Jennie. *Blood at the Root: Lynching as American Cultural Nucleus* (Albany: State U of New York P, 2011).

- Linebaugh, Peter and Marcus Rediker. *The Many-headed Hydra: Sailors, Slaves, Commoners, and the Hidden History of the Revolutionary Atlantic* (Beacon Press, 2001).

- Litwack, Leon F. *Been in the Storm So Long: The Aftermath of Slavery* (New York: Vintage Books, 1979).

- Lockett, James D. "Abraham Lincoln and Colonization: An Episode That Ends in Tragedy at L'lle a Vache, Haiti, 1863-1864," *Journal of Black Studies* 21(4), June 1991, 428-44.

- Logue, Cal M. "Racist Reporting During Reconstruction," *Journal of Black Studies* 9(3), Mar. 1979, 335-49.

- Lucasi, Stephen. "William Wells Brown's Narrative & Traveling Subjectivity," *African American Review* 41(3), Fall 2007, 521-39.

- Lynd, Staughton and David Waldstreicher. "Free Trade, Sovereignty, and Slavery: Toward an Economic Interpretation of American Independence," *William and Mary Quarterly* 68(4), October 2011, 597-630.

- Lynd, Staughton and David Waldstreicher. "Reflections on Economic Interpretation, Slavery, the People Out of Doors, and Top Down versus Bottom Up," *William and Mary Quarterly* 68(4), October 2011, 649-56.

- Markovitz, Jonathan. *Legacies of Lynching: Racial Violence and Memory* (Minneapolis, MN: University of Minnesota Press, 2004).

- Marren, Susan M. "Between Slavery and Freedom: The Transgressive Self in Olaudah Equiano's Autobiography," *PMLA* 108(1), January 1993, 94-105.

- McDonnell, Michael A. "Class War? Class Struggles during the American Revolution in Virginia," *William and Mary Quarterly* 63(2), April 2006, 305-44.

- McFeely, William S. *Frederick Douglass* (New York: W. W. Norton & Co., 1995).

- McNairn, Jeffrey L. "British Travelers, Nova Scotia's Black Communities and the Problem of Freedom to 1860," *Journal of the Canadian Historical Association* 19(1), 2008, 27-56.

- Mehlinger, Louis R. "The Attitude of the Free Negro Toward African Colonization," *Journal of Negro History* 1(3), June 1916, 276-301.

- Melish, Joanne. *Disowning Slavery: Gradual Emancipation and "Race" in New England, 1780-1860* (Ithaca, 1998).

- Menard, Russell R. "Reckoning with Williams: 'Capitalism and Slavery' and the Reconstruction of Early American History," *Callaloo* 20(4), Autumn 1997, 791-99.

- Mercer, Lorraine. "I Shall Make No Excuse: The Narrative Odyssey of Mary Seacole," *Journal of Narrative Theory* 35(1), Winter 2005, 1-24.

- Mintz, Steven, ed. *African American Voices: The Life Cycle of Slavery* (St. James, N.Y., 1993).

- Montgomery, Margaret L. "Alabama Freedmen: Some Reconstruction Documents," *Phylon* 13(3), 1952, 245-51.

- Moore, Dennis D. and Vincent Carretta, et al. "Colloquy with the Author: Vincent Caretta and 'Equiano, the African,'" *Studies in Eighteenth-Century Culture* 38, 2009, 1-14.

- Morgan, Edmund S. *American Slavery American Freedom: The Ordeal of Colonial Virginia* (New York: W. W. Norton & Company, 1975).

- Morgan, Edmund S. *The Meaning of Independence: John Adams, George Washington, and Thomas Jefferson* (Charlottesville, VA.: University of Virginia Press, 1976, 2004).

- Morgan, Kenneth. "George Washington and the Problem of Slavery," *Journal of American Studies* 34(2), August 2000, 279-301.

- Morgan, Kenneth. "A Slaveowners' Constitution," *Reviews in American History* 39(2), June 2011, 254-60.

• Morris, Christopher. "The Articulation of Two Worlds: The Master-Slave Relationship Reconsidered," *Journal of American History* 85(3), Dec. 1998, 982-1007.

• Moses, Wilson J. *Classical Black Nationalism: From the American Revolution to Marcus Garvey* (New York University Press, 1996).

• Murdoch, H. Adlai. "Re-Viewing Black Studies: Articulating Identity from Diaspora: A Response to Alexander-Weheliye," *American Literary History* 20(1/2), Spring-Summer, 2008, 337-45.

• Murphy, Geraldine. "Olaudah Equiano, Accidental Tourist," *Eighteenth-Century Studies* 27(4), Summer 1994, 551-68.

• Myrdal, Gunnar. *An American Dilemma: The Negro Problem and Modern Democracy* (New York: Harper & Row, 1944, 1962).

• Nash, Gary B. *Red, White, and Black: The Peoples of Early America* (Englewood Cliffs, NJ.: Prentice-Hall, Inc., 1982, 1974).

• Nash, Gary B. *The Forgotten Fifth: African Americans in the Age of Revolution* (Cambridge, Mass., 2006).

• National Association for the Advancement of Colored People (NAACP). *Thirty Years of Lynching in the United States, 1889-1918* (New York: Arno Press, 1969).

• Newman, Richard S. "'A Chosen Generation': Black Founders and Early America," Timothy Patrick McCarthy and John Stauffer, ed., *Prophets of Protest: Reconsidering the History of American Abolitionism* (New York, 2006), 59-79.

• Newman, Richard S. and Roy E. Finkenbine. "Black Founders in the New Republic: Introduction," *William and Mary Quarterly* 64(1), Jan. 2007, 83-94.

• Newman, Richard S., Roy E. Finkenbine, and Douglass Mooney. "Philadelphia Emigrationist Petition, circa 1792: An Introduction," *William and Mary Quarterly* 64(1), Jan. 2007, 161-66.

• Newman, Richard S. *Black Founder: Richard Allen, African Americans, and the Early Republic* (New York, 2008).

• Nightingale, Carl H. "Before Race Mattered: Geographies of the Color Line in Early Colonial Madras and New York," *American Historical Review* 113(1), Feb. 2008, 48–71.

• Nwankwo, Ifeoma Kiddoe. *Black Cosmopolitanism: Racial Consciousness and Transnational Identity in the Nineteenth-Century Americas* (Philadelphia: University of Pennsylvania Press, 2005).

• O'Neale, Sondra A. "Challenge to Wheatley's Critics: 'There Was No Other Game in Town,'" *Journal of Negro Education* 54(4), Autumn, 1985, 500-11.

• Ogborn, Miles. "Global Historical Geographies, 1500–1800," in B.J. Graham and C. Nash, eds., *Modern Historical Geographies* (Harlow: Longman, 2000).

• Oldsey, Bernard Stanley. "Creolizing the White Womans Burden: Mary Seacole Playing Mother At the Colonial Crossroads Between Panama and Crimea," *College Literature* 44(4), Fall 2017, 527–57.

• Olney, James. "'I Was Born': Slave Narratives, Their Status as Autobiography and as Literature," in Charles T. Davis and Henry Louis Gates Jr., eds., *The Slave's Narrative* (Oxford University Press, 1991), 148-74.

• Painter, Nell Irvin. *Creating Black Americans: African-American History and Its Meaning, 1619 to the Present* (Oxford University Press, 2006).

• Paquet, Pouchet. "The Heartbeat of a West Indian Slave: The History of Mary Prince," *African American Review* 26(1), Spring 1992, 131-46.

• Paquet, Pouchet. "The Enigma of Arrival: The Wonderful Adventures of Mrs. Seacole in Many Lands," *African American Review* 26(4), Winter 1992, 651-63.

• Paquet, Pouchet. *Caribbean Autobiography: Cultural Identity and Self-Representation* (Madison, WI: University of Wisconsin Press, 2002).

• Parent Jr., Anthony S. *Foul Means: The Formation of a Slave Society in Virginia, 1660-1740* (University of North Carolina Press, 2003).

• Parsons, Elaine Frantz. "Midnight Rangers: Costume and Performance in the Reconstruction-Era Ku Klux Klan," *Journal of American History* 92(3), Dec. 2005, 811-36.

• Pearce, Marsha. "Transnational/ Transcultural Identities: The Black Atlantic and Pythagoras's Theorem," *Callaloo* 30(2), Spring 2007, 547-54.

• Penningroth, Dylan C. "Slavery, Freedom, and Social Claims to Property among Africans Americans in Liberty County, Georgia, 1850-1880," *Journal of American History* 84(2), Sep. 1997, 405-35.

• Penningroth, Dylan C. *Claims of Kinfolk: African American Property and Community in the 19th South* (University of North Carolina, 2003).

• Peterson, Carla L. *Doers of the Word: African-American Women Speakers and Writers in the North (1830-1880)* (New York: Oxford University Press, 1995).

• Peterson, Merrill D. ed. *Thomas Jefferson: Writings* (New York: Library Congress of America, 1984).

• Pfeifer, Michael J. *Rough Justice: Lynching and American Society, 1874-1947* (Urbana: U of Illinois P, 2004).

• Pfeifer, Michael J. "The Northern United States and the Genesis of Racial Lynching: The Lynching of African Americans in the Civil War Era ," *Journal of American History* 97(3), Dec. 2010, 621-35.

- Pfeifer, Michael J. *The Roots of Rough Justice: Origins of American Lynching* (Urbana: U of Illinois P, 2011).

- Pinto, Samantha. *Infamous Bodies: Early Black Women's Celebrity and the Afterlives of Rights* (Duke University Press, 2020).

- Potkay, Adam and Sandra Burr, ed. *Black Atlantic Writers of the Eighteenth Century: Living the New Exodus in England and the Americas* (Macmillan, 1995).

- Real, Patrick. *Black Identity and Black Protest in the Antebellum North* (Chapel Hill, 2002).

- Rediker, Marcus. *Between the Devil and the Deep Blue Sea: Merchant Seamen, Pirates and the Anglo-American Maritime World, 1700-1750* (Cambridge: Cambridge UP, 1987).

- Robinson, Amy. "Authority and the Public Display of Identity: Wonderful Adventures of Mrs. Seacole in Many Lands," *Feminist Studies* 20(3), Fall 1994, 537-57.

- Robinson, Armstead L. "Beyond the Realm of Social Consensus: New Meanings of Reconstruction for American History," *Journal of American History* 68(2), Sep. 1981, 276-92.

- Robinson, Dean E. *Black Nationalism in American Politics and Thought* (Cambridge University Press, 2001).

- Roediger, David R. *The Wages of Whiteness: Race and the Making of the American Working Class* (London & New York: Verso, 1991).

- Rolingher, Louise. "A Metaphor for Freedom: Olaudah Equiano and Slavery in Africa," *Journal of African Studies* 38(1), 2004, 88-122.

- Ruef, Martin and Ben Fletcher. "Legacies of American Slavery: Status Attainment among Southern Blacks after Emancipation," *Social Forces* 82(2), Dec. 2003, 445-80.

• Ryan, James Gilbert. "The Memphis Riots of 1866: Terror in a Black Community During Reconstruction," *Journal of Negro History* 62(3), Jul. 1977, 243-57.

• Ryan, Susan M. "Errand into Africa: Colonization and Nation Building in Sarah J. Hale's Liberia," *New England Quarterly* 68(4), Dec. 1995, 558-83.

• Saillant, John. "Lemuel Haynes and the Revolutionary Origins of Black Theology, 1776-1801," *Religion and American Culture: A Journal of Interpretation* 2(1), Winter 1992, 79-102.

• Saillant, John. "The American Enlightenment in Africa: Jefferson's Colonizationism and Black Virginians' Migration to Liberia, 1776-1840," *Eighteenth-Century Studies* 31(3), Spring 1998, 263-70.

• Salenius, Sirpa. "Troubling the White Supremacy-Black Inferiority Paradigm: Frederick Douglass and William Wells Brown in Europe," *Journal of Transatlantic Studies* 14(2), 2016, 152-63.

• Sanborn, Melinde Lutz. "Angola and Elizabeth: An African Family in the Massachusetts Bay Colony," *New England Quarterly* 72(1), March 1999, 119-29.

• Scanlan, Padraic X. "The Colonial Rebirth of British Anti-Slavery: The Liberated African Villages of Sierra Leone, 1815-1824," *American Historical Review* 121(4), October 2016, 1085-113.

• Schlomowitz, Ralph. "'Bound' or 'Free'? Black Labor in Cotton and Sugarcane Farming, 1865-1880," *Journal of Southern History* 50(4), Nov. 1984, 569-96.

• Schoeppner, Michael A. "Status across Borders: Roger Taney, Black British Subjects, and a Diplomatic Antecedent to the Dred Scott Decision," *Journal of American History* 100(1), June 2013, 46-67.

• Schweninger, Loren. "A Vanishing Breed: Black Farm Owners in the South, 1651–1982," *Agricultural History* 63(3), Summer 1989, 41–60.

• Schweninger, Loren. "Prosperous Blacks in the South, 1790–1880," *American Historical Review* 95(1), Feb. 1990, 31–56.

• Scio, Arnold. "Marginality and Free Colored Identity in Caribbean Slave Society," In *Caribbean Slave Society and Economy: A Student Reader*, ed. Hilary Beckles and Verene Shepherd (Kingston: Randle, 1987, 1991).

• Scott, Julius. *The Common Wind: Afro-American Currents in the Age of the Haitian Revolution* (London: Verso, 2018).

• Segal, Ronald. *The Black Diaspora: Five Centuries of the Black Experience Outside Africa* (Farrar, Straus and Giroux, 1995).

• Segura-Rico, Nereida. "Transnational Identities and the Crisis of Modernity: The Slave Narratives of Juan Francisco Manzano and Mary Prince," *South Atlantic Review* 82(4), Winter 2017, 160–80.

• Selenius, Sirpa. "Troubling the White Supremacy-Black Inferiority Paradigm: Frederick Douglass and William Wells Brown in Europe," *Journal of Transatlantic Studies* 14(2), 2016, 152–63.

• Sharpe, Jenny. "'Something Akin to Freedom': The Case of Mary Prince," *Differences: Journal of Feminist Cultural Studies* 8(1), 1996, 31–56.

• Shofner, Jerrell H. "Militant Negro Laborers in Reconstruction Florida," *Journal of Southern History* 39(3), Aug. 1973, 397–408.

• Sidbury, James. *Becoming African in America: Race and Nation in the Early Black Atlantic* (New York: Oxford University Press, 2007).

• Sinha, Manisha. "To 'Cast Just Obliquy' on Oppressors: Black Radicalism in the Age of Revolution," *William and Mary Quarterly* 64(1), January 2007, 149–60.

• Sinha, Manisha. *The Slave's Cause: A History of Abolition* (Yale University Press, 2016).

• Sinha, Manisha. "The Problem of Slavery in the Age of Revolution, 1770-1823, by David Brion Davis," *American Historical Review* 124(1), February 2019, 144-63.

• Skocpol, Theda and Jennifer Lynn Oser. "Organization Despite Adversity: The Origins and Development of African American Fraternal Associations," *Social Science History* 28(3), Fall 2004, 367-437.

• Skocpol, Theda, Ariane Liazos, and Marshall Ganz. *What a Mighty Power We Can Be: African American Fraternal Groups and the Struggle for Racial Equality* (Princeton, 2006).

• Smångs, Mattias. "Doing Violence, Making Race: Southern Lynching and White Racial Group Formation," *American Journal of Sociology* 121(5), March 2016, 1329-74.

• Smedes, Susan Dabney. *Memorials of a Southern Planter* (Forgotten Books, 2012).

• Solow, Barbara L. ed. *Slavery and the Rise of the Atlantic System* (Cambridge: Cambridge University Press, 1991).

• Squires, David. "Outlawry: Ida B. Wells and Lynch Law," *American Quarterly* 67(1), March 2015, 141-63.

• Stein, Jordan Alexander. "'A Christian Nation Calls for Its Wandering Children': Life, Liberty, Liberia," *American Literary History* 19(4), Winter 2007, 849-73.

• Stovel, Katherine. "Local Sequential Patterns: The Structure of Lynching in the Deep South, 1882-1930," *Social Forces* 79(3), March 2001, 843-80.

• Sweet, James H. "The Iberian Roots of American Racist Thought," *William and Mary Quarterly* 54(1), January 1997, 143-66.

• Sword. Kirsten. "Remembering Dinah Nevil: Strategic Deceptions in Eighteenth-Century Antislavery," *Journal of American History* 97(2), Sep. 2010, 315–43.

• Tamarkin, Elisa. "Black Anglophilia; or, The Sociability of Antislavery," *American Literary History* 14(3), Fall 2002, 444–78.

• Tang, Joyce. "Enslaved African Rebellions in Virginia," *Journal of Black Studies* 27(5), May 1997, 598–614.

• Tate, Gayle T. "Free Black Resistance in the Antebellum Era, 1830–1860," *Journal of Black Studies* 28(6), July 1998, 764–82.

• Taylor, Kay Ann. "Mary S. Peake and Charlotte L. Forten: Black Teachers During the Civil War and Reconstruction," *Journal of Negro Education* 74(2), Spring 2005, 124–37.

• Terrell, Mary Church. "Lynching from a Negro's Point of View," *North American Review* 178(571), June 1904, 853–68.

• Thomas, Lamont D. *Paul Cuffe: Black Entrepreneur and Pan-Africanist* (University of Illinois Press, 1988).

• Thomas, Rhondda R. "Exodus and Colonization: Charting the Journey in the Journals of Daniel Coker, a Descendant of Africa," *African American Review* 41(3), Fall, 2007, 507–19.

• Thompson, Julius E., James L. Conyers Jr., Nancy J. Dawson, eds. *The Frederick Douglass Encyclopedia* (Greenwood, 2009).

• Thornton, John. *Africa and Africans in the Making of the Atlantic World, 1400–1800* (Cambridge: Cambridge University Press, 1998)

• Thornton, John. *A Cultural History of the Atlantic World, 1250-1820* (Cambridge: Cambridge University Press, 2012).

• Tolnay, Stewart E. and E. M. Beck. "Racial Violence and Black Migration in the American South, 1910–1930," *American Sociological Review* 57(1), Feb. 1992, 103–16.

• Tolnay, Stewart and E. M. Beck. *A Festival of Violence: An Analysis of Southern Lynchings, 1882-1930* (Urbana: U of Illinois P, 1995).

• Trotti, Michael Ayers. "What Counts: Trends in Racial Violence in the Postbellum South ," *Journal of American History* 100(2), September 2013, 375-400.

• Twain, Mark. *Roughing It* (1872; reprint, Hartfor, Conn., 1886).

• Twain, Mark. "The United States of Lyncherdom," in *Collected Tales, Sketches, Speeches, and Essays, 1891-1910* (New York, 1991).

• Vandal, Gilles. "Black Violence in Post-Civil War Louisiana," *Journal of Interdisciplinary History* 25(1), Summer 1994, 47-63.

• Vincent, Charles. *Black Legislators in Louisiana during Reconstruction* (Southern Illinois University Press, 2011).

• Vinikas, Vincent. "Specters in the Past: The Saint Charles, Arkansas, Lynching of 1904 and the Limits of Historical Inquiry," *Journal of Southern History* 65(3), August 1999, 535-64.

• Waldrep, Christopher. "The Controversy over the Definition of Lynching, 1899-1940," *Journal of Southern History* 66(1), Febuary 2000, 74-100.

• Waldrep, Christopher, ed. *Lynching in America: A History in Documents* (New York: New York UP, 2006).

• Waldrep, Christopher. "National Policing, Lynching, and Constitutional Change," *Journal of Southern History* 74(3), August 2008, 589-626.

• Waldstreicher, David& Matthew Mason. *John Quincy Adams and the Politics of Slavery: Selections from the Diary* (New York: Oxford University Press, 2017).

• Walker, Corey D. B. *A Noble Fight: African American Freemasonry and the Struggle for Democracy in America* (Urbana, 2008).

- Wallace, Maurice. "'Are We Men?': Prince Hall, Martin Delany, and the Masculine Ideal in Black Freemasonry, 1775-1865," *American Literary History* 9, Fall 1997, 396-424.

- Washington, Booker T. *The Story of the Negro; The Rise of the Race from Slavery* (New York, 1940).

- Wenske, Ruth S. "'I Am a Creole and Have Good Scotch Blood': Constructing Commonality in Mary Seacole's *Wonderful Adventures of Mrs. Seacole in Many Lands*," *Journal of Literature and the History of Ideas* 19(2), June 2021, 281-303.

- Westbury, Susan. "Slaves of Colonial Virginia: Where They Came From," *William and Mary Quarterly* 42(2), April 1985, 228-37.

- White, Shane. "We Dwell in Safety and Pursue Our Honest Callings': Free Blacks in New York City, 1783-1810," *Journal of American History* 75(2), Sep. 1988, 445-70.

- White, Shane. "'It Was a Proud Day': African Americans, Festivals, and Parades in the North, 1741-1834," *Journal of American History* 81(1), June 1994, 13-50.

- Wiegman, Robyn. "The Anatomy of a Lynching," *Journal of the History of Sexuality* 3(3), Jan. 1993, 456-62.

- Wilkins, Roger. *Jefferson's Pillow: The Founding Fathers and the Dilemma of Black Patriotism* (Boston: Beacon Press, 2001).

- Williams, Eric. *Capitalism and Slavery* (New York: Russell & Russell, 1944, 1961).

- Williams, Kidada E. "Resolving the Paradox of Our Lynching Fixation: Reconsidering Racialized Violence in the American South after Slavery," *American Nineteenth Century History* 6(3), Sep. 2005, 323-50.

- Williams, Patrick G. "Suffrage Restriction in Post-Reconstruction Texas: Urban Politics and the Specter of the Commune," *Journal of Southern History* 68(1), Feb. 2002, 31-64.

- Williamson, Joel. *The Crucible of Race: Black-White Relations in the American South Since Emancipation* (New York, 1984).

- Williamson, Joel. "Wounds Not Scars: Lynching, the National Conscience, and the American Historian " *Journal of American History* 83(4), March 1997, 1221-53.

- Wilson, Ivy G. "On Native Ground: Transnationalism, Frederick Douglass, and 'The Heroic Slave'," *PMLA* 121(2), March 2006, 453-68.

- Winch, Julie. "The Making and Meaning of James Forten's Letters from a Man of Colour," *William and Mary Quarterly* 64(1), Jan. 2007, 129-38.

- Wood, Amy Louise. *Lynching and Spectacle: Witnessing Racial Violence in America, 1890-1940* (Chapel Hill: U of North Carolina P, 2009).

- Wood, Betty. *Slavery in Colonial America 1619-1776* (New York: Rowman & Littlefield Publishers, Inc., 2005).

- Wood, Nicholas P. "A 'class of Citizens': The Earliest Black Petitioners to Congress and Their Quaker Allies," *William and Mary Quarterly* 74(1), Jan. 2017, 109-44.

- Wood, Peter H. *Strange New Land: Africans in Colonial America* (New York: Oxford University Press, 1996, 2003).

- Woodman, Harold D. "Class, Race, Politics, and the Modernization of the Postbellum South," *Journal of Southern History* 63(1), Feb. 1997, 3-22.

- Woodson, Carter G. *The Mind of the Negro As Reflected in Letters During the Crisis 1800-1860* (Martino Fine Books, 2010).

- Woodward, C. Vann. "The Political Legacy of Reconstruction," *Journal of Negro Education* 26(3), Summer 1957, 231-40.

• Woodward, C. Vann. *The Strange Career of Jim Crow* (New York: Oxford Press, 1974).

• Wright, Michelle M. *Becoming Black: Creating Identity in the African Diaspora* (Duke University Press Books, 2004).

• Yannielli, Joseph. "George Thompson among the Africans: Empathy, Authority, and Insanity in the Age of Abolition," *Journal of American History* 96(4), March 2010, 979-92.

• Young, Harvey. "The Black Body as Souvenir in American Lynching," *Theatre Journal* 57(4), Dec. 2005, 639-57.

• Zeleza, Paul Tiyambe. "Rewriting the African Diaspora: Beyond the Black Atlantic," *African Affairs* 104(414), January 2005, 35-68.

• Zeleza, Paul Tiyambe. "African Diasporas: Toward a Global History," *African Studies Review* 53(1), April 2010, 1-19.

• Zipf, Karin L. "'The Whites Shall Rule the Land or Die': Gender, Race, and Class in North Carolina Reconstruction Politics," *Journal of Southern History* 65(3), Aug. 1999, 499-534.

• Zuczek, Richard. *State of Rebellion: Reconstruction in South Carolina* (Columbia: University of South Carolina Press, 1996).

• 권윤경. 「부르주아-민주주의 혁명과 식민지: 프랑스혁명, 아이티혁명, 다시 생각하는 '혁명의 시대'」, 『서양사론』 113, 2012.6, 263-99.

• 권윤경. 「아프리카 디아스포라에서 프랑스로: 시릴 비세트(Cyrille Bissette)의 반노예제 투쟁에서 나타난 횡대서양 해방의 기획, 1823-1849」, 『서양사론』 118, 2013.9, 56-86.

• 권윤경. 「노예제의 폭력, 노예혁명의 폭력: 아이티혁명기 폭력의 성격에 대한 고찰, 1791-1804」, 『서양사론』 122, 2014.8, 31-58.

• 권윤경. 「해방노예의 보통선거권: 프랑스 제2공화국 시기 서인도제도 식민지의 선거, 1848-1851」, 『서양사론』 141, 2019.5, 10-45.

- 권윤경. 「아래로부터 대서양사 쓰기: 노예제와 아이티혁명의 시각에서 본 대서양사의 과제」, 『미국사연구』 50, 2019.11, 57-98.

- 권은혜. 「인종 간 결혼에 대한 법적 규제와 사회적 금기를 넘어서: 1880년에서 1945년까지 미국 서부에서 아시아계 남성과 결혼한 백인 여성의 경험을 중심으로」, 『미국사연구』 34, 2011.11, 85-114.

- 권은혜. 「미국 내전 이후 인종 간 결혼 규제에 대한 법적 인식의 변화: 재건기 남부의 법정 사례를 중심으로」, 『미국사연구』 43, 2016.5, 119-49.

- 권은혜. 「공산주의의 미국적 실천: 미국공산당 내 민족소수자 및 인종소수자 당원의 사례를 중심으로, 1919-1938」, 『서양사론』 140, 2019.3, 11-49.

- 권은혜. 「비판적 백인성 연구의 시작: 데이비드 로디거, 『백인성의 임금: 인종과 미국노동계급의 형성』」, 『서양사론』 145, 2020.9, 288-324.

- 권은혜. 「희생자의 정의를 추구하는 사회운동: 1865년부터 현재까지 아프리카계 미국인 주도 노예제와 짐크로 보상운동」, 『서양사론』 152, 2022.3, 139-72.

- 김남균. 「신화와 현실: 링컨과 1860년 대통령 선거」, 『미국사연구』 30, 2009.11, 1-34.

- 김성엽. 「북미 대륙사와 정착민 식민주의에 비추어 재해석한 미국 연방제의 기원」, 『서양사론』 146, 2020.8, 8-49.

- 김성엽. 「보편적 기본권을 향한 긴 여정: 19세기 흑인들의 권리투쟁과 재건기 개헌 그리고 미국의 국가적 시민권 수립」, 『서양사론』 151, 2021.12, 34-79.

- 김연진. 「차별의 시정인가, 우대인가: 소수세력차별 시정정책(Affirmative Action)과 그에 대한 논쟁」, 『미국사연구』 18, 2003.11, 159-85.

- 김연진. 「이민과 귀화, 그리고 미국의 국가 정체성: 아시아계 이민자의 귀화 청원 관련 인종적 딜레마를 중심으로」, 『미국사연구』 29, 2009.5, 63-95.

• 김인선.「흑인노예의 자식 살해와 모성: 1856년 마가렛 가너 사건을 중심으로」,『미국사연구』39, 2014.5, 1-38.

• 김인선.「흑인노예의 주인 살해와 대항폭력: 1855년 노예 실리아 사건을 중심으로」,『미국사연구』45, 2017.5, 179-215.

• 김형인.「미국의 노예반란: 18세기 초에서 19세기 초까지」,『사총』43, 219-45.

• 김혜진.「토니 모리슨의 <그 아이에게 신의 가호가 있기를>에 나타난 흑인여성의 정체성 박탈과 회복의 과정」,『미국학논집』49(3), 2017, 127-47.

• 마커스 레디커 지음, 박지순 옮김.『노예선』(서울: 갈무리, 2018, 2007).

• 마커스 레디커 지음, 박지순 옮김.『대서양의 무법자: 대항해 시대의 선원과 해적 그리고 잡색부대』(서울: 갈무리, 2021).

• 박은진.「아프리카 식민운동과 미국 개신교회의 협력관계 형성, 1817-1830」,『미국사연구』11, 2000, 1-21.

• 박은진.「독립혁명기 미국 기독교의 시민종교화」,『미국사연구』24, 2006.11, 117-38.

• 박진빈.「1919년 시카고의 인종폭동과 도시문제」,『미국사연구』26, 2007.11, 97-123.

• 박진빈.「미국 흑인과 제2차 세계대전의 유산」,『서양사론』125, 2015.6, 11-39.

• 배영수.「인종과 민족과 계급의 삼각관계: 백인성에 관한 최근 연구의 함의와 맥락」,『미국학』25, 2002, 1-42.

• 배영수.「백인 우월주의의 기원에 대한 재검토」,『미국학』26, 2003, 213-40.

• 버나드 베일린 지음, 배영수 옮김.『미국혁명의 이데올로기적 기원』(서울: 새물결, 1999).

- 손세호. 「주요 노예제폐지론자의 헌법해석: 개리슨, 필립스, 더글러스」, 『미국사연구』 35, 2012.5, 33-57.

- 손세호. 「할리우드 영화와 흑인 인종 문제: 그리피스(D. W. Griffith)의 <국가의 탄생>을 중심으로」, 『미국사연구』 50, 2019.11, 99-134.

- 스티븐 레비츠키, 대니얼 지블랫 지음, 박세연 옮김. 『어떻게 민주주의는 무너지는가』 (서울: 어크로스, 2018).

- 아사드 하이더 지음, 권순욱 옮김. 『오인된 정체성: 계급, 인종, 대중운동, 정체성 정치 비판』 (서울: 두번째테제, 2021).

- 안윤모. 「1920년대 쿠클럭스클랜과 도덕개혁」, 『미국사연구』 17, 2003.5, 77-98.

- 얀 뤼카선 지음, 전소영 옮김. 『인간은 어떻게 노동자가 되었나: 처음 쓰는 일의 역사』 (서울: 모티브 북, 2021).

- 앨런 브링클리 지음, 황혜성 외 옮김. 『있는 그대로의 미국사 1, 2, 3』 (서울: 휴머니스트, 2005, 2011).

- 오영인. 「미국 내 백인성(Whiteness)에 대한 재고: 1917년 문맹 테스트 이민법을 중심으로」, 『미국사연구』 30, 2009, 61-91.

- 올라우다 에퀴아노 지음, 윤철희 옮김. 『에퀴아노의 흥미로운 이야기: 18세기 전설적 흑인의 파란만장한 모험과 수난』 (서울: 해례원, 2013).

- 윤영휘. 「조나단 에드워즈의 노예제에 대한 시각 고찰, 1730-1780」, 『미국사언구』 38, 2013.11, 1-40.

- 윤영휘. 「대서양 커뮤니케이션 통로 안에서의 노예제 논쟁: 복음주의 집단 안의 '노예' 기억들의 생성, 1737-1786」, 『서양사연구』 54, 2016.6, 153-87.

- 윤영휘. 「19세기 영국과 미국의 대서양 노예무역 억제정책과 도덕자본(Moral Capital)의 국제정치」, 『영국연구』 42, 2019, 117-50.

• 이보형. 「서평: William B. Gould, IV, ed., Diary of a Contraband: The Civil War Passage of a Black Sailor (Stanford: Stanford University Press, 2002)」, 『미국사연구』 18, 2003.11, 278-79.

• 이보형. 「링컨, 연방, 노예제도」, 『미국사연구』 30, 2009.11, 177-95.

• 이영효. 「18세기말 '대서양 흑인(Black Atlantic)'의 삶과 의식: 올라우다 에퀴아노(Olaudah Equiano)의 생애를 중심으로」, 『역사교육』 110, 2009.6, 175-209.

• 이영효. 「미국 흑인 건국세대의 이념과 활동」, 『역사교육』 117, 2011.3, 165-94.

• 이영효. 「미국 노예서사의 자유 변주곡」, 『역사교육』 122, 2012.6, 209-39.

• 이영효. 「미국 남부 흑인의 재건 경험」, 『역사학연구』 56, 2014.11, 277-314.

• 이영효. 「해방기 미국 흑인프리메이슨의 이념과 활동」, 『미국사연구』 42, 2015.11, 37-78.

• 이영효. 「남북전쟁 이전 미국흑인들의 국외 이주운동」, 『미국사연구』 44, 2016.11, 247-87.

• 이영효. 「미국독립선언서와 행복추구권」, 『미국사연구』 46, 2017.11, 75-114.

• 이영효. 「미국혁명기 노예제 담론」, 『미국사연구』 48, 2018.11, 105-46.

• 이영효. 「18세기 말 대서양흑인의 디아스포라 정체성」, 『미국학논집』 51(3), 2019, 73-106.

• 이영효. 「미국 도망노예의 횡대서양 투어리즘: 윌리엄 웰스 브라운(William Wells Brown)의 여행기를 중심으로」, 『미국학논집』 52(2), 2020, 63-92.

• 이영효. 「대서양 흑인 여성의 이산 경험과 정체성」, 『미국학논집』 53(3), 2021, 57-88.

- 이영효. 「흑인에 대한 스펙터클 린치와 백인성」, 『미국학논집』 55(1), 2023, 5-45.

- 이찬행. 「칼라 블라인드: 1960년대 중반 이후 미국의 자유주의적 인종주의에 관한 연구」, 『서양사론』 120, 2014.3, 149-81.

- 이창신. 「미국의 시대정신과 해리엇 터브먼의 상징적 리더십에 대한 일고찰: 인종과 젠더 정치의 회복을 중심으로」, 『서양사론』 156, 2023.3, 183-214.

- 이춘입. 「블랙파워시대 급진적 흑인들의 맑스-레닌주의 변주: 블랙팬서당을 중심으로」, 『미국학논집』 50(2), 2018, 143-70.

- 이춘입. 「검은 대서양의 폭넓은 블랙파워 운동: 1960년대 후반 스토클리 카마이클의 횡대서양 활동을 중심으로」, 『미국학논집』 51(3), 2019, 141-74.

- 이춘입. 「'포스트 68' 시대 블랙파워 운동을 통해 본 정체성 정치의 교차성: 블랙팬서당의 남성성과 여성성에 대한 담론을 중심으로」, 『서양사론』 145, 2020.6, 156-88.

- 조지형. 「평등의 언어와 인종차별의 정치: 브라운 사건을 중심으로」, 『미국사연구』 17, 2003.5, 147-83.

- 주은우. 「미국 무성영화와 백인국가의 탄생: 국가의 탄생과 초기 미국영화 속의 인종정치」, 『미국사연구』 24, 2006.11, 81-116.

- 차태서. 「분열된 영혼? 포스트-트럼프 시대 미국 정체성 서사 경쟁」, 『미국학논집』 54(1), 2022, 55-98.

- 크리스티앙 들라캉파뉴 지음, 하정희 옮김. 『현대판 노예노동을 끝내기 위한 노예의 역사』 (서울: 예지, 2015, 2002).

- 프레더릭 더글러스 지음, 손세호 옮김. 『미국노예, 프레더릭 더글러스의 삶에 관한 이야기』 (서울: 지식을만드는지식, 2014).

- 피터 라인보우, 마커스 레디커 지음, 정남영, 손지태 옮김. 『히드라』 (서울: 도서출판 갈무리, 2008).

- 하아랑.「찰스 섬너와 노예제 문제: 인종평등 정책에 나타나는 공화주의 담론을 중심으로, 1861-1874」,『서양사론』117, 2013.5, 198-230.

- 하워드 W. 프렌치 지음, 최재인 옮김.『본 인 블랙니스: 아프리카, 아프리카인, 근대 세계의 형성, 1471년부터 제2차 세계대전까지』(서울: 책과함께, 2023).

- 허현.「서평: Stephen Kantrowitz, More than Freedom: Fighting for Black Citizenship in a White Republic, 1829-1889 (New York: The Penguin Press, 2012), 514pp.」,『서양사론』119, 2013.12, 358-64.

- 허현.「남북전쟁의 급진적 전환: 연방 인신 자유 정치의 확립을 중심으로」,『미국사연구』39, 2014.5, 39-76.

- 허현.「아프리카 식민운동의 이데올로기적 기원과 1830년대 정치적 노예제폐지반대론(Political Anti-Abolitionism)의 수용」,『미국학논집』48(3), 2016, 205-37.

- 허현.「미국혁명의 배신: 흑인 軍복무와 인종주의적 시민권 개념의 법제화」,『서양사론』142, 2019.9, 120-47.

- 허현.「미국의 독립운동사 서술 경향과 특징: '장기적' 미국혁명과 '소외된' 건국세력을 찾아서」,『역사교육』156, 2020.12, 115-48.

- 허현.「링컨과 노예제, 그리고 노예제폐지론: 링컨과 노예제폐지론자들과 관계를 중심으로」,『서양사론』161, 2024.6, 172-205.

- 홍석영.「냉전 초기 민권 운동의 진보적 반공주의 전략: 전미유색인지위향상협회(NAACP)를 중심으로」,『미국사연구』49, 2019.5, 173-98.

- 황혜성.「1920년대 KKK: 하얀 두건, 검은 속셈」,『서양사론』122, 2014.9, 82-111.

- 황혜성.「다시 보는 부커 워싱턴과 윌리엄 두보이즈: 흑인 신보수주의의 등장에 비추어 본 워싱턴 인종정책」,『미국사연구』44, 2016.11, 67-102.

나폴레옹전쟁　45, 174

남녀 노예의 성비　124

남부 민주당의 귀환　265

남부 복원자들　282

남부 야만성　309

남부 연합　231, 235, 239, 241,
　243~245, 277, 279, 282, 284,
　292, 304

남부 청구 위원회　253

남부 폭력 문화　286

남부 홈스테드법　245

남북전쟁　4, 8~9, 124~125, 163,
　165, 204, 216, 219, 231, 235,
　242, 244~245, 253, 259, 262,
　296, 325, 346, 392

네덜란드령 수리남　41, 126,
　152~153

네빌, 다이나　113

네이션오브이슬람　336,
　361~362

넥타이 파티　318

노동 계약법　243

노바스코샤　6, 41, 51, 53, 62, 67

노예 가족　125, 132

노예 대물림　155

노예 매매상　141, 143

노예 무장　92, 101, 203

노예 반란　7~8, 48, 93, 126~127,
　145~147, 150, 152~154, 169,
　171, 173, 178, 199, 206, 235,
　389~391

노예 번식　132, 143

노예 사망률　5, 122

노예 여성의 주인 살해　154

노예 자서전　54, 56, 137, 139,
　181

노예 재산　98

노예 출산율　132

노예 폭동　153, 157, 231

노예 해방안　100, 163

노예노동　4, 24, 29, 33, 92, 114,
　123, 157, 225, 245~246, 255,
　261, 284, 370, 372~373

노예노동에 대한 보상　4, 245,
　255, 284, 370~371

노예 노동력 자본주의　125

노예들의 결혼　122, 132, 155,
　178, 352~353

노예들의 내부 시장　131

노예들의 의사 소통망　168

노예무역　5~6, 18, 23~27,
　30~34, 37, 40~41, 43, 53~55,
　66~67, 71, 79, 84, 95, 98~101,
　106~107, 110, 135, 156~158,
　164, 169, 171, 237, 388

노예무역 폐지　6, 66~67, 71, 157,

미국 자본주의 158

미국공산당 341, 350, 366

미국당 165

미국의 원죄 373, 385

미국인으로서의 정체성 150, 211, 217

미국적 신념 379

미국혁명 51, 81, 108~109

미국화 운동 329

미시시피 면화 붐 137

미시시피주 의회 의원들 266

미연방 주택청 344

미주리 타협안 147, 212, 390, 392

민권법 10, 243, 268, 271~272, 288, 303, 329, 335, 345, 358, 370, 392~394

민권회의 371

민병대 50, 94, 109, 135, 145, 151, 177, 233, 277, 279, 292, 307, 321

민병대법 109

민스트릴 277

민주사회학생연합 363

바

바베이도스 21, 33, 44, 57, 67, 72, 153, 207, 237

바사, 구스타부스 72

바스코 다 가마 26

바이든 정부 373

반공산주의 365, 367

반노예제 119, 147, 157~159, 169, 219~220, 230

반노예제협회 7, 158~160, 391

반란군 152, 174

반(反)린치 남부여성협회 324

반(反)시민 110

백 투 아프리카 운동 341, 343

백인 계약 하인 34

백인 공화국 6, 11, 81, 109, 353

백인 국가의 탄생 327

백인 국가주의 385

백인 노동계급 331, 380, 382

백인 노예노동 24

백인형제단 274

백인성 9, 289, 330~331, 353, 376

백인연맹 274, 279, 293

백인 우월주의 269, 327, 341, 361, 380

블랙 공동체 337, 374, 376

블랙 기병대 293

블랙 내셔널리즘 361

블랙 디아스포라 40, 337, 375

블랙 아메리카 4, 11

블랙 정체성 374

블랙 코즈모폴리터니즘 67, 171

블랙 트랜스내셔널리즘 337, 374~375

블랙 페미니즘 163

블랙홀로코스트박물관 291

블랙니스 10, 341, 374~375

블랙벨트 368

블랙타운 248

블랙파워 335, 358, 360, 395

블랙팬서당 336, 360, 363~365, 372, 395

비세트, 시릴 175~176

비폭력학생연합 335, 360, 363

빕, 헨리 139, 202, 212~213

사

사면과 재건에 대한 선언 302

사법권 10, 288, 299~300, 302

사실상의 인종 분리 282, 330, 355

사업추진청 351

사탕수수 경제 4~5, 8, 18, 24~26, 29~31, 33, 37, 44, 66, 71, 122, 126, 172, 179, 188, 237

사형 집행률 155, 286, 319, 348

사회적 카스트 299

사회적 평등 204, 272, 334, 338~339, 341

산초, 이그나시우스 55, 64~65

삼각 무역망 202

상부 남부 135

상투메 18, 25, 29, 31

생 도맹그 31, 147, 169, 171 ~175, 177, 235

샤프, 그랜빌 54, 71, 156

서머싯 판결 54, 389

선동 방지법 105

선민의식 116

선발 징병법 351

선원보호증 45~46

섬너, 찰스 269~272

성차별주의 363

「세계 유색인에게 보내는 호소문」 147~148, 150

세계 경찰국가 384

세계반노예제회의 220

제퍼슨, 토머스 79, 86, 95~100,
　　105~107, 198~199, 204, 281,
　　292, 390

제헌 회의 79, 98, 100~102, 209,
　　395

조지 3세 84, 98

조지, 데이비드 53

존슨, 린든 B. 369

주권(州權)의 우위 104

중간 항로 5, 32, 133, 135, 157,
　　168

중국인 배척법 353~354

지역 자치정부 300

지하철도 160, 163, 390

짐 크로우 법 9~10, 283, 330,
　　334, 371~373

징병법 232, 351

차

차별 금지 법안 335, 352, 358

차별 시정 정책 336, 338~340,
　　394~395

천부인권 4, 246

초국적 흑인성 228

치안권 10, 300

친노예제 159, 202, 219, 230, 238

친영파 79

카

카리브 흑인 169

카마이클, 스토클리 335, 358,
　　360, 395

카보베르데 27, 29, 31

카사스, 라스 38

카스트 제도 269, 299, 304, 338

카파 25

캐머런, 제임스 291~292

캐시, 존 298

캔자스 유혈 사태 160

캔자스-네브래스카 법 230, 238,
　　392

커피, 폴 200

코니쉬, 새뮤얼 206

코민테른 365~366

코즈모폴리터니즘 67, 74, 119,
　　171, 227

코커, 다니엘 209

콜팩스 학살 293, 393

콩고 왕국 27, 154

쿠고아노, 오토바 55, 64, 66

쿠클럭스클랜 9, 274~277, 282,
　　302, 325~328, 371, 392

기타

총서 **知의회랑**을 기획하며
arcade of knowledge

대학은 지식 생산의 보고입니다. 세상에 바로 쓰이지 않더라도 언젠가는 반드시 인류에 필요할 지식을 생산하고 축적하며 발전시키는 일을 끊임없이 해나갑니다. 오랫동안 대학에서 생산한 지식은 책이란 매체에 담겨 세상의 지성을 이끌어왔습니다. 그 책들은 콘텐츠를 저장하고 유통시키며 활용하게 만드는 매체의 차원을 넘어, 인간의 비판적 사유 능력과 풍부한 감수성을 자극하는 촉매의 역할을 충실히 해왔습니다.

이와 같은 '책을 읽는다'는 것은 단순히 지식과 정보를 습득하는 데 멈추지 않고, 시대와 현실을 응시하고 성찰하면서 다시 그 너머를 사유하고 상상함을 의미합니다. 그러므로 '세상의 밑그림'을 그리는 책무를 지닌 대학에서 책을 펴내는 것은 결코 가벼이 여겨선 안 될 일입니다.

이제 우리는 다양한 방식으로 존재하는 지식과 정보, 그리고 사유와 전망을 담은 책을 엮어 현존하는 삶의 질서와 가치를 새롭게 디자인하고자 합니다. 과거를 풍요롭게 재구성하고 미래를 창의적으로 기획하는 작업이 다채롭게 펼쳐질 것입니다.

대학의 심장부에 해당하는 도서관이 예부터 우주의 축소판이라 여겨져 왔듯이, 그곳에 체계적으로 배치된 다양한 책들이야말로 이른바 학문의 우주를 구성하는 성좌와 다름없습니다. 우리는 그 빛이 의미 없이 사그라들지 않기를, 여전히 어둡고 빈 서가를 차곡차곡 채워가기를 기대합니다.

앎을 쉽게 소비하는 시대를 살고 있지만, 다양한 앎을 되새김함으로써 학문의 회랑에서 거듭나는 지식의 필요성에 우리는 공감합니다. 정보의 홍수와 유행 속에서도 퇴색하지 않을 참된 지식이야말로 인간이 가야 할 길에 불을 밝혀줄 수 있기 때문입니다. 앞으로 대학이란 무엇을 하는 곳이며, 왜 세상에 남아 있어야 하는 곳인지 끊임없이 되물으며, 새로운 지의 총화를 위한 백년 사업을 시작하겠습니다.

총서 '**知의회랑**' 기획위원

안대회 · 김성돈 · 변혁 · 윤비 · 오제연 · 원병묵

지은이 이영효

서울대학교 사범대학 역사교육과를 졸업하고, 미국 텍사스주립대학(오스틴)에서 석사와 박사학위를 받았다. 현재 전남대학교 사범대학 역사교육과 교수로 있다. 미국 식민지 시기의 역사, 남부사, 흑인사 등에 대한 연구를 토대로 미국사의 이면을 재조명하는 작업에 집중해왔다.

주요 저서로『미국사 낯설게 보기』,『사료로 읽는 서양사: 근대편 II』,『있는 그대로의 미국사 1, 2, 3』(공역),『서양 문명과 인종주의』(공저),『포스트모더니즘과 역사학』(공저),『지구화 시대의 새로운 세계사』(공저) 등이 있으며, 주요 논문으로「미국 노예 서사의 자유 변주곡」,「미국 독립선언서와 행복 추구권」,「미국혁명기 노예제 담론」,「18세기 말 대서양 흑인의 디아스포라 정체성」,「대서양 흑인 여성의 이산 경험과 정체성」,「흑인에 대한 스펙터클 린치와 백인성」 등이 있다.

知의회랑
arcade of knowledge
051

블랙 아메리카
자유와 평등을 향한 미국 흑인의 여정

1판 1쇄 인쇄 2025년 7월 20일
1판 1쇄 발행 2025년 7월 30일

지 은 이　이영효
펴 낸 이　유지범
책임편집　현상철
편　　집　신철호·구남희
마 케 팅　박정수·김지현
펴 낸 곳　성균관대학교출판부
등　　록　1975년 5월 21일 제1975-9호
주　　소　03063 서울특별시 종로구 성균관로 25-2
전　　화　02)760-1254 팩스 02)762-7452
홈페이지　http://press.skku.edu

ISBN 979-11-5550-670-7 93940

ⓒ 2025, 이영효
값 32,000원

⊙ 잘못된 책은 구입한 곳에서 교환해 드립니다.
⊙ 이 저서는 2021년 대한민국 교육부와 한국연구재단의 지원을 받아 수행된 연구임
　(NRF-2021S1A6A4054578).